깨침의 말씀
깨침의 마음

불교시대사

책이 나온 인연

이 책은 불교방송에서 방송된 교리강좌의 강의내용을 담은 것으로, 이미 출판된 불교시대사 간 《허공의 몸을 찾아서》의 속편과 같다.

교리강좌의 내용을 구성할 때 필자는 기초교리를 앞에 두었다. 이어서 주요 경전들의 요점들을 찾아서 풀이했고, 마지막으로 선에 대해서 살펴보았다. 주요 경전들의 요점을 다룬 부분은 이미 책으로 엮어졌으므로, 여기에는 나머지 부분이 담기게 되었다.

교리강좌의 흐름과 고리를 확실히 해두기 위해서 선으로 이어보면 다음과 같다.

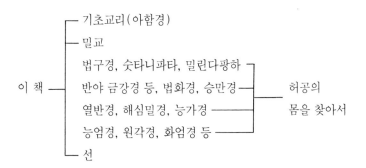

사람들은 불교가 어렵다고 한다. 그러나 조금만 알고보면 불교의 교리가 그렇게 어렵지는 않다. 물론 전문적으로 불교를 공부하려면 많은 지식이 요구된다. 그러나 기초적인 교리가 어려운 것이 아니라 그것에 대한 해석이 복잡할 뿐이다. 그래서 불교교리의 핵심을 잡은 상태에서 이 법문과 저 법문을 듣고 이 경과 저 경을 읽으면 괜찮지만, 자리가 잡히지 않은 상태에서 갖가지 독특한 교리의 해석을 따라가다보면 방향을 잡지 못하고 헤매기가 십상이다.

불교의 기초교리는 간단하다. 4성제, 12인연, 4법인 정도만 확실하게 이해하면 충분하다. 광범위한 대승불교나 복잡한 종파불교의 교리도 이 기초교리를 새롭게 발전적으로 풀이한데 불과하다. 불교철학적으로 난해한 공(空)사상, 유식사상, 천태사상, 화엄사상, 정토사상, 밀교사상도 그 뿌리는 12연기에 있고 4성제와 4법인의 원칙을 벗어날 수가 없다. 만약에 벗어난 점이 있으면 그것은 이미 불교가 아니기 때문이다. 대승불교에서 어떤 사상이 불교적인가 아닌가를 점검하려면 보통 공사상과 일체유심조(一切唯心造)사상에 일치하는지를 살피는데, 공과 일체유심조사상의 원형이 이미 근본교리에 있다.

이 책의 전반부는 기초교리이고, 후반부는 선입문이다. 기초교리에서는 불교의 기본적 사유자세, 근본교리, 불상과 불경 등에 관한 상식을 다루었다. 후반의 선입문에서는 본격적인 선풍이 나오게 되는 배경, 선사상의 핵심, 수행방법, 선사상에 기반을 둔 삶의 자세, 그리고 선사상의 문학적 내지는 예술적 활용 등을 살펴보았다. 교리나 선을 취급함에 있어서 불교를 이해하는데 꼭 필요한 것들은 최대한 폭을 넓혀 망라하되 불필요하게 복잡하고 지엽적인 것들은 과감하게 제외시켜버렸다.

경전들의 요점을 다룬 책이 먼저 출판되었지만, 사실은 이 책에서 기초교리를 먼저 파악해야 대승경전들의 사상을 잡기에 편리할 것이다. 그러나 다른 한편으로는 주요 경전들의 중요한 부분들을 읽으면서 부처님의 기본적 입장이나 기초교리에 대한 의문을 가져야만 이 책의 교리내용이 확연하게 이해될 수 있기도 하다.

이 책을 처음부터 차례대로 읽을 필요는 없다. 여기 저기 뒤적이다가 마음이 쏠리는 곳을 먼저 읽어도 좋다. 그러나 4성제나 12연기처럼 여러 항목이 이어지는 것은 가능하면 연결해서 읽는 편이 좋다. 이 책에는 아홉 개의 글마당이 있는데, 각 장 안에서라도 차례로 읽기를 권한다.

조사스님들은 세 가지의 경전이 있다고 한다. 종이에 담긴 글씨의 경전, 삼라만상으로 펼쳐진 현실의 경전, 그리고 우리의 마음에 본래 구족한 무형의 경전이다. 글로 쓰여진 경전보다는 현실의 경전이 더 중요하고, 현실의 경전보다는 형상이 없는 자성의 경전이 더 중요하다. 마찬가지로 불교교리도 세 단계가 있을 수 있다. 글로 따지는 교리, 현실의 교리, 그리고 마음의 교리이다. 이 중에서 마음의 교리 즉, 참선으로 이루는 깨침이 가장 중요하다. 교리와 선을 공부하다가 문득 발심해서 용맹정진으로 생사를 벗어나는 이가 있다면 더할 나위 없이 좋은 일이다.

이 책을 내기까지 많은 어른들에게 신세를 졌다. 지금까지 나를 공부시켜준 스승님들, 도반님들, 시주님들이 있다. 불교방송국의 관계자들도 있다. 그리고 엉성한 원고를 정리하느라고 무진 애를 쓴 안인숙, 강연희, 정홍자, 홍영숙, 한순화, 조옥희, 조용조씨 등도 있다. 또 내가 받기에 과분할 정도로 열띤 격려를 해준 불교방송 청취자 여러분들이 있다. 그분들에게 깊이 감사드린다. 그리고 나와 남이 다같이 생사해탈할 방도를 찾는 것이 그분들의 은혜를 진정으로 갚는 길임을 다시 한번 되새긴다.

1993년 초겨울에
청계사에서
석 지 명 합장

차 례

셋째 마당 부처님과 불상

넷째 마당 경전의 성립과 분류

첫 • 째 • 마 • 당

불교의 기본적 입장

과거의 습속은 그냥 두고 오직 그 의미만 바꾼다. 이것을 절 집안에서는 전의법이라고 부른다. 이런 전의법의 특성은 불교 가 현지의 기존문화를 파괴하지 않고 그것들과 어울리게 한 다.   (다방편)

불교는 외부로부터의 구원이 아니라 내면으로부터의 깨달음 을 그 종교적 출발점으로 삼는다.   (불교의 특성)

독화살에 맞은 사람이 그것을 쏜 사람에 관한 모든 정보를 얻 은 다음에야 독화살을 뽑으려고 한다면 그는 그것을 알아내 기도 전에 죽을 것이 뻔하다.   (불타의 침묵)

불교에서는 서양철학과 달리 본체나 실체같은 것을 인정하지 않는다. 오직 우리가 감각으로써 일상생활에서 경험할 수 있 는 것 또는 눈앞의 현상계만을 일체 존재의 전부로 간주한다.   (불교의 일체법)

숙명론, 절대자 기분론, 우연론은 부처님 당시에 외도들이 주 장하던 것으로서 부처님이 비판한 것이지만, 문화가 발달한 20세기 후반에도 이같은 주장은 우리 주위에서 흔히 볼 수 있 다.   (숙명론)

주관적인 의가 적극적으로 객관 경계에 작용을 보내고 객관 경계는 수동적으로 주관작용에 대해서 반응할 뿐이다. 여기서 의근 즉, 인간의 의지가 강하게 부각된다. (인간 의지의 인정)

유심론적 일원론에 의하면 일체 현상의 움직임은 정신적 최 고신 또는 최고의 원리에 의해서 일어나는 주체적이고 유기 적인 생명활동이라고 한다. 이에 반해서 다원론자들은 현상의 움직임을 타율적이고 비생명적인 기계적 활동에 불과하다고 한다.   (전변설과 적취설)

1. 많은 종류의 경전과 방편

불교의 교리해석이나 실천의 변천사는 이단을 포용하는 역사였다. 그러므로 타종교의 역사가 이단과의 싸움의 역사였던 것과는 대조를 이룬다.

　‘불교교리’라는 말에서 불교는 현재 일반적으로 한국불교가 가르치는 불교의 교리를 뜻한다. 한국불교는 통불교(通佛敎)를 자랑하고 있다. 불타의 근본사상과 발달된 대승불교, 선(禪)과 교(敎), 밀교(密敎)와 현교(顯敎), 유식연기론(唯識緣起論) 계통의 불교와 중관실상론(中觀實相論) 계통의 불교를 섭렵하고 있다고 자부한다. 그래서 한국불교는 원시불교로부터 대승불교까지 갖가지 경전과 여러 종파들의 가르침을 조화시켜서 망라하고 있다. 그러므로 우리는 한국불교의 교리를 공부하기 위해서는 먼저 근본불교의 기초교리를 더듬는데서부터 시작해야 한다. 뒤에 발달한 대승불교나 종파불교의 수많은 학설들이 있지만, 그것들은 모두 근본불교의 교리를 새롭게 풀이한 것일 뿐이다.

　교리공부를 하는데 있어서 우리는 교리의 기계적 전달방식을 피하려고 노력해야 한다. 왜냐하면 그러한 지식은 사전이나 교리문답집에서 쉽게 얻을 수 있기 때문이다. 그래서 우리는 항상 이러한 질문을 던져야 한다. 불교교리는 우리 인간 존재의 실상을 어떻게 진단하며 바른 삶의 길로 안내하는데 어떤 의미를 가지느냐 하는 질문이다. 필자의 마음 속에는 이미 부처님과 모든 조사스님들이 한결같이 말씀하시는 처처안락국(處處安樂國)의 성취가 이 교리공부의 목표로 정해져 있다. 우리가 서 있는 이 자리에서 안심입명(安心立命)을 얻을 수 있는 창조적인 삶의 힘을 불교교리에서 찾고자 하는 것이다. 원시불교의 교리를 정리하든지 또는 대승불교나 중국 종파불교를 공부하든지에 관계없이 우리가 바로 지금 이 땅에서 고통과 윤회를 쉬고 정토와 열반을 얻는 방향, 그리고 집착을 여의면서도 마음이나 현실이나 내세에 이상의 국토를 이룩하려는 창조적인 힘을 내는 방향으로 나아가야 한다.

많은 이들이 불교는 알기 어렵다고 한다. 불교는 알 수 없는 신비주의의 미신이거나 종교가 아닌 철학이라고 한다. 그래서 도저히 접근할 수가 없다고 한다.

불교의 교리를 이해하기 어려운데는 이유가 있다. 불교는 다경전(多經典), 다방편(多方便), 다불(多佛) 그리고 다보살(多菩薩)주의이기 때문이다. 즉 경전들이 대단히 많고, 불도를 닦고 전하는 방법들이 많으며, 또 부처님과 보살들이 많다는 말이다.

불교에는 많은 경전들이 있다. 우선 우리의 귀에 익은 경전들만 들어보자.《법구경》《아함경》《금강경》《화엄경》《법화경》《열반경》《아미타경》《대일경》《부모은중경》《천지팔양경》《고왕경》《몽수경》《천수경》《유마경》《능엄경》《능가경》《원각경》《범망경》《사십이장경》등이 있다. 사찰에서 행하는 예불이나 불공 때 외우는 경전의 숫자만 해도 엄청나게 많다. 그리고 각 경전의 내용과 주장이 상반된듯이 보이기도 한다.

불교에는 많은 부처님과 보살들이 있다. 부처님의 이름으로는 석가모니불, 미륵존불, 아미타불, 약사여래불, 치성광여래불 등이 먼저 머리에 떠오른다. 그리고 보살의 명호를 들어보면 문수보살, 보현보살, 관세음보살, 대세지보살, 지장보살 등이 있다.

불교에는 또한 도를 닦는데도 방편이 많다. 기도, 염불, 주력, 절, 참선, 육도만행, 보살행 등이 모두 수행방법이다. 기도에도 종류가 많다. 지장기도, 관음기도, 신장기도, 칠성기도, 산신기도, 나한기도 등이 있다. 염불에도 아미타불이나 관세음보살, 지장보살 등을 염송하는 것에서부터 시작해서 수많은 방법이 있다. 참선에도 호흡법, 관법, 화두 있는 참선, 화두 없는 참선 등이 있다. 육도만행(六度萬行)이라는 것도 있다. 본래는 6바라밀(六波羅蜜)의 보살행을 현실 속에서 몸소 실천하는 것을 의미하지만, 요즘에는 탈속 무애행으로 이해되는 경우가 많다. 일반인들이 보기에는 만행이라는 것이 기괴행을 지으면서 방랑하는 것으로 비쳐질 수도 있다.

이처럼 불도를 닦는 방편이 많다 보니 불교를 지도하는 분마다 불교에 대한 설명이 다른 것처럼 보이기도 한다. 어떤 지도자는 염불을 하라고 하고 다른 스승은 참선을 하라고 한다. 또 어떤 이는 경을 읽고 교리를 익히라고 한다. 염불주력도 갖가지다. 사람에 따라서 '아미타불 염불이 좋다' '관세음보살 염불이 좋다' '지장보살 염불이 좋다'고 말한다.

경전을 공부하는데도 간단하지가 않다. 어떤 이는 《금강경》을, 다른 이는 《화엄경》을, 또 다른 이는 《법화경》을 강조한다. 또 어떤 이는 불교사상의 핵심을 인연법(因緣法)이라고 하기도 하고, 다른 이는 공사상(空思想)이라고 주장하기도 한다. 이 사람은 일체유심조(一切唯心造)를 말하고, 저 사람은 처처안락국을 말한다.

참선만 하라는 말도 많이 듣는다. 유식하면 오히려 분별이 많아서 오히려 집중하는데 방해가 된다고 한다. 무식할수록 좋다고 한다. 그러나 다른 이는 부처님과 조사스님네의 가르침을 먼저 배워야 한다고 타이르기도 한다. 여기에서는 화두를 잡으라고 하는가 하면, 저기에서는 화두를 잡지 말고 심호흡을 하라고 한다. 또 다른 이는 그저 절만 많이 하라고 한다.

불교를 공부하기가 이와 같이 복잡한 이유는 바로 다경전, 다불·다보살, 다방편사상 때문이다. 특히 다방편사상은 서로간에 도저히 병립하거나 공존할 수 없는 극단적으로 다른 종교형태를 서로 허용하게 만든다. 교리공부와 참선공부는 전혀 다르면서도 서로를 인정한다. 특이한 현상 중의 하나는 참선과 영가천도의 관련이다. 전부는 아니지만, 참선을 많이 했다는 조실스님급의 선사들이 영가천도 전문가로 유명하기도 하다. 큰스님들 이름을 직접 들면 혹시 실례가 될지 몰라서 여기서는 소개하지 않겠지만, 불교계에는 이미 널리 알려져 있는 사실이다.

이런 다방편주의는 부처님 당시부터 실행되어왔다. 《육방예경》에 보면 이런 이야기가 나온다. 부처님이 거리를 지나는데 한 청년이 동서남북을 향해서 부지런히 절을 하고 있었다. 부처님이 그 청년에게 왜 절을 하느냐고 물었다. 청년에게는 특별한 이유도 없었다. 절하면 좋다는 것이 이유의 전부였다. 그러자 부처님은 그 사람에게 절을 하지 말라고 말리지 않았다. 그 대신 동서남북 사방과 상하 즉, 여섯 방향을 향해서 절을 하되 각 방향에 따라서 임금과 신하의 도리, 스승과 제자의 도리, 부모와 자식의 도리 등의 의미를 붙이라고 일러주었다. 과거의 절하는 형태는 그냥 두고 오직 그 의미만 바꾼 것이다. 이것을 절 집안에서는 전의법(轉意法)이라고 부른다. 의미만 뒤집었다는 말이다.

불교에서 통용되고 있는 이러한 전의법의 특성은 불교가 전파되는 지역마다 불교문화가 현지의 기존문화를 파괴하지 않고 그것들과 어우러지게 만든다. 서양종교가 우리나라에 들어와서 제사 문제를 비롯한 우리의 고유문화를 파괴하고 있는 것과는 대조적이다. 불교의 방편은 두루 적응한다는 뜻에서 보응성(普應性)이 있다고 말하기도 한다. 불교의 방편은 자연히 보응주의(普應主義)로 나타날 수밖에 없다. 불교의 교리해석과 실천의 변천사는 이단(異端)을 전의(轉意)하거나 이단을 포용해온 역사이다. 타종교의 역사가 이단과의 싸움의 역사였던 것과는 대조를 이룬다.

경전이 많다는 것은 부처님의 가르침이 다양하다는 것을 뜻한다. 그러나 내용적으로는 각 경전의 가르침이 연결되어 있다. 하나를 들면 다른 것이 모두 걸려 나온다. 《아함경》에 《반야경》의 사상이 있고, 반야사상에 《화엄경》과 《법화경》의 사상이 담겨 있다. 반대로 《법화경》과 《화엄경》이 모두 《아함경》과 《반야경》을 기반으로 삼고 있다. 경전들이 독특하게 나름대로의 가르침을 강조할 뿐이지 내용적으로는 서로 배치되지 않는다. 모든 경전은 독특성을 유지하면서 상대의 경전이 독특성을 지키느라고 소홀히 한 부분을 강조하고 부각시켜 보완하는 관계에 있다. 그래서 불교는 교리해석의 다양성을 허용한다. 물론 모든 교리해석은 공(호)사상과 일체유심조(一切 唯心造)사상의 기준에서 벗어나지 않아야 한다. 공과 일체유심조라는 불교의 기본원칙에서 어긋나지만 않는다면 불교에서 말하는 궁극점을 얼마든지 바꾸어서 말할 수 있다.

그러므로 이처럼 다경전, 다불·다보살, 다방편의 특징을 지닌 불교교리를 어떻게 파악할 것인가가 문제이다. 특히 불교를 전문적으로 연구하는 학자의 입장에서가 아니라 생활 속에서 불교교리를 터득하고 실천하려는 평범한 일반인의 경우 불교교리를 손쉽게 파악할 수 있는 요령이 필요한 것이다.

조사스님들은 교상판석(敎相判釋) 또는 교판(敎判)을 이용하여 모든 경전들과 교리 그리고 수행체계를 정리하는 방법을 썼다. 각 종파마다 자기 종파와 자기 종파가 의지하는 경론을 우위에 두는 입장에서 교판체계를 세웠다. 교판에 관한 자세한 것은 뒤에 만나게 된다. 우선 여러 가지 교판 가운데 유명한 한 가지만을 들어보자.

천태종에 속하는 고려시대의 체관스님은 5시8교(五時八敎)로 불교경전을 정리했다. 5시8교는 부처님의 가르침을 설해진 시기의 순서에 따라서 다섯 가지, 내용에 따라서 네 가지, 가르침의 방법에 따라서 네 가지로 정리한 것이다. 8교에 대한 설명은 제쳐두고 우선 불

경이 설해진 시기를 다섯으로 나누어보면 불교의 다경전, 다불·다
보살, 다방편사상을 이해하는데 어떤 요령을 얻을 수 있을 것이다.

5시설(五時說)에 의하면 부처님은 최초에 《화엄경》을 설했는데,
그 내용이 부처님의 깨달음을 바로 전한 것이기 때문에 너무 어려워
서 사람들이 이해하지 못했다고 한다. 그래서 방편으로 무엇인가 의
지할 바가 있다는 사상에 기반을 둔《아함경》을 다시 설하고, 다음에
는 공사상 맛을 좀 보게 하는《방등경》을, 이어서 공사상을 가르치는
《반야경》을, 마지막으로 《법화경》과 《열반경》에서 성문·연각·보
살의 3승방편을 지우고 부처님의 진의인 일불승사상을 설했다고 한
다.

이렇게 천태종의 교판에서 정리한 경전들의 설해진 시기가 역사적
으로는 맞지 않는다. 대승경전인 《화엄경》이 《아함경》보다 먼저 성
립했을 수는 없기 때문이다. 그러나 경전들을 그룹별로 정리하고 그
상호관계를 연결시킨 것은 참으로 기발한 착상이다. 이 아이디어는
우리가 방대하고 잡다한 경전들을 정리하는데 큰 도움을 준다.

경전이 많기는 하지만, 그 중에는 줄기가 되는 경전들이 있다. 아
함부의 경전들과 반야부의 경전들 그리고《화엄경》《법화경》《열반
경》 등이다. 이 경전들이 불교교리를 나타내는 근간이라는 천태종의
주장에 대해서 고금을 막론하고 대부분의 조사스님들과 불교학자들
이 공감하고 있다.

우리는 여기서 각기 주안점이 다른 경전들을 정리하는데 천태종의
5시교를 약간 변형해서 이용하면 편리하다. 즉《화엄경》을《반야경》
뒤로 돌려서 《법화경》과 양립시키는 방법이다. 그렇게 되면 《아함
경》의 인연법은 《반야경》의 공사상으로 발전되고, 거기서 다시 두
가지 갈래가 생긴다. 즉《법화경》쪽은 인연의 상태에 있는 인간 존
재의 실상을 설명하는데 주력하고,《화엄경》쪽은 왜 이와 같은 미혹
의 세계가 벌어졌으며 이 미혹의 세계에서 깨달음의 세계로 나아갈

교리적 근거를 설명하려고 한다. 다른 한편으로《열반경》은 모든 중생들에게 불성(佛性)이 있다는 것을 강조하여《법화경》의 제법실상(諸法實相)사상과《화엄경》의 일체유심조(一切唯心造)사상을 동시에 뒷받침한다. 이외에도 진언종이나 정토종 계열의 경전들이 많지만, 다른 경전들도 기본교리에 있어서 이와 같은 흐름에서 벗어나지 않는다. 왜냐하면 인연법과 공사상, 일체유심조와 제법실상사상, 그리고 불성사상에 어긋나면 불교로서 성립할 수가 없기 때문이다.《아함경》《반야경》《법화경》《화엄경》《열반경》의 이음새를 도표로 만들어보면 다음과 같이 될 것이다.

아함경 ─ 반야경 ─ 법화경(존재의 여실한 상태에 보다 높은 관심을 보임)
(의지함) (텅빔)   (꽉참)

　　　　　　　　　열반경(깨달음의 가능성에 보다 높은 관심을 보임)
　　　　　　　　　(부처될 성품)
　　　　　　　화엄경(미혹세계의 설명에 보다 높은 관심을 보임)
　　　　　　　(모두가 마음의 분별조화)

이 도표에서 '보다 높은 관심'이라는 표현을 쓰는 이유는 한 경전은 공사상만을 말하고 다른 경전은 일체유심조사상만을 말하는 것이 아니라 공사상에 기초해서 일체유심조사상이 있고 일체유심조사상에 근거해서 불성사상이 있기 때문이다. 여래장사상이나 유식사상 그리고 여래장과 유식을 통합하는 경전들도 도표에 넣어야 하겠지만, 대표적인 경전만을 드러내보이기 위해서 여기에는 넣지 않았다. 주요 경전들의 요점만을 짚어본 불교방송 교리강좌의 강의내용은《허공의 몸을 찾아서》라는 제목으로 출판되었다. 그래서 다른 경전들에 관한 설명은 그곳으로 미루기로 한다.

  불교의 다경전사상을 이해하고 중요한 내용을 담고 있는 경전들을 파악하여 그 교리적 줄기를 잡게 되면 다불·다보살·다방편의 사상은 자연히 해결될 것이다. 왜냐하면 중생의 근기 문제를 알게 되면 근기에 따른 방편의 필요성을 느끼게 될 것이기 때문이다. 부처님 말씀에 의하면 모든 경전들이 부처님의 대자대비에서 나온 방편이라고 한다. 경전이 방편이라면 많은 부처님과 보살들도 또한 방편이다. 경전의 줄기를 잡고 방편을 이해하게 되면 아무리 색다른 불교신앙의 형태를 보거나 듣더라도 당황하지 않고 방편으로서 가치를 부여해서 긍정하게 될 것이다. 또 자기의 근기에 맞는 신행방법을 채택할 수도 있게 될 것이다.

2. 불교라는 말의 여러 가지 의미

부처님은 참다운 삶의 모습을 여실히 보고 깨달은 어른이다. 불교는 삶의 참모습을 자신도 깨닫고 남도 깨닫게 하고자 하는 종교이다.

우리는 '불교'라는 말을 흔히 듣고 또 사용한다. 그러나 불교는 긴 역사를 가지고 있다. 많은 시대와 지역을 거치면서 지금의 우리에게 이르렀다. 그러므로 불교라는 말에는 많은 의미들이 깃들어 있을 수밖에 없다. 같은 관점에서 보더라도 여러 가지 의미를 갖게 되는 경우가 많은데, 관점이 많아지니 그만큼 불교에 대한 정의가 많아지는 것이다.

부처님은 일찍부터 언어로 진리를 완전하게 포착하는 것은 불가능하다고 생각했다. 그래서 유명한 '불타의 침묵'이 있다. 존재의 궁극적인 실상을 말로 나타내달라는 요청에 대해서 단호히 거부한 것이다. 진리뿐만이 아니다. 아무리 간단하고 사소한 것이라 하더라도 그것을 언어로 완전하게 묘사할 수는 없다. 언어뿐만이 아니다. 사진이라고 하더라도 어느 한 면만을 찍을 수 있지 모든 면을 동시에 다 나타낼 수는 없다. 겉모습을 다 찍더라도 속모습까지 찍을 수는 없고, 속모습까지 다 찍더라도 그 속성을 완전하게 나타낼 수는 없다. 우리가 불교에 대해서 어떤 정의를 내린다고 하더라도 그 정의 안에 불교를 완전하게 포착할 수는 없다. 묘사할 수는 있어도 손가락으로 방향을 가리키는 정도이다. 언어에는 한계가 있다는 것을 인정하면서 우선 아쉬운 대로 불교란 말이 뜻하는 것을 생각해야 한다.

먼저 이 세계의 역사 속에 드러난 자취를 강조해서 불교를 정의할 때 '부처님의 가르침' 또는 '부처님에 의해 설해진 가르침을 중심으로 조직된 종교'라고 할 수 있다. 교리상으로 볼 때 불교는 한 부처님만을 세우지 않는다. 무수한 부처님이 있을 수 있다. 그러나 기껏해야 수천 년, 수만 년이라는 짧은 역사밖에 기억할 수 없는 우리는 부처님 하면 먼저 인도 카필라성에서 싯다르타태자로 태어나서 도를 이룬 석가모니부처님을 생각한다. 그러므로 불교는 석가모니부처님의 가르침이라고 할 수 있다.

과거의 조사스님들은 부처님의 가르침 즉, 불교의 핵심을 파악하기 위해서 고심했다. 천태대사는 부처님의 가르침을 담은 불경들을 해석하기에 앞서 다섯 단계로 정리하려고 했다. 가르침의 제목을 풀이하고 뼈대를 잡고 주요한 목적을 가린다. 이어서 그 가르침의 활용을 생각하고 마지막으로 전체적인 가르침 속에서 특정한 가르침이 차지하는 위치를 정하는 것이다. 이것을 5중현의(五重玄義) 즉, 다섯가지 깊은 뜻이라고 한다. 한문으로 보면 석명(釋名)·변체(辨體)·명종(明宗)·논용(論用)·판교(判敎)이다. 이 5중현의 가운데서 명종의 종(宗)자와 판교의 교(敎)자가 합해져서 '종교'라는 말이 생겨

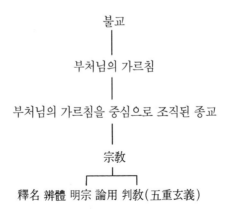

불교
|
부처님의 가르침
|
부처님의 가르침으로 조직된 종교
|
宗敎

釋名 辨體 明宗 論用 判敎(五重玄義)

났다. 종교라는 말은 불교에서 생겨났고, 애초에는 부처님 가르침의 핵심을 의미하는 것이었다.

우선 간단하게 불교의 정의를 선으로 이어보면 앞 페이지의 도표와 같다.

하지만 이것은 불교 내부에서 본 종교의 의미이다. 힌두교나 기독교에서 말하는 종교의 정의는 얼마든지 다를 수 있다. 또한 각 종교의 내부에서조차도 사람에 따라서 천차만별의 종교에 대한 정의가 있을 수 있다. 인간의 수만큼 많은 종교관이 있다고 해도 과언이 아닐 것이다. 문화적 환경의 차이, 인연의 친소에 따른 각자의 개인적인 생각들을 어떤 다른 생각에 의해서 일반화할 수 없기 때문이다. 아예 종교비판의 관점에서 나온 정의가 있는가 하면, 종교의 필요를 인정하면서도 지식을 중시하는 입장, 감정을 중시하는 입장, 행동을 중시하는 입장 등에 따라서 수없이 많은 정의가 있을 수 있다.

종교를 인민의 아편이라고 비판한 사람도 있고, 종교를 인간의 환상적 반영이라거나 인간의 유치한 본질이라고 내려 깎는 사람도 있다. 종교에 대한 정의 몇 가지를 더 들어보자.

아는 것을 보다 중시하는 입장에서 나온 정의들로는 이런 것들이 있다.

내가 믿는 것을 나는 또한 안다. 그것은 나의 의식 속에 들어 있는 내용이다. 신앙 자체는 지식이다. 내가 신을 믿는다면 그는 나의 의식 속에 존재하고 그래서 나는 그에 관해 알게 된다. (G. W. F. Hegel)

종교는 영적 존재들에 대한 신념이다. (Edward B. Tylor)

종교는 진실로 우리가 경건이라고 부르는 정신의 순수하고 거룩한 기질이거나 틀이다. (Cornelius P. Teile)

한 인간의 종교는 우주에 대한 그의 궁극적 태도의 표현이며, 요약하면 만물에 대한 그의 전적인 인식의 의미와 취지이다. (Edward Caird)

종교는 인간이 이성과 오성에 의존하지 않을 뿐만 아니라 그것들을 무시하고 무한자를 인지할 수 있도록 하는 신앙이다. (Friedrich Max Müller)

종교는 만물이 우리의 지식을 초월하는 한 힘의 현현들이라는 인식이다. (Hebert Spencer)

사람의 감정이나 느낌을 보다 중요하게 여기는 입장에서 믿음을 강조해서 만들어진 정의들도 있다.

종교는 신에 대한 절대 보편적인 의존감정이다.(F. D. E. Schleiermacher)

종교는 인간적 감정으로서 신과 우리 사이의 관계에 관심을 보이고 우리에게 오직 우리 영혼의 상태나 결과로써 주어지는 행위이다. (Georg Simmel)

종교는 인간의 주관적 태도일 뿐이다. (Georg Simmel)

종교는 인간과 전 우주간의 조화의 확신 위에 근거한 일종의 정서이다. (J. M. E. McTaggart)

종교는 자연질서와 요청되는 초자연자간의 관계로부터 생겨나는 인간 정서의 집합이다. (Daniel G. Thompson)

종교의 본질은 종교의 대상들이 본래적이고 본질적으로 성물감정을 일으키게 하는 그런 사물들이나 사건들, 관념들을 경외하고 숭배할 수 있는 인간의 역량에서 생겨난다. (Julian Huxley)

종교감정은 초능력적인 전적 타자 앞에서 가지는 피조물인 인간의 조용하고 겸손한 떨림이다. (Rudolf Otto)

또 인간의 의지나 행위를 보다 중시하는 입장에서 만들어진 정의들도 있다.

종교란 우리의 의무를 신의 명령으로 인지하는 것이다. (I. Kant)

종교란 인간 존재의 모든 면으로부터 선의 완전한 실재를 표현하려는 시도이다. (F. H. Bradley)

종교는 감정이 깃든 윤리학이다. (Matthey Arnold)

종교는 신의 의지와 인간의 의지가 합쳐져서 나타나는 행위요 표현이다. (Daniel Brinton)

종교는 신의 권능에 대한 삶의 끝없는 관계이다. (W. E. Hocking)

종교는 곤궁에 빠진 사람이 그의 존재와 운명이 달려 있다고 생각하는 신비의 능력과 상통하는 것이다. 즉 의식적이며 고의적인 관계를 갖는 것을 의미한다. (Auguste Sabatier)

종교는 전적 통찰력을 가진 지능이라고 볼 수 있는 인간 이상의 존재와 인간 영혼이 의식적인 교섭이 있을 때 시작하는 것이다. (R. J. Campbell)

종교란 초인간적 관계 안에서의 인간의 삶이다. (William Newton Clarke)

여기서는 인간의 기본적인 세 가지 측면 즉, 지·정·의(知情意)의 관점에 의해서 분류되는 것들 가운데 극히 일부만 적었다. 이외에도 사회적이나 경제적인 측면 등에서 내린 종교에 대한 정의들도 한없이 많다. 또 여기서는 서양 사람들의 것만을 들었다. 동양적인 정의는 불교의 것으로 대표를 삼기 위해서이다.

불교를 부처님의 가르침이라고 하거나 부처님의 가르침을 중심으로 한 종교라고 하는 것만으로는 사실상 불교에 대해서 아무런 정의도 내리지 않은 것과 같다. 부처님의 가르침이 무엇인지 나타나 있지 않기 때문이다.

그래서 두번째 정의는 부처님의 가르침의 내용을 중심으로 생각해 보아야 한다. 부처님은 인도말로 붓다(buddha)이고 풀이하면 깨달은

어른이란 뜻이다. 존재와 생명의 여실한 모습과 참되고 아름답고 영
원한 삶의 길을 깨달은 어른이라는 말이다. 부처님은 참된 삶의 길을
자신이 깨닫고 남들로 하여금 깨닫게 하기 때문에 위대하다. 이 진정
한 삶의 도에 대한 깨달음을 강조해서 우리는 불교를 '깨달음의 종교
'라고 정의할 수 있다. 좀 길게 말한다면 '삶의 진정한 도를 자신도 깨
닫고 남도 깨닫게 하는 종교'가 될 것이다.

　앞에서 몇몇 사람이 생각한 종교의 정의를 들었지만, 서양종교의
것과 불교의 것 사이에는 아주 기본적인 차이점이 있다. 서양종교는
어떤 절대자를 상정하고 그에 의한 구원이나 그와 합일하는 것을 기
본적인 목표로 하고 있다. 거기에는 인격신(人格神)과 비슷한 것이
전제된다. 그러나 불교는 외부로부터의 구원이 아니라 내면으로부터
의 깨달음을 기본으로 한다. 물론 불교의 종파에 따라서 또는 중생의
근기에 따라서 서양종교와 비슷한 요소들도 많이 있지만, 그것은 오
직 출발점의 방편일 뿐이다. 밖에 있는 것이나 강한 힘을 찾고 의지
하고자 하는 중생의 근기에 맞추어서 안의 힘을 밖의 힘인 것처럼 돌
려서 말할 뿐이다. 불교는 인격신같은 것에 의한 외적인 구원을 찾는
것이 아니라 우주의 모습 그대로를 봄으로써 우주의 질서와 개인적
인 내가 한 호흡 속에 사는 경지를 얻고자 할 뿐이다.

　우주의 진실한 모습을 볼 때 불교에서는 그것을 지혜라고 한다. 존
재의 실상(實相)은 연기(緣起)라고 부르기도 하고 공(空)이라고 부
르기도 한다. 이외에도 여러 가지 말들이 있으나 그 기본은 인연법
(因緣法)과 공이다. 여기서 우리에게는 의문이 생긴다. 어떻게 하면
인연법과 공을 봄으로써 지혜를 얻을 수 있으며 지혜를 얻으면 그것
을 어디에 쓰느냐는 것이다.

　이 물음에 대한 답을 간단하게 말하면 수행을 해야 지혜를 얻을 수
있고 지혜를 얻으면 수행하게 된다는 것이다. 수행이란 정신적으로
나 육체적으로 단정함, 마음의 고요와 집중, 그리고 사물의 진실한

모습을 보는 것이다. 이것을 불교에서는 계·정·혜(戒定慧) 3학(三學)이라고 한다. 이 세 가지 수행을 좀더 자세하게 펼쳐놓은 것이 앞으로 우리가 공부할 8정도(八正道)와 6바라밀(六波羅蜜) 등의 수행법이 된다. 모든 종류의 수행법은 내면적으로 맥이 통하게 되어 있으므로 어느 한 가지만 실천해도 다른 것을 실천하는 것과 마찬가지가된다. 가령 6바라밀을 실천하면 자연적으로 8정도를 실천하는 것이되고, 8정도를 실천하는 것은 계·정·혜 3학과 6바라밀을 실천하는 것이 된다.

　수행을 하면 사물의 있는 그대로의 모습을 보게 되는데, 그와 같은모든 사물의 존재 실상은 바로 인연법이다. 그러므로 인연법을 본다는 것은 바로 지혜를 얻었다는 것과 같다. 지혜가 생기게 되면 그 지혜의 속성은 그것을 얻은 사람으로 하여금 다시 수행을 하고 싶어지게 만든다. 나의 욕망과 집착을 지우고 볼 때 세상을 바르게 볼 수가있고, 세상을 바로 보면 세상의 구조 그 자체는 상대적인 것들이 임시로 의존해 있는 것이라는 사실을 알게 된다. 의존해 있어서 고정된실체가 없는 것 즉, 사물이 공한 상태에 있음을 보게 된다는 말이다.공의 세계에서 참다운 삶의 가치를 찾아야 하는데, 그것은 결국 베풀어주는 보시로부터 시작해야 한다는 것을 알게 된다. 물이 차면 넘치듯이 지혜를 얻으면 그것을 누구에겐가 주고 싶어진다. 주는 것이 바로 보시이다. 보시하는 마음을 넓은 의미로 사용할 때 우리는 그것을자비라고 부르기도 한다. 그래서 불교는 한 마디로 지혜와 자비의 종교라고도 할 수 있다. 보시를 비롯한 6바라밀 등의 자비행을 통해서지혜를 얻을 수 있고, 지혜를 얻으면 자비를 베풀지 않고는 못배기게된다.

　인간은 습관의 동물 즉, 업의 동물인데, 보통사람은 그 업을 자신으로 착각한다. 습관이 나타나는 것을 자신의 본능으로 오해한다. 업의 본능대로 산다는 것은 욕망과 집착의 생활을 하는 것을 뜻한다.

결과는 물론 고통과 윤회가 된다. 그리고 그 업의 흐름을 차단해야
하는데, 우리의 타성을 뒤집으려고 마음을 내는 것을 발심(發心)이
라고 하고, 지금 당장 마음대로 되지 않더라도 참다운 이상에 마음을
두는 것을 서원(誓願)이라고 한다. 서원의 생활은 수행의 생활이고,
수행의 생활은 지혜로 돌려진다. 이 전환을 불교에서는 회향(廻向)
이라고 부른다. 그 지혜는 자비로 번역되어서 미혹의 중생들에게 돌
려지는데, 중생들의 수준이나 근기를 참작해서 갖가지 방편(方便)을
쓰게 된다. 서원은 업의 관성(慣性)을 끊어서 보살수행으로 돌리고
수행을 지혜로 회향되게 한다. 그리고 지혜는 다시 자비로 돌려진다.
그래서 보살행과 지혜는 계속적인 순환관계를 이룬다. 이런 순환관
계를 다른 말로 하면 회향이 된다.

　불교에서 중요시하는 개념들 즉, 깨달음, 삶의 실상, 연기와 공, 수
행, 지혜, 자비, 업, 서원, 회향, 방편 등의 말들을 선으로 이어보면 다
음과 같다. 여기에 바로 불교를 공부하는 출발점이 있다. 이 개념들
이 중요하기 때문에 좀더 자세히 설명하면 좋겠지만, 아무리 쉽게 설
명해도 이 말들이 연결되지 못하면 소용이 없다. 불교의 교리를 공부
하는 것은 이 개념들을 머리 속에서 연결시키는 일이다.

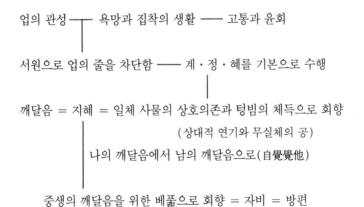

업의 관성 ── 욕망과 집착의 생활 ── 고통과 윤회

서원으로 업의 줄을 차단함 ── 계 · 정 · 혜를 기본으로 수행

깨달음 = 지혜 = 일체 사물의 상호의존과 텅빔의 체득으로 회향
　　　　　　　　　　(상대적 연기와 무실체의 공)
　　　　나의 깨달음에서 남의 깨달음으로(自覺覺他)

중생의 깨달음을 위한 베풂으로 회향 = 자비 = 방편

'모든 사물은 상호의존의 상태에 있으므로 실체성이 없고 공하다'
는 말을 들으면 많은 경우에 이런 질문을 한다. '나라고 하는 것이 업
의 착각일 뿐이고 실체로서의 나가 없이 공하다면 지혜나 깨달음 그
리고 자비나 보시의 방편은 왜 필요하냐'는 물음이다. 그러나 이런
질문을 하기 전에 이렇게 물어야 한다. '도대체 무엇을 위해서 연극,
영화, 소설, 시, 음악, 미술 등이 있어야 하느냐'고 말이다. 답은 간단
하다. 무슨 이익이 있어서가 아니라 삶의 참다운 모습과 아름다움을
있는 그대로 감상하기 위해서이다. 존재의 실상을 경험한 사람들만
이 누릴 수 있는 환희의 경지가 있다. 그것을 맛보게 되면 '공한데 무
엇을 위해서'라는 물음이 말끔히 사라질 것이다.

우리는 지금 한국에서 흔히 볼 수 있는 불교를 머리에 그리면서 불
교라는 말을 쓰지만, 앞에서도 말했듯이 불교에는 여러 가지의 종류
가 있다. 막연하게 불교라고 하면 어떤 종류의 불교를 말하는지 분명
하지가 않다. 불교는 역사적인 발전단계에 따라서, 교리의 깊이에 따
라서, 지역에 따라서, 신앙의 형태 등에 따라서 각기 분류된다.

시대적 발전단계에 의해서 보면 원시불교(原始佛敎)·부파불교
(部派佛敎)·대승불교(大乘佛敎)가 있다. 또 부처님 가르침의 형식적
이해나 내용적 이해에 따라서 소승불교(小乘佛敎)와 대승불교가 갈
라진다. 지역을 중심으로 분류하면 남방불교(南方佛敎)와 북방불교
(北方佛敎)가 있다. 태국, 미얀마, 스리랑카의 불교가 남방불교라면
티베트, 중국, 몽고, 한국, 일본 등지의 불교는 북방불교이다. 신비의
정도에 따라서 현교(顯敎)와 밀교(密敎)가 있는가 하면 구원자의 가
정과 그에 대한 의지에 따라서 자력교(自力敎)와 타력교(他力敎)가
구별된다.

원시불교·부파불교·대승불교는 불교를 교리적 전개의 시대적
구분에 기준을 두고 분류한 것이다. 이 분류는 중국을 비롯한 타지역
에 전해진 불교와 관계없이 불교발생지인 인도 본토 내에서의 교리

적 전개의 변천을 나타낸다.

원시불교는 석가모니부처님께서 열반에 드신지 약 100년경까지를 말한다. 이 시기에는 불교교단이 여러 부파로 갈라지지 않고 부처님 당시의 조직형태를 유지하였다고 전해지고 있다. 또 원시불교를 세분해서 근본불교와 원시불교로 구분하기도 한다. 근본불교란 석가세존의 가르침이 변형되지 않고 온전히 간직되어 있는 불교의 형태를 말한다. 부처님 재세시에 석가세존을 모시고 살았던 부처님의 직제자들이 열반에 들기 이전까지의 불교 형태, 말하자면 부처님께서 열반에 드신 후 약 30년까지의 불교 형태를 가리킨다.

그런데 난감하게도 근본불교는 커녕 원시불교의 형태마저도 확실하게 전해줄 만한 자료가 없다. 현존하는 가장 오래된 불교전적인 《아함경》과 《율장》 등은 부파불교인들의 손을 거쳐서 전해내려온 것이다. 그래서 그 전적 가운데는 이미 부파불교의 교리학설이 뒤섞여 남아 있기 때문에 현재의 자료로 근본불교나 원시불교의 교리와 형태를 확실하게 말하기가 힘들다. 하지만 여러 부파들에 의해 현재까지 전해지고 있는 전적들을 비교하여 모든 부파들이 일치하는 교리내용들을 뽑아냄으로써 근본불교 또는 원시불교의 것으로 추측하는 것은 가능하다.

부처님께서 열반에 드신 후 100여 년이 지나다 보니 부처님 가르침의 내용과 취지 그리고 계율 해석에 차이가 생기게 되었다. 어느 곳에나 보수적인 해석과 진보적인 해석이 있기 마련인데, 그때 전통적인 형태의 철저한 계승을 주장하는 보수파는 테라바다(Theravāda) 즉, 상좌부불교가 되었다. 그리고 진보혁신적으로 교리와 계율을 해석하는 파를 마하상기카(Mahāsamghika) 즉, 대중부불교라고 불렀다. 그리고 처음에는 크게 보수파와 혁신파로 분파되었지만, 부처님께서 열반에 드신 후 2~3백 년이 지나면서 좀더 세분되어 마침내는 18 또는 20부파로 나뉘어졌다.

분열의 원인에 대해서는 대개 두 가지로 전해내려오고 있다. 그 두 가지란 대천(大天)의 다섯 가지 혁신적인 주장과 열 가지 계율적인 문제로, 그것들은 모두 출가교단에 있어서 계율의 해석과 적용에 대한 이견이었다. 이 문제는 보통 대천5사(大天五事)와 10사비법(十事非法)이라고 부르고 있는데, 이와 같은 계율 해석의 차이가 근본분열의 계기가 되었고, 이어서 갖가지 교리적인 해석의 차이가 더욱 세분된 분열을 부추기게 된 것이다.

분열된 각 부파들은 부처님의 말씀을 담은 경장과 계율을 담은 율장 그리고 부처님 가르침을 연구한 논장을 가지고 있었다. 이것을 합해서 3장(三藏)이라고 하고, 특히 경에 관한 부파불교의 연구논문을 아비달마(阿毘達磨 : abhidharma)라고 한다. 부파불교에는 이런 아비달마논장이 성했기 때문에 부파불교를 아비달마불교라고도 한다.

그런데 이와 같이 부파불교가 학문화되고 형식화되다 보니 불교 본래의 종교활동을 소홀히 하게 될 것은 뻔한 일이었다. 그래서 부처님께서 열반에 드신 후 4~5백 년경에 불교가 불교 본래의 종교로 복귀하자는 운동이 일어났다. 이 운동이 바로 대승불교로서, 대승불교의 운동가들은 종래 부파불교를 소승(小乘)이라고 경멸하고 부파불교의 3장과는 다른 독자적인 경전들을 부처님의 이름하에 편집했다. 이렇게 편집된 불경이 대승경전이다. 여러 대승경전들에는 소승을 몰아붙이는데 상당히 많은 부분을 할애한다. 특히 《법화경》에서는 소승을 방편이라고 하고 대승을 진실이라고 해서 소승인 부파불교인들의 깨달음은 아직 멀었다고 누차 반복해서 강조한다.

대승불교의 운동가들은 석가세존께서 그 시대에 설법하신다면 대승경전처럼 가르치실 것이 분명하다는 신념을 가지고 있었다. 대승경전이 진정한 불법으로 부파불교가 전승하고 있는 경전보다도 석가세존의 진실한 뜻을 더 잘 나타낸다고 굳게 믿었다. 우리들이 언뜻 생각하면 대승경전은 《아함경》같은 원시경전에 비해서 시기적으로 뒤에 편집되었기 때문에 부처님의 진설이 아니라고 생각하기가 쉽지만, 그렇지가 않다. 《아함경》이 일찍 결집되었다고 하지만 현재의 모양으로 다듬어진 것은 부처님께서 열반에 드신지 100여 년이 지난 이후이다. 엄밀히 말하면 원시경전도 부처님의 직설(直說)이 아니다. 깨달음과 다불사상을 강조하는 불교에서 불법을 바르게 설하는 것은 부처님의 가르침으로 보아도 좋다는 것이 불교의 개방적인 특징이다. 또 한 세계에는 한 부처님만 교주로 모셔야 한다는 원칙에서 설사 뒤에 깨달음을 얻은 부처님이 탄생한다고 하더라도 그 깨달음의 말씀은 반드시 석가세존에게 바쳐서 석가모니부처님의 이름으로 경전이 편찬되어야 하는 원칙이 있다. 그래서 대승경전은 그대로 석가세존의 말씀이며 동시에 모든 깨달은 부처님들의 말씀이다.

이렇게 일어난 대승불교는 이슬람교도들이 인도를 침입하여 인도에서 불교를 멸망시킬 때까지 초기·중기·후기의 3기에 걸쳐서 발전한다. 자세한 발전의 내용과 또 그 시기에 편집된 대승경전들에 대해서는 뒤에서 살펴보기로 한다.

우리는 앞에서 원시불교·부파불교·대승불교로 분류했고, 이번에는 소승과 대승을 분류할 차례이다. 이 분류는 간단하다. 왜냐하면 앞에서 말한 부파불교 즉, 아비달마불교가 바로 소승이 되기 때문이다. 그런데 우리는 여기서 소승불교와 대승불교의 차이를 생각해봐야 하겠다.

먼저 소승은 아라한과(阿羅漢果)를 목표로 해서 궁극의 깨달음이 아닌 개인적인 안심입명을 얻을 정도의 깨달음만을 얻어서 편히 쉬려고 한다. 반면에 대승은 궁극적으로 부처님이 되어서 자신도 깨닫고 남도 깨닫게 하려고 한다. 그래서 열반에서 쉬기보다는 일체중생이 성불할 때까지 고통의 세계를 찾아나서려고 한다. 소승은 자기 구제에 급급하고, 대승은 일체중생을 구해서 사회 전체를 정화하려고 한다. 소승은 업보윤회의 고통을 면하려고 하는 타율주의인 반면에 대승은 성불의 발원을 실천하기 위해서 지옥도 마다하지 않고 찾아나서는 자율주의이다. 소승은 경전이나 계율의 단편적 어구에 집착해서 소극적인 생활을 하지만, 대승은 반야의 지혜에 의한 무집착의 열린 마음의 상태에서 적극적인 생활을 하려고 한다. 소승은 부파불교의 아비달마에서 나타나는 것처럼 이론적, 학문적 경향이 강하고, 대승은 이론이나 학문보다는 신앙의 실천을 중시한다. 소승은 형식을 중요시하고 대승은 내용을 중요시한다. 가령 어떤 계율을 예로 들면 소승은 몸이 움직여서 그 계율을 범해야만 파계로 생각하지만, 대승은 마음이 흔들려서 자기 정신이 흩어지면 설사 몸으로 범하지 않았다고 하더라도 파계로 생각하고 부끄러워한다.

그리고 지역적으로 인도 본토를 중심으로 해서 남쪽으로 전해졌느냐 북쪽으로 전해졌느냐에 따라서 남방불교와 북방불교로 부르는 분류가 있다. 그런데 북쪽으로는 대승불교가 전해졌고 남쪽으로는 부파불교 중 상좌부계통의 불교가 전해졌다. 대승과 소승이 경쟁할 때에는 남방불교의 형태를 부파불교의 잔재 또는 소승불교라고 불렀지만, 지금은 각 지역의 불교가 그 지역의 특성에 맞게 발전해가는 마당에 남방불교를 소승불교라고 칭하는 것은 바람직하지가 않다. 그래서 요즘 많은 이들은 남방불교를 테라바다 부디즘(Theravāda Buddhism) 즉, 상좌부불교라고 부르며 부처님 당시의 불교 형태를 변형시키지 않고 전하려는 노력과 그 성과를 인정해주고 있다. 그래서 남방불교는 상좌부불교, 북방불교는 대승불교라고 알아도 무방하다. 현재 태국, 미얀마, 캄푸치아, 스리랑카, 라오스 등지의 불교는 남방 계통의 상좌부불교에 속하고 중국, 한국, 일본, 월남, 티베트, 네팔, 몽고의 불교는 북방 계통의 대승불교에 속한다.

다음은 현교와 밀교의 분류이다. 현교란 드러내보이는 불교라는 뜻이고, 밀교는 비밀의 불교라는 뜻이다. 티베트의 불교는 탄트릭 부디즘(Tantric Buddhism) 즉, 밀교의 대표적인 예이다. 만다라를 그리

거나 진언, 다라니, 주문을 외우는 것을 주된 수행의 방법으로 삼고
있다. 이 밀교를 우리나라와 중국, 일본에서는 진언종 또는 진종이라
고 부른다. 진언종을 비밀한 가르침의 불교라는 뜻에서 밀교라고 하
고, 그 외의 모든 불교를 드러내보인다는 의미에서 현교라고 한다.

　다음은 자력교와 타력교의 분류이다. 자력교란 자력(自力) 즉, 자
기의 힘으로 궁극의 경지에 이르는 불교라는 뜻이고, 타력교란 타력
(他力) 즉, 아미타부처님같은 외적인 힘에 의지해서 목표하는 정토열
반의 경지에 이르는 불교라는 뜻이다. 자력교의 대표적인 것은 선종
이고, 타력교의 대표적인 것은 정토종이다. 정토종은 내세에 정토 또
는 극락세계에 왕생하기 위해서 염불기도하는 것을 주된 목적으로
하고 있다. 그러나 무릇 종교란 인간의 부족함을 전제하는 것이기 때
문에 어떤 형태로든지 타력적인 요소가 있다. 또 정토종에도 정토에
이르려고 하는 원력의 의지를 발하는 최소한의 자력이 요구되고 있
다. 단지 구태여 분류하자면 선종이 자력교의 표본이고 정토종이 타
력교의 표본이라는 말이다.

　우리나라의 불교는 북방 계통의 대승불교이면서도 자력교와 타력
교, 현교와 밀교가 복합된 것이다.

　여기서 우리는 원시불교 · 부파불교 · 대승불교, 소승불교 · 대승불
교, 남방불교 · 북방불교, 현교 · 밀교, 자력교 · 타력교로 분류했지만,
이외에도 시대에 따라 지역에 따라 불교는 더 세분화될 수 있다. 한
국, 중국, 인도의 불교가 똑같이 대승불교지만 각기 특성이 있다. 왜
냐하면 각 민족의 특성이 다르기 때문이다. 인도인은 사변적이고 논
리적인 특징이 있다. 중국인은 실천에 강조를 둔다. 한국인은 실천에
강조를 두면서도 약간 미적, 문학적인 면이 있고, 일본인은 미적, 문
학적인 면이 더 강하다. 그래서 각 나라의 불교를 보면 인도불교는
사변적이고 논리적이며, 중국불교는 실천적, 한국불교는 실천적이면
서도 미적이고 문학적, 일본불교는 미적이고 문학적인 면이 각기 강

하게 나타나고 있다.

한국불교는 통불교(通佛敎) 또는 통합불교를 좋아하고 자랑해왔다. 한국불교의 특징을 말하라면 다른 나라의 불교가 종파불교인데 비해 한국불교는 통불교라고 말하곤 한다. 선과 교의 통합, 현교와 밀교의 통합, 자력교와 타력교의 통합, 유식연기론(唯識緣起論)과 중관실상론(中觀實相論)의 통합 등을 말한다. 앞에서 불교에 대한 정의를 논했지만, 다시 한국불교의 정의를 이야기한다면 '북방 계통의 통불교적 대승불교'라고 짧게 말할 수 있겠다.

ℐ. 불타의 침묵

> 부처님은 만동자가 혼란을 일으키고 연기법을 형
> 이상학적인 것으로 풀이할까 염려해서 연기법을
> 그 질문에 대한 답으로 쓰지 않았다.

　미혹을 반야지혜로 돌리고 고통을 법신으로 돌리기 위해서 수행을
한다. 그러나 그 수행의 핵심적 방향은 있어야 한다. 수행을 하는데
있어서 기본적인 주의사항은 알아야 할 것이다. 가령 직장의 상사나
가정의 어른이 어딘가 다녀오라고 심부름을 시켜서 내가 가게 되었
다고 치자. '빨리 다녀오겠습니다'라고 말하고 뜀박질하여 목적지까
지 도착했으나 가져오라고 한 것이 무엇인지를 알지 못한다면 헛수
고만 하는 것이 된다. 또 설사 확실하지 않은 기억을 더듬어 생각나
는 것을 가져간다고 하더라도 그것이 심부름시킨 사람이 부탁한 것
이 아니면 다녀온 일 자체가 헛고생이 된다. 수행을 하는 것도 마찬
가지일 것이다. 수행을 통해서 닦아야 할 내용도 확실하게 모르고 닦
는 요령도 없으면 공연히 헛고생만 할 수가 있다. 그래서 우리는 저
유명한 부처님의 침묵을 통해서 우리가 진정 구해야 할 지혜가 어떤
종류인지 어떤 자세로 그 지혜를 얻어야 할지에 대해서 살펴볼 필요
가 있다.
　불타의 침묵을 알기 위해서 저 유명한 《전유경》을 줄여서 읽어보
자.

　이와 같이 내가 들었다. 어느 때 부처님께서는 사위성 승림의 외로운

이 돕는 장자의 동산에 계시었다. 그때 만동자(Māluṅkyāputta)가 해질녘에 부처님께 나아가 머리를 조아려 예배하고 물러나 한쪽에 앉아 여쭈었다.

"세존이시여, 이 세계는 시간적으로 영원합니까 영원하지 않습니까? 공간적으로 시작과 끝이 있습니까 없습니까? 정신과 육체는 하나입니까 둘입니까? 그리고 여래는 사후에 존재합니까 존재하지 않습니까? 세존께서 이 질문들에 대해서 아시거든 저를 위하여 말씀해주십시오. 만약에 알지 못하시거든 나는 알지 못한다고 바로 말씀해주십시오."

세존께서 물으셨다.

"만동자여, 내가 이전에 혹 너를 위하여 이런 문제에 관한 가부의 답을 해주었기 때문에 네가 나를 따라 범행을 배우고 있는가?"

만동자는 아니라고 대답했다. 부처님은 다시 말씀하셨다.

"만동자야, 나도 이전에 너에게 말한 일이 없고 너도 또한 이전에 내게 말한 일이 없는데, 이 어리석은 사람아, 어찌하여 부질없이 나를 모함해 비방하느냐?"

세존은 만동자를 꾸짖으신 뒤 모든 비구들에게 말씀하셨다.

"만약 어떤 사람이 조금 전에 만동자가 한 질문을 하고 그 답을 얻지 못하면 나를 따라 범행을 배우지 않겠다고 한다면 그는 그 진실을 알지 못한 채 그 중간에서 목숨을 버리고 말 것이다. 비유하면 이와 같다.

어떤 사람이 독화살을 맞아 지극히 목숨이 위태로울 때 가족들이 그를 걱정하여 의사를 청하였다. 그러나 그 사람은 '아직 화살을 뽑아서는 안 된다. 나는 먼저 화살 쏜 사람의 성, 이름, 신분, 키는 큰가 작은가, 살결은 거친가 고운가, 얼굴빛은 검은가 흰가, 크샤트리야족인가 바라문족인가, 어느 고장 출신인가, 그 활이 뽕나무로 되었는가 물푸레나무로 되었는가 혹은 뿔로 되었는가, 활줄이 소 힘줄로 되었는가 노루나 사슴 힘줄로 되었는가 혹은 실로 되었는가, 그 화살이 나무로 되었는가 혹은 대나무로 되었는가, 그 화살통이 소 힘줄로 되었는가 혹은 실로 되었는가, 그

화살의 깃이 매털로 되었는가 보라매나 독수리털로 되었는가 고니나 닭털로 되었는가, 그 화살촉이 살촉으로 되었는가 창으로 되었는가 혹은 창칼로 되었는가, 이런 것들을 알아야겠다'고 말한다면 그는 그것들을 알아내지도 못한 채 죽어버리고 말 것이다.

　그같은 질문에 답하는 것은 이치에 맞지 않고 법에 맞지 않으며 범행의 근본이 아니어서 지혜로 나아가지 않고 깨달음으로 나아가지 않으며 열반으로 나아가지 않는다. 그래서 나는 말하지 않아야 할 것은 말하지 않고 말해야 할 것은 말한다고 하는 것이니, 너희들은 마땅히 이렇게 받아지니고 이렇게 배워야 한다."

　부처님께서 이같이 말씀하시자 모든 비구들은 부처님 말씀을 듣고 기뻐하여 받들어 행하였다.(중아함)

　이《전유경》에는 크게 세 가지의 중요한 문제들이 나왔다. 첫째는 만동자가 물은 형이상학적인 질문들이다. 세상의 시간적 공간적 시작과 끝, 정신과 육체의 같음과 다름, 사후 존재의 문제 등은 경험적으로나 형상적으로 답할 수 있는 문제가 아니기 때문이다. 둘째는 그 질문에 대한 부처님의 침묵과 독화살의 비유이다. 셋째는 부처님의 기본적 입장이다. 부처님은 진실로 인간의 고통을 소멸하는 도를 닦는데 도움이 되는 물음과 답만 할 뿐이지 공연히 형이상학적인 문제를 가지고 말장난이나 하지는 않겠다는 것이다.

　이《전유경》에서 우리는 불도를 닦고 지혜를 얻는다는 것이 무엇을 의미하는지를 배운다. 불교에서 진리를 찾는다는 말은 인간이 참다운 삶을 사는 길이 무엇이냐에 대해서 궁금해한다는 것이지 형이상학을 하는 것이 아니라는 뜻이다. 더욱이 인간의 언어와 이성에는 한계가 있다. 이 우주의 시간적 공간적 시작과 끝을 언어로 설명할 수는 없다. 그리고 설사 설명한다고 하더라도 그것은 인간의 이해능력 밖에 있다.

예를 들면《아함경》의 다른 곳에서 인간 사후의 존재에 대해서 묻는 장면이 나온다. 그러자 부처님은 타오르고 있던 불을 끄게 한다. 그리고 그 불이 있는 것인지 없는 것인지 말해보라고 한다. 제자들은 있다고 해도 옳지 않고 없다고 해도 옳지 않음을 깨닫게 된다. 왜냐하면 불이 꺼져서 당장 보이지 않으니까 있다고는 할 수 없고 언제라도 연료에다 불을 지펴서 붙이면 불이 있게 되므로 없다고 할 수도 없다. 있지도 않고 없지도 않다는 말이나 있기도 하고 없기도 하다는 표현도 적당치 않다. 듣는 사람에게 공연히 혼란만 줄 것이기 때문이다.

이 불의 이야기는 눈으로 볼 수 있는 경험적 얘기니까 그나마도 이야기가 가능하다. 지금까지 겪어온 우주의 역사가 무량수 무량겁인데 겨우 서기 2000년을 쓰고 있는 인간이 시간적 공간적 시작과 끝을 이해할 수가 없다. 지금 아무리 과학이 발달한 이 시대에도 우리가 이 우주에 대해서 알고 있는 것은 모르는 것의 무량수, 무량수억 천만분의 일도 못된다.

타종교의 교전들은 누가 어떻게 이 세상을 만들었다고 세상의 창조를 구체적으로 설명하려고 한다. 중세까지만 해도 천동설(天動說) 즉, 하늘이 움직이고 지구는 움직이지 않는다는 교리를 가지고 지동설(地動說)을 말하는 갈릴레오를 이단이라고 처형하려고 했다. 지동설이 확인된지 오랜 세월이 지난 최근 몇년 전에야 그 종교의 최고 본부는 갈릴레오에게 지동설을 말한 죄를 면해주었다. 타종교는 과학이 발달할수록 과학이 발견하는 것과는 지금까지 배치된 주장을 해왔다는 것이 계속 드러나고 있다. 그러나 부처님이 설한 존재의 진리, 예를 들면 상대성과 의존성을 설파한 연기법은 과학이 발달하면 할수록 또 문명이 깨우치면 깨우칠수록 이치에 합당하다는 것이 드러나고 있다. 부처님은 이 세상의 사물이 어떤 상태에 있다는 것을 설명했을 뿐 그것들이 무엇인가에 대해서는 관심이 없었기 때문이다.

부처님은 불도를 닦는데 도움이 되는 것만 말씀하신다. 불도를 닦는 것은 지혜를 닦는 것이지 지식을 축적하려고 하는 것은 아니다. 부처님은 인간의 지적 호기심을 충족시키는데는 전혀 관심이 없다. 미혹과 악업과 고통의 3도(三道)를 법신과 반야와 해탈수행의 3덕(三德)으로 뒤집는데만 관심이 있다. 그래서 독화살을 맞은 사람의 비유를 든다. 《전유경》을 좀 길게 읽었지만, 독화살을 맞은 사람이 그것을 쏜 사람에 관한 모든 정보, 활에 관한 모든 정보, 화살에 관한 모든 정보, 화살통에 관한 모든 정보, 화살을 쏜 이유에 관한 모든 정보를 얻은 다음에야 독화살을 뽑고자 한다면 그는 그 정보를 알아내기 전에 죽을 것이 뻔하다. 그리고 그러한 정보들은 당장 죽어가는 그 사람을 구하는데 크게 도움이 되지 않는다. 마찬가지로 세상의 시간적 공간적 시작과 끝에 대한 지식을 얻은 다음에야 불도를 닦겠다고 하는 이가 있다면 그는 영원히 불도를 닦지 못할 것이다. 왜냐하면 그는 영원히 알 수 없을 것이기 때문이다. 헤아릴 수 없이 많은 크고 작은 태양계와 별들 중에서 아주 작은 지구라는 조그마한 별에 살고 있는 우리가 우주의 시작과 끝을 알고자 하는 것은 무의미한 호기심일 뿐이다.

부처님은 만동자의 질문에 대해서 침묵했다. 그 대신 부처님은 인간의 참생명을 깨닫는데 도움이 되는 것만 말할 뿐이라는 것을 확실히 해둔다. 어떤 이는 엉뚱하게도 부처님은 만동자의 질문에 대한 답을 알고 계셨을까 모르고 계셨을까 하고 궁금해할 수도 있다. 사실 부처님은 그 질문이 나오기 이전에 그 질문에 대한 답을 이미 하셨다. 다만 만동자가 몰랐고 우리가 모를 뿐이다. 앞으로도 모를 것이다. 다시 한번 우주 존재의 원칙을 외워보자. '이것이 있으므로 저것이 있고, 이것이 일어나므로 저것이 일어난다. 이것이 없으면 저것도 없고, 이것이 없어지면 저것도 없어진다'는 연기법이다. 부처님은 만동자가 새로운 혼란을 일으키고 연기법을 형이상학적인 것으로 풀이할까 걱정이 되어서 연기법을 그 질문에 대한 답으로 쓰지 않았다.

만동자의 물음과 불타의 침묵의 입장을 도표로 정리하여 생각해보자.

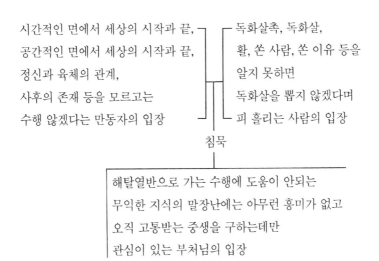

시간적인 면에서 세상의 시작과 끝,
공간적인 면에서 세상의 시작과 끝,
정신과 육체의 관계,
사후의 존재 등을 모르고는
수행 않겠다는 만동자의 입장

독화살촉, 독화살,
활, 쏜 사람, 쏜 이유 등을
알지 못하면
독화살을 뽑지 않겠다며
피 흘리는 사람의 입장

침묵

해탈열반으로 가는 수행에 도움이 안되는
무익한 지식의 말장난에는 아무런 흥미가 없고
오직 고통받는 중생을 구하는데만
관심이 있는 부처님의 입장

4. 용수보살의 변증법

부처님은 지적 희론에 빠지지 않아야 한다는 것을
침묵으로 가르쳤지만 용수보살은 부처님을 뒷받침
하기 위해서 적극적으로 변증법을 쓰고…

'불타의 침묵'에서 드러나는 숨은 뜻을 논리적으로 전개시켜서 삿
된 질문들을 침묵하게 한 용수보살의 변증법(辨證法)이 있다. 만동자
의 질문 즉, 세계의 시간적 공간적 시작과 끝, 육체와 정신의 관계, 사
후의 존재 등에 관한 물음은 이미 잘못된 전제를 안고 있다.

부처님의 가르침에 의하면 모든 것이 인연에 의해서 생기고 인연
에 의해서 멸한다고 한다. 그래서 모든 사물은 혼자서 존재할 수 없
고 오직 상대적인 것에 의존해서만 존재할 수 있다. 상대적인 것에
의해서만 존재한다는 말은 자기 실체가 없다는 말과 같다. 이 세상의
모든 사물은 홀로 존재하는, 항상 스스로 똑같이 존재하는, 그런 것
이 있을 수 없다는 말이다.

그렇지만 만동자는 이 세계, 육체, 영혼, 인간 등에 관한 질문을 할
때 그것이 실체적인 것, 항상 있는 것, 어떤 주체가 있는 것으로 이미
전제하고 있었던 것이다. 만약 만동자의 질문에 대해서 있다 없다로
답하게 되면 그 질문의 전제를 인정하는 것이 되고, 그렇게 되면 연
기법의 내용과 어긋나게 된다. 연기법 특히 12연기에서는 사물의 존
재가 미혹과 악업과 잘못된 인식에 의해서 생겨난 것이라고 보고 있
는데, 그 질문에 대해서 대답을 하게 되면 부처님은 스스로 자가당착
에 빠지게 된다. 존재가 무명업식(無明業識)의 산물이므로 실체가 없

는 것이라 해놓고 다시 만동자의 질문에 답함으로써 그 질문 속에 이
미 전제된 '세계 등이 실체로서 존재한다'는 것을 인정하는 꼴이 되
기 때문이다.

　용수보살은 부처님의 침묵 속에 담긴 의미를 드러내기 위해서 연
기사상 또는 공사상과 반대되는 주장을 하는 사람들에 대해 프라상
가(prasaṅga) 즉, '스스로 자기 오류에 빠지게 만드는 방법'을 썼다. 용
수보살은 제2의 석가모니라고 할 만큼 훌륭한 고승이요 대승불교의
선양자이기 때문에 과거로부터 보살이라는 칭호를 받아왔다. 용수보
살은 상대가 자기 오류에 빠지게 만들기 위해서 네 가지 존재 형태를
제시한다.

　예를 들면 상대적인 것이 있다, 없다, 있기도 하고 없기도 하다, 있
지도 않고 없지도 않다든지, 다시 상대적인 것이 같다, 다르다, 같기
도 하고 다르기도 하다, 같지도 않고 다르지도 않다는 식의 네 가지
형태이다.

　용수보살이 자기 오류에 빠지게 만드는 변증법을 사용하는 예를
《중론》 8장에서 보겠다. 여기서 용수보살은 행위자와 행위의 관계를
네 가지로 부정해서 행위자와 행위를 동시에 부정한다. 《중론》의 그
부분을 단순화해서 읽어본다.

　　첫째 만약에 어떤 이가 행위자와 행위가 같다고 하면 그의 말은 전에
　부터 이름붙여져 있던 행위자와 새로운 행위를 했기 때문에 생기는 행위
　자를 두번 말하는 것이 된다. 이것은 마치 말하는 사람이 말한다는 식이
　다. 그리고 행위자와 행위가 같다는 것을 계속 유지하기 위해서는 다르
　다는 것을 부정해야 하는데, 그렇게 되면 행위의 과정 자체를 부정하는
　오류에 빠지게 된다.
　　둘째 행위자와 행위가 다르다고 한다면 그 말은 동시에 두 가지를 할
　수 없다는 원칙을 범하게 된다. 잠자는 사람이 동시에 말할 수는 없기 때

문이다. 그리고 행위자와 행위가 다르면 그 두 가지가 아무런 관계가 없
는 오류에 빠지게 된다.

셋째 행위자와 행위가 같기도 하고 다르기도 하다고 하면 그 말은 말
하는 사람이 동시에 말하지 않는 사람과 같다고 하는 오류에 빠지게 된
다.

넷째 행위자와 행위가 같지도 않고 다르지도 않다고 하면 그 말의 오
류는 쉽게 드러난다. 행위가 행위자 없이 있을 수가 없고 행위자와 행위
사이에 아무런 관계도 없어지기 때문이다.

이 예문에서 볼 수 있듯이 용수보살은 그의 극단적인 변증법으로
모든 실체사상을 분쇄한다. 용수보살은 자신의 입장은 밝히지도 않
은 채 상대적인 것이 같다거나, 다르다거나, 같기도 하고 다르기도
하다거나, 같지도 않고 다르지도 않다거나 모두 틀리다고 논박한다.
용수보살은 자기 입장을 보류한 채 계속적으로 상대방의 문제점만
들추어낸다. 용수보살의 기본은 부처님 연기법의 연장인 공사상이기
때문에 문제가 될 것이 없고, 상대는 연기사상에 일치하지 않기 때문
에 여기저기서 자기 오류에 빠지게 된다. 용수보살이 이와 같이 변증
법을 쓰는 목적은 상대를 놀려주거나 골탕먹이고 물리치는 것을 즐
기기 위해서가 아니라 인간 이성 또는 인간의 총체적인 지적 능력의
한계를 드러내기 위해서이다. 인간의 종합적인 지적 능력에 한계가
있다는 것을 밝히는 이유는 결코 지식적인 분별의 알음알이로는 궁
극적인 깨달음을 얻을 수 없다는 것을 알리기 위해서이다.

부처님은 만동자의 질문에 침묵으로 답하고 화살의 비유를 듦으로
써 지적 희론에 빠지지 않아야 한다는 것을 가르쳤지만, 용수보살은
부처님의 침묵을 뒷받침하기 위해서 적극적으로 변증법을 쓰고 상대
가 오류에 빠지게 함으로써 스스로 인간 지성의 한계를 알게 한 것이
다.

깨달음의 궁극점을 잡는데 있어서 용수보살은 두 가지 진리 즉, 속제(俗諦)와 진제(眞諦)를 구별해서 쓴다. 속제는 속된 진리, 상대적인 진리, 일반적 진리, 언어로 표현할 수 있는 진리를 말한다. 진제는 참된 진리, 언어로 표현할 수 없고 알음알이로 잡을 수 없는 진리를 말한다. 속제는 다른 표현이 많지 않지만, 진제는 승의제(勝義諦), 제일의제(第一義諦) 등 여러 가지 다른 표현으로 나타낸다. 일반적인 진리와 궁극의 진리로 구별하는 이유는 불법에 있어서 말로 표현할 수 있는 곳이 어디까지이고 어디서부터 말이나 생각으로 표현하거나 접근할 수 없는가를 가리기 위해서이다. 4성제, 8정도, 6바라밀, 연기법, 12인연 등은 속제 즉, 언어로 표현할 수 있는 진리이다. 그러나 이 속제가 마지막이 아니라 이 속제의 다음 단계인 언어로 나타낼 수 없는 진제, 제일의제, 승의제가 있다. 그 진제는 일반적인 사량분별(思量分別)로 접근할 수가 없다. 부처님의 침묵과 용수보살의 변증법은 다같이 언어라는 자동차를 타고 갈 수 있는 지점이 있고 언어나 사량분별이라는 인간 지성의 자동차로부터 내려서 직접 자신이 아무 것도 의지하지 않고 걸어가야 하는 부분이 있음을 알려주려고 한 것이다.

우리가 이 책을 통해서 교리공부를 하는 것은 속제 즉, 속되고 상대적인 진리이다. 진제 즉, 궁극적인 진리는 스스로 찾아나서야 한다. 여기서 의문이 생긴다. 진제 즉, 언어를 초월한 궁극적인 진리에 접근하는 방법이 무엇이냐는 것이다. 이 물음에 대한 답은 간단하다. 지·정·의(知情意)가 합쳐서 만드는 직관력이다. 이 직관력은 참선, 염불, 기도, 주력 등에 의해서 불가사의하게 얻어진다. 진제를 언어로 잡을 수 없듯이 그 진제를 포착하는 직관력도 언어로 구할 수가 없다. 마찬가지로 어떻게 기도와 참선과 염불, 주력 등이 직관력을 만드는지에 대해서도 그 마지막 포인트는 설명할 수 없다. 일반인들을 위해서 그 수행법들이 어떻게 신체와 정신을 변화시키는가에 대한 연구실험 발표가 있기는 하지만, 그 또한 언어의 한계 속에 있기 때문에 설명하고나면 속제가 되어버려서 결국 진제와는 멀어지게 된다. 공부하는 불자가 많지 않은 한국불교가 이나마 지탱되는 것은 속제 즉, 언어와 문자를 통해서 불법을 공부하지는 않지만 기도, 염불, 주력, 참선 등을 많이 해서 직관력으로 진제와 어느 정도 통하기 때문일 것이다. 기복불교로 소원을 빌기 위해서 기도하지만, 그러다 보면 업장도 녹고 깨달음을 어렴풋이 넘보는 직관력도 생기게 되는 것이다.

이렇게 속제와 진제 즉, 언어적인 진리와 비언어적인 진리가 있다는 것을 알고 큰스님들의 법문을 들으면 혼란을 줄일 수가 있다. 큰스님들은 법상에 올라가셔서 속제적인 것 즉, 언어로 전달되는 것과 진제적인 것 즉, 비언어적인 것을 자유롭게 뒤섞어서 쓰기 때문에 주의를 기울여서 그 두 가지를 구별하지 않으면 앞뒤가 모순되는 듯한 혼란이 생길 수도 있다. 부처님의 침묵에서 부처님도 속제와 진제를 혼용한 셈이다. 만동자의 물음에 답변하지 않은 것은 언어의 사량분별로 통할 수 없다는 진제의 법을 쓴 것이고, 독화살을 맞은 사람의 비유를 들어서 자상하게 설명한 것은 속제의 법을 쓴 것이다. 용수보살이 변증법으로 상대를 몰아붙이는 것은 속제적인 것이고, 그 언어의 뒤에 슬쩍슬쩍 내비추는 취지는 진제적인 것이다.

여기서 우리는 다시 이런 질문을 만난다. 우리의 행동과 언어와 생각이 속제적인 것인데 어떻게 그 속제적인 몸과 입과 마음의 수행을 통해서 진제의 궁극적인 진리에 접근할 수 있느냐는 것이다. 우리의 언어와 생각이 사량분별적인데, 어떻게 속제적인 것들의 닦음이 언어와 사량분별의 개념을 초월한 진제의 진리를 깨우치게 할 수 있느냐는 말이다. 옛스님네들은 보통 두 가지의 비유를 든다. 한 가지는 꿈속에서 호랑이가 나타났을 경우 그것이 꿈속에 허깨비로 나타난 거짓의 것이라고 하더라도 아주 무섭게 꿈꾸는 사람에게 덤벼들면

잠자는 사람을 잠에서 깨어나게 할 수 있다는 것이다. 마찬가지로 수
행도 임시의 것이요 언어 영역의 속제적인 것이지만 진리를 깨우치
는데는 힘을 발휘한다는 것이다. 또 하나의 비유는 활동사진의 비유
이다. 영화에 아주 예쁜 사람이 나타나서 마음에 드는 연기를 할 경
우에 그것이 사람이 아닌 영화필름이 보여주는 사진에 불과하지만
사람들로 하여금 색심(色心)이 동하게 할 수 있다는 것이다. 마찬가
지로 언어 영역의 수행도 침묵 영역의 깨달음에 다다를 수가 있다는
말이다.

5. 일체법

불교에서는 실체적인 것을 인정하지 않는다. 오직
우리가 감각으로 일상생활에서 경험할 수 있는 것
만을 일체 존재의 전부로 간주한다.

불교에서는 '일체법(一切法)' 즉, '존재하는 모든 것'이라는 말을 자
주 사용한다. 정신적인 것이나 육체적인 것들이 모두 일체법에 포함
된다. 그런데 불교에서는 서양철학과 달리 본체나 실체같은 것을 인
정하지 않는다. 오직 우리가 감각으로 일상생활에서 경험할 수 있는
것 또는 눈앞의 현상계만을 일체 존재의 전부로 간주한다. 우리가 경
험할 수 있는 것으로서의 일체법은 기본적으로 '3과(三科)' 즉, 세 가
지 과목이다. 3과란 5온(五蘊) 즉, 색·수·상·행·식(色受想行識)
과 12처(十二處) 즉, 안·이·비·설·신·의(眼耳鼻舌身意) 색·성
·향·미·촉·법(色聲香味觸法) 그리고 18계(十八界) 즉, 12처에 감
각기관과 그 대상이 접촉하여 생기는 여섯 가지 인식을 추가한 것이
다. 5온, 12처, 18계를 줄여서 절 집안에서는 보통 '온·처·계(蘊處
界)' 또는 '온·처·계 3과'라고 부른다.

먼저 5온이란 이 세상의 모든 사물들, 물질과 정신을 색·수·상
·행·식의 다섯 가지 요소로 나눈 것이다. 온이라는 말은 범어 스칸
다(skandha)의 번역으로 '음(陰)'이라고 번역되기도 한다. 그래서 5
온, 5음이 구별없이 쓰여진다. 색·수·상·행·식 5온 중 최초의 색
(色)은 물질 또는 육체를 말한다. 색은 파괴되는 성질이 있고 공간을
차지한다. 색은 지·수·화·풍(地水火風) 4대(四大)와 그것으로 구

성된 것을 말하고 또 눈·귀·코·혀·몸의 다섯 가지 감각기관과
그 대상을 뜻한다. 즉 땅·물·불·바람의 네 가지 요소 자체와 그것
들이 합성해서 만들어낸 물질이다. 5온 중에서 이 색만이 물질적, 육
체적인 모든 것을 나타낸다.

　5온의 둘째는 수(受)이다. 고·낙(苦樂) 등을 느끼는 작용을 말한
다. 육체가 감각적으로 받는 유쾌, 불쾌의 느낌과 정신이 지각적으로
느끼는 괴로움과 즐거움 등의 감정이다. 이 감수(感受)작용은 우리
가 공부한 12연기에서 무명, 행, 식, 명색, 육입, 촉, 수로 이어지는 수
와 같은 것이다.

　5온의 셋째는 상(想)이다. 앞의 감수작용에 의해서 받은 느낌을 개
념으로 고착화시키는 작용이다. 고통이나 즐거움의 느낌이 있을 경
우 그것을 고락의 개념으로 고착화시켜서 생각하는 것을 말한다.

　5온의 넷째는 행(行)이다. 행의 범어는 12연기의 무명 다음에 오
는 상스카라(saṃskāra)와 똑같지만, 여러 방면의 의미가 있다. 먼저 5
온에서 말하는 행은 마음의 움직임을 말한다. 앞의 감수작용과 생각
의 작용도 마음을 움직이기는 하지만, 그 두 가지를 제외한 일체의
마음의 작용을 행이라고 한다. 그 중에서도 두드러진 마음의 작용은
선악의 의사 또는 의지작용이다. 그리고 넓은 의미에 있어서의 행은
'제행무상(諸行無常)'이라고 할 때 쓰여지는 행처럼 일체법을 나타낸
다. 그래서 5온 전체가 행이 될 수도 있다. 그리고 12연기에 나오는
행은 업이란 의미와도 가깝다. 5온에 나타나는 의미의 행은 주의환기
의 작용, 정신통일의 작용, 지적작용, 의지작용 등을 나타낸다.

　5온의 마지막으로 식(識)은 범어로 비즈냐나(vijñāna)라고 한다.
이 말의 뜻은 나누어서 아는 것 즉, 분별, 판단, 인식의 작용을 나타
낸다. 이 식은 12연기에서 무명, 행 다음에 나오는 인식주체로서의
식이기도 하고 여섯 가지 감각기관이 만드는 6식이기도 하다. 부파불
교 이후에는 이 6식에다가 전5식, 7식, 8식, 9식을 추가하기도 했다.

전5식은 다섯 가지 감각기관의 인식을 뜻한다. 제7식은 말나식이라고 해서 '나'라는 관념을 만드는 식이고, 제8식은 아뢰야식이라고 해서 모든 업을 저장하는 식이다. 제9식은 아마라식 또는 무구식이라고 해서 자성청정의 진여심을 나타낸다. 이 여러 가지의 식들은 뒷날 5온의 식에 추가된 것들이기도 하고, 또는 같은 식을 세분해서 의식과 무의식 또는 현전의식과 잠재의식으로 구별해서 나타낸 것이기도 하다. 《아함경》에는 식의 다른 이름으로 심(心)과 의(意)가 있지만, 심·의·식(心意識)이 꼭 구별되는 것은 아니었다. 그러나 유식파에 이르러서는 앞에서 분류한 대로 식은 제6식을, 의는 제7식을, 심은 제8 아뢰야식을 뜻하게 되었다.

5온 중에 수·상·행·식의 정신적인 작용을 범어로 나마(nāma)라고 하고, 물질을 나타내는 색을 범어로 루빠(rūpa)라고 한다. 정신과 육체를 나타내는 용어로, 명색(名色)으로 번역된다. 명(名)은 수·상·행·식의 정신적인 작용이고, 색(色)은 물질이다. 나마 루빠(nāma-rūpa) 즉, 명색은 5온 전체를 나타내기도 하고 이 세상의 모든 정신과 육체를 나타내기도 한다. 5온을 이야기하는 것은 우리의 몸을 다섯 가지 요소로 풀고 다시 물질인 색을 지·수·화·풍으로 분석해서 그 몸이 실체가 없고 무상하다는 것을 알리기 위해서이다.

여섯 가지 감각기관과 그 대상을 합해서 12처라고 하는데, 12입(十二入) 또는 12입처(十二入處)라고 부르기도 한다. 안·이·비·설·신·의와 색·성·향·미·촉·법을 말하는 것으로 눈·귀·코·혀·몸·뜻과 그 대상이다. 여섯 감각기관은 6근(六根) 또는 6적(六賊)이라고도 부른다. 6근은 여섯 가지 감각의 뿌리라는 뜻이고, 6적이란 여섯 가지 도둑놈을 뜻하는 것으로 감각기관이 호시탐탐 좋은 것을 훔치듯이 취하려고 하는 것을 강조해서 나타낸 것이다. 여섯 가지 감각기관의 대상은 6경(六境) 또는 6진(六塵)이라고 부른다. 6경은 대상 경계를 나타낸 것이고, 6진은 티끌 진(塵)자로 대상 경계가 사실 그대로의 모습이 아니면서도 여섯 감각기관 속에 들어가 사람의 몸을 혼탁하게 하는 것을 나타낸 것이다. 이 6진 가운데에는 빛깔·소리·냄새·맛·감촉대상이 모두 색 즉, 물질에 속한다. 과학이 전혀 발달되지 않은 그 옛날에 소리와 냄새 등 보이지 않는 무형의 것을 물질로 취급한데는 대단한 통찰력과 지혜가 엿보인다.

6근의 마지막인 의식(意識) 또는 의근(意根)의 대상으로 법경(法境)이 있는데, 다른 다섯 가지 경계를 제외한 일체의 현상계가 이 법의 경계이다. 그러나 《아함경》에는 이 법경에 대해 확실히 설명하고 있지 않다. 단지 주관적인 뜻이 있으니까 그 대상으로 정신적 현상이 있을 것이라고 짐작할 뿐이다. 그러나 부파불교 이후에는 이 법경을 구체적으로 설명하려고 했다. 법경의 첫째는 무표색(無表色) 즉, 겉으로 표시가 나지 않는 업이나 습관을 말한다. 둘째는 심소법(心所法)으로, 오온에서의 수·상·행을 뜻한다. 셋째는 무위법(無爲法) 즉, 함이 없는 법으로 불생불멸하는 영원한 진리 등을 의미한다.

18계는 12처에 6식(六識)을 합한 것 즉, 6근·6경·6식의 도합을 말한다. 범어 다투(dhātu)로 표시되는 계(界)는 차별, 체성, 원인 등을 의미한다. 감각이나 지각에 의해 인식이 성립되는 요소를 근·경·식(根境識) 즉, 6근이라는 여섯 가지 감각기관과 6경이라는 여섯 가지 감각대상, 6식이라는 여섯 가지 감각기관에 따른 인식에 의해 분류한 것이 18계이다.

그런데 이 18계에 '이것이 있음으로써 저것이 있다'는 연기법의 원칙이 나타난다. 즉 '6근으로 인연해 6경이 있고, 6근과 6경으로 인연해 6식이 있으며, 6식으로 인연해 6촉(六觸)이 있고, 6촉으로 인연해 6수(六受)가 있으며, 6수로 인연해 6상(六想)이 있고, 6상으로 인연해 6애(六愛)가 있으며…'로 이어지는 연기의 형태이다. 일체법이라고 하는 것이 별것이 아니라 우리의 감각기관과 그 대상의 화합에 의해 생기는 인식에 불과하다는 것을 드러내보여서 이 세상의 모든 사물이 항상되지 아니하고 항상한 나가 없다는 것을 밝히기 위해서 이 18계가 설해진 것이다.

18계 중에서 여섯 감각기관과 여섯 경계가 합해서 일어나는 6식계 (六識界)와 안·이·비·설·신·의 6근 중의 맨 마지막인 의계(意界)와의 관계가 문제로 나타난다. 즉 6식계와 의계는 같은지 다른지, 같으면 어떻게 같고 다르면 어떻게 다른지에 대해서 의문이 생긴다. 그러나 이 구별은 시점의 차이에서 간단하게 찾을 수 있다. 현재 찰나에 활동하는 6식은 6식계가 되고, 전에 활동했던 6식계는 의계가 된다. 그래서 안·이·비·설·신·의의 6근에 나타나는 의는 과거의 6식으로 현재의 6식을 낳게 하는 의지처가 된다.

《아함경》에서는 앞에 말한 온·처·계 3과 즉, 5온·12처·18계를 일체법 또는 존재하는 모든 것이라고 했다. 그러나 뒷날 부파불교에서는 더 상세하게 일체법을 분류하고 싶어했다. 그래서 일체법을 온·처·계 3과로 설명하는 노력을 포기하고 별도로 5위75법(五位七十五法)이라는 분류법을 채용했다. 5위란 색법(色法)·심법(心法)·심소법(心所法)·심불상응법(心不相應法)·무위법(無爲法)이다.

한편 유가행 유식파에서는 똑같은 이름의 5위에 100법(百法)을 만들었다. 원시불교가 온·처·계 3과를 일체법으로 삼은데 비해서 부파불교는 5위법으로 일체법을 분류했고 유가행유식파는 5위100법으로 일체법을 삼은 것이다.

온·처·계 3과를 도표로 정리해보면 다음과 같다.

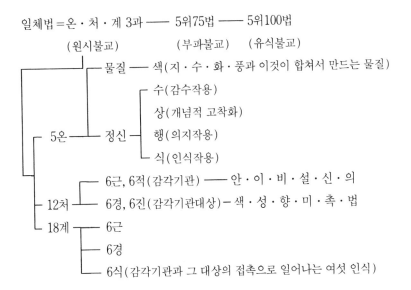

일체법＝온·처·계 3과 ─── 5위75법 ─── 5위100법
　　　　　(원시불교)　　　　(부파불교)　 (유식불교)

　　　　　　　　┌ 물질 ── 색(지·수·화·풍과 이것이 합쳐서 만드는 물질)
　　　　　　　　│　　　　 ┌ 수(감수작용)
　　　　　　　　│　　　　 │ 상(개념적 고착화)
　5온 ─────┤ 정신 ─┤ 행(의지작용)
　　　　　　　　│　　　　 └ 식(인식작용)
　　　　　　　　├ 6근, 6적(감각기관) ─── 안·이·비·설·신·의
　12처 ───┤ 6경, 6진(감각기관대상)─색·성·향·미·촉·법
　18계 ───┤ 6근
　　　　　　　　├ 6경
　　　　　　　　└ 6식(감각기관과 그 대상의 접촉으로 일어나는 여섯 인식)

6. 숙명론

세 가지 삿된 원인론은 인간을 아무런 쓸모없는 것
으로 만든다. 모든 일이 숙명이거나 절대적인 창조
자의 뜻이거나 우연의 결과이기 때문이다.

부처님의 외도 비판 가운데는 3종의 삿된 세계원인설이 있다. 세
가지 삿된 원인이란 숙명론(宿命論)·창조신론(創造神論)·우연론
(偶然論)이다. 우선 경전에 나오는 이야기를 줄여서 읽어보면 이렇
다.

이와 같이 내가 들었다. 어느 때 부처님께서 슈라바스티에 노니시면서
승림의 외로운 이 돕는 장자의 동산에 계시었다. 그때에 세존께서는 여
러 비구들에게 말씀하셨다.

"외도들이 사람을 구원한다고 하지만 실제로 아무 이익이 없는 세 가
지 주장이 있다. 맨 먼저 어떤 사문이나 바라문은 이와 같이 보고 이와
같이 말한다. 사람의 하는 바는 일체가 숙명으로 인해 지어졌다. 다시 어
떤 사문이나 바라문은 이와 같이 보고 이와 같이 말한다. 사람의 하는 바
는 일체가 다 절대자가 지은 바이다. 다시 어떤 사문이나 바라문은 이와
같이 보고 이와 같이 말한다. 사람의 하는 바는 일체가 다 원인도 없고
조건도 없다. 그런데 만일 사람의 하는 바 일체가 다 숙명으로 인해 지어
졌거나 절대자에 의해 지어졌거나 원인이 없이 지어졌다고 한다면 그러
한 주장을 하는 사람들은 산 목숨을 죽이는 사람들이다. 왜냐하면 일체
는 다 숙명에 의해서나 절대자에 의해서 또는 원인이 없이 지어진 것이

라 죽여도 무방하기 때문이다. 또한 인간이 자기 생활 가운데에 해야 할 일과 하지 않아야 할 일에 대해서 도무지 적극적인 의지도 없고 방편도 없을 것이다."(중아함 권3)

먼저 숙명론에 대한 비판이다. 《아함경》에는 숙작인론(宿作因論)이라고 번역되어 있지만, 요즘에는 그 말보다는 숙명론이라는 말이 더 널리 쓰여지기 때문에 고쳐서 읽었다. 숙명론은 이 세상의 모든 일이 이미 어떻게 시작되어서 어떻게 진행되고 어떻게 바뀌어지도록 정해져 있다는 주장이다. 사람이 어떤 일에 착수하려고 할 때 만약 착수하는 일의 결과가 이미 숙명적으로 정해져 있다고 한다면 그 사람의 의지나 노력, 일하는 방법 등은 아무런 의미도 가질 수가 없다. 그 일을 시작하는 사람이 노력을 하든지 안하든지 관계없이 그렇게 원했든지 원하지 않았든지 관계없이 그 일은 그렇게 되어지도록 정해져 있기 때문이다.

숙명론은 인간의 선행과 악행도 아무런 의미가 없게 만든다. 좋은 일을 아무리 많이 해도 좋은 일을 하도록 정해져 있어서 결과적으로 그 숙명의 코스를 따른데 불과하므로 인간은 아무 일도 하지 않은 것과 같다. 인간에게는 아무런 보람도 없고 공덕도 없다. 아무리 나쁜 일을 저질러도 인간에게는 아무런 책임이 없다. 살인을 해도 인간에게는 아무런 책임이 없는 것이 된다. 숙명론에 의하면 인간은 숙명적으로 사람을 죽이게끔 정해져 있는 것이 되기 때문이다. 인간의 운명은 처음부터 끝까지 한 치의 오차도 없이 숙명적으로 결정되어 있기 때문이다.

다음은 절대자에 의한 창조론이다. 이것은 존우론(尊祐論)이라고도 하고 자재화작론(自在化作論)이라고도 한다. 존우는 절대자나 조물주를 의미한다. 자재화작이란 자재천이나 범천의 작품이라는 말이다. 세상을 기분나는 대로 마음대로 만들고 없앨 수 있는 절대자나

조물주가 있어서 마음대로 선과 악, 행복과 불행, 귀와 천을 자유자
재로 만든다는 주장이다. 이 절대자 창조론도 인간을 아무 쓸모없는
것으로 만들기는 마찬가지이다. 인간이 어떤 일을 위해서 계획을 세
우고 혼신의 노력을 다해서 하고자 하는 일을 성취했다고 하더라도
인간에게는 아무런 의미가 없다. 절대자 창조론에 의하면 그 일은 인
간이 한 것이 아니라 절대자가 그렇게 마음먹은데 불과하기 때문이
다. 인간이 하는 일은 인간이 그렇게 하고자 마음을 먹었든지 안먹었
든지 상관없이 또한 인간의 노력이나 의도와 상관없이 절대자의 의
도에 의해서 결정되기 때문이다.

절대자 창조론에 있어서는 인간의 선과 악도 인간의 의지와는 아
무런 관계가 없는 것이 된다. 아무리 좋은 일을 해도 그것은 인간이
한 것이 아니다. 절대자가 한 것이다. 누구에게 은혜를 베풀어도 감
사받아야 할 이는 은혜를 베푼 당사자가 아니라 절대자이다. 아무리
악독한 일을 저질러도 인간에게는 아무런 잘못이 없는 것이 된다. 인
간은 그러한 잘못을 저지를 권한이나 능력이 없고 오직 절대 창조자
만이 그렇게 할 수 있기 때문이다.

세번째는 우연론이다. 이것은 무인무연론(無因無緣論)이라고 된
것을 요즘에 쓰는 말로 바꾼 것이다. 이 우연론 또는 무인무연론은
일정한 원인에 의해서 결과가 생기는 것이 아니라 원인과 결과 사이
에는 아무런 관련이 없이 오직 우연히 결과가 생긴다는 주장이다. 이
것은 일종의 회의론이며 불가지론이기도 하다. 인간으로서는 어떤
일이 이루어지는 근원적 동력을 알 수 없다는 것이고 어떤 주장을 내
세우는 것이 아무런 의미가 없다고 생각하는 것이다. 이 우연론에 의
하면 앞에서와 마찬가지로 인간의 의지나 노력의 유무가 아무 소용
이 없다. 아무리 뜻을 품고 노력을 하더라도 어떤 일은 우연히 안될
수가 있다. 전혀 계획을 세우거나 노력을 하지 않더라도 우연히 어떤
일이 될 수도 있다. 우연히 좋을 수도 있고 우연히 나쁠 수도 있다.

인간의 의지는 일의 결과에 아무런 영향도 미치지 못한다.

　이 우연론에 의하면 인간이 선악의 행위를 해도 아무런 칭찬이나 꾸지람을 들을 이유가 없다. 어떤 선한 일을 했으면 우연히 그렇게 된 것일 뿐이지 인간의 노력으로 된 것이 아니다. 누가 나를 도왔다고 해서 감사할 필요가 없다. 상대가 나를 도운 것은 그저 우연일 뿐이지 상대가 특별히 마음이 좋아서가 아니기 때문이다. 설사 좋은 뜻을 가지고 좋은 행위를 했다고 하더라도 좋은 뜻과 좋은 행위 사이에는 아무런 연결고리가 없다. 그저 우연만 있을 뿐이다. 어떤 이가 범죄를 저질러도 그 사람을 탓해야 할 이유가 없다. 그 범죄는 그 사람의 뜻에 의해서 저질러진 것이 아니라 그저 우연히 일이 그렇게 되었기 때문이다. 잘못을 저질러도 죄의식을 가질 필요가 없다.

　이 세 가지 삿된 원인론은 인간을 아무런 쓸모없는 것으로 만든다. 어떤 잘못된 일이 있더라도 그것은 숙명이거나 절대 창조자의 뜻이거나 우연의 결과이기 때문이다. 인간의 의지는 개입할 여지가 없다. 인간의 의지가 없다면 인간은 자기 마음을 자기가 운전하는 사람이 아니라 숙명이나 절대 창조자나 우연에 의해서 수동적으로 움직이는 로봇에 불과하다. 부처님은 멀쩡한 인간을 로봇으로 만들어서 삶에 대한 아무런 의미를 갖지 못하게 하는 외도들의 삿된 주장들을 날카롭게 비판한다.

　이 세 가지 삿된 주장 즉, 숙명론·절대자 기분론·우연론은 부처님 당시에 외도들이 주장했던 것을 부처님이 비판한 것이지만, 문화가 발달된 20세기 후반에도 이같은 그릇된 주장들을 우리 주위에서 흔히 볼 수 있다. 먼저 숙명론을 보면 태어난 장소, 시간, 계급, 학력, 빈부에 의해서 신생아의 운명이 결정된다고 생각을 하는 것이다. 사주(四柱), 관상(觀相), 수상(手相) 등이 유사통계학(類似統計學)이라고 하지만, 무언가에 의해서 운명의 흐름을 고정적인 것으로 파악한다는 점에서는 숙명론적 요소를 많이 가지고 있다. 학력이나 빈부 따위가 인간의 행 · 불행을 결정한다는 생각도 일종의 숙명론적 사고방식이다.

창조신론은 절대자 기분론(絕對者氣分論)과도 같다. 대표적인 것은 우리나라에 들어온 서양종교의 인격신론(人格神論)의 예에서 쉽게 찾을 수 있다. 물론 구체적 교리의 내용은 얼마든지 다를 수 있겠지만, 전체적인 골격이 절대자 창조론에 속한다는 말이다.

우연론은 모든 범죄자들의 마음에서 찾을 수 있다. 그들에게는 선악의 인과관계가 인정되지 않고, 설사 인정된다고 하더라도 악을 저지를 만큼 아주 미약하다. 악을 저지르는 사람의 생각에는 자기의 성공과 행복은 자기의 몸과 마음이 움직이는 원인과 아무런 관련이 없다고 생각하기 때문이다. 사실 의식적으로든 무의식적으로든 이 우연론에 의해서 지배받고 행동하는 사람들이 우리 주위에는 너무 많다. 그런데 사람마다 일정하게 한 가지의 삿된 주장만 가지고 있는 것이 아니라 한 사람이 두 가지나 세 가지 모두를 겸해 가지고 있으면서 자기 위안을 삼거나 잘못된 행동에 대해서 자기 합리화를 하며 그것들을 이리저리 편리한 대로 이용하는 경우가 많다.

7. 인간의 진정한 자유의지

> 불교의 교리는 인간의 자유의지를 제대로 발휘하지 못하게 되는 윤회의 길과 온전하게 발휘하는 해탈의 길을 알려주는 것일 뿐이다.

앞에서 살펴본 외도들의 세 가지 삿된 주장에 의하면 인간은 의지 작용이 없는 쓸모없는 인형이 되어버리는데, 그러면 어떻게 세상을 이해해야만 인간의 의지와 노력과 방편이 인정될 수 있느냐는 물음이 나온다. 먼저 부처님의 말씀을 읽어보자. 이 경의 본문은 부처님이 외도를 비판하고난 후에 제시한 것이다.

"이른바 여섯 가지 감각기관의 법이 있다. 그것은 내가 스스로 알고 깨달은 바로서 너희 비구들을 위해 설명하는 것으로, 너희들이 받아들이면 어떤 외도도 너희를 함부로 하지 못할 것이다. 또한 지·수·화·풍 4대에 허공과 인식을 합한 6계(六界)의 법이 있다. 이것은 내가 스스로 알고 깨달은 바로서 너희 비구들을 위해 설명하는 것으로, 너희들이 받아들이면 어떤 외도도 너희를 함부로 하지 못할 것이다. 어떤 것이 여섯 가지 감각기관인가. 곧 눈·귀·코·혀·몸·뜻(眼耳鼻舌身意)이 그것이다. 어떤 것이 6계인가. 곧 땅·물·불·바람·허공·인식(地水火風空識)이 그것이다. 이 6계로 인하여 여섯 가지 감각기관이 있고, 여섯 가지 감각기관으로 인하여 감촉이 있고, 감촉으로 인하여 느낌이 있다. 비구가 만일 지·수·화·풍·공·식의 6계로부터 여섯 감각기관이 만들어지고 감촉과 느낌과 이기적 애착으로 이어지는 것을 알게 되면 문득 괴

로움의 참모습을 알고 괴로움의 원인의 참모습을 알며 괴로움의 사라짐
의 참모습을 알고 괴로움이 사라지게 하는 길의 참모습을 알게 된다."

　부처님께서 이렇게 말씀하시자 여러 비구들은 부처님 말씀을 듣고 기
뻐하여 받들어 행하였다. (중아함 권3)

　여기에는 땅·물·불·바람·허공·인식이 원시적인 일체법 구
성의 원소(元素)로 나타나고 이 6계로부터 여섯 가지 감각기관이 나
온다. 감각기관에 이어 감각기관의 대상 즉, 여섯 가지 경계와 접촉
을 전제로 하는 감촉이 나온다. 그리고 느낌이 나오고, 연이어 6근과
6경의 접촉에 따르는 연기의 모양을 있는 그대로 보는 것이 4성제를
여실히 보는 것과 같다고 한다. 여기의 지·수·화·풍·공·식은
뒷날 진언종 계통에서 6대연기론(六大緣起論)으로 발전하지만, 여기
에서는 6계에 최우선의 큰 역할을 부여할 필요가 없다. 왜냐하면 인
간의 의지와 관련해서 가장 중요한 것은 눈·귀·코·혀·몸·뜻의
여섯 가지 감각기관 가운데 맨 마지막인 뜻과 그것의 대경인 색·성
·향·미·촉·법의 6경 가운데의 법경이기 때문이다. 이 의근(意
根)과 법경(法境)에서 인간의 의지가 나타날 수 있는 길을 찾아야 한
다.

　부처님은 숙명론, 절대자 기분론, 우연론에 대구적(對句的)인 주장
을 내세우지 않는다. 우리가 앞에서 살펴보았듯이 부처님은 형이상
학적인 문제에 대해서 관심이 없고 당장 중생의 깨달음과 수행에 도
움이 될 만한 것에만 주의를 기울이기 때문에 외도들과 직접적으로
상대되는 주장을 내지 않을 것은 뻔한 일이다. 구태여 부처님의 주장
을 말하라고 한다면 '이것이 있음으로써 저것이 있고, 이것이 일어남
으로써 저것이 일어난다'는 연기법이 될 것이다.

　주관이라는 이것과 어떤 일이라는 저것이 상호 의존관계에 있기
때문에 주관도 객관도 다 무아인 상태이고 공한 상태에 있기는 하지

만 주관의 의지는 기본적으로 인정되고 있다. 왜냐하면 이것은 저것의 일어남과 없어짐에 직접적인 영향을 미치기 때문이다. 인간의 마음이랄까 의지는 그것과 상대되어서 상호 의존관계에 있게 되는 것과 밀접한 관계에 있게 된다. 그래서 상호 영향을 주고받게 되는 것은 필연적이다.

 그런데 결정적으로 확실하게 인간의 의지를 드러내는 부분은 부처님이 여섯 가지 감각기관과 그 대상을 말한데서 찾아야 한다. 앞에서 경의 본문을 읽고 개요를 정리한 대로 여섯 가지 감각기관의 마지막인 의(意)와 여섯 가지 경계의 마지막인 법경(法境)이다. 여섯 가지 감각기관의 의가 인간의 의지라는 것은 알겠는데, 여섯 가지 경계의 법이 무엇인지에 대해서 《아함경》은 확실하게 설명하지 않고 있다. 아마도 상식적으로 주관이 있으니까 거기에 상응하는 어떤 무형의 것이 당연히 있을 것이라고 짐작되기 때문일 것이다. 이 의의 대상인 법경이 어떤 것일까를 가늠해보기 위해서 먼저 앞의 다섯 감각기관과 그 대상을 볼 필요가 있다. 눈·귀·코·혀·몸의 대상은 각기 그에 상응하는 일체의 보이는 것·소리·냄새·맛·감촉물이다. 감각기관과 그 대상을 보면 인식상의 대응관계를 쉽게 알 수가 있다. 그러나 주관적 의지의 대상으로서의 법경은 확실하게 무엇이라고 정할 수가 없다. 그렇다면 주관적 의지와 그 대상인 법경과의 관계는 다섯 가지 감각기관과 그 대상과의 관계와 다르다는 것을 알 수 있다. 즉 다섯 가지 경계, 다시 말해 색·성·향·미·촉(色聲香味觸)은 가시적으로 다섯 가지 감각기관에 나타나서 감각기관과 그 대상 사이에 어느 쪽이 더 먼저 상대를 끌어당기는 것인지 정할 수 없을 정도이다. 아마도 색·성·향·미·촉이 꼬리를 치고 안·이·비·설·신(眼耳鼻舌身)이 그 상대에 소극적으로 응하는 편에 가깝다고 할 수 있을 것이다. 그러나 의근 즉, 의지와 법경 사이의 주관과 객관 대상의 관계에 있어서는 정반대의 현상이 벌어진다. 주관적인 의지가 적극적으로 객관 경계에 작용을 보내고 객관 경계는 수동적으로 주관 작용에 대해서 반응할 뿐이다. 여기서 의근 즉, 인간의 의지가 강하게 부각된다.

우리가 앞에서 온 · 처 · 계의 3과 즉, 5온 · 12처 · 18계를 공부할 때 부처님에게 있어서 일체법 즉, 일체의 사물은 인간이 경험할 수 있는 것만이라고 정리한 바 있다. 그래서 색 · 수 · 상 · 행 · 식의 5온이 일체법이고 여섯 감각기관과 그 대상 그리고 그 둘의 접합에서 나오는 인식이 일체법이 된다. 6근, 6경, 6식이 일체법이라는 전제하에서 안 · 이 · 비 · 설 · 신 · 의 6근 중에서 의근이 적극적으로 작용하고 색 · 성 · 향 · 미 · 촉 · 법의 6경 중 법경이 수동적으로 반응한다고 하는 것은 인간의 의지가 적극적으로 인정된다는 것을 뜻한다. 여섯 감각기관을 주관이라고 하고 여섯 대상 경계를 환경이라고 한다면 주관 의지가 환경 사물에 확실하게 작용한다는 말이다.

인간 의지의 작용과 그 대상인 법경이 반응한다는 것도 넓은 의미에서는 연기법에 속한다. 주관과 객관의 의존관계이기 때문이다. 그러나 일체법이라고 하는 주관 객관의 의지와 인식을 별도로 설하지 않더라도 연기법이 이미 인간의 의지를 인정하는 것이 되기는 하지만, 외도를 비판한 후에 인간 의지와 그 대상 경계를 설한 것은 직접적으로 인간의 의지를 다시 한번 강조한 것이 된다.

숙명론 · 절대자 기분론 · 우연론과는 달리 불교는 연기법(緣起法)과 온 · 처 · 계 3과설로 인간의 자유로운 의지를 인정하기는 했지만, 그것이 인간이 모든 일을 자기 의지대로 할 수 있다는 것을 보증하는 것은 아니다. 고 · 집 · 멸 · 도 4성제나 제행무상 · 제법무아 · 일체개고 · 열반적정의 4법인에서 우리가 보듯이 욕망의 불이 강하게 타오르고 그로 인해 번뇌가 생기고 고통이 있으면 욕망과 고통에 얽매이게 된다. 일체 사물의 시간적인 무상함과 공간적인 무아함을 여실히 보지 못해서 일체법을 열반으로 만들지 못하고 고통으로 만들어버리면 그곳에서 인간의 의지는 제대로 작용할 수가 없다. 일체법을 있는 그대로 보지 못해서 눈을 감고 길을 가는 것과 같기 때문이다. 어떤 사람에게 '너에게는 너의 마음대로 할 수 있는 자유가 있다'고 말해 놓고 일체의 빛을 주지 않고 어둠 속을 걷게 한다거나 환경이 밝더라도 눈을 가리고 걷게 한다면 그 사람은 자신의 마음대로 걸어갈 수가 없을 것이다. 빛이 없이는 장애물에 걸려서 넘어지므로 걸을 수도 없거니와 걸을 수 있다고 하더라도 자기 의지가 원하는 목적지를 찾아갈 수가 없기 때문이다.

불교의 목적은 인간의 자유의지가 가장 완전하게 실현되는 것을 목표로 한다고 말할 수 있다. 4성제법은 우리에게 자유의지가 있음에도 불구하고 현실 속에서 자유의지가 제대로 작용하지 못하게 하는 고통이라는 현실과 갈애라는 원인을 말하고, 자유의지가 완벽하게 실현된 열반과 그것을 실현하는 길인 8정도를 설한다. 연기법은 인간이 윤회의 길로 가면 미혹과 악업과 고통이 일어나서 인간의 의지가 작용되지 못한다는 것을 밝혀준다. 아울러 윤회의 길을 뒤집어서 깨달음의 길로 가면 법신과 반야와 해탈수행이 나타나서 인간의 의지가 완벽하게 실현될 수 있다는 것을 밝혀준다. 윤회의 길은 구속의 길이고, 해탈열반의 길은 자유의 길이다. 따라서 불교의 모든 교리는 인간의 자유의지를 제대로 발휘하지 못하게 되는 윤회의 길과 인간 의지가 온전하게 발휘되는 해탈의 길을 알려주는 것이 그 내용의 전부라고 할 수 있다.

$8.$ 세계를 이루는 제일원인

전변설이나 적취설에는 원인 가운데 결과가 들어 있다는 인중유과와 원인 가운데 결과가 없다는 인 중무과라는 문제점이 확연히 드러난다.

이 세계의 뿌리가 무엇이냐, 무엇이 이 세계를 지탱하고 있느냐, 이 세계를 이루는 제일원인(第一原因)은 무엇이냐 하는 문제가 있다. 부처님 당시의 인도에서는 우주의 본체를 설명하는데 유심적(唯心 的) 일원론(一元論), 물심양면적(物心兩面的) 이원론(二元論), 다원론 (多元論), 그리고 불가지론(不可知論) 또는 회의론(懷疑論) 등이 있었 다. 부처님 당시의 인도 종교철학의 사상을 여기에 네 가지로 압축하 기는 했지만, 그것들을 다 설명하기는 힘들고 많은 시간을 투자할 가 치가 있는 것도 아니다. 보통 우리는 어떤 주장은 인도의 누가 했고 다른 주장은 어떤 학파가 했는지를 다 알아야 할 필요도 없다. 여기 에서는 위의 네 가지 우주근원론을 소개하고 어떤 입장에서 그런 주 장을 하고 있는지 그 개략만을 살피도록 하겠다.

첫째 유심적 일원론이다. 오직 정신적 통일원리가 이 세계를 이루 는 기초라고 보는 주장이다. 이 유심적 일원론에도 꼭 한 가지만 있 는 것이 아니고 입장이나 관점에 따라 여러 가지가 있을 수 있다. 대 표적인 두 가지만 살펴보면 이치상에 있어서의 유심적 최고의 원리 가 있을 수 있고 종교신앙에 있어서 유심적 최고신이 있을 수 있다. 먼저 이치상의 주장을 보면 인도의 초기 우파니샤드철학은 이 우주 에 가득 차고 이 우주를 지배하는 정신적 최고의 원리를 브라흐만

(brahman) 즉, 범(梵)이라고 부른다. 우파니샤드는 또 이 브라흐만에 의지해 있는 개인의 주체적 원리로서 아트만(ātman)을 내세운다. 그런데 이 브라흐만과 아트만은 별개의 것이 아니고 유심적으로 같은 최고원리에 속하는 것이다. 그래서 브라흐만과 아트만 즉, 범아(梵我)는 일여(一如)라는 주장을 한다. 그리고 인도 힌두교 종교신앙에 있어서는 유심적 최고신을 상징한다. 초기 우파니샤드철학이 이론적인 최고의 원리를 영적인 것으로 잡은데 반해서 인도의 일반민중들은 우주와 인간을 창조하고 지배하는 영적인 최고신을 신앙의 대상으로 삼는다. 부처님 당시의 인도에서는 범천(梵天)이라고 불렸지만, 시대와 교파에 따라 그 최고신의 이름이 바뀌어진다. 범천이 후에는 자재천(自在天)이라고 불려지기도 했다. 현재 힌두교의 시바파는 시바신이라는 이름으로, 비슈누파는 비슈누신이라는 이름으로 똑같은 영적 유심적 최고신을 신앙의 대상으로 삼는다. 각 시대나 학파 또는 교파의 최고신이나 최고원리의 이름이 무엇으로 불리어지든지 상관없이 한결같이 영적인 유일의 것을 내세우므로 유심적 일원론이라고 불리워진다.

둘째 물심양면의 이원론이다. 우파니샤드철학도 시대에 따라 우주본체론에 대한 입장이 변해간다. 초기 우파니샤드철학에서는 우주본체의 최고의 원리를 영적인 것으로 잡기만 하고 그 최고의 원리가 어떻게 현실세계를 전개시키느냐에 대한 설명이 없었다. 그래서 중기 우파니샤드철학은 물질적인 현상을 설명하기 위해서 물질과 마음의 이원론을 채택하게 된다. 이 이원론은 뒷날 상캬파 또는 수론파(數論派)나 실천파(實踐派)의 철학이 된다. 이 이원론에 의하면 우주에는 순수한 정신원리로서 푸루샤라는 것이 있고 물질적 정신적 현상세계를 전개시키는 물질원리인 프라크리티라는 것이 있다. 정신원리는 관찰의 작용만 하고, 물질원리는 현상을 전개하고 능동적으로 현상을 움직이는 적극적 작용을 한다. 물질원리는 처음에 미세한 정신현상을 일으키고 차츰 거친 정신작용을 전개시킨다는 이론이다. 마치 《기신론》의 심생멸(心生滅) 지말불각(枝末不覺)에서 3세6추(三細六麁)로 윤회의 길로 떨어지는 내용과 같다. 이 물심양면의 이원론은 정신적인 것은 본체를 형성하고 물질적인 것은 현상을 전개시킨다는 주장이다. 앞의 유심적 일원론과 이 물심양면적 이원론은 모두 인도의 정통파 주장에 속하는 것이다.

셋째는 다원론이다. 다원론에는 크게 두 가지가 있다. 물질적인 요소와 정신적인 요소가 여럿이 합해져서 우주를 이룬다는 형식의 다원론과 여러 가지의 물질적 요소들만이 모여서 세계의 본체를 이룬다는 다원론이다. 이와 같은 다원론은 어떤 종류의 것이든 모두 인도 힌두교에서는 비정통파의 주장이다.

다원론 중에서 유물론적 다원론은 지·수·화·풍(地水火風)의 4대(四大) 즉, 땅·물·불·바람의 네 가지 물질원소가 우주와 인생의 궁극적 존재이고 일체 현상은 모두 이 4대가 합해져서 나타난 것이라고 주장한다. 지·수·화·풍의 4대만이 영원불멸로 존재하는 것이고, 영혼이나 정신적인 것들은 물질현상에 부수적으로 일어나는 임시적인 것이라고 한다. 정신은 육체를 떠나서 존재할 수가 없고 육체의 죽음은 정신의 죽음을 의미한다. 그래서 사후의 어떤 존재도 인정하지 않는다.

불교에서는 사후에 아무 것도 없다는 주장을 단멸론(斷滅論) 또는 단견(斷見)이라고 한다. 단멸론의 입장에서는 사후의 제사나 보시, 공양 등이 아무런 의미가 없는 것이 된다. 이에 비해서 유심적 일원론이나 물심양면의 이원론과 같이 정신적인 것이 우주의 존재원리로서 생전이나 사후에 관계없이 항상 있다고 하는 주장을 상견(常見)이라고 한다.

다원론 중에는 물심양면적인 것으로 7요소설, 12요소설, 5실체설 등이 있다. 7요소설에 의하면 땅·물·불·바람·즐거움·괴로움·

영혼의 일곱 가지가 불생불멸하는 영원의 실체로서 우주와 인생을 구성한다고 한다. 인간 각 개인은 이 일곱 가지 요소로 구성되어 있기 때문에 한 사람이 다른 사람을 괴롭힐 수도 없다. 영혼의 독립성도 인정되지 않는다. 그리고 오직 일곱 가지 요소만이 존재하기 때문에 한 사람이 다른 사람의 목을 칼로 자른다고 해도 그 칼이 일곱 가지 요소 사이를 지나간 것일 뿐 살인한 것은 아니라는 기묘한 주장이 생기게 된다.

물심양면적 다원론으로 12요소설은 7요소설에다가 공간·만물을 낳게 하는 원리·만물이 없어지게 하는 원리·얻음·잃음의 다섯 가지 요소를 추가한 것이다. 이 12요소설은 정통파가 주장하는 유심적 일원론의 반발로 나온 것이다. 즉 유심적 일원론에 의하면 브라흐만이 모든 현상이나 생멸변화의 원인이며 모든 현실의 것은 브라흐만의 지배에 따라 움직이는 것에 불과하다고 한다. 그러나 이 12요소설의 주장자들에 의하면 물질과 마음을 움직이게 하고 현상의 변화를 일으키게 하는 것은 물질과 정신, 외적인 즐거움, 괴로움, 태어나고 없어지게 하는 힘같은 실체로서 독립적으로 존재하는 원리적인 힘이라고 한다. 모든 현상은 이와 같은 요소 내지는 원리들에 의한 기계적인 움직임일 뿐이라고 한다.

물심양면적 다원론으로 5실체설은 영혼·물질·공간·운동원리·정지원리를 우주의 근원적 원리라고 주장한다. 이 다섯 가지 실체 중의 물질은 지·수·화·풍의 4대를 의미한다. 5실체설도 7요소설이나 12요소설과 그 내용이 대략 비슷하다.

유심론적 일원론에 의하면 일체 현상의 움직임이 정신적 최고신 또는 최고의 원리에 의해서 일어나는 주체적이고 유기적인 생명활동이라고 한다. 이에 반해서 다원론자들은 현상의 움직임을 타율적이고 비생명적인 기계적 활동에 불과하다고 한다. 유심적 일원론은 브라흐만이 현실세계에 생명활동으로 전개한 것이기 때문에 최고신이 현상활동자로 전변했다는 의미에서 전변설(轉變說)이라고 하기도 하고 최고신이라는 원인 가운데에 이미 현상활동이라는 결과가 포함되어 있다는 의미에서 인중유과론(因中有果論)이라고 하기도 한다. 이에 비해 다원론은 7가지, 12가지 또는 5가지 생명성이 없는 요소들이 모여서 우주의 근원을 이룬다는 의미에서 적취설(積聚說) 또는 적집설(積集說)이라고 한다. 또 다원론은 생명이 없는 요소들의 원인 속에 현실의 생명이라는 결과가 포함되어 있지 않다는 의미에서 인중무과론(因中無果論)이라고도 부른다.

부처님 당시의 인도사상과 불교사상을 비교하거나 또는 불교적인 입장에서 기존의 인도사상을 비판할 때 불교에서는 유심적 일원론이나 유물적 · 물심양면적 다원론이라는 말보다 전변설이나 적취설이라는 말을 즐겨 써왔다. 일원론이나 다원론이라는 말에서는 이교도들이 주장하는 문제점이 확연히 드러나지 않지만, 전변설이나 적취설이라는 말에서는 원인 가운데 결과가 들어 있다는 인중유과와 원인 가운데 결과가 없다는 인중무과라는 문제점이 분명하게 드러나기 때문이다. 불교의 연기법에 비추어보면 원인 중에 결과가 있다는 말이나 없다는 말이 다같이 이치에 합당하지 않기 때문이다. 원인 중에 결과가 있다면 전변(轉變)이 동일한 것의 반복이니 무의미한 것이 되고, 원인 중에 결과가 없다면 원인과 결과가 아무런 관련이 없는 것이 된다. 부처님은 한 마디로 이러한 주장들은 깨달음의 도에 아무런 도움이 되지 않는 무의미한 희론(戱論)이라는 뜻에서 언급을 회피한다. 침묵한다는 말이다.

둘·째·마·당

불교의 근본교리

부처님은 고통의 세계라는 현실과 그 고통의 원인, 고통이 멸한 세계, 그리고 고통을 멸하는 길을 깨우쳐주신다. 이와 같은 고·집·멸·도의 구조는 환자의 병을 치료하는 원리와 유사하다. (사성제)

고통을 우리의 고향으로 삼으면 아무리 고통이 있다 할지라도 그것을 당연한 것으로 받아들이기 때문에 고통으로 인해서 불행해지지는 않을 것이다. (고통의 진리)

연기법에서 이것과 저것은 이 세상의 모든 상호 의존관계에 있는 것들 내지는 상대적인 것들을 말한다. 그런데 상대적인 것들에도 여러 가지가 있다. 상대적 공간관계, 상대적 시간관계, 주관과 객관의 관계 및 일체의 상대적인 개념을 생각할 수 있다. (연기법)

부처님은 어떤 사물이 무엇이냐고 묻지 않고 어떤 상태에 있느냐고 묻는다. 부처님은 인간과 우주가 무엇인가를 설명하려 하지 않고 어떤 상태에 있는가를 설명하고자 할 뿐이다. (상호 기댐과 공한 상태)

업의 원칙에서는 우리 인간의 한 동작 한 동작이 그저 없어지지 않고 축적된다. 그 동작이 육체적이든 언어적이든 또는 정신적이든 상관없이 모든 행위는 반드시 보존 축적되어 그 사람의 습관이나 소질이 된다. (업)

미혹과 악업과 고통을 뒤집으면 미혹 대신에 깨달음의 지혜가 나타날 것이고 악업 대신에 해탈수행이 나타날 것이다. 그리고 고통 대신에 우주진리인 법신이 나타날 것이다. (가치적 연기와 삼덕)

중국에서는 어떤 경전이 부처님의 말씀이냐 아니냐를 판가름하기 위해서 4법인에 맞추어보고 4법인의 사상에 합치하는지 아닌지를 엄밀히 조사했다. (사법인)

9. 사성제의 구조와 고통

중생들은 즐거움이라는 허깨비를 찾아서 끝없이
헤맬 것이기 때문에 그 숨바꼭질의 헤매임에 취해
있는 그들에게 고통은 보이지 않는다.

석가모니부처님께서 성도하신 후에 펴신 최초의 설법은 고·집·
멸·도(苦集滅道)의 4성제(四聖諦)이다. 4성제는 부처님의 최초 설
법인 동시에 일생의 설법이다. 모든 경전들은 모두 이 4성제의 가르
침을 보충설명하는 것에 불과하기 때문이다.

석가세존께서는 성도 후 수주일 동안 선정에 잠기신 후 자신의 법
을 듣고 이해할 수 있다고 생각되는 교진여 등 다섯 비구를 찾아 베
나레스의 녹야원으로 갔다. 그리고는 고·집·멸·도의 4성제법을
설했다. 다섯 비구에게 최초로 4성제를 설하셨다고 해서 그것을 '초
전법륜(初轉法輪)'이라고 한다. 최초로 깨달음에 이르는 법의 수레바
퀴를 굴렸다는 뜻이다. 이 초전법륜에 의해서 불교교단이 성립된다.
불교교단이 성립하려면 불·법·승(佛法僧)의 3보(三寶)가 있어야
하는데, 4성제를 설한 초전법륜으로 부처님과 부처님의 가르침과 부
처님의 가르침을 배우고 닦고 전할 제자들이 생긴 것이다.

그러면 《아함경》에서 뽑은 4성제에 관한 부분을 읽어보자. 우리가
지금 읽는 텍스트는 선우도량에서 펴낸 《가려뽑은 아함경》이다.

이와 같이 내가 들었다. 어느 때 부처님께서는 바라나시의 선인이 있
는 녹야원에 계시면서 비구들에게 말씀하셨다.

"네 가지 진리가 있다. 어떤 것을 넷이라 하는가. 이른바 괴로움의 진리(苦聖諦)·괴로움의 원인의 진리(苦集聖諦)·괴로움이 사라진 진리(苦滅聖諦)·괴로움을 없애는 길의 진리(苦滅道聖諦)이다. 만일 비구로서 괴로움의 진리를 이미 알아 이해하고 괴로움의 원인의 진리를 이미 알아 끊었으며 괴로움이 사라진 진리를 이미 알아 증득했고 괴로움을 없애는 길의 진리를 이미 알고 이미 닦았으면, 그런 비구는 모든 험하고 어려움을 건넌 성현이라고 부를 수 있으며 성인의 깃대를 세웠다고 할 수 있다."(잡아함 권15, 387 현성경)

여기서 부처님은 고통의 세계라는 현실과 그 고통의 원인, 고통이 멸한 세계, 그리고 고통을 멸하는 길을 깨우쳐주신다. 고·집·멸·도의 구조는 환자의 병을 치료하는 원리와 유사하다. 고 즉, 고통은 우리 범부중생들이 앓고 있는 병의 증상에 해당된다. 그리고 집 즉, 욕망과 번뇌의 집합은 발병의 원인이 된다. 멸 즉, 고통이 멸해서 편안한 상태는 병이 없는 건강한 상태이다. 마지막으로 도 즉, 고통을 없애고 열반에 이르는 길은 병을 치료하는 방법이다.

현실의 고통과 고통의 원인은 평범한 우리가 윤회로 추락하는 경로를 나타내고, 고통의 소멸과 고통을 소멸하는 방도는 열반의 방향으로 돌아가는 경로를 보여준다.

그러면 우리는 여기서 석가모니부처님이 파악한 고통이 어떤 것인지 궁금해진다. 기본적인 고통은 보통 '4고8고(四苦八苦)'로 전해져오고 있다. 생·노·병·사(生老病死)라는 네 가지 기본 고통에 네 가지를 추가해서 전체적으로 여덟 가지가 된다. 여덟 가지 고통 중에서 우선 삶을 받는 고통, 늙는 고통, 병드는 고통, 죽는 고통이 4고 즉, 기본적인 네 가지 고통이다. 여기에 내가 좋아하는 사람이나 환경과 헤어져야 하는 고통, 싫은 사람이나 환경과 같이 살아야 하는 고통, 원하는 것이 뜻대로 이루어지지 않는 고통, 마지막으로 나와 내 것을 만드는데서 오는 고통이다.

생·노·병·사의 첫번째 생고 즉, 삶을 받는 고통은 살아 있다는 사실 자체를 문제삼아서 고통으로 규정한 것이 아니다. 윤회의 세계에서 해탈하지 못하고 또 다시 목숨을 받아서 어머니의 태 속에 들어갔다가 윤회의 세계에 다시 나와야만 한다는 사실을 고통이라고 생각하는 것이다. 그래서 이것은 태어남이나 삶 자체를 문제삼기보다는 윤회하는 현실을 문제삼는 것이다.

이어서 노·병·사 즉, 늙음과 병듦과 죽음을 고통으로 이해하는데는 큰 어려움이 없다. 그런데 이 늙음과 병듦과 죽음은 중생의 신체적인 것만을 뜻하는 것이 아니다. 중생이 귀하게 여기는 5욕락(五欲樂) 전체의 늙음과 병듦과 죽음을 의미하기도 한다. 어리석은 우리 중생에게 있어서 재산, 권력, 명예, 기타 각종 기득권의 늙음과 병듦은 신체적인 늙음과 병듦 이상으로 대단한 고통이 된다. 근래에 우리나라 정권의 최고권자가 바뀌고 그에 따라 많은 사람들이 놓고 싶지 않은 직책에서 물러나게 되었다. 고위공직자들의 재산공개 후에 명예와 권력을 잃은 이들도 있다. 국민들의 입장에서는 물러나야만 하고 놓아버려야만 하는 그들의 고통이 당연한 자기 잘못의 대가라고 생각할 것이다. 자업자득의 결과를 괴로워하는 것은 어리석은 일이라고 말할 것이다. 그러나 자신이 귀하게 여겨온 권력과 명예의 늙음과 병듦과 죽음을 겪어야만 하는 당사자들은 중생심에서 크나큰 고통을 겪게 될 것이다. 설사 자신의 잘못을 인정한다고 하더라도 중생의 마음은 자기 잘못이 한없이 많은 잘못 중에 정말로 조그마한 하나일 뿐이라고 생각할 수도 있다. 또 국민들에게 청산이나 개혁의 의지를 보이기 위해서는 어떤 견본이 필요하다는 것을 인정하면서도 '왜 그 견본이 나여야만 하느냐' 하고 억울해할 수도 있다.

우리는 지금 신문과 방송에 요란하게 나타나는 '부패청산 운동장'의 예를 먼 산의 불구경 식으로 보면서 우리 자신과는 관계없는 일이라고 생각하기 쉽다. 그러나 그렇지 않다. 우리는 순간순간 자신도 모르게 '나'와 '내 것'을 마음대로 규정하고 내 5욕락의 늙음과 병듦과 죽음을 괴로워하고 있다. 내가 아닌 남들이 객관적으로 보기에는 자기가 저지른 일의 당연한 결과이고 세상을 사는 사람이라면 누구나 겪어야 할 무상함이니 괴로워할 것도 없음에도 불구하고 '나'와 '내 것'이라는 미혹의 집착 속에서 살고 있는 우리들은 의식적으로 또는 무의식적으로 괴로움을 겪고 있다.

다음은 애별리고(愛別離苦)·원증회고(怨憎會苦)·구부득고(求不得苦) 즉, 좋아하는 사람이나 환경과 헤어져 살아야만 하는 고통, 싫어하는 사람이나 환경과 만나서 같이 살아야 하는 고통, 구하는 것을 얻지 못하고 살아야 하는 고통이다. 우리 중생들의 갖가지 인생드라마는 이 세 가지 고통이 따로따로 또는 동시에 오는데서부터 나오게 된다. 우리가 어떤 사람이나 환경을 사랑할 수도 있고 미워할 수도 있다. 재·색·식·명·수(財色食名睡)의 5욕락 즉, 재물·이성(異性)·음식·명예·안락을 구할 수도 있다. 인간에게는 그렇게 할 자유가 있다. 그러나 이 세상은 누가 억지로 그렇게 만들어서가 아니라 자연 그대로 인간이 좋아하고 원하는 대로 따라주고 만족시켜주지 않는다. 미혹한 범부중생으로서의 인간은 인간이 특별히 어떤 잘못을 저질러서가 아니라 인간 존재의 구조상 좋아하여 구하는 것을 도저히 얻을 수 없는 경우가 있을 뿐 아니라 싫어하고 원하지 않는 것을 받아들이고 같이 살지 않으면 안되는 고통이 있다.

여덟 가지 고통의 마지막으로 나와 내 것을 만드는데서 오는 고통은 한문으로 오취온고(五取蘊苦), 오성음고(五盛陰苦), 또는 오음성고(五陰盛苦)라고 한다. 5온(五蘊)은 색·수·상·행·식(色受想行識)이다. 즉 일체의 물질적이고 육체적인 것과 느낌, 생각, 행동의지, 그리고 인식이다. 불교에 있어서 이 5온은 이 세상의 모든 것을 구성하는 요소가 된다. 수·상·행·식 즉, 느낌과 생각과 행동의지와 인식을 합쳐서 정신적인 것으로 압축해서 말한다면 5온은 육체적인 것과 정신적인 것이 된다. 오취온고 또는 오성음고란 5온 즉, 이 세상의 일체 사물에 대해서 취착 내지는 집착하는데서 오는 고통을 말한다. 5온이 이루는 일체법에 대한 집착이 근원적으로는 나와 내 것이라는 것을 중심으로 생기기 때문에 필자는 5온에 집착하는 고통을 '나와 내 것을 만드는데서 오는 고통'으로 번역했다. 그래서 이 고통은 앞의 일곱 가지 고통을 총괄적으로 나타낸 것이 된다.

　4성제와 8고의 관계를 도표로 정리해보자.

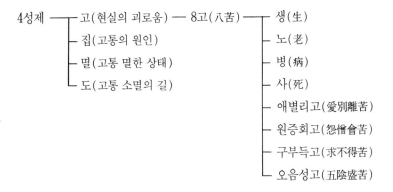

　석가모니부처님은 녹야원에서 행한 최초의 설법에서 4성제 즉, 네 가지 진리를 설하는 가운데 고통의 현실에 대한 확실한 관찰과 인식을 깨달음의 이상으로 향하는 출발점으로 삼고 있다. 먼저 우리가 의식적으로든 무의식적으로든 고통 속에 있다는 것을 확실히 인식해야 그 원인과 해결책을 생각할 수 있기 때문이다. 그러나 어떤 이는 석가세존이 이 세상의 현실을 고통이라고 규정한데 대해서 동의하지 않을 수도 있을 것이다.

　실제로 필자는 어느 대학생들 법회에 가서 중생의 고통에 대해서 설명한 적이 있다. 그러나 그 학생들은 공감하지 않았다. 그들은 말하기를 '고통을 상정하는데서부터 이상세계를 향해 수행과 보살행을 말하는 것은 불교적인 방법으로 인정할 수 있고 그러한 방법을 쓰는 것은 부처님의 자유지만, 현실적으로 우리는 그리 심각한 고통을 느끼지 않는데 어떻게 부처님의 현실규정만 따라서 억지로 세상을 괴롭다고 생각해야 하느냐'는 것이었다. 부처님은 이 세상이 고통으로 가득 차 있다고 하는데 그 학생들은 별로 괴로운 것이 없다고 하면 그 학생들은 고통의 원인과 고통의 소멸과 고통 소멸의 길도 생각할 필요가 없게 된다.

여기서 우리는 부처님의 고·집·멸·도 4성제의 가르침이 어떤 이에게는 해당되고 어떤 이에게는 해당되지 않는 것인가에 대한 질문을 만나게 된다. 다시 말하면 부처님이 규정하는 대로 인간 존재의 괴로움을 인정하는 이에게는 부처님의 가르침이 필요하고 인정하지 않는 이에게는 필요치 않느냐는 물음이다. 그러나 이 질문은 잘못되었다. 왜냐하면 부처님의 말씀대로 이 세상이 고통의 세계라고 확실하게 관찰하고 인정하는 범부는 한 명도 없다. 세상의 고통과 그 고통의 원인을 여실히 보고 인식하는 이가 있다면 이미 그는 범부중생이 아니기 때문이다. 그는 이미 고통의 뿌리를 보고 고통을 여읜 사람이다. 인간 존재의 현실이 고통이라는 것을 보지 못하기 때문에 고통을 받고 있고 그렇기 때문에 고통을 모르는 사람들에게 부처님의 4성제법, 그 중에서도 고통에 대한 인식이 필요한 것이다. 그 대학생들이 이 세상이 별로 괴롭지 않다고 말한 것은 아주 솔직한 고백이고 그러한 반응은 아주 당연하다. 모든 중생들은 나름대로 이 세상에서 즐거움이라는 허깨비를 그리고 그것을 찾아서 끝없이 헤맬 것이기 때문에 그 숨바꼭질의 헤매임에 취해 있는 그들에게 고통의 실체가 여실히 보일 수는 없다.

술에 취해서 정신을 잃은 이에게 술이 가져오는 폐해와 고통을 말하는 것은 무의미한 일이다. 마약에 취해 있는 이에게도 마찬가지다.

색정에 정말 깊이 빠진 이, 도박에 정말 깊이 빠진 이, 돈과 권력의 맛에 정말 깊이 빠진 이에게 그 해독과 그것이 직접적으로 가져올 고통과 인간의 근원적인 고통을 말하는 것은 무의미한 일이다.

10. 고통과 그 원인

인간의 욕망은 끊임이 없다. 하나를 충족시키면 둘
을 요구하고 둘을 들어주면 셋을 요구한다. 그래서
고통의 원인이 된다.

　인간 존재의 현실을 고통이라고 규정한데 대해서 우리 범부중생들
이 완전하게 공감할 수 없는 이유가 있다. 먼저 마약에 취한 이가 마
약의 해독을 알 수 없듯이 자기 집착의 미혹에 취한 이는 고통을 확
실하게 인식할 수 없다는 것이고, 둘째로는 고통의 시작과 끝을 여실
하게 직시한 이는 이미 중생이 아니고 고통을 여읜 사람이라는 것이
다.

　그러므로 우리가 먼저 생각할 점은 고통에 취해 있는 것과 고통에
대한 깨달음을 구별하는 일이다. 또한 고통의 철저한 인식이 바로 깨
달음이라는 것, 중생에게는 인식의 정도 차이는 있을지언정 고통에
대한 느낌이 있고 그것이 고통을 극복할 수 있는 근거가 된다는 것이
다.

　'부처님의 최초 설법 중에 최초의 진리가 고통의 인식이고 고통을
여실히 관찰하고 인식한 사람이 있다면 그는 이미 고통에서 벗어난
사람'이라는 말을 듣고 어떤 이는 이런 질문을 할 수도 있다. '중생은
고통을 확실하게 알지 못한다고 했는데, 그렇다면 생활의 가난과 어
려운 처지를 비관해 자살한 이, 사업 도중 부도에 좌절을 느끼고 자
살한 중소기업체 사장, 자신이 좋아하는 이로부터 버림을 받고 자살
한 이들은 자살을 결행할 정도로 이 세계의 고통을 절감했을 것이기

때문에 결과적으로 고통을 깨닫고 고통을 벗어난 사람들이냐'는 물음이 나올 수도 있다. 그러나 이 질문은 전제가 잘못되었다. 이 세상의 어려움을 겪는 것보다는 죽는 편이 더 낳겠다고 생각할 정도로 고통을 느끼고 자살한 사람들은 고통을 느꼈다기보다는 세상의 어려움을 당해서 도피의 길을 택한 것으로, 뜻대로 되지 않는 세상에 대한 실망과 분노의 표시를 가장 극단적인 방법으로 한 것이다. 설사 자살한 사람들이 아주 심한 고통을 느꼈다고 가정하더라도 그들은 집착에 정신이 흐려져서 고통에 취한 것이지 고통을 여실히 인식한 것이 아니다.

석가세존이 인간 현실을 고통으로 규정했다고 해서 이 세상이 자연과학적인 의미에서 실제로 고통스럽다는 것을 뜻하지는 않는다. 부처님이 고통스럽다고 하는 뜻은 어리석은 중생들이 이 세상을 있는 그대로 보지 못하고 자기 중심적으로 보는데서 고통을 스스로 짓는다는 것일 뿐이다. 결코 고통의 실체가 어느 곳에 있다는 것을 뜻하지는 않는다.

고통을 여실하게 본 상태 또는 고통을 극복한 상태는 즐거움이 아니라 우주 존재의 법칙 그 자체이다. 불교는 모든 교리가 서로 연결되어 있기 때문에 고통에 실체가 있는 것이 아니며 고통의 여실한 인식이 중요하다는 것을 설명하기 위해서 앞으로 공부할 12인연과 혹·업·고의 3도를 이용해야 하겠다. 부처님은 인간 존재의 구체적인 모양을 열두 가지로 정리하여 12인연의 가르침을 설했다. 그 12인연에도 우리가 여덟 가지 고통에서 살펴본 윤회세계에 태어남과 죽음을 고통으로 제시하고 있다. 12인연을 더 압축하면 혹·업·고의 3도 즉, 미혹과 악업과 고통이 된다. 이 3도는 윤회의 길인데, 그것을 뒤집은 해탈의 길은 3덕이라고 해서 법신·반야·해탈이 된다. 이 가운데서 고통의 반대는 법신 즉, 우주의 여실한 진리 그 자체이다. 고통과 법신의 관계, 고통의 반대는 즐거움이 아니라 법신이라는데는 깊은 뜻이 있다. 고통이라는 것은 인간이 자기를 중심으로 집착해서 세상을 살아가려고 하니까 거기서 실재하지도 않는 고통을 느낄 뿐이지 세상의 있는 모습 그 자체는 법신과 같이 특별히 즐거울 것도 특별히 괴로울 것도 없다는 뜻이다.

천태 지의대사는 고·집·멸·도 4성제를 해석하는데도 여러 가지 단계가 있다고 설했다. 지의대사가 생각하는 가장 높은 수준의 4성제법은 무작4제(無作四諦) 즉, 고통과 고통의 원인과 고통의 소멸과 고통을 소멸하는 길이 별도로 떨어져 있는 것이 아니라 고통의 실제 모습을 여실하게 보는 순간 그 자리에 고통의 원인이나 고통의 소멸이나 고통 소멸의 길이 한꺼번에 갖추어서 나타난다는 것이다. 나와 내 것이라는 분별과 집착을 다 쉬어버린 마음으로 존재의 모습을 여실히 보면 그와 같은 경지에서는 고통과 열반 또는 고통과 법신이 둘이 아니라는 말이다.

미혹에 가득 찬 중생들은 고통에 대해서 확실하게 인식하지 못한다고 말한 바 있다. 법신 또는 존재의 있는 그대로의 모습을 여실히 볼 경우에 고통이 어떤 실체로 존재하지 않는다는 것이다. 그러면 어떤 이는 이런 질문을 가질 수도 있을 것이다. '중생들이 고통을 확실하게 인식하지 못하는 것이나 우주 존재의 진리에서 볼 때 고통이 없는 것이나 결과적으로 같지 않느냐'는 것이다. 그러나 이 둘 사이에는 미혹과 깨달음이라는 차이가 있다. 중생이 세상살이 연극에 취해서 자신이 받는 고통을 확실하게 인식하지 못함으로써 고통이 보이지 않는 것과 고통의 실체를 있는 그대로 보니 고통이라는 것이 별도의 몸으로 있는 것이 아님을 체달하는 것 사이에는 엄청난 차이가 있다.

우리 범부중생들은 인간 존재의 실상을 여실하게 보는 지혜가 없기 때문에 부처님이 말하는 고통에 대해서 전적으로 공감하지 않을 것은 뻔한 일이다. 그러나 중생들은 고통의 중요성을 알게 될 인간 존재의 구조적 조건과 가능성을 본래적으로 가지고 있다. 왜냐하면 미혹의 중생들이 이 세상을 살면서 인간의 삶이 완전히 고통스럽다고 생각하지는 않더라도 적어도 세상사가 완전히 만족스럽다고 생각하지는 않는다. 또 설사 이 세상이 만족스럽다고 하더라도 더욱 충분한 만족을 구하려고 하는 것이 모든 인간의 본능이다. 고통과 불만, 불만과 만족, 만족과 더 큰 만족 사이에는 각기 차이가 있고 고통을 느끼는 것과 더 큰 만족을 구하는 것 사이에는 아주 큰 간격이 있다. 그러나 여기서 확실한 것은 인간은 무엇인가를 구한다는 것이다. 즉 인간에게는 이상에 대한 허기와 갈증이 본래적으로 깃들어 있다는 것이다. 이것이 바로 우리가 고통을 지우고 열반(涅槃)을 얻을 가능성이다. 이 가능성을 경전에서는 여래장이라고 부르기도 하고 불성이라고 부르기도 한다. 막연한 고통, 막연한 구함이 해탈열반(解脫涅槃)에 도달할 씨앗이 되는 것이다.

불교의 가장 우선적인 목적은 이고득락(離苦得樂)에 있다. 바로 4성제의 첫번째인 고통을 여의는 일이다. 호랑이를 잡기 위해서는 호랑이굴에 들어가야 한다는 속담도 있고 전쟁 중에 상대를 알면 백전백승이라는 말도 있다. 마찬가지로 고통을 여의기 위해서는 고통의 실체를 바로 알아야 한다. 부처님이 최초의 설법을 고통의 인식으로부터 시작한 것도 이 때문일 것이다.

석가세존이 고통을 중생이 사는 기본적인 모습으로 부각시키는데는 이고득락의 계획이 숨어 있다. 우리 인간들이 삶의 출발점을 즐거움으로 잡는다면 즐겁지 않으면 누구나 불행하다고 생각할 것이다. 반면에 고통을 우리의 고향으로 삼으면 아무리 고통이 있다고 하더라도 그것을 당연한 것으로 받아들이기 때문에 고통으로 인해서 불행하다고 생각하지는 않을 것이다. 중생들은 앞으로 노력해서 성불하거나 열반을 얻도록 해야 한다는 불교의 원칙을 전제로 해서 해탈하지 못한 중생이 윤회의 몸을 받고 늙고 병들고 죽는 것을 삶에 필연적으로 수반되는 것으로 받아들인다면 오히려 그곳에 고통이 없어질 것이다. 좋아하는 사람이나 환경과는 헤어져 살아야 하고 반대로 싫어하는 사람과는 같이 살아야 하며 원한다고 해서 다 성취되는 것은 아니다. 나와 내 것을 분별하고 그것을 중심으로 집착하는데서 모든 고통이 생겨난다는 것을 받아들인다면 고통이 우리를 괴롭힐 자리가 없다. 우리가 고통을 우리 자신의 몸으로 받아들이기 때문이다. 이것이 고통 속에서 고통을 여의는 한 방법이다. 이런 방법은 궁극적이 아니라 임시적이고 언젠가는 존재의 실상을 여실히 보아 고통이라는 허깨비, 병든 눈에 나타나는 허공의 꽃(空花)을 지워야 하겠지만, 고통을 있는 그대로 인정하고 받아들이는 것은 적어도 이고득락을 위한 중요한 발판을 마련하는 셈이다.

다음은 고통의 원인이 어디에 있느냐 하는 문제이다. 바로 고·집·멸·도 4성제 중 두번째인 집(集)이라는 문제이다. 집자는 한문으로 집합(集合)할 때 쓰는 모일 집자이다. 고통의 원인인 미혹(迷惑)과 집착(執着)의 갈애(渴愛)가 집기(集起) 즉, 함께 모여서 일어난다는 뜻이다.

집합해서 일어나는 갈애라는 말의 한문글자를 풀이하면 갈증을 나타내는 갈(渴)자와 이기적인 애(愛)착을 나타내는 애자가 합해진 것이다. 목마른 이가 허둥지둥 물을 찾듯이 집착의 욕망에 갈증난 중생들이 번뇌를 일으키는 것을 뜻한다. 이 갈애는 인간의 근본미혹인 무명(無明)에 의지해서 일어난다. 이 갈애에는 기본적으로 세 가지가 있다. 욕애(欲愛)와 유애(有愛)와 무유애(無有愛)이다. 욕애란 육체적인 다섯 가지 감각기관의 욕망을 만족시키려는 애착을 뜻한다. 유애란 윤회의 존재에 대한 애착이다. 무유애란 허무의 세계에 대한 애착을 나타낸다.

집합해서 일어나는 갈애 중 욕애 즉, 육체적인 다섯 가지 감각기관의 욕망을 만족시키려는 애착은 평범한 우리 중생들이 가지고 있다.

눈·귀·코·혀·몸이라는 다섯 가지 감각기관은 각기 보기에 좋은 것, 듣기에 좋은 것, 좋은 향기, 좋은 맛, 감촉이 좋은 것을 탐한다. 이 감각기관의 욕망은 호시탐탐 그 충족을 노리기 때문에 마치 도적과도 같은 것이다. 또 그 욕망의 정도는 끊임이 없다. 하나를 충족시키면 둘을 요구하고 둘을 들어주면 셋을 요구한다. 그래서 고통의 원인이 된다.

집합해서 일어나는 갈애 중 유애 즉, 윤회의 존재에 대한 목마름과도 같은 추구는 현세적인 것뿐만 아니라 내세적인 것이기도 하다. 어리석은 중생은 지금 받고 있는 이 목숨을 계속 누리기를 추구하고 내생에 연이어서 목숨 받기를 원한다. 해탈의 몸이 아니라 윤회의 몸을 미혹의 집착심으로 추구하기 때문에 고통의 원인이 된다.

집합해서 일어나는 갈애 중 무유애 즉, 허무에 대한 집착은 중생들이 욕애와 유애를 추구하다가 그것이 여의치 않으면 모든 것이 다 죽음의 상태인 허무에 탐닉하려는 반발적인 욕망이다. 욕망이 극에 달한 나머지 허무를 추구하게 되면 쾌락이나 범죄로 빗나가게 되어 그 또한 또다른 고통의 원인이 된다.

고통의 원인인 갈애를 도표로 정리해보자.

고·집·멸·도(4성제)

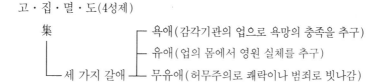

集
│
└── 세 가지 갈애 ┬─ 욕애(감각기관의 업으로 욕망의 충족을 추구)
                  ├─ 유애(업의 몸에서 영원 실체를 추구)
                  └─ 무유애(허무주의로 쾌락이나 범죄로 빗나감)

11. 고통의 소멸

번뇌의 소멸은 번뇌의 시작과 끝을 여실히 관찰함
으로써 그 번뇌의 모양과 기능을 그대로 두고 본래
열반임을 확인하는 절차이다.

고・집・멸・도의 4성제 중에서 멸성제는 고통이 소멸된 상태 즉,
열반(涅槃)에 대한 가르침이다. 열반이라는 말은 인도 고대어인 산스
크리트어로 니르바나(nirvāṇa)의 음역이다. 의미는 '불어서 끈다'는
것을 뜻한다. 갈애의 불길 또는 탐냄과 성냄과 어리석음의 불길을 불
어서 끈다는 뜻이다. 고요할 적자인 적(寂), 적정(寂靜), 원적(圓寂),
적멸(寂滅), 멸(滅) 등으로 한역된다. 한문으로 번역된 4성제는 고・
집・멸・도라고 불려지므로 열반이 멸할 멸(滅)자로 번역된 셈이다.
이 열반의 동의어로는 피안, 청정, 해탈, 무희(無戱), 애진(愛盡), 진
제(眞諦), 미묘(微妙), 무루(無漏), 불괴(不壞), 극묘(極妙), 무위(無
爲), 미묘(微妙) 등이다. 이 동의어들로 보아서 알 수 있듯이 열반이
라는 말은 욕망의 불길을 끈다는 뜻이지만 종교적으로 사용될 경우
에는 언어 자체의 의미를 넘어서 절대적 궁극점을 나타낸다.
　열반이라는 말은 불교에서 처음 쓴 것이 아니고 불교 이전의 인도
종교들 사이에서도 쓰여지고 있었다. 자이나교나 힌두교에서도 열반
이라는 말을 쓰고 있었다. 각 종교에 따라서 불교보다 먼저 이 말을
쓴 곳도 있고 뒤에 쓴 곳도 있겠는데, 각 종교의 교리에 따라서 열반
의 내용과 형태에 약간의 차이, 또는 내용과 형태가 유사하더라도 미
묘한 뉘앙스의 차이가 있었다. 그러나 인도의 어느 종교를 막론하고

이 열반은 생사를 초월하는 경지를 나타내는 한 표현으로 사용되었다.

부파불교(部派佛敎)와 대승불교(大乘佛敎)는 각기 열반을 세분해서 이해하려고 했다. 부파불교 즉, 소승불교는 열반을 두 가지로 분류했다. 유여열반(有餘涅槃)과 무여열반(無餘涅槃)이다. 유여열반이란 번뇌와 업이 다하지 못하고 무엇인가 찌꺼기가 남아 있는 열반이라는 뜻에서 유여(有餘) 즉, 어떤 나머지가 있다는 말을 붙였다. 일체의 번뇌를 끊고 생사를 초월했지만 아직 과거의 업보로 인해 육체가 남아 있어서 완전한 열반이 못된다는 뜻이다. 무여열반이란 아무런 찌꺼기도 남아 있지 않은 열반이다. 일체의 번뇌를 다하고 다시 육체까지 끊어진 완전한 열반, 예를 들면 부처님의 열반과 같은 것을 말한다.

대승불교는 소승불교의 유여열반·무여열반의 분류를 수용하면서도 다시 열반을 자성청정열반(自性淸淨涅槃)과 무주처열반(無住處涅槃)으로 나누어서 생각한다. 자성청정열반이란 인간 심성의 불성은 본래 청정해서 열반의 성질인 상·낙·아·정(常樂我淨) 즉, 참으로 항상함, 즐거움, 나, 그리고 깨끗함을 본래로 갖추고 있다는 것을 의미한다. 무주처열반 즉, 일정한 주처가 없는 열반이란 생사윤회의 고통을 여실히 보고 깨달음을 얻었기 때문에 생사에 윤회할 필요가 없지만 중생들의 미혹과 갈애와 고통을 보고 대자비심을 내서 열반에 안주하지 않고 중생을 위한 보살행을 하면서 떠돌아다니는 것을 뜻한다. 이 무주처열반이 대승의 보살도정신을 나타내는 이상적인 열반의 모습이다.

대승불교에서 말하는 4종열반(四種涅槃) 즉, 네 가지 종류의 열반을 도표로 정리해보자.

```
고 · 집 · 멸 · 도(4성제) ┌ 유여열반(업과 번뇌의 찌꺼기가 남은 열반)
         │           ├ 무여열반(일체의 찌꺼기가 없는 열반)
         │           ├ 자성청정열반(본래 완전한 불성으로서의 열반)
   네 가지 열반 ────────┴ 무주처열반(중생을 위해 고해로 나오는 열반)
```

앞에서 고 · 집 · 멸 · 도 4성제 중 고제 즉, 고통의 현실을 공부하면서 고통이라는 것이 어떤 객관적 실체를 가지고 존재하는 것이 아니라 미혹과 갈애의 집착에 찬 중생들이 지어서 보는 것일 뿐이라고 정리했었다. 그러므로 열반은 고통의 원인인 번뇌를 멸하여 고통을 극복한 상태가 된다. 인간의 삶 그 자체가 번뇌의 덩어리이다. 번뇌를 여의고 인간을 생각할 수는 없다. 인간의 삶에 있어서 번뇌를 다 소멸한다는 말은 인간을 지운다는 말과 같다. 여기서 어떤 이는 이런 질문을 할 수도 있다. '열반이란 번뇌뭉치인 인간을 지우고 보살님이나 부처님을 새로 만들어내는 것인가 아니면 인간의 번뇌를 그대로 두고 열반을 얻는 것인가'의 물음이다. 이 질문을 다시 다른 말로 바꾸면 인간이란 구조적으로 번뇌를 일으킬 수밖에 없게 되어 있는데 번뇌를 소멸하는 열반은 번뇌 제조기인 인간을 그대로 둔 채로 얻는 것이냐 아니면 번뇌의 인간을 지움으로써 얻는 것이냐이다. 그런데 우리가 지금 불교교리를 배우는 것도 살기 위해서, 그것도 고통이 없이 안락하게 잘 살기 위해서인데, 우리 모두가 죽어야만 열반을 얻을 수 있다고 한다면 아무도 열반을 얻으려 하지 않을 것이다. 사람의 정신과 육체를 지운 다음에야 열반이 있느냐 아니면 살아 있으면서도 열반을 얻을 수 있느냐에 대해서는 조금 전에 유여열반이라는 표현이 답을 해주었다. 즉 인간의 정신과 육체가 남아 있어서 아직 완전하지는 않지만 인간이 번뇌덩어리인 정신과 육체를 가진 그대로 열반을 얻을 수 있다는 것이다. 사람이 번뇌덩어리인 정신과 육체를 두고도 열반 즉, 고통의 원인인 번뇌의 소멸을 얻을 수 있다는 말은 번뇌 소멸의 방법이 특별해야 한다는 것을 알 수가 있다. 번뇌를 둔 채로 번뇌를 소멸하기 위해서는 번뇌를 부수어버리거나 잘라내는 것이 아니라 번뇌의 시작과 끝을 있는 그대로 여실하게 관찰하는 방법을 써야 한다는 것이다.

고통이라는 것이 어떤 사실적 실체로서 있는 것이 아니라고 정리한 바 있다. 똑같은 논리로 번뇌라고 하는 것도 사실적 실체가 있는 것이 아니라 미혹의 갈애에 찬 인간이 지어낸 것일 뿐이다. 중생의 눈으로 보고 중생의 표현으로 말할 때 인간이란 번뇌 그 자체이다. 그러나 부처님의 관점에서 보면 중생에게 번뇌가 있다는 것은 착각일 뿐 중생에게는 열반이 본래부터 갖추어져 있다. 본래부터 갖추어져 있는 열반이 바로 대승불교에서 말하는 '자성청정열반'이다. 중생의 마음은 본래적으로 청정한 열반을 갖추고 있어서 새삼스럽게 어떤 번뇌를 태운 후에 신품의 열반을 제작해서 그것을 간직하는 것이 아니라 본래부터 그 자리에 있던 열반을 알아봄으로써 이미 열반 속에 있다는 사실을 확인할 뿐이라는 것이다.

언뜻 잘못 들으면 자성청정열반 즉, 본래의 열반을 확인한다는 사실과 번뇌를 소멸한다는 표현이 상충되는 것같지만, 그렇지가 않다. 왜냐하면 번뇌의 소멸은 번뇌를 죽이고 그 자리에 열반을 지어낸다는 뜻이 아니라 번뇌의 시작과 끝을 여실히 관찰함으로써 그 번뇌가 모양과 기능을 바꾸지 않은 그대로 바로 본래 열반임을 확인하는 절차이기 때문이다. 번뇌와 열반은 동체이다. 삶의 모습을 여실하게 바로 보면 열반이고, 잘못 보면 번뇌다. 부처님이 번뇌를 보면 열반을 보는 것이 되고, 중생이 열반을 보면 번뇌를 보는 것이 된다.

여기서 번뇌와 열반이 한 몸이라는 것을 이해하는데 주의가 필요하다. 사람은 그 존재 자체가 번뇌이다. 번뇌덩어리의 사람은 삶의 실상을 여실하게 보지 못하고 번뇌를 일으킬 수밖에 없고 욕심을 낼 수밖에 없다. 돈을 벌려고 하고 출세하려고 하는 마음은 모든 중생이다 가지고 있다. 물론 근기(根機)에 따라서 욕심을 내는 것이 다를 것이다. 하근기라면 안락에 대한 욕심, 음식에 대한 욕심, 이성에 대한 욕심, 재물에 대한 욕심을 주로 낼 것이다. 중간 근기라면 명예욕을 낼 것이고, 상근기라면 자기 도취의 이상에 찬 착각의 번뇌를 일으킬 것이다. 인간 현실이 이러한데 번뇌와 열반이 한 몸이라고 해서 그 번뇌를 열반으로만 취급해버리고 그렇게 함으로써 열반 속에 아무런 번뇌의 존재나 활동을 인정하지 않으면 그것은 결과적으로 번뇌를 지우고 그 위에 열반을 그리는 것이 된다. 번뇌와 열반을 두 몸으로 갈라놓는 것이 된다. 이런 식의 열반은 한 가지를 지우고 그 자리에 다른 것을 채우는 것이므로 번뇌와 열반을 동시에 실체화하는 셈이 되고 불교의 공사상의 원칙에 위배된다. 공사상의 원칙은 상대적인 두 가지가 각기 상대에 의해서 자기 존재를 확인할 수밖에 없기 때문에 독자적인 주체가 있을 수 없으며 다른 한편으로는 상대적인 것 두 가지가 각기 상대를 자기 자체에 완전히 포함하고 있다는 것이다. 번뇌와 열반이 한 몸 관계를 유지하려면 번뇌와 열반 어느 쪽도 완전히 지워져서는 안된다. 앞에 살펴본 몸을 가진 열반과 자성청정의 본래열반은 인간의 번뇌를 지우지 않은 그대로 열반에 드는 것을 나타낸다. 번뇌의 여실한 관찰은 번뇌를 여의지 않고 열반의 지혜를 만든다. 열반의 지혜 속에서는 중생 번뇌의 끊임없는 활동이 손바닥 안에 있는 것처럼 낱낱이 보인다. 이것이 진정한 의미에서의 번뇌와 열반의 한 몸 관계이다.

번뇌의 소멸은 번뇌의 단절이 아니라 여실한 관찰이라는 점과, 번뇌와 열반이 둘이 아니라는 점을 설명하다보니 좀 복잡하게 되었다. 필자가 이 문제에 시간을 많이 할애하는 이유는 우리가 현실에서 열반을 맛보고 열반을 실천해야 하기 때문이다. 자신의 마음 속에 부글거리는 번뇌를 보고 열반 얻기를 아예 포기하거나 열반은 죽은 다음에나 얻을 것으로 미루게 하는 교리공부가 되어서는 안될 것이기 때문이다. 그리고 지금 현재 번뇌를 일으키고 있는 나에게 열반이 현실적이고도 실천적으로 어떤 의미가 있는가를 생각해야 하기 때문이다.

음력 2월 15일 부처님 열반재일에 부처님 열반이 갖는 현실적이고도 실천적인 의미에 대해서 말해달라는 불교방송의 부탁을 받은 바 있었다. 필자는 그때 다음과 같은 조사스님들의 말씀을 전하는 것으로 그 대답을 대신한 바 있다.

욕심 경계에 있으되 욕심을 초월하고 티끌 세상에 살되 티끌 세상을 초월하라. 차별 있는 환경에서 차별 없는 고요를 얻으라. 차별 없는 고요에서 차별 있는 지혜를 보이라.

중생과 보살에게 똑같이 시비와 애증이 있으나, 중생은 집착심에서 마음이 동하고 보살은 비운 마음에서 흔들림이 없느니라.

자신이 흔들리지 않고 적정을 유지하는데 가장 긴요한 기술은 다른 이의 마음을 상하지 않게 하는 것이니라.

자기가 하고 싶은 일을 하는 것을 해탈의 자유라고 부르고, 자기가 하는 일을 있는 그대로 좋아하는 것을 열반의 행복이라고 부르느니라.

12. 고통을 소멸하는 길

우리가 번뇌를 일으킬 때 이성이나 감정이나 행동
의 세 가지 면 중에서 어느 한 가지만 잘못된 것이
아니라 세 가지 전체가 문제가 된다.

고·집·멸·도 4성제 가운데 도성제 즉, 고멸도성제(苦滅道聖諦)
는 고통을 소멸하는 길 또는 수행방법을 가르친다. 그런데 고·집·
멸·도 4성제의 구조상 고통을 멸하는 길은 바로 고통을 없애는 것
이 아니라 고통의 원인인 갈애가 일어나지 않게 하는 것이다. 미혹의
갈애가 일어나지 않게 하기 위해서는 8정도 즉, 여덟 가지 바른 길을
닦아야 한다.

여덟 가지 바른 길의 첫번째는 정견(正見)으로, 바른 견해 내지는
바른 신앙을 의미한다. 바른 인생관과 세계관으로 불교의 연기법이
나 4성제법을 완전히 파악하는 지혜일 수도 있고, 깨달음을 얻기 이
전에 바른 신앙일 수도 있다. 두번째는 정사유(正思惟)로, 바른 사유,
바른 의지, 바른 결의를 뜻한다. 말하고 행동하기 전에 결단의 의지
가 필요하다. 바른 결단이 뒤에 나올 바른 말과 바른 행동을 이끌어
내기 때문에 바른 결단은 아주 중요하다. 세번째는 정어(正語)로서,
바른 말을 의미한다. 잘못된 말이란 거짓말, 아첨하는 말, 이간질, 욕
설 등을 뜻하는 것으로, 그런 말을 하지 않을 뿐 아니라 반대로 바르
고 좋은 말을 한다는 뜻이다. 네번째는 정업(正業)으로, 바른 행동을
말한다. 잘못된 행동이란 살생하고 훔치고 삿된 행동을 말하는 것으
로, 그 반대로 살생 대신에 목숨을 살리고 훔치는 대신에 보시하고

삿된 행동을 하는 대신에 남에게 모범을 보이는 행동을 하는 것이다. 다섯째는 정명(正命)으로서, 바른 생활법 또는 바른 직업을 말한다. 직업의 귀천을 가리거나 사회에 더 이익되고 덜 이익된다는 입장에서 직업의 옳고 그름을 따지는 것이 아니다. 단지 어떤 직업을 가지고 있을 경우 그 직업의 한계 내에서 바르게 생활하는 방향으로 얼마나 최선을 다하느냐를 가리는 뜻에서 바른 직업을 말하는 것이다. 또한 생활상에 있어서 수면, 식사, 업무, 휴식 등을 바르고 규칙적으로 해서 정신적 육체적 건강을 돌봄과 아울러 하는 일의 효율을 높이는 것이기도 하다. 여섯번째는 정정진(正精進)으로, 바른 정진, 바른 노력, 바른 용기를 의미한다. 일곱번째는 정념(正念)으로, 바른 목표를 생각하는 것이다. 불교에 있어서 윤회의 길은 잘못된 목표일 것이고 해탈열반의 길은 바른 목표일 것이다. 마지막으로 정정(正定)은 바른 안정, 바른 정신집중과 정신통일을 말한다.

언젠가 필자가 신도들과 함께 대청댐에 방생을 간 적이 있었다. 방생할 장소를 찾기 위해서 호수변의 한 경비초소를 찾아갔는데, 거기에 근무하는 이가 벽에 큰 글씨로 이 8정도를 붙여놓고 있었다. 책상 위에 놓인 책을 보니 경비일만 보는 것이 아니고 어떤 시험을 보기 위해서 공부하는 것같았다. 필자는 그때 그 청년이 8정도를 좌우명으로 삼고 경비일을 하면서 공부하는 자세를 보고 가슴뭉클한 감동을 받았다. 그 이후로 나는 만나는 신도들에게 8정도나 6바라밀을 가슴에 새겨두고 실천해보라고 권하고 있다.

8정도는 여덟 가지이지만 한 몸체의 여덟 면과 같아서 서로 유기적인 관계에 있다. 우리 인간에게 있어서 몸과 마음과 말이 서로 떨어져 있는 것은 아니다. 그러므로 그것을 가다듬기 위한 수도의 길도 떨어져 있을 수가 없는 것이다. 우리 인간의 구조를 자세히 살펴보면 이성적 또는 지적인 면과 감정적인 면 그리고 행동의지적인 면이 있다. 그런데 이와 같은 지적인 면과 감정적인 면 그리고 의지적인 면

가운데 어느 한 가지만 잘못됨으로 인해서 우리가 번뇌를 일으키는
것은 아니다. 지혜가 감정에 영향을 미치고 감정이 지적인 판단에 영
향을 미친다. 감정과 이성이 각각 또는 함께 사람의 행동양식에 영향
을 미친다. 우리가 번뇌나 갈애를 일으켰을 경우 지 · 정 · 의 세 가지
면 중에서 어떤 한 가지만 잘못된 것이 아니라 세 가지 전체가 문제
가 된다. 그래서 8정도도 이 세 가지를 동시에 대처하고 있다.

  인간의 지 · 정 · 의에 대한 대처를 불교에서는 계 · 정 · 혜(戒定
慧) 3학(三學)이라고 부르는데 우리의 지적인 면을 대처하는데는 지혜
의 배움과 닦음이 필요하고, 감정적인 면을 대처하는데는 선정의 정
신집중과 정신통일이 필요하다. 또 우리의 몸과 입과 뜻으로 이루어
지는 행동 즉, 의지적인 면을 다스리기 위해서는 계율이 필요하다.
계 · 정 · 혜 3학을 염두에 두고 8정도를 가만히 살펴보면 그 두 가지
가 서로 일치함을 알 수 있다. 바른 인생관과 바른 판단은 지혜에 속
한다. 바른 말, 바른 행동, 바른 직업과 바른 생활양식은 계율에 속하
고, 바른 노력은 계율과 선정과 지혜에 공통적으로 해당된다. 그리고
바른 목표를 생각하는 것과 바른 정신집중은 선정에 해당된다. 그래
서 8정도는 계 · 정 · 혜 3학을 펼쳐놓은 것과 같고 계 · 정 · 혜 3학
은 8정도를 줄여놓은 것과 같다. 8정도나 계 · 정 · 혜 3학이나 다같
이 우리의 이성과 감정과 행동의지를 관리하는 셈이다.

  4성제 중의 8정도와 3학을 정리하면 다음 페이지의 도표와 같다.

  8정도와 계 · 정 · 혜 3학의 수행이 동시에 필요하고 그것들이 서
로 상관관계에 있다는 것에 대해서 예전의 스님들은 흔히 달과 물과
그릇의 비유로 설명하곤 했다. 그릇에 담긴 물에 달빛이 잘 비치려면
그릇과 물과 달빛이 각기 제 역할을 다해야 한다는 것을 나타내고자
하는 비유이다. 여기서 그릇은 계율에 해당되고 물은 선정에 해당된
다. 그리고 달빛은 지혜에 해당된다. 그릇이 안정이 되어 있어야 물
이 고요하게 자리를 잡을 수 있고, 물이 고요하게 자리잡고 있어야

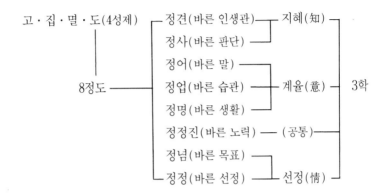

달빛이 비출 수 있다는 것이다. 마찬가지로 말과 행동과 생활방법이 바르게 안정되어야 그 그릇에 담긴 감정이 흔들리지 않아서 목적의식과 정신통일이 바르게 되고, 감정이 흔들리지 않아야만 이성이 제대로 작용해서 세계관과 판단력이 바르게 설 수 있다는 것이다. 이 행동의지적인 면을 나타내는 그릇과 감정을 나타내는 물과 이성을 나타내는 달빛을 가지고 비유를 들지 않더라도 지·정·의에 대처하는 계·정·혜 3학의 성격을 가진 8정도가 동시에 작용해야 한다는 것은 쉽게 이해할 수 있을 것이다.

  계·정·혜 3학이나 정견·정사·정어·정업·정명·정정진·정념·정정의 8정도가 모두 고통을 멸하는 방법인 수행에 속한다. 미혹과 악업과 고통이 윤회의 모습이고, 깨달음과 수행과 우주의 진리가 해탈의 모습이다. 고·집·멸·도 4성제 중에서 고제와 집제 즉, 고통과 고통의 원인은 윤회의 길이고, 멸제와 도제 즉, 고통의 소멸과 고통을 소멸하는 길인 8정도의 수행은 열반의 길이다.

  4성제 중 고와 집이 윤회의 길이라면 이 속에는 미혹과 악업과 고통의 3도 중 하나가 생략되었거나 숨어서 포함되었음을 알 수 있다. 그런데 고통은 3도 중의 고통이라고 쉽게 알 수 있다. 그러므로 고통의 원인인 갈애의 집합은 미혹과 악업을 합해서 나타낸 것임을 짐작할 수 있다. 한편 열반의 길은 우주의 진리 그 자체와 해탈수행과 수행으로 얻은 깨달음의 지혜인데, 그 중에서 고 · 집 · 멸 · 도 4성제 중 멸제인 열반은 우주의 진리자리 또는 법신자리를 나타낸다. 그리고 도 즉, 고통을 멸하는 8정도의 수행은 수행과 아울러 수행으로 얻어지는 지혜를 동시에 나타내고 있다. 그러므로 4성제 중 고와 집은 혹 · 업 · 고의 3도에 해당되고 멸과 도는 법신 · 반야 · 해탈의 3덕에 해당된다.

미혹과 악업과 고통이 따로 떨어져 있는 것이 아니라 함께 한 몸으로 있듯이 법신열반(法身涅槃)과 해탈수행(解脫修行)과 반야지혜(般若智慧)도 함께 한 몸으로 있다. 윤회의 길에 있어서 미혹이 있으면 악업과 고통이 있고, 고통은 미혹과 악업을 전제한다. 열반의 길에 있어서도 법신과 수행과 지혜는 동시적이다. 법신열반의 자리에는 이미 수행과 지혜가 있고, 수행이 있는 곳에는 또한 이미 법신열반과 지혜가 전제된다. 윤회의 길에서나 열반의 길에서 3도나 3덕 중의 각기 한 가지가 있으면 다른 두 가지도 같이 있다.

불도의 수행은 눈에 보이지 않기 때문에 속세에서 성취하는 이야기의 예를 들어보겠다. 술과 담배와 여색으로만 살아가는 사람이 있다. 그 사람이 판단력이 흐리고 지혜가 없을 것은 뻔한 일이다. 그는 필경에 건강, 재물, 명예 가운데 그 하나를 잃거나 전부를 잃는 고통을 맛볼 것이다. 무지와 막된 생활과 실패의 고통은 떨어진 것이 아니라 본래부터 붙어 있는 것이다. 반대로 부지런하고 성실하게 노력하는 사람이 있다. 그는 융통성이 없고 답답하다고 보일지언정 그릇된 판단을 하지는 않는다. 그 사람에게는 반드시 어떤 성취가 있을 것이다. 근면 노력과 지혜의 바른 판단과 안으로의 알찬 성취는 떼어 놓고 생각할 수 없는 한 덩어리이다.

우리는 앞에서 고 · 집 · 멸 · 도 4성제 중 멸성제인 열반을 공부할 때 대승불교의 열반에 자성청정열반이라는 것이 있다는 것을 알았

다. 인간의 본성에 완전한 열반의 덕이 본래부터 갖추어져 있다는 뜻
이다. 중생은 본래 열반 속에 있는데, 우리가 그것을 알아보지 못할
따름이다. 수행은 없던 열반을 새로 만들어내는 것이 아니라 본래 있
는 열반을 확인하는 절차일 뿐이다. 이와 같은 본래적인 열반은 불성
이라고도 한다.

그러면 여기서 우리는 의문이 생긴다. 앞에 말한 3덕 가운데 법신
열반과 해탈수행과 지혜가 한 몸체로 있는데, 법신열반의 불성 중에
수행할 수 있는 성질과 능력도 포함되어 있느냐는 것이다. 그런데 그
해답은 이렇게 생각해보면 자명하다. 만약 8정도를 닦겠다는 마음과
능력이 인간의 본성에 없다면 열반의 불성이 밝혀지지 못하기 때문
에 불성 자체가 쓸모없는 것이 되어버릴 것이다. 누구나 수행해서 다
부처가 될 수 있다는 석가세존의 가르침에 미루어서 생각한다면 자
성청정열반의 불성을 이루는 구성요소는 여여한 법신의 우주진리자
리와 그 진리에 어울리게 사는 8정도의 수행과 그 결과로 당연하게
나타나는 깨달음이 분명하다. 이미 우리에게는 수행을 해서 깨달음
을 얻고 열반에 들 성품이 본래적으로 갖추어져 있는 것이다.

4성제가 현실을 진단하고 이상세계로 가는 길을 제시했지만, 궁극
적으로 우리 범부들로 하여금 실천시키고자 하는 것은 8정도의 수행
이다. 고통이나 고통의 원인을 여실하게 관찰하는 것도 수행을 통해
서만 이루어질 수 있는 것이다.

13. 이것이 있음으로써 저것이 있고

> 큰 것은 작은 것에 의해서만, 높은 것은 낮은 것에
> 의해서만, 사랑은 미움에 의해서만, 좋음은 싫음에
> 의해서만 존재할 수 있다.

연기법은 부처님이 성도(成道) 후에 수주일 동안 명상에 잠겨서 관찰했다고 하는 불교의 근본교리이다. 4성제는 연기법의 취지를 쉽게 풀어서 설명한 것이기도 하고, 연기법의 사용 목적이기도 하다. 4성제에서 현실의 고통과 고통의 원인은 윤회의 연기를 나타내는 것이고, 고통의 소멸인 열반과 열반에 이르는 길로서의 8정도는 해탈의 연기를 나타내는 것이다. 그래서 연기설은 이론적인데 비해서 4제설은 실천적이다. 부처님은 《아함경》에서 이 연기법을 아는 것이 바로 부처님을 보는 것이라고 하셨다. 불교교리가 한없이 복잡한 듯하지만 아무리 복잡하더라도 연기법의 테두리를 벗어나지 못한다. 공사상, 일체유심조사상, 법화성구사상 등도 이 연기법을 발전시켜서 해석하거나 다른 말로 바꾸어서 표현한데 불과하다.

연기법의 기본은 이렇다.

이것이 있음으로써 저것이 있고, 이것이 일어남으로써 저것이 일어난다. 이것이 없으면 저것도 없고, 이것이 없어지면 저것도 없어진다.

《아함경》에 나오는 말씀이다. 여기서 '이것'과 '저것'은 이 세상의 모든 상호 의존관계에 있는 것과 상대적인 것을 말한다. 그런데 똑같

은 상대적인 것들도 종류에 따라서 구분할 수 있다. 첫째는 상대적 공간관계에 의해서 있는 것을 들 수 있겠고, 둘째는 상대적 시간관계에 의해서 있는 것을 들 수 있겠다. 셋째는 주관과 객관의 관계에 의해서 존재하는 것을 들 수 있고, 넷째는 일체의 상대적인 개념을 생각할 수 있겠다.

먼저 공간적 상대관계를 살펴보면 지게가 작대기에 받쳐져서 세워져 있을 경우 지게와 작대기는 세워지는데 있어서 서로 의존관계에 있다. 지게가 일어남으로 인해 작대기가 일어났다. 지게가 없으면 작대기도 없고 지게가 없어지면 작대기도 없어진다. 또 파도를 생각해 보자. 파도는 물 위에 바람이 불어야 한다. 물이나 바람 가운데 어느 한쪽이 없으면 파도는 성립할 수 없다. 파도에 바람이 없으면 물이요, 물이 없으면 바람이다.

시간적 상대관계도 있다. 태어남이 정해지게 되면 그 자리에서 죽음의 시간이 약속된다. 만남이 있는 순간 헤어지는 시간이 예상된다. 어떤 생명의 존재를 생각하는 순간 그 자리에서 그 생명이 없어지는 시간이 정해진다. 행복하다고 생각하는 시간은 불행한 시간의 상대이다. 불행한 시간을 경험이나 상상으로 가정하지 않으면 행복한 시간은 맛볼 수가 없다. 시간적으로 시작과 끝 어느 한쪽도 반드시 상대에 의지해 있다.

다음은 주관과 객관의 상대관계이다. 우리가 이 세상을 제법 거창하게 살고 있는 것 같지만 사실은 여섯 가지 감각기관을 사는데 불과하다. 눈·귀·코·혀·몸·뜻에 의해서 세상을 살 수 있다. 그런데 이 감각기관도 그 상대가 없으면 구실을 못하는 상대적인 것일 뿐이다. 눈은 보이는 대상에 의해서 있고, 보이는 대상은 눈에 의해서 있다. 귀는 들리는 소리에 의지해서 있고, 소리는 귀에 의해서만 존재한다. 장님에게는 그림이 없고 귀머거리에게는 소리가 없다.

연기법은 모든 개념의 상대성을 밝히기도 한다. 큰 것은 작은 것에 의해서, 높은 것은 낮은 것에 의해서, 사랑은 미움에 의해서, 좋음은 싫음에 의해서, 그리고 부자는 가난한 사람에 의해서만 존재할 수 있다. 그 외에 인간의 선택과 버림을 나타내는 한없이 많은 개념들이 한결같이 상대의 상정에 의해서만 존재할 수 있다. 어떤 이는 미움을 전혀 생각하지 않고 좋아하기만 할 수 있다고 말할지도 모른다. 그러나 좋음과 싫음은 우리가 무의식적으로 느끼느냐 의식적으로 느끼느냐에 차이가 있을지언정, 또 현생의 업으로 느끼느냐 전생의 업까지 포함해서 느끼느냐에 차이가 있을지언정 상대개념을 전제하거나 예상하지 않고 느낄 수가 없다.

필자는 부처님의 연기법을 우리가 피하고 살아갈 수 없는, 우리에게 당장 평등하게 해당되는 존재의 법으로 강조해서 설명하려고 사물의 상대관계를 공간적으로, 시간적으로, 주관과 객관으로, 또 상대적 개념들로 분류했다. 그러나 이러한 분류는 부처님이 연기법을 설하신 의도와 어긋날 수도 있다. 부처님은 인간 존재가 그렇게 상대관계 내지는 의존관계에 있다는 것을 바로 나타냈을 뿐인데, 공연히 공간, 시간, 주관과 객관 등으로 구분해서 설명하는 것은 연기법의 근본취지를 흐리게 할 수도 있기 때문이다. 사실 연기법을 사용해서 밀고나가면 나중에는 일정한 공간과 시간 내지는 주관과 객관 따위를 정하는 것이 무의미해진다. 왜냐하면 모든 것이 상대적인 마당에 시간이나 공간, 주관과 객관 따위가 일정하게 존재할 수 없기 때문이다. 부처님은 앞으로 12인연에서 공부할 시간적 연기관계보다는 논리적 연기관계를 염두에 두고 이것과 저것의 상관관계를 말씀하셨다. 인간 존재의 상황은 어떻게 바뀌더라도 이것과 저것의 의존관계 내지 상대관계는 벗어날 수가 없다는 것을 확실하게 하기 위한 것이다.

어떤 이는 여기서 의문을 가질 수도 있다. 이것이 있음으로써 저것이 있고 이것이 일어남으로써 저것이 일어난다는 연기법이 인간 존재의 모습을 그대로 보여준다고 했는데, 그렇다면 우주의 시작과 끝, 사람이 온 곳과 죽은 후에 가는 곳같은 것에 대해서는 왜 구체적인 설명이 없을까 하는 것이다. 그러나 이러한 질문은 부처님의 주요 관심사를 잘 파악하지 못한데서 나온 것이다. 부처님은 이 세상을 살아가고 있는 중생들에게 어떻게 바르고 의미 있는 삶을 살아가게 하느냐에 관심이 있지 이 세상의 것들을 설명하는데는 아무런 관심이 없다. 《전유경》에서 만동자가 우주에 대한 정보를 얻고자 하는 질문을 했을 때 부처님은 침묵으로 응답했다. 부처님은 사물이 무엇이냐에 관심이 있는 것이 아니라 어떠한 상태로 있느냐에 관심이 있다. 그래서 연기법도 인간 존재 또는 모든 사물이 상대적인 관계의 상태에 있다는 것을 보여주기 위한 것이지 인간이나 사물 자체에 대한 특별한 지식을 제공하기 위한 것이 아니다.

'이것이 있음으로써 저것이 있고, 이것이 일어남으로써 저것이 일어난다. 이것이 없으면 저것도 없고 이것이 없어지면 저것도 없어진다'에서 우리는 이것과 저것이 온갖 종류의 상대적인 것을 의미한다고 정리했다. 이 상대적인 원칙에 의해서 한 존재는 반드시 다른 존재에 의존해 있다는 의존관계를 정리하기도 했다. 그래서 의존관계의 발전은 이 기본적 연기원칙으로부터 12연기법을 만들어내게 하기도 한다.

다음으로 우리의 관심은 '이것이 없으면 저것도 없고, 이것이 없어지면 저것도 없어진다'는 구절이다. 현실의 고통과 현실의 고통이 일어나는 원인을 '이것이 있음으로써 저것이 있고, 이것이 일어남으로써 저것이 일어난다'는 구절이 설명했다고 한다면 고통의 소멸과 고통을 소멸하는 길은 '이것이 없으면 저것이 없고, 이것이 없어지면 저것도 없어진다'는 구절이 설명하는 셈이다. 이 말을 고통 소멸의 길로 바꾸면 업장이 없으면 미혹의 무명이 없고, 무명이 없으면 갈애의 집착이 없고, 갈애의 집착이 없으면 일체의 번뇌가 없고, 번뇌가 없으면 일체의 고통이 없다는 식으로 이어져나갈 것이다. 고통 소멸의 길에서 가장 근원적인 '이것'은 카르마 즉, 업이다. 업을 뒤집으면 수행이 된다. 수행은 기본적으로 8정도가 되겠고 각자의 근기와 선택에 따라서 6바라밀이나 다른 수행방법을 선택해도 될 것이다. 연기의 법칙은 인간이 고통의 길로 추락하는 과정을 보여주는 동시에 고통으로부터 번뇌를 소멸하고 빠져나오는 길을 '이것이 없어지면 저것도 없어진다'는 간단하지만 대단히 의미심장한 말로 제시해준다. 필자는 서두에서 불교는 각기 떨어져 있는 것 같지만 어느 문을 택하든지 상관없이 한 문을 택해서 들어가면 반드시 다른 곳과 연결되는 통로를 만나게 된다고 말한 바 있다. 이것과 저것의 연기에서 볼 수 있듯이 4성제로부터 들어가도 연기법을 만나고 연기법으로부터 들어가도 4성제법을 만나게 된다.

각자 열성의 정도 차이는 있겠지만, 우리는 모두 구도자이다. 구도자는 도를 구하는 사람 즉, 이상향을 찾아서 길을 가는 사람이다. 길을 가는데는 지도가 필요하다. 먼저 가고자 하는 지역을 찾고, 그 다음에 동네 이름과 번지를 찾아야 한다. 연기법은 우리가 지금 어느 출발점에 있고 가고자 하는 곳은 어느 쪽에 있는가를 알려주는 불도의 지도이다. 불교의 교리가 아무리 복잡해도 모두 연기법에 뿌리를 두고 있다. 아무리 부처님 법에 대한 해석이 발전해도 연기법의 테두리를 벗어날 수가 없다. 만약 벗어나면 그것은 사도이지 불도가 아니다. 다음에 공부할 공사상이나 일체유심조사상, 정토사상이나 진언사상도 한결같이 이 연기법에 기반을 두고 있다.

'이것이 있음으로써 저것이 있고, 이것이 일어남으로써 저것이 일어난다. 이것이 없으면 저것도 없고 이것이 없어지면 저것도 없어진다'는 구절을 깊이 새겨둔다면 종종 귀하게 쓰여질 것이다. 새벽에 참선하던 중이든 기도하던 중이든 또는 자동차를 운전하고 어디론가 가던 중이든 이 구절을 되새기다가 문득 깨달음을 얻을 수도 있을 것이다.

/4. 십이연기와 무명

무명으로 인해서 우리 중생은 업을 짓고 업을 지음
으로 인해서 엉뚱한 망상의 세계가 벌어지게 되는
데, 도대체 이 무명은 어디로부터…

《아함경(阿含經)》에 보면 12가지의 연기가 있다. 이것을 12연기
(十二緣起) 또는 12인연(十二因緣)이라고 한다. 일반적인 인연법은
중생들이 윤회로 가는 길과 해탈로 가는 길을 보다 구체적으로 밝히
는 것이다. 그런데 여러 가지 종류의 연기가 있다. 열두 가지 순서의
연기 외에도 2지, 3지, 4지, 5지, 9지, 10지 등의 연기가 있다. 고·집
·멸·도 4성제도 연기의 입장에서 보면 윤회와 해탈 즉, 세속의 길
과 열반의 길로 가는 연기라고 할 수 있다. 또《아함경》에는 크게 두
가지 방향으로 연기론이 전개된다. 한 가지는 우리가 공부하려는 12
연기이고, 다른 한 가지는 6근·6경·6식 즉, 여섯 가지 감각기관과
여섯 가지 감각기관의 대상경계 및 여섯 가지 감각기관과 그 대상이
합해서 일어나는 인식 등이 전개시키는 연기이다.
　그러면《아함경》에 나오는 12연기의 설명을 직접 읽어보자.

　이와 같이 내가 들었다. 어느 때 부처님께서는 왕사성 칼란다카 대나
무동산에 계시었다. 그때 세존께서는 모든 비구들에게 말씀하셨다.
　"나는 이제 인연법을 말하리라. 어떤 것을 인연법이라 하는가. 이른바
이것이 있기 때문에 저것이 있다는 것이니, 곧 미혹무명을 인연하여 업
의 행이 있고, 업의 행을 인연하여 망념분별의 인식이 있으며, 망념분별

의 인식으로 인연하여 정신과 육체가 있고, 정신과 육체로 인연하여 여섯 가지 감각기관이 있고, 여섯 가지 감각기관으로 인연하여 접촉의 감촉이 있고, 접촉의 감촉으로 인연하여 느낌이 있고, 느낌으로 인연하여 이기적 애착이 있고, 이기적 애착으로 인연하여 취착함이 있고, 취착함으로 인연하여 존재가 있고, 존재로 인연하여 태어남이 있고, 태어남으로 인연하여 늙음과 죽음이 있느니라."

12가지를 연속적인 이것과 저것의 전달식 연기관계로 전개시켜 연기를 보여주는 내용이다. 이 12지가 한문용어로는 무명(無明)·행(行)·식(識)·명색(名色)·6입(六入)·촉(觸)·수(受)·애(愛)·취(取)·유(有)·생(生)·노사(老死)이다. 미혹으로 인해 업을 짓고 마음이 번뇌망상을 일으켜 애착이 생기고 이어 생사의 고통이 있게 된다는 것이다. 스님들이 독경하는 염불 속에는 12연기가 윤회의 길과 열반의 길로 나타나 있다. 그래서 사후 독경에 제일 먼저 이 내용이 읽혀지고 제사를 지낼 때에도 이 12연기문이 반드시 들어간다. 지금 읽은 내용을 한문으로 읽는 것이다. 중요한 의식의 염불 속에 12인연이 들어간다는 것은 그만큼 이것이 중요함을 나타내는 것이다.

이와 같은 12연기를 이해하는 방법으로 부파불교는 네 가지를 제시하고 있다. 첫째는 찰나연기(刹那緣起) 즉, 12연기가 동일 찰나에 동시적으로 일어나는 연기이다. 둘째는 연박연기(連縛緣起) 즉, 12지가 육체와 정신의 현상으로서 시시각각 연기되어가는 연기이다. 셋째는 분위연기(分位緣起) 즉, 12지가 금생뿐만 아니라 과거·현재·미래의 3세에 걸쳐서 작용해가는 연기이다. 넷째는 원속연기(遠續緣起) 즉, 12지가 3세뿐만 아니라 오랜 세월에 걸쳐서 작용해가는 연기이다. 많은 이들이 찰나연기와 연박연기가 합해진 형으로 12연기를 해석하려고 한다. 즉 무명이 시간적으로 먼저 있고 업의 행이 뒤에 있는 것이 아니라 시간적으로 무명과 업과 갈애가 동시관계지만 단

지 논리적 선후가 있을 뿐이라는 원칙하에 12지가 순간순간 연속적
으로 육체와 정신에 작용하면서 연기한다고 이해하는 방법이다. 그
래서 12연기 중 첫째인 미혹이 있는 순간에 둘째인 업과 여덟째인 애
착과 열두번째인 죽음이 동시적으로 있다고 파악하는 것이다.

12연기는 무명이 문제를 일으키는데서부터 시작된다. 범어로 아비
드야(avidyā)라고 하는 무명은 칠흑같이 깜깜한 미혹을 나타낸다. 무
명으로 인해서 우리 중생은 업을 짓고 업을 지음으로 인해서 엉뚱한
망상의 세계가 벌어지게 된다. 그러면 인간이 윤회하는 문제의 발단
이 무명에 있다면 도대체 그 무명은 어디로부터 갑자기 왔는가라는
질문이 나온다.

필자가 중고등학생 법회에 참석해서 이 12연기에 대해서 설명한
적이 있다. 문제를 일으키는 무명미혹에 대해서 설명을 듣던 한 학생
은 이런 질문을 했다. '기독교에서는 주장하기를 하나님이 내린 시험
을 사람이 통과하지 못하자 하나님은 인간에게 온갖 고난을 다 내렸
다고 하는데, 불교의 무명도 부처님께서 인간들에게 어떤 벌로 내린
문제의 씨앗인가요'라는 것이었다. 필자는 그 학생의 질문에 당황했
다. 왜냐하면 그만한 나이의 학생들은 추상적인 설명보다는 확실하
게 눈에 보이는 답을 원하기 때문이다. 타종교에서는 우주와 인간을
누가 어떤 식으로 창조했다고 확실하게 주장하는데, 불교에서는 이
우주를 무시무종(無始無終) 즉, 시작도 없고 끝도 없다고 한다. 그런
서양식 사고에 물든 학생은 불교의 시작도 없고 끝도 없다는 설명에
불만을 가질 것이 뻔한 일이다.

부처님은 어떤 사물이 무엇이냐에 대해서 묻지 않고 어떤 상태에
있느냐에 대해서만 묻는다고 말씀하셨다. 부처님은 인간과 우주가
무엇이냐고 묻지 않고 어떤 상태에 있는가를 설명하고자 할 뿐이다.
그 설명이 연기법인데, 그와 같은 연기법은 부처님이 새로이 만들어
낸 것이 아니다. 부처님 이전부터 본래 있는 우주와 존재의 진리를

부처님이 깨달았을 뿐이다.

　마찬가지로 무명미혹이라는 것도 본래부터 있는 것이지 부처님이 인간을 시험하거나 벌주기 위해서 만들어낸 것이 아니다. 그렇다면 무명으로 인해 우리 중생들이 윤회하게 되는데, 그것이 어디에 있느냐는 물음으로 다시 돌아오게 된다. 부처님 이후 현재까지 많은 이들이 그 무명이 있는 곳을 찾아헤매었다. 봄을 찾기 위해서 밖으로 헤매다가 찾지 못하고 집으로 돌아와 집안에 피어 있는 꽃을 보고 찾았다는 이야기가 있다. 무명도 마찬가지이다. 어느 하늘 위나 바다 속 깊은 곳에 무명이 숨어 있는 것이 아니라 바로 우리 중생의 마음에 있다. 12연기에서는 무명으로부터 윤회의 세계로 가는 연기가 시작된다고 하지만, 무명이 활약하는 곳은 어떤 넓은 운동장이나 벌판이 아니라 바로 우리가 가지고 있는 마음이다. 우리 인간을 전제로 해서 인간이 어떤 문제의 상태에 있는가를 설명하기 위해서 12연기가 있는 것이지 12연기가 먼저 있고 인간이 뒤에 있는 것이 아니다.

　예로부터 조사스님들은 마음의 진리자리와 무명이 언제부터 언제까지 존재하느냐에 대해서 많은 관심들을 가져왔다. 그런데 종파에 따라 해석이 다르기는 하지만 마음의 진리자리와 미혹무명은 본래부터 우리 마음에 있다는 것에 대해서 일치하고 있다. 우리의 마음은 윤회의 길로 갈 수도 있고 열반의 길로 갈 수도 있다. 윤회의 길로 가게 하는 무명의 성분과 열반의 길로 가게 하는 진여진리(眞如眞理)의 성분이 우리 마음 속에 본래부터 갖추어져 있기 때문이다. 윤회의 길로서의 12연기가 벌어지는 것은 진리의 마음이 기운을 잃고 무명의 마음이 힘을 쓰기 때문이다.

　우리가 불교교리를 배우고 불교교리에서 말하는 깨달은 사람, 열린 사람이 되려고 할 때 이 무명의 작용을 이해하는 일은 아주 중요하다. 앞에 12연기를 이해하는 방법에 대해서 설명하는 부분에서도 말했지만, 12연기는 꼭 내생이나 내후생의 윤회와 관계된 것이 아니

라 순간순간 어느 때 어느 곳에서나 나와 남에 상관없이 적용되는 것
으로 이해해야 한다. 12연기에 의하면 무명이 사람의 정신을 흐리게
해서 결과적으로 사람을 윤회의 구렁텅이로 빠지게 한다. 우리가 인
간관계를 가질 때 다른 사람의 언어와 행동과 마음가짐이 좋지 않아
보일 수가 있다. 일반 속세적인 기준으로 판단할 때 나쁜 사람이 있
을 수가 있다. 그러나 연기법을 공부하는 사람은 상대에 대해서 직접
적으로 나쁘게 생각하는 감정을 쉬고 상대의 나쁜 행동이 고의적이
거나 아니거나에 상관없이 상대의 전생의 업력에 따라 생겨난 무명
미혹의 작용 때문이라고 상대를 이해할 수 있어야 한다.

　무명미혹은 학식이 없어 무식하다는 식의 미혹이 아니고 연기의
이치 즉, '이것이 있음으로써 저것이 있고, 이것이 일어남으로써 저것
이 일어난다. 이것이 없으면 저것도 없고 이것이 없어지면 저것도 없
어진다'는 연기의 이치에 대한 무지를 말한다. 연기를 모르면 공(空)
도 모르고 유심조(唯心造)의 법칙도 모른다. 모든 사물이 실체가 없
다는 것과 마음이 작정한 대로 보여진다는 것을 알지 못한다. 이렇게
연기공(緣起空)과 유심조(唯心造)의 도리를 모르는 사람에게 삼라만
상의 본래 모습이 있는 그대로 나타날 수 없다. 진리를 보지 못하고
허상을 보는 것이다. 이것이 바로 무명이다.

　연기법을 실천적으로 설명한 것이 4성제이다. 4성제를 논리적으로
설명하는 것이 연기이다. 무명은 이 4성제의 도리를 모르는 것이라고
해도 좋다. 현실의 고통이나 고통의 원인을 보지 못하는데서 윤회의
길로 곤두박질치게 된다. 고통과 고통의 원인을 모르면 고통의 소멸
이나 열반에 이르는 길도 모를 수밖에 없다. 그래서 12연기에서 무명
은 윤회의 출발점이 된다.

　12연기 속의 무명을 도표로 정리해보자.

12연기 또는 12인연

(연기법을 활용해서 윤회와 해탈의 경로를 구체적으로 설명)

무명 · 행 · 식 · 명색 · 6입 · 촉 · 수 · 애 · 취 · 유 · 생 · 노사우비고뇌

미혹 ┬ 연기의 도리를 모름 ┬ 모든 것이 텅 비고 꽉 차 있음을 모름
     │   └ 모든 것이 마음이 지어낸 것임을 모름
     └ 4성제의 도리를 모름 ┬ 현실의 고통과 고통의 원인을 모름
                          └ 고통의 소멸과 그에 이르는 길을 모름

15. 십이연기의 업

우리의 행위의 경험은 아무리 사소한 것이라도 그 대로 소멸되지 않는다. 반드시 뒤따르는 힘을 남기고 지능, 성격, 소질, 습관 등으로 축적된다.

12연기의 두번째 가지로 행(行) 즉, 업(業)이 있다. 12연기에서 무명·행·식·명색·6입·촉·수·애·취·유·생·노사 등의 열두 가지가 있지만, 이 중에서 특히 중요한 것은 무명, 행, 식의 세 가지이다. 무명은 모든 윤회와 모든 악도와 모든 번뇌와 모든 고통의 근본이 된다. 그리고 무명으로 인연해서 일어나는 행도 업의 힘을 만들어서 다음 연기로 전달시키기 때문에 또한 중요하다. 우리가 윤회하는데 있어서 나라고 하는 사실은 별도의 주체가 있는 것이 아니라 행위로 인해 축적되는 업력 때문이다. 그리고 식이 중요한 이유는 식이라는 개념화 작업이 사물에게 이름을 붙여서 그 사물을 이름의 테두리 안에 가두어놓기 때문이다. 이 식에 근거를 두고 《화엄경》에서 말하는 일체유심조의 마음이 나왔고, 유식에서 말하는 만법유식의 식이 나왔다. 그래서 무명, 행, 식 세 가지는 별도로 다루려고 한다.

미혹무명으로 인해서 몸과 입과 마음이 움직여 세 가지 업을 낸다. 보통 신·구·의(身口意) 3업(三業)이라고 하는 것이다. 사람의 모든 정신적 육체적 행위는 행위로 끝나는 것이 아니라 반드시 그 행위에 뒤따르는 여력으로 습관이라는 것을 포함하게 된다. 그래서 우리의 행위의 경험은 아무리 사소한 것이라도 그대로 소멸할 수가 없다. 행위의 경험은 반드시 뒤따르는 힘을 남기고, 그것은 지능, 성격, 소질, 습관 등으로 보존되고 축적되기 때문이다.

　그런데 행이라는 말이 바로 업이라는 말과 일치하지는 않는다. 이 행(行)이라는 말은 산스크리트어로 상스카라(saṃskāra)이고, 업은 카르마(karman)이다. 또 함이 있는 유위법(有爲法)과 함이 없는 무위법(無爲法)을 말할 때 유위법이 범어로 상스크리타(saṃskṛta)인 것으로 보아서 직접적으로 행 즉, 상스카라라는 말은 상스크리타인 유위법에 더 가깝다. 행의 축적이 유위법이 된다. 이 행이나 함이 있는 유위법이 업을 형성하는 잠재력이다. 행위의 잠재적 형성력이 바로 업이기 때문에 행의 차례에서 우리는 업에 관해 살피는 것이다. 업이라는 말의 범어 카르마는 한자로 갈마(羯磨)라고 음역(音譯)되는데, 갈마라는 말은 영화 제목으로 쓰여질 정도로 일반에 알려져 있다

　불교의 업의 원칙에서는 우리 인간이 움직이는 한 동작 한 동작이 그저 없어지지 않고 축적된다고 한다. 그 동작이 육체적이든지 언어적이든지 또는 정신적이든지 상관없이 모든 행위는 반드시 보존, 축적되어 습관이나 소질이 된다는 것이다.

　녹음기를 녹음이 되도록 장치해놓고 우리가 말을 하면 녹음이 된다. 비디오 카메라로 녹화되도록 장치해놓고 우리가 움직이면 우리의 움직임이 모두 촬영된다. 사진기로 찍으면 사진이 된다. 녹음된 음성과 현상된 사진은 오랫동안 보관할 수 없다. 그러면 여기서 우리는 질문을 만들어야 하겠다. 만약 녹음기를 놓고 녹음을 하거나 사진기로 사진을 찍으면 녹음이 되고 사진이 생기거니와 만약 녹음하지 않고 사진 찍지 않은 우리의 모든 말과 행위는 어떻게 되느냐는 물음이다. 우리가 하는 말을 녹음하든지 않든지에 상관없이 그 말들은 이 세상에 있게 될 것이다. 모아져 있지 않고 흩어질 수도 있지만, 흩어진다는 말은 없어진다는 말이 아니다. 우리가 한 말들은 반드시 어디엔가 함께 또는 떨어져서 있을 것이다. 마찬가지로 우리의 움직임을 사진 찍든지 안찍든지에 상관없이 우리의 움직임들은 없어지지 않고

어디엔가 축적이 될 것이다. 축적되는데 있어서 흩어져 있든지 모아
져 있든지 그것은 중요한 일이 아니다. 없어지지 않고 축적되며, 그
것은 반드시 힘을 가지고 다른 말과 행동에 영향을 준다는 것이다.

　우리의 말과 행동은 녹음하고 녹화할 수 있다. 그러나 우리의 마음
이 움직이는 것은 녹음할 수도 녹화할 수도 없다. 만약에 우리의 마
음이 움직이는 것도 기록해두는 장치만 있다면 기록이 가능할 것이
다. 그런데 기록하지 않는 우리의 마음의 움직임은 어떻게 되겠는가.
앞에서 녹음을 하거나 말거나 사진을 찍거나 말거나 관계없이 우리
의 말과 행동이 어느 곳엔가 축적되듯이 우리의 마음의 움직임도 아
무리 사소한 것이라 하더라도 반드시 축적된다는 것이다. 이것이 업
이다. 몸으로 행동하는 것이 축적되면 그것을 신업 즉, 몸의 업이라
고 하고, 말하는 것이 축적된 것을 구업 즉, 입의 업이라고 한다. 마
음이 움직인 것이 축적된 것은 의업 즉, 뜻의 업이라고 한다.

　돈을 버는 면에 있어서 성공했다고 하는 어떤 사업가가 절에 들러
시주를 하면서 들려준 이야기가 있다. 그분이 대학에 다닐 때 시골에
가서 택시를 탄 적이 있었다. 택시비가 천 원이 나와 천 원짜리를 택
시비로 주었는데, 택시기사가 4천 원을 거슬러주었다. 그는 얼떨결에
그 4천 원을 받고 택시에서 내렸다. 그런데 그 이후로 그의 마음 속
에는 어렵게 사는 택시기사에게서 거스름돈을 잘못 받은 것에 대해
서 항상 부끄러움을 느껴왔다고 한다. 차라리 경제적 형편이 어려워
서 훔친 것이라면 덜 부끄럽겠는데, 경제적으로 어렵지도 않으면서
거스름돈을 잘못 받은 것은 도둑질 치고는 너무 치사한 짓이라는 생
각이 들었다고 한다. 그 잘못 받은 5천 원을 택시기사에게 되돌려주
는 심정으로 남들에게 베풀고 싶고, 또 과거에 대해서 조금이라도 참
회하는 심정에서 절에 시주를 한다는 이야기였다.

　그리고 또 한 가지 업의 축적을 알려주는 실화가 있다. 20여 년전
오대산 상원사에 이북에서 파견한 공비들이 들어온 적이 있었다. 그

러자 절에서 참선하던 스님들이 눈치를 챘는데, 그들을 관청에 신고할 것이냐 말 것이냐에 대한 대중공사가 붙었다. 많은 스님들이 신고하자고 해서 그 공비들은 다 잡혔지만, 한 스님이 공비들을 도와주지도 말고 신고하지도 말자고 주장했다. 그 말이 정보부에 들어가서 그 스님은 잡혀가게 되었다. 정보부 직원들은 그 스님을 간첩이나 불온사상을 가진 이로 취급하고 잠을 재우지 않고 갖가지 고문을 하면서 살아온 일생에 대해서 적으라고 했다고 한다. 처음에는 10년 단위로, 그 다음은 1년 단위로, 그 다음은 1개월 단위로, 그 다음은 1일 단위로 적으라는 것이었다. 그 스님은 어이가 없고 기가 막혔다. 아무것도 생각나지 않았기 때문이다. 그런데 깜짝 놀랄 일이 생겼다. 감옥에 있으면서 계속 골똘하게 과거를 더듬어가다 보니 10년 단위뿐만 아니라 매 시간 단위까지 과거에 어떻게 행동하고 말하고 생각했는가까지가 생생하게 떠오르더라는 것이었다.

우리의 모든 행위가 우리 몸 밖에 축적되느냐 몸 안에 축적되느냐, 또는 물질적으로 축적되느냐 정신적으로 축적되느냐의 문제는 그리 중요하지 않다. 여기서 중요한 점은 어떤 행위든지 그것은 그 자체에서 끝나는 것이 아니라 반드시 관습력을 가져서 다음 행동과 다음 결과에 영향을 미친다는 것이다.

사소한 행위라도 습관이 된다. 이것을 훈습(熏習)이라는 말로도 쓴다. 생선가게에 가면 생선비린내가 몸에 배고 꽃밭에 가면 꽃향기가 몸에 밴다. 학생들이 책을 읽고 공부하는 것이 다 잊어버리는 것 같지만, 그렇지 않다. 어느 정도 약하고 강하게 떠오르냐에 차이가 있을지언정 보고 들은 것이 없어지지는 않는다. 한번 본 것과 두번 본 것, 한번 들은 것과 두번 들은 것 사이에는 차이가 많다. 밖으로부터 자신에게 온 훈습의 영향이 있을 뿐만 아니라 자기의 행동이나 말이나 생각도 자기 자신에게 영향을 주고 훈습이 된다. 반복의 관습력을 만든다.

어떤 정신적 육체적 행위를 하면 그것이 업이 되고, 그 업은 반드시 또 다른 업을 만든다. 업이 또 다른 업을 만들거나 그 과보를 받는 계기는 전통적으로 크게 세 가지로 구분된다. 현생에 짓고 현생에 받는 것, 전생에 짓고 금생에 받거나 금생에 짓고 내생에 받는 것, 그리고 여러 생을 걸러서 받는 것이 있다. 이 세 가지를 순현업(順現業)·순생업(順生業)·순후업(順後業)이라고 한다. 이 세 가지를 합해서 세 가지 시기의 업이라는 뜻에서 3시업(三時業)이라고 부른다. 그러나 업의 영향이 전달되는 시기에 대해서 이해하는 것도 우리는 12연기를 이해하는 방법으로 해야 한다. 즉 무명이 시간적으로 먼저 있고 업의 행이 뒤에 있는 것이 아니라 시간적으로 무명이나 업이나 갈애가 동시관계지만 단지 논리적 선후가 있을 뿐이라는 원칙하에 12지가 순간순간 연속적으로 육체와 정신에 작용하면서 연기한다고 이해하는 방법이다. 마찬가지로 시간관계를 떠난 동시인과의 원칙에서 행위라는 업이 있는 순간 그곳에 미혹이라는 업의 원인이 있고 고통이라는 업의 결과가 있다는 식이다. 업은 그대로가 무명미혹이면서 동시에 고통의 결과라는 뜻이다.

12인연의 행을 3업과 3시업으로 연결시키면 다음과 같다.

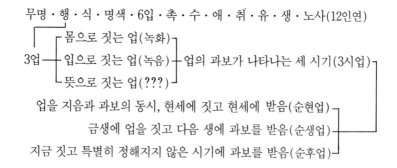

무명·행·식·명색·6입·촉·수·애·취·유·생·노사(12인연)

┌─몸으로 짓는 업(녹화)─┐
3업─┤─입으로 짓는 업(녹음)─├─업의 과보가 나타나는 세 시기(3시업)─┐
└─뜻으로 짓는 업(???)─┘

업을 지음과 과보의 동시, 현세에 짓고 현세에 받음(순현업)─┐
금생에 업을 짓고 다음 생에 과보를 받음(순생업)─┤
지금 짓고 특별히 정해지지 않은 시기에 과보를 받음(순후업)─┘

16. 십이연기의 식

유식연기론 계통은 12연기의 세번째인 식을 중심으로 연기를 밝히려고 하고, 중관실상론 계통은 열번째인 유를 중심으로 연기를 밝히려고 한다.

12연기의 세번째 가지인 식은 산스크리트어로 비즈냐나(vijñāna) 이다. 우리 범부의 중생심에 무명의 미혹이 있고, 미혹으로 인해서 어리석은 행위를 하게 된다. 어리석은 행위는 잠재적 형성력을 갖게 되는데, 이 행으로 인연하여 인식을 하게 된다. 6식(六識) 즉, 여섯 가지 인식은 눈·귀·코·혀·몸·뜻의 여섯 가지 감각기관과 그에 대한 여섯 가지 대상경계가 접촉하여 생긴 것이다. 즉 안·이·비· 설·신·의(眼耳鼻舌身意)와 색·성·향·미·촉·법(色聲香味觸法) 이 결합하여 생긴 인식이다. 그런데 이 인식은 사물을 있는 그대로 보는 여실한 인식이 아니라 미혹에 찬 인식이다. 12연기가 처음에 무 명으로부터 시작한데서 알 수 있듯이 이것은 무명의 인식이요 윤회 로 가는 잘못된 업의 인식이다.

신문에 보면 애인이 만나주지 않는다고 큰 일을 저질렀다는 보도 가 있다. 흔히 말하는 치정사건이다. 치정사고를 저지를 정도가 되면 그는 오직 상대를 붙잡는 것이 삶의 전부라는 이기적 애착과 미혹에 빠지게 된다. 그래서 일을 저지른다. 치정이라는 미혹에 차서 저지르 는 행위가 바로 업이다. 치정사고를 저지른 이에게 바른 인식이 나올 수가 없다. 일을 저지르고 난 뒤 헐떡거리면서 세상의 있는 모습 그 대로와는 다르게 자기 중심으로 세상을 잘못 봄으로써 생기는 인식이 바로 이 식이다. 이 식은 미혹 다음에, 행위 다음에, 그 결과로 나온 인식이라는 점에 주의를 기울여야 그것의 문제점을 알 수 있다.

예로부터 스님들은 이 식에 나타나는 잘못된 점의 특징들을 강조해서 10가지의 별명을 붙이기도 했다. 그 몇 가지를 들어보면 방랑식(放浪識), 인아식(人我識), 번뇌장식(煩惱障識), 분단사식(分段死識) 등이다. 먼저 방랑식은 바른 견해의 기반이 없이 표류하는 관점의 인식이다. 인아식은 인아(人我) 즉, 나와 남을 구별하고 자신에게 집착해서 사물을 보는 인식이다. 나와 다른 이, 사람과 환경을 전체적으로 여실히 보면 나라고 하는 것이 얼마나 보잘 것 없는 존재인가를 느끼게 된다. 비행기 위에서 지상을 내려다보면 헤아릴 수 없이 많은 희미한 불빛 속에 사는 사람들이 아주 작게 느껴진다. 이렇게 전체를 조망하는 상태에서 있는 그대로 세상을 보지 못하면 세상을 바로 인식할 수가 없다. 그림의 원근법에는 멀리 있는 것은 작아 보이고 가까울수록 커 보인다. 보는 사람 자신은 더욱 커 보인다. 그러나 실제로는 멀리 있는 것이 작고 가까이 있는 것이 큰 것이 아니다. 자기 중심적으로 세상을 보면서 안과 밖을 있는 그대로 보지 못하고 자신만 확대해서 보는 것이 인아식이다. 번뇌장식이란 번뇌장 즉, 번뇌의 색깔이 들어 있는 안경을 쓰고 세상을 보아 얻어지는 인식을 말한다. 세상이 이상한 색깔로 보일 것은 뻔한 일이다. 온갖 번뇌가 들끓어 뒤숭숭한 머리로 세상을 보면 여실하게 보이지 않는다는 뜻에서 번뇌장식이라고 했다. 분단사식은 토막냄으로써 전체의 연결을 죽이는 인식이다. 이 세상의 사사물물은 인연법에 따른 상호 의존관계 내지는 상호 연속관계에 있기 때문에 전체를 한꺼번에 보아야 하는데, 그렇지 않고 토막토막 잘라서 보는 것을 강조해서 분단사식이라고 한다. 구름과 비와 눈과 안개를 자르지 않고 보면 한 몸의 다른 이름이 된다. 그러나 각기 잘라서 보면 토막난 자리마다 태어남과 죽음이 생긴다. 구름과 비 사이에 구름의 죽음과 비의 태어남이 생기듯이 말이

다. 사람들은 흔히 원인은 생각치 않고 결과만을 중시한다. 내가 상
대에게 좀 더 따뜻하게 관심을 갖고 대해주지 않은 원인은 생각하지
아니하고 상대가 나에게 시큰둥하게 대하는 것만 섭섭하게 생각한
다. 원인과 결과를 토막 내서 인간관계를 보니 각기 일방적인 섭섭함
만 생긴다. 세상사를 전체로 보면 그 흐름의 줄기를 이해할 수 있지
만 잘라서 보면 알 수가 없다. 잘라서 보는 인식은 세상을 있는 그대
로 볼 수가 없다.

　이같은 별명들에서도 알 수 있듯이 12연기의 식은 초점이 맞지 않
는 흐린 인식이고 자기 확대 내지는 자기 중심의 인식이다. 또한 번
뇌의 눈으로 보는 인식이며 사물을 전체적으로 보지 않고 잘라서 보
는 인식이다. 그런데 식에 대하여 이렇게 말하는 것은 어딘가 우리와
멀리 떨어져 있는 별나라 사람들이 이런 식으로 사물을 보고 잘못 인
식한다는 것이 아니다. 옛날사람들은 이와 같이 인식했다는 말도 아
니다. 바로 범부중생인 우리가 이처럼 잘못 인식한다는 것이다. 물론
개개인의 근기와 닦음에 따라 차이는 있겠지만, 메뚜기가 뛰는 거리
에 차이가 있음을 말하는 것은 아무런 의미가 없다. 50보 백보의 차
이일 뿐이기 때문이다.

　그러므로 우리는 지금부터 12연기의 식에 대해 제대로 된 이름으
로 불러야 하겠다. 12연기의 순서가 그대로 말해주고 있기 때문이다.
무명과 행 다음에 식이 나왔고 그 식은 망녕된 인식이므로 그것을 무
명업식(無明業識)이라 부르기로 한다. 무명과 업에 뿌리를 둔 인식이
라는 말이다.

　그런데 이 무명업식이라는 말은 필자가 불현듯이 생각해낸 것이지
만 생각해보니 이 용어를 필자가 처음 쓰는 것은 아닌 것같다. 왜냐
하면 이미 다른 경론에 이 용어가 사용되고 있기 때문이다. 예를 들
면《기신론》에서 중생심이 진여문과 생멸문으로 갈리고 생멸문에서
3세6추(三細六麤)로 윤회하는 과정에서 그 첫번째 잘못된 인식이 바

로 무명업식이다. 우리 중생심의 무명업식으로부터 12연기의 나머지 아홉 가지가 줄줄이 이어져나온다. 필자가 12연기를 이미 여러번 외 웠지만 무슨 뜻인지 다시 한번 의미가 이어질 수 있도록 풀이해보겠 다.

무명업식은 먼저 세상의 사물을 정신과 물질로 딱 갈라놓는다. 정 신 속에서 물질을 보고 물질 속에서 정신을 보려고 하지 않고 둘이 떨어진 것으로 보려고 한다. 이 구조가 12연기의 네번째 명색(名色) 이다. 그 다음에는 여섯 가지 감각기관을 중심으로 한 자기 중심의 주관이 생긴다. 다섯번째의 6입(六入)이다. 그 주관은 사물을 접촉해 서 좋고 싫은 느낌을 받아 느낌이 좋은 것은 놓지 않으려고 하고 싫 은 것은 절대로 가까이하지 못하게 하려고 한다. 이 구조가 12연기의 여섯번째와 일곱번째, 여덟번째, 아홉번째인 촉(觸) · 수(受) · 애 (愛) · 취(取)이다. 이어서 나와 남, 내 것과 남의 것, 좋은 것과 싫은 것을 실체가 있는 존재로 고착화시키다 보니 나, 내 것, 좋은 것이 태 어나고, 태어난 것은 필연적으로 늙음과 죽음을 맞게 된다. 이 구조 가 열번째와 열한번째, 열두번째인 유(有) · 생(生) · 노사(老死)의 단계이다.

여러번 말했듯이 12연기는 시간적 차이의 연기가 아니다. 단지 임 시논리적으로 선후를 가정했을 뿐이다. 그래서 무명업식으로부터 12 연기의 나머지 아홉 가지 구성단계인 명색 · 6입 · 촉 · 수 · 애 · 취 · 유 · 생 · 노사가 차례로 나오기는 했지만, 구태여 여섯 가지 감각 기관인 6입이 앞에만 있고 태어남인 생이 뒤에만 있어야 하는 것은 아니다. 업이 앞에 있고 갈애가 뒤에 있어야만 하는 것도 아니다. 12 연기는 열두 가지 중에서 한 가지만 들면 나머지 열한 가지가 한꺼번 에 떠오르는 식의 것이다. 감각기관과 애착과 미혹과 악업과 잘못된 인식을 떼어서 생각할 수가 없다. 그래서 애착이라고 하면 우리가 앞 에서 무명과 업과 인식을 합해서 부른 것처럼 무명업식으로 인해 필연적으로 만남과 이별을 그 자체에 안고 있어야 할 애착이 되는 것이다. 여기서 태어남과 죽음을 만남과 이별로 해석한 것은 애착의 분위기를 살리기 위해서이다. 열두 가지를 다 들기가 복잡해서 몇 가지만 연결해서 동시적인 것으로 만들었지만, 12연기의 가지 하나하나가 똑같은 자격으로 다른 열한 가지의 동시적이고 동격적인 백업을 받는다.

무명이 12연기의 맨 앞에 있지만 무명이 어디로부터 왔는지 또는 어떤 계기로 무명이 활동하는지를 생각해보면 무명이 꼭 앞에 있어야만 할 것은 아니라는 것을 알 수 있다. 어떤 사람의 마음이 무명미혹으로 꽉 차 있다면 거기에는 반드시 이유가 있을 것이다. 그 사람이 금생에 지혜를 닦지 않고 악업을 지었다거나 그로 인해 사물을 바로 인식하지 못하고 있다거나 하는 식의 이유가 있을 것이다. 그러므로 무명의 원인은 인간의 갈애와 집착, 잘못된 인식과 잘못된 행동 내지는 업의 소산이 된다. 설사 어떤 사람이 도를 닦는 면에 있어서 특별한 잘못을 저지르지 않았음에도 불구하고 무명미혹이 더 강하다면 그는 전생에 집착하고 악업을 지었기 때문일 것이다. 그래서 우리는 12연기의 어느 가지나 들어서 자유롭게 이어붙일 수가 있다. 무명업식, 감각기관의 갈애, 갈애와 미혹에 찬 업식, 갈애와 업식의 무명, 생사윤회의 무명 등 어떻게 불러도 좋다. 그러나 그 중에서도 꼭 넣어야 할 것은 무명(無明), 행(行), 식(識), 갈애(渴愛), 유(有)의 다섯 가지이다. 이 연기법을 기본으로 후에 대승불교의 교학이 발전해가는데, 유식연기론 계통은 12연기의 세번째 가지인 식을 중심으로 연기를 밝히려고 하고 중관실상론 계통은 열번째 가지인 유 즉, 존재를 중심으로 연기를 밝히려고 한다. 그리고 미혹과 업과 갈애는 우리 인간의 번뇌와 고통을 만드는 가장 기본적인 상호순환적 원인이다.

식(識)과 12연기의 다른 가지들과 관계를 도표로 정리해보면 다음과 같다. 미혹과 업과 애착 때문에 잘못된 인식이 생기고 잘못된 인

식 때문에 미혹과 악업과 갈애가 생긴다. 그러므로 12연기의 각 가지
가 그러하듯이 식은 12연기의 다른 각 가지들의 조합과 같다.

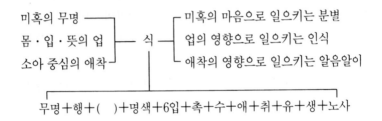

17. 십이연기의 압축

업은 혼자만 찾아오는 것이 아니라 미혹과 고통을
동반하기 때문에 우리들의 현재 이 몸과 마음은 업
덩어리요 미혹 덩어리요 고통 덩어리이다.

12인연을 간략하게 압축하면 혹·업·고(惑業苦)의 3도(三道)가
나온다. 여러분들은 12인연을 보면서 왜 감각기관과 느낌과 접촉이
나온 뒤에 태어남과 죽음이 나오는가에 대해서 의아스럽게 생각하였
을 것이다. 필자는 이 12연기에 시간적 선후관계가 없는 것은 물론
논리적으로는 선후관계가 있다 하더라도 그것도 임시적이며 실제로
는 12연기 중 어느 한 가지 속에도 다른 열한 가지가 전제되었거나
예상되거나 포함되어 있다고 보고 있다. 그러나 옛스님들은 이 12인
연을 해석하면서 선후관계의 연결에 고심했다. 그래서 12연기를 한
생의 삶에서 벌어지는 일들의 연속으로 해석하지 않고 전생과 현생
과 내생을 한꺼번에 설명하는 것으로 해석하였다. 즉 과거의 원인과
현재의 결과, 현재의 원인과 미래의 결과이다. 이와 같은 인과관계를
과거·현재·미래의 3세에 걸치고 인과가 두번 반복되므로 삼세양
중인과(三世兩重因果)라고 부른다.

그러나 우리의 관심은 전생·금생·내생의 인과문제가 아니라 12
연기를 미혹과 악업과 고통의 3도로 압축하는데 있다. 그런데 12연
기에서는 무명이 처음에 나오지만 혹·업·고 3도에서는 업이 씨앗
즉, 인이 되고 미혹이 그 씨앗을 키우는 연이 되며 고통이 결과가 된
다. 잘못된 업이 화근이 되고 미혹이 그 화근을 더욱 부추겨서 생사

윤회의 고통을 받는다는 논리이다. 우리가 미혹과 악업과 고통을 줄인 혹 · 업 · 고 3도를 이해하는데 있어서 꼭 통과해야 할 관문은 미혹과 악업과 고통이 시간적으로 차이를 두고 일어나는 것이 아니고 동시에 일어난다는 것이다. 무명과 업과 고통의 결과가 동시적이라는 것은 이미 12연기를 설명할 때 누차 반복했는데, 이 3도의 동시성을 이해하는 것이야말로 앞으로 공부할 대승불교를 이해하는데 아주 중요한 발판이 된다.

　12연기를 3도로 압축하는 도표를 만들어보자. 12인연에 대한 해석은 과거 · 현재 · 미래에 걸쳐서 두번 인과를 이루는 삼세양중인과와, 과거와 현재 그리고 현재와 미래에 걸쳐서 한번 인과를 이루는 이세일중인과(二世一重因果), 또 찰나의 일념에 동시에 일어나는 찰나인과(刹那因果)가 있다. 여기서는 일념 속에 12인연이 한꺼번에 일어나는 인과를 전제로 해서 삼세양중인과와 찰나인과의 중간인 이세일중인과를 예로 든다.

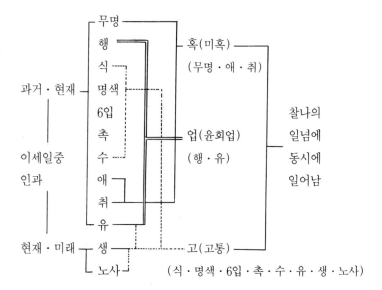

지금 이 순간 아무런 괴로움이 없는 이, 아무런 근심과 걱정이 없는 이, 아무런 불만이 없는 이, 지금 가진 것보다 더 좋은 것을 더 많이 갖고 싶은 생각이 없는 이, 지금 가진 것을 지키고자 하는 마음이 없는 이, 그런 독자가 있다면 그분은 성인(聖人)이거나 목석(木石)이거나 아니면 일시적으로 멍한 상태에 있는 것이 분명하다. 아니면 마음 속에 깊이 자리해서 특별히 무어라고 끄집어낼 수 없는 무의식적 불만, 불안, 번뇌, 망상, 고뇌, 고통에 시달릴 뿐이다. 지금 생존해 있는 인간은 누구나 자기가 현재 가지고 있는 것에 대한 불만이 있고 만족한다고 하더라도 그것의 보전을 염려하는 불안이 있다. 아직 가지지 못한 것은 가지고 싶고 이미 가진 것은 시들해진다.

아무리 사소하더라도 불만이 있어서 그것을 고통이라고 규정하면 사람들은 수긍하지 않을 것이다. 그러나 혹·업·고 3도에서 말하는 고통이라는 것은 적군에게 포로가 되어서 취조관으로부터 고문을 받을 때 느끼는 아픔의 고통이나 사랑하는 아내나 남편 또는 외아들이 죽어서 겪게 되는 슬픔의 고통처럼 분명하게 드러나는 고통만을 뜻하는 것이 아니다. 고통이 아니면 불만, 불만이 아니면 이미 얻은 것을 잃을 것에 대한 불안, 때를 기다리지 못하는 조바심 등도 각기 정도는 다르지만 고통의 일종이다. 또 고통이 숨어 있는 곳은 많다. 불만을 느끼지만 다른 이와 비교해서 억울할 것이 없다고 자위해서 불만을 덮어버리는 곳, 불만을 잊기 위해 술이나 마약같은 나쁜 쪽, 또는 문학이나 예술같은 좋은 쪽으로 관심을 돌려서 불만을 삭히는 곳에도 고통은 숨어 있다.

우리는 지금 가시적으로 느끼는 괴로움이나 어렴풋한 심심함까지 모두 혹·업·고의 3도 가운데 고통에 속한다고 생각하려고 했다. 그러나 세상을 사는 것이 아니라 정신없이 세상에 의해서 살아져가는 인생, 무엇인가에 정신을 팔리지 않고 똑바로 자기 자신의 얼굴을 바라보기를 무서워하는 인생, '청춘고백'의 유행가 가사처럼 이 세상의 모든 것이 '헤어지면 그리웁고 만나보면 시들한' 그러한 인생, 무료함을 달래기 위해서 엉뚱한 흑심을 품어보기도 하고 평소에 생각할 수 없었던 일도 때로는 저지르는 인생을 어찌 꼭 고통으로만 분류해야 하겠는가. 그것은 일종의 고통인 동시에 미혹이요, 아무렇게나 삶을 낭비하는 소극적인 업이 아닐까. 우리는 어느 한 때는 고통만을 느끼고 다른 때는 어리석기만 하고 또 다른 때는 업을 짓기만 하는 것이 아니다. 우리는 알게 모르게, 아마도 우리가 모르는 쪽이 더 많겠지마는 업을 짓고 미혹하고 고통을 받는다.

어느 정도의 고통이든지 상관없이 그 고통을 의식적으로 느끼든 느끼지 않든 고통이 있는 곳에는 미혹과 업이 같이 있다. 미혹이 고통의 결과를 만든다든가 미혹하기 때문에 사물을 있는 그대로 보지 않고 자기 중심적으로만 보게 되어 고통이 생긴다는 선후논리는 있지만, 수없이 많은 종류와 수없이 많은 단계의 미혹과 악업과 고통이 순환되는 보일러의 물처럼 끊임없이 돌기 때문에 이 세 가지를 각기 따로 떼어놓고 생각할 수가 없다. 고통은 현재에 느끼기 때문에 알 수도 있지만 미혹과 악업은 어떻게 와서 어떤 상태로 있는지 잘 알 수가 없다.

어느 선사가 마을어귀에서 포대기에 싸여져 '응애 응애' 하고 우는 사내아이를 깊은 산속으로 데려다가 키웠다. 어떤 여자도 그 산속에 들어온 적이 없었다. 그 아이는 이성이나 사랑이라는 말을 배운 적도 없고 들은 적도 없었다. 그 아이가 탁발을 따라다니기에 충분할 만큼 자랐을 때 선사는 그 아이를 데리고 탁발을 나갔다. 탁발을 다니며 그 아이는 탁발하는 자신을 구경하는 여자애들을 보게 되었다. 그런데 탁발을 마치고 절로 돌아온 이후 갑자기 이상한 일이 생겼다. 그 아이가 잘 먹던 밥을 먹으려 하지 않는 것이었다. 고민이 있으면 말하라고 해도 그 아이는 고개를 저으며 대답하려 하지 않았다. 먹지 않는 그 아이는 점점 여위어만 갔다. 숨김을 모르던 그 아이에게 숨기는 일이 생기게 되었다. 부끄러움을 모르던 그 아이가 갑자기 옷 벗기를 부끄러워하게 되었다.

　이 아이의 이야기는 실화 반 꾸밈 반이지만, 끝까지 계속하지 않겠다. 왜냐하면 이 아이가 사랑의 홍역을 앓지 않게 될 것이라면 싱거운 일이요, 사랑의 방랑으로 여자를 만나서 결혼을 하고 아이를 낳고 다시 그 아이가 자라서 자기 부모가 겪어온 감정과 갈등의 코스를 되풀이하도록 이야기가 진행된다면, 그것은 너무도 평범한 우리 주변의 이야기를 복사한 것이 되기 때문이다.

　이 이야기를 드는 것은 미혹과 악업과 고통이 어디에 있는가를 찾아보기 위해서이다. 인생은 미혹과 악업과 고통의 뭉침이라고 하는데, 우리 인생의 어느 부분부터 혹·업·고 3도에 있다고 해야 할지를 가름하기 위해서이다. 앞의 이야기를 읽은 독자께서는 그 아이의 지금까지의 줄거리가 추함이 없는 깨끗한 삶의 흐름이기 때문에 거기에는 혹·업·고가 없다고 할 것이다. 그렇게 말하는 것은 세상사를 아는 우리들, 특히 인간 감정의 시작은 어디이고 대개 어떻게 흘러갈 것인가를 짐작하는 우리가 보았을 때는 별문제가 없다. 우리 입장에서는 그 아이가 겪는 사춘기를 미혹과 악업과 고통으로 분석한다는 것이 적절하지 않다고 생각할 수도 있다. 그러나 그 아이 당사자의 마음에는 무엇이라고 꼬집어 말할 수 없는 그리움이나 외로움의 불꽃이 일어나고 고통이 느껴진다. 어디서 왔는지 알 수 없는 검은 구름의 미혹이 마음 속에서 일어난다. 육체적인 행동으로 나타내지 않았을 뿐 마음으로는 갖가지 상상과 계획을 세우는 업을 짓고 있다.

　그런데 그 아이의 이야기가 중단된 그 시점에서 그 아이의 문제가 시작된 것이 아니라 그 아이가 세상에 태어났을 때, 아니 그 아이가 수정되어서 어머니의 태 속에 들어갔을 때부터 혹·업·고 3도의 문제는 있었다. 다만 나타나지 않았을 뿐이다. 그 아이는 사랑이라는 말과 행위와 의식을 배운 적도 없는데 사랑과 그리움과 외로움을 느끼기 시작했다. 금생에 그 아이가 특별히 외로움의 병에 걸릴 만한 장소에 간 일도 없고 외로움을 배운 일도 생각한 일도 없는데 외로움을 느끼는 것은 금생의 이야기만으로 풀 수가 없다. 그래서 조사스님들은 전생업을 이야기한 것이다. 전생의 업, 전생에 하던 버릇이 나타난 것이라는 풀이다. 우리의 몸 자체가 업덩어리다. 업은 혼자만 찾아오는 것이 아니라 미혹과 고통을 동시에 가지고 오기 때문에 우리의 현재 이 몸과 이 마음은 업덩어리요 미혹덩어리요 고통덩어리다.

'어, 나는 괴롭지 않아요. 내 정신은 맑아서 구름 한 점 없어요. 내 몸과 마음은 편안한데 무슨 업 이야기입니까'라고 말하는 이가 있을지도 모른다. 그러나 그런 말을 하는 이에게도 미혹과 악업과 고통이 있다. 인간은 구조적으로 피가 끓는 젊음이 있고 그것을 풀고 싶어한다. 병이 들거나 늙어서 아무 의욕이 없을 경우라도 과거의 경험에 만족하고 체념할 뿐이지 만약 과거의 젊음과 환경이 새로이 주어진다면 새로운 갈애의 방황을 시작할 것이다. 그것은 누가 특별히 나쁘다거나 그렇게 되는 것이 이상하다는 이야기가 아니라 인간 존재의 구조적인 모습이 그렇다는 말이다. 그래서 우리는 체질적으로 미혹과 악업과 고통의 3도를 살고 있고, 그 3도는 각기 떨어져서 오는 것이 아니라 동시에 나타난다는 것이다.

18. 가치적 연기와 삼도의 뒤집기

미혹과 고통에 대해서는 당장 어떻게 손댈 길이 없다. 우리가 접근할 수 있는 것은 악업을 수행으로 바꾸는 일이다. 수행이 있으면 저절로…

인연법은 미혹의 윤회 쪽으로 가는 길뿐만 아니라 미혹에서 깨달음으로 가는 해탈의 길도 밝힌다. 따라서 우리는 인연법을 통해서 미혹과 윤회의 업과 고통 즉, 혹·업·고(惑業苦)의 3도(三道)를 정반대로 뒤집을 수가 있다.

앞에서 인연법을 공부할 때 '이것이 있음으로써 저것이 있고, 이것이 일어남으로써 저것이 일어난다'는 구절은 윤회의 길을 나타내는 것이고, '이것이 없으면 저것이 없고, 이것이 없어지면 저것이 없어진다'는 구절은 해탈열반(解脫涅槃)의 길을 나타낸다고 정리한 바 있다. 여기서 윤회로 가는 연기와 해탈열반으로 가는 연기로 구분했지만, 윤회로 가는 연기를 일반적(一般的) 연기 또는 외연기(外緣起)라고 부르고 해탈열반으로 가는 연기를 가치적(價値的) 연기 또는 내연기(內緣起)라고 부른다. 바깥 외(外)자 외연기는 윤회의 일반적 연기요, 안 내(內)자 내연기는 해탈열반으로 가는 가치적 연기가 된다. 마찬가지로 12연기에 있어서도 '무명으로 인연해서 행이 있고, 행으로 인연해서, 식이 있고'와 같은 식의 윤회로 가는 연기는 외적 일반 연기라고 부르고, '무명이 멸하면 행이 멸하고, 행이 멸하면 식이 멸하고, 마침내 생과 노사가 멸한다'는 식의 해탈로 가는 연기는 내적 가치 연기라고 부른다.

12연기에 해탈로 가는 연기가 있다면 12연기를 압축한 혹·업·고 3도에도 해탈로 가는 연기가 있을 것이다. 미혹과 악업과 고통을 뒤집으면 미혹 대신에 깨달음의 지혜가 나타날 것이고 악업 대신에 해탈수행(解脫修行)이 나타날 것이다. 그리고 고통 대신에 우주의 진리인 법신(法身)이 될 것이다. 혹·업·고 3도를 뒤집은 것 즉, 혹·업·고 3도의 반대를 법신·반야·해탈의 3덕(三德)이라고 부른다. 법신과 반야는 그 말이 나타내는 뜻 그대로이고, 해탈은 '해탈수행'을 줄인 말이다.

나는 혹·업·고 3도에서의 업을 악업이라고 번역하지만, 이 악은 선악의 개념인 악이 아니라 우리로 하여금 해탈열반의 길로 가지 못하게 한다는 의미에서의 악이다. 정확히 번역한다면 윤회의 길로 이끄는 나쁜 업이 될 것이다. 그러나 두 자로 줄이기 위해서 악업이라고 부른다.

그러면 우리 앞에 아주 큰 문제가 떠오른다. 무슨 말이냐면 혹·업·고 즉, 미혹과 악업과 고통의 3도로부터 법신과 반야와 해탈의 3덕 방향으로 가려면 도대체 어디서부터 손을 써야 하느냐는 문제이다. 미혹과 악업과 고통을 함께 해야겠다고 원하는 이는 아무도 없을 것이다. 누가 어리석고 싶겠는가. 누가 좋은 일하고 싶지 악업을 짓고 싶겠는가. 누가 고통을 받고 싶겠는가. 혹·업·고가 우리의 뜻에 의해서 온 것이 아니라면 우리가 원하지 않는다고 해서 3도가 스스로 사라지지 않을 것이다. 어디에서부터 혹·업·고 3도를 뒤집는 작업을 시작해야 할지 그것이 문제이다.

혹·업·고 3도가 동시에 한 덩이로 일어나기는 하지만, 그 가운데 구태여 뿌리를 말하라고 한다면 업이 된다. 그래서 조사스님들도 악업이 원인이고 미혹이 조연(助緣) 즉, 돕는 인연이며 고통이 결과라고 분류하셨다. 미혹과 고통에 대해서는 당장 어떻게 손댈 길이 없다. 우리가 접근할 수 있는 것은 악업을 수행으로 바꾸는 일이다. 악업에는 미혹과 고통이 따르니까 그것을 수행으로 바꾸면 법신과 반야가 따를 것이다. 악업은 3도를 만들고 수행은 3덕을 만든다. 그래서 고·집·멸·도 4성제에서도 고통을 소멸하는 길을 8정도의 수행이라고 제시하였다.

수행방법에는 여러 가지가 있을 수 있다. 8정도, 계·정·혜 3학, 6바라밀 등을 실천하는 것이 수행이라는 것은 이미 널리 알려져 있다.《아함경》에는 여러 수행법을 제시하지만, 그 중에서도 가장 유명한 것은 '37조도품(三十七助道品)'이다. 4념처(四念處)·4정근(四正勤)·4신족(四神足)·5근(五根)·5력(五力)·7각지(七覺支)·8정도(八正道)가 이루는 서른일곱 가지의 수도방법을 말한다. 대승불교에서는 수행법의 대표적인 것으로 6바라밀을 들지만, 6바라밀 속에도 계율과 선정과 지혜를 닦는 수행이 기본적으로 깔려 있다. 현재 한국불교에 있어서 일반인들이 할 수 있는 것이라면 법회 참석, 기도, 참선, 염불, 주력, 독경, 보살행 등이 있다.

칠불통계(七佛通戒)에는 '악을 짓지 아니하고 선을 행하면서 그 마음을 조촐하게 가지면, 그것이 바로 불교수행의 전부'라고 가르친다. 또《법화경》방편품의 게송 부분에는 아주 사소한 선행이라도 지으면 즉각 부처를 이룬다고 한다. 가령 어린이가 바닷가에서 모래 위에 부처님의 그림을 그리거나 탑 모양을 만들어도 그는 부처가 될 것이고, 술 취한 사람이 법당에 들어가 횡설수설하면서도 '저는 부처님께 귀의합니다'라고 말하면 그도 성불한다는 것이다. 이것은 만선성불 즉, 아무리 사소한 불도행이라도 성불의 인연 즉, 혹·업·고 3도를 법신·반야·해탈의 3덕으로 전환하게 하는 계기가 된다는 것이다.

보통 수행이나 수도라고 하면 깊은 산속에 들어가서 속세와 단절하고 솔잎을 먹으면서 모든 인연과 번뇌망상을 쉬어서 무념무상(無念無想)에 빠져드는 것으로 알려져 있지만, 그러한 방법은 전문 수양인 즉, 출가자들이 취할 수 있는 방법이고 가정과 직장을 버리고 떠날 수 없는 일반인들은 현재 있는 그 자리에서 자기가 할 수 있고 자기에게 적합한 수행방법을 찾아야 할 것이다. 요즘에는 주말출가(週末出家)라고 해서 토요일날 사찰에 가족들이 함께 들어가서 밤에 참선, 예배, 염불, 정근 등으로 철야하고 집으로 돌아가는 재가수행자들을 많이 본다. 새벽에 일어나자마자 참선, 기도, 염불, 독경하는 방법도 있다.

미혹과 고통을 녹이기 위해서, 달리 말하자면 법신과 반야를 얻기 위해서 수행을 한다면 어떤 경로로 지혜를 얻어서 법신자리 즉, 우주 존재의 실상을 여실하게 보느냐는 문제가 나타난다. 즉 닦음과 깨달음의 관계가 문제되는 것이다. 이 수증(修證)의 문제 즉, 닦음과 증득의 문제는 몇년 전에 해인사의 성철큰스님께서 '보조국사의 돈오점수(頓悟漸修)보다는 돈오돈수(頓悟頓修)가 타당하다'고 주장해서 해인사 큰스님의 주장과 송광사에서 보조국사의 가르침을 연구하고 펴는 측과의 논전이 있기도 했다. 돈오점수를 주장하는 측은 단번에 존재의 이치를 알아 서서히 수행해서 궁극적인 깨달음을 얻는다는 입장이고, 돈오돈수를 주장하는 측은 단번에 깨닫고 단번에 닦는다는 입장이다.

필자는 수행과 깨달음의 관계는 동시적이라고 보는 입장에 있다. 우리가 앞에서 12인연을 공부할 때 그 관계가 동시적이어서 하나를 들추면 다른 열한 가지가 동시에 따라나온다고 말한 바 있다. 혹·업·고 3도도 동시적이라고 정리한 바 있다. 고통이 있는 곳에 악업과 미혹이 있고 악업이 있는 곳에 미혹과 고통이 있다는 말이었다. 같은 이치의 연장선상에서 법신·반야·수행 중에 한 가지만 있으면 자동적으로 다른 두 가지가 그곳에 있게 된다. 수행이 있는 곳에 법신과 그것을 보는 지혜가 동시에 일어난다.

여기서 우리는 반야지혜 즉, 깨달음의 내용이 무엇이냐는 문제를 다시 만나게 된다. 흔히 깨달음은 미혹을 없애고 지혜를 만들며 고통을 없애고 법신을 만든다고 생각한다. 전생 또는 다겁생래의 업이 우리의 몸과 마음을 이루고 있기 때문에 미혹과 악업과 고통이 있는 것은 인간 구조적으로 불가피하다고 정리한 바 있다. 따라서 미혹을 지우고 지혜를 얻는다는 식의 깨달음은 적어도 업덩어리인 인간의 몸으로는 불가능하게 된다.

　그러나 불교는 몸을 가지고 바로 지금 깨달음을 얻을 수 있다고 가르친다. 깨달음은 미혹을 지우고 반야를 얻는 식이 아니라 미혹을 그대로 두고 미혹을 여실히 보면서 수행해나가는 것이 되어야 한다. 극단적으로 말하면 수행을 계속한다는 것을 전제로 해서 미혹과 반야는 둘이 아니고 고통과 법신은 둘이 아니라고 할 수 있다. 그래서 뒤에 발달한 대승불교의 조사스님들은 불이(不二)라는 용어를 자주 쓰셨다. 지금도 부산 범어사를 비롯해서 큰 사찰에 가면 불이문(不二門)이 있다. 수행 속에서는 깨달음과 미혹이 불이이므로 생사와 열반이 불이이고 번뇌와 보리가 불이이며 극락과 지옥이 불이이다. 미혹의 여실한 관찰이 지혜이고 생사의 여실한 관찰이 열반이며 지옥의 여실한 관찰이 극락이다. 연꽃은 진흙의 연못을 떠나서 피는 것이 아니라 진흙 속에서 진흙의 양분을 깨끗한 연꽃으로 전환시킬 따름이다.

　미혹과 악업과 고통을 지우지 않고 그대로 두면서도 여실히 관찰하고 수행을 하면 미혹 그대로 지혜가 되니까 미혹이 물러가고 지혜가 들어선다는 표현을 써도 좋다. 그런데 미혹이 물러가고 지혜가 들어선다는 표현은 자칫 잘못하면 깨달음을 너무 먼 곳에 있는 것으로 만들 염려가 있다. 그렇게 되면 사람들은 불교가 좋은 줄은 알지만 엄두가 나지 않아서 그저 복이나 짓고 마는 식으로 불교를 믿으려고 할 것이다. 필자가 경험한 바에 의하면 불교를 기복적으로 믿는 이들을 제쳐두고 제법 정법을 믿는다고 자부하는 사람들 가운데에도 열심히 수행해서 바로 금생의 지금 여기에서 깨달음을 얻겠다는 결의를 가진 사람은 많지 않다. 우리에게 필요한 것은 깨달음이 내생에 있다는 논리가 아니라 지금 당장 눈앞에 있다는 확신이다. 수행과 깨달음이 한 묶음이고 동시적이라는데 대한 굳은 믿음이다.

우리 한국불교가 지금 다급히 필요한 것은 깨달음이 아니라 수행이다. 사리(舍利)는 육신이 불타고난 흔적일 뿐이므로 사리 자체를 목표로 해서 수행하지 않아야 하듯이 깨달음은 수행이라는 불길로 몸과 마음을 태우기만 하면 당연히 얻어지는 것이므로 일부러 목표로 삼아야 할 것은 아니다. 막연한 수행이 아니라 한 걸음 한 걸음 자신에 찬 수행을 해야 한다. 그러기 위해서는 법신 · 반야 · 해탈수행의 동시성과 미혹과 지혜의 불이, 고통과 법신의 불이에 대한 확신이 절대적으로 필요하다.

안에 들어가는 문이 여러 개가 있듯이, 산에 오르는 길이 여러 갈래 있듯이, 부처님을 장엄하는 방법이 여럿 있듯이 수행하는 방법도 여러 가지이다. 우리 각자가 택한 수행방법이 불법의 정도를 벗어나지 않고 자신에게 적합하다면 아무리 사소한 수행을 해도 불법의 핵심은 바로 그 자리에 있다. 우리가 바닷가에 나가서 밀려오는 파도를 보고 '나는 부처님을 좋아합니다. 번뇌와 지혜가 둘이 아닌 이 법 속에서 살렵니다'하고 크게 외치기만 하면 우리는 바로 미혹을 지혜로 돌리고 고통을 법신으로 돌릴 것이다. 우리가 그렇게 하는 것이 아니라, 부처님이 인심을 쓰는 것이 아니라 우주의 이치가 바로 그러하다.

일반적 윤회연기와 가치적 해탈연기, 혹 · 업 · 고 3도의 법신 · 반야 · 해탈로의 전환, 그리고 연기, 3도, 3덕의 동시성을 정리하면 다음 페이지의 도표와 같다.

이것이 있으면 저것이 있고 ── 무명이 있으면 업이 있고(일반적 윤회
연기)

혹   업   고(3도)

업의 반대인 수행으로 전환

논리적 선후 시간적 동시

동시적이나 중생의 출발점은 수행뿐

반야 해탈 법신(3덕)

이것이 없으면 저것이 없고 ── 무명이 없으면 업이 없고(가치적 해탈
연기)

19. 불교임을 인증하는 도장과 무상

무상관이 꼭 잘못된 쪽으로만 관하는 것을 뜻하지
는 않는다. 무상하기 때문에 지금의 자신과 환경을
얼마든지 좋게 변화시킬 수 있다.

산스크리트어의 다르마 무드라(dharma-mudrā) 즉, 법인(法印)이
란 법의 도장이라는 뜻이다. 법이란 물론 부처님의 교법을 말하고 인
장은 부처님 말씀의 원래 취지와 일치하는 특징을 의미한다. 중국에
서는 어떤 경전이 부처님의 말씀이냐 아니냐를 판가름하기 위해서 3
법인(三法印) 또는 4법인(四法印)에 맞추어보고 법인의 사상에 합치
하는가 않는가를 엄밀히 조사했다고 한다. 법인의 사상과 일치하면
부처님 말씀이고 그렇지 않으면 부처님 말씀이 아닌 것이 된다.

4법인 즉, 네 가지 부처님 교법의 도장이란 제행무상(諸行無常) ·
제법무아(諸法無我) · 일체개고(一切皆苦) · 열반적정(涅槃寂靜)이다.
'생멸변화하는 일체의 현상은 무상하고 일체법은 나라는 실체가 없
으니 일체의 모든 존재가 다 고통이다. 그러나 앞의 세 법인을 여실
히 관찰함으로써 얻어지는 열반은 고요하다'는 뜻이다. 이 4법인에서
일체개고 또는 일체행고(一切行苦)를 빼면 3법인이 된다. 3법인이 어
떤 맥락에서 설해지는가를 알기 위해서 《아함경》에 흔히 나타나는
무상(無常) · 무아(無我) · 고(苦) · 공(空) 등에 관한 부처님의 말씀
을 직접 읽어보자.

이와 같이 내가 들었다. 어느 때 부처님께서는 사위성 제타숲의 외로

운 이 돕는 장자의 동산에 계시면서 여러 비구들에게 말씀하셨다.

"과거와 미래의 색·수·상·행·식도 항상됨이 없는데, 하물며 현재의 색·수·상·행·식이겠느냐. 거룩한 제자로서 이렇게 관찰하는 사람은 과거의 그것들을 돌아보지 않고 미래의 그것들은 받지 않으며 현재의 그것들에 대한 애착을 여의어 바로 모든 번뇌가 멸해 다함으로 향하려고 한다. 이렇게 삼세의 모든 법은 무상하고 괴롭고 공하고 나가 아니라고 관찰하는 것도 또한 그와 같다."

그러자 여러 비구들은 부처님 말씀을 듣고 기뻐하여 받들어 행하였다.
(잡아함)

여기서 부처님은 모든 사물의 무상을 강조한다. 무상을 분석적으로 설명하기 위해서 색·수·상·행·식 5온을 끌어다 쓴다. 번뇌가 멸한 곳 즉, 열반의 이상으로 향하기 위해서 일체법의 무상·무아·고통·공을 관찰해야 한다고 강조한다. 여기에는 4법인의 형태가 잡혀 있지 않았다. 그러나 번뇌가 멸한 이상의 상태가 열반의 상태라고 한다면 무상, 무아, 고통, 뒤에 열반적정이 당연히 붙어야 할 것이다. 앞의 세 가지는 관해야 할 대상이고 마지막의 열반적정은 성취해야 할 이상이다.

3법인과 4법인은 중요하다. 도표로 정리해서 머리 속에 확실한 윤곽을 그려두자.

팔리어로 남아 있는 원시경전에는 아직 3법인이나 4법인이 정형화(定型化)되어 나타나지 않는다. 앞에서 본 내용처럼 무상·무아·고·공이 반복될 뿐이다. 열반적정은 이룩해야 할 이상으로 붙인 것이다. 한역 《증일아함경》18에 일체제행무상(一切諸行無常), 일체행고(一切行苦), 일체제행무아(一切諸行無我), 열반위영적(涅槃爲永寂)이라는 귀절이 나온다. 여기에서는 무상·고·무아·열반의 순서로 되어 있다. 미륵보살이 설했다고 하는 《유가사지론(瑜伽師地論)》권 46에는 이것과 흡사한 형태로 4법인이 나온다. 이 《유가사지론》은 현재 산스크리트어 원본도 남아 있다.

중국의 대승불교에서는 이 3법인이나 4법인을 소승불교의 것이라고 해서 제쳐두고 별도로 '제법실상인(諸法實相印)'이라는 것을 가지고 부처님 교법의 직인으로 삼기도 했다. 제법실상(諸法實相) 즉, '현상의 일체제법이 다 참다운 깨달음의 모습'이라는 말은 《반야경》에 나오는데, 《반야경》을 이어받은 《법화경》에서는 제법실상을 10여시(十如是)로 설명한다. 10여시는 진실한 모양·성품·자체·힘·작용·인·연·과·보·처음과 끝의 동일을 말한다. 본래 산스크리트어본 《법화경》에는 10여시가 없지만, 구마라집이 《법화경》을 번역할 때 제법실상의 뜻을 확실히 하기 위해서 10여시로 풀어서 번역한 듯하다. 4법인이나 10여시나 모두 사물의 있는 그대로의 모습 즉, 제법의 실상을 나타내려고 했다는 점에서 큰 차이가 없다. 다만 우리 인간 존재의 실상을 나타냄에 있어서 《아함경》의 4법인은 무상, 무아, 고통같은 약간 부정적인 그리고 소극적인 표현을 썼고 《법화경》의 제법실상인(諸法實相印)은 모양, 성품, 인연같은 긍정적인 그리고 적극적인 표현을 썼다는데 차이가 있을 뿐이다.

4법인의 첫번째 제행무상은 모든 삼라만상의 일체 존재가 찰나찰나 끊임없이 변해가고 있음을 관하는 것이다. 불교에 있어서 무상함을 알려주는 유명한 게송이 있다. 바로 무상게(無常偈)이다. '제행무상(諸行無常) 시생멸법(是生滅法) 생멸멸이(生滅滅已) 적멸위락(寂滅 爲樂)'이다. 해석해보면 '모든 것은 무상하니 바로 생멸법이다. 나고 죽음의 분별을 다 쉬어버리면 일체 존재가 적멸한 가운데 법열이 나온다'라고 직역할 수 있다. 이것을 의역하면 이렇게도 읽을 수 있다. '꽃은 피면 반드시 지고 사람은 나면 반드시 죽는다. 피는 꽃과 떨어지는 낙화를 동시에 같이 묻고 삶과 죽음을 함께 묻으면 고요한 가운데 은근한 즐거움이 있다.' 필자는 무상게를 보다 이해하기 쉽고 좀 더 본의에 통하게 번역하려고 한참 생각해보았지만 이 정도뿐이다.

이 무상게를 소개함에 있어서 남방불교의 《열반경》과 북방불교의 《열반경》이 다르다. 남방불교의 《열반경》에서는 제석천이 부처님의 열반을 애도해서 부른 게송으로 소개되어 있고, 대승불교의 《열반경》에서는 석가모니부처님이 인행시에 설산동자가 되어 보살도를 행하며 깨달음을 구할 때 앞의 두 구절을 먼저 듣고 뒤의 두 구절은 나찰로 변장하고 나온 제석천에게 자신의 몸을 먹이로 주겠다는 약속을 하고 얻은 것으로 소개되어 있다.

일체의 삼라만상이 1분 1초도 쉬지 않고 끊임없이 변해가는 것 즉, 모든 것은 무상하다는 것에 대해서는 누구나 다 잘 알고 있다. 자연과학의 발달에 따라서 물질의 최저단위인 원자조차도 원자핵을 중심으로 해서 전자(電子), 중간자(中間子) 등이 결합해 이루어졌다는 것이 밝혀졌다. 그리고 아무리 작은 미립자의 물질이라고 하더라도 끊임없이 변화하는 에너지에 불과하다. 원자로부터 시작해서 천체의 우주에 이르기까지 물리적 화학적으로 순간순간 변화하지 않는 것은 아무것도 없다.

불교의 무상의 원칙이 자연과학의 발달에 따라 더욱 확실하게 증명되기는 하지만, 부처님은 우리들에게 어떤 지식을 주기 위해서 무상관을 가르친 것이 아니다. 우리 인간이 당연히 누려야 할 참다운 삶, 가치 있는 삶, 영원한 삶을 얻게 하기 위해서이다. 인간은 기쁠

때보다 슬플 때 인생에 대해서 진지하게 생각하게 된다. 좋은 일, 기쁜 일이 있을 때는 진정한 자신을 찾고 진정한 자신을 사는 것에 대해서 전혀 생각이 미치지 않을 수가 있다. 그러나 어느 날 갑자기 자기가 아주 사랑하던 사람이 죽었을 때 아니면 자기 자신이 갑자기 불구의 몸이 되었을 때 깊은 마음의 바닥으로부터 인생에 대해서 생각해보게 된다. 아마도 부처님은 인간 마음의 흐름이 대개 이와 같음을 알기 때문에 무상관을 4법인 중에 가장 먼저 두었을 것이다.

또 무상함을 관하게 되면 집착이나 교만함에서 벗어날 수가 있다. 실패를 모르고 승승장구로 일이 잘 풀리는 사람은 자만에 빠지기가 쉽고 집착하기 쉽다. 날마다 서쪽으로 지는 해가 보이지 않기가 쉽다. 교통사고 사망자 게시판에 날마다 높은 숫자가 나타나도 나와는 아무 관계없는 일이라고 생각한다. 정권이 바뀌어서 천하를 주름잡던 사람들의 목이 여기저기 뒹굴어도 그것은 나와 아무 관계가 없는 것이라고 생각한다. 자신의 발전은 영원한 것이고 당연한 것이라고 생각한다. 이런 사람이 도를 구하거나 참생명의 길을 찾으려면 무상관을 닦아야 한다. 다른 이가 타는 차와 비행기가 문제를 일으킬 수 있듯이 내가 타는 차와 비행기도 얼마든지 잘못될 수 있다는 것을 받아들여야 한다. 이 무상관을 닦으면 실패를 겪어서 코가 납작해지지 않고도 갑자기 겸손한 사람으로 새롭게 태어날 수 있다.

무상함을 관하는 것이 꼭 잘되는 쪽에서 잘못되는 쪽으로만 관하는 것을 뜻하지는 않는다. 무상하기 때문에 지금의 자신과 환경을 얼마든지 변화시킬 수 있다. 나의 어리석음과 박복함은 운명이 아니다. 어리석음을 지혜로 변화시킬 수가 있다. 박복을 유복으로 변화시킬 수가 있다. 어느 날 갑자기 내 앞에 다가와서 떠나지 않는 뜻밖의 불행이 내가 일생 동안 같이 살아야 할 그림자같은 것은 아니다. 얼마든지 불행을 행복으로 전환시킬 수가 있다. 드라마나 현실사회에 있어서 잘 되던 사람이 잘 되는 일은 아무런 재미가 없다. 너무 지루하다. 그러한 내용은 창작이든지 현실이든지에 관계없이 가치가 없다. 볼 만한 가치가 있는 것은, 또 해볼 만한 가치가 있는 것은 잘 안되던 사람이 잘 되는 장면을 만드는 것이다.

　무상함을 관함으로써 우리는 자비로워질 수가 있다. 죽을 날을 받아놓은 간경화증 환자가 짜증을 내는 것은 당연하다. 눈앞의 산 사람에게 죽음이라는 무상함을 겹쳐서 보게 되면 우리는 그의 터무니없는 불평과 짜증을 받아줄 마음의 여유를 갖게 된다. 우리는 다 죽을 사람이다. 나이 순서대로 가는 것도 아니다. 재산이 없는 순서대로 가는 것도 아니다. 지식이 없는 순서대로 가는 것도 아니다. 누구나 갑자기 갈 수가 있다. 우리 모두는 다같이 떠날 날짜를 받아놓은 사람들이다. 무상함을 관하면 우리는 그들의 이유 없는 반항과 이유 없는 무시와 이유 없는 신경질을 웃으면서 받아줄 아량을 갖게 된다.

20. 무 아

> 부처님이 부정하는 것은 상식적이고 경험적인 나
> 가 아니라 외도들이 말하는 영원한 나, 변하지 않는
> 나, 실체나 본체로서의 나이다.

　제법무아(諸法無我)에서 제법이란 현상의 일체법을 말한다. 이 제
법이란 말을 유위법(有爲法)이라는 용어로 바꾸어도 된다. 제행무상
(諸行無常)에서의 제행(諸行)이라는 말과도 같은 뜻이다. 일체법, 일
체의 사물, 모든 사건과 물건이라는 말로 써도 좋다. 제법무아란 '이
세상의 모든 것에 나라고 할 것이 없거나 나가 없는 상태에 있다'는
뜻이다. 무아라는 말도 종종 사용되므로 '모든 것이 무아이다'라고 풀
어도 되겠다.

　그러면 제일 먼저 떠오르는 질문은 '왜 나가 없느냐'는 것이다. 전
에 우리가 온·처·계 3과 즉, 5온·12처·18계에 대해서 공부할 때
부처님은 일체법을 잡을 때 인간이 경험할 수 있는 것만 인정한다고
했다. 5온에서 나타나는 물질과 정신, 그리고 감각기관과 그 대상, 그
리고 그 둘의 접합이 만드는 것만을 일체법이라고 인정한다고 말한
바 있다. 또한 우리는 지금 분명히 나라고 하는 것을 경험하고 있다.
그렇다면 우리는 다같이 나를 경험하고 있으니까 나를 인정해야 할
것이다. 그런데 왜 4법인의 두번째는 나가 없다고 가르치느냐는 아주
당연한 물음이 나온다.

　우리는 연기법을 살펴보았다. 연기법의 기본은 '이것이 있음으로
써 저것이 있고, 이것이 일어남으로써 저것이 일어난다'이다. 5온·

12처·18계의 3과에서는 인간을 비롯한 이 세상의 모든 것이 색·수
·상·행·식이라는 요소의 화합이거나 감각기관과 그 대상의 화합
에서 일어나는 연기관계라고 했다. 이 세상의 모든 것은 화합된 것이
고 상호 의존관계에 의해서 존재하는 상대적인 것이기 때문에 항상
똑같은 고정적인 실체가 없다고 배웠다. 실체가 없는 이유는 사람을
포함해서 일체 만물이 홀로 있는 것이 아니라 반드시 상대를 전제하
고 상대에 의존하기 때문에 나가 있다고 하더라도 홀로의 나가 아니
라 상대에게 의존한 나일 뿐이라는 것이다. 연기법의 공식은 모든 것
이 연기하기 때문에 자성이 없고 자성이 없기 때문에 무아라는 것이
다. 이 무아를 대승불교에서는 공(空)이라는 말로 바꾸어 쓴다. 특히
《반야경》계통의 경전들은 공이라는 용어를 많이 쓴다. 또 중국에서
발달한 선종에서는 이 무아 또는 공을 '무(無)'라는 한 글자로 나타
내고자 한다. 선의 화두인 조주의 무(無)자는 개의 불성에 관한 것을
묻고 있지만 불성 문제만을 묻는데서 끝나지 않는다. 광범위하게 쓰
여지기 때문이다. 각 시대에 따라 종파에 따라 무아라는 말을 공이라
는 말이나 무라는 말 또는 다른 말로 바꾸어 부르기는 하지만, 연기
법을 기본으로 하고 있는 불교에서 이 무아사상은 모든 가르침의 기
본을 이룬다.

'왜 지금 경험하고 있는 나를 무아라고 하는가'라는 질문에 대한
연기법의 해답을 들으면서 그렇다면 제법무아에서 '나가 없다'고 하
는 '나'란 우리가 지금 경험하고 있는 종류의 나가 아니라 다른 종류
의 나가 아닌가 하는 새로운 물음이 나온다. 다시 말하면 '왜 우리가
지금 나를 경험하고 있는데 없다고 하느냐'고 묻지 말고 '없다고 부
정되는 그 나라는 것이 도대체 어떤 종류의 것인가'라고 물어야 한다
는 말이다.

부처님께서는 열반에 드시기 전에 '반드시 너 자신을 의지하고 부
처님 법을 의지해라. 너 자신을 등불로 삼고 부처님의 가르침을 등불

로 삼아라'라고 유언의 말씀을 남겼다. 모든 경전은 반드시 '내가 이와 같이 들었다'로 시작된다. 자업자득의 나, 업을 짓고 업을 나르는 나도 있다. 부처님은 분명하게 우리가 경험할 수 있는 나라는 것을 인정하고 있다.

우리는 여기서 무아로 부정되는 그 '나'라는 것이 우리가 일상생활에서 상식적으로 경험하고 있고 인정하고 있는 종류의 나가 아니라는 것을 알 수 있다. 그래서 질문을 바꾸었다. '왜 나가 없느냐'라는 질문을 '어떤 종류의 나가 없느냐'라는 물음으로 전환한 것이다. 부처님은 우리가 보통 너와 나를 구별하기 위해서 쓰는 상식적인 나, 인격 주체로서의 경험적인 나는 인정한다. 부처님이 부정하는 것은 이런 상식적이고 경험적인 나가 아니라 외도들이 말하는 '영원한 나' '변하지 않는 나' '영원불멸의 실체적인 나' 본체로서의 나이다. 편의상 구별하기 위해서 지칭되는 나는 있지만 외도들이 말하는 '죽지 않고 항상 살아 있는 나'는 없다는 것이다. 영혼의 문제도 마찬가지이다. 불교에서는 항상된 실체로서의 영혼은 인정하지 않지만 인격의 임시적 주체로서 업을 가져다 나르는 영혼은 인정한다. 이 영혼은 불생불멸의 것이 아니라 윤회 주체로서 업이나 경험에 따라 윤회하고 찰나찰나 변화하는 것이다. 유식학에서 말하는 아뢰야식이라는 것이 바로 그런 종류의 업에 따라 변하는 임시적 주체이다.

그런데 우리는 여기서 곰곰이 생각해볼 것이 있다. 부처님은 외도들이 말하는 영원한 나는 부정하고 상식적인 나는 인정한다고 하는데, 그 상식적인 나에 대한 우리들의 관념이 외도들의 것과 크게 다르지는 않지 않은가 하는 것이다. 요즘 은행에 가보면 질서를 잡기 위해서 은행에 들어오는 순서대로 번호표를 한 장씩 받아가진다. 은행 창구직원들은 편의상 각 고객들이 가진 번호로 그 고객의 명칭을 대신한다. 그 번호가 그 고객들 자신은 아니다. 고객들은 각기 자기 이름이 있다. 그 번호는 임시용일 뿐이다. 마찬가지로 우리가 경험적

상식적으로 지칭하는 나라는 것은 은행의 번호표와 같이 아무런 의
미가 없다. 실체적 고정적인 나는 없기 때문이다. 그럼에도 불구하고
중생인 우리는 이 임시적인 나를 영원한 나로 착각한다. 은행의 일회
용 번호에 불과한 나에 대해서 집착한다. 할 수만 있다면 이 임시번
호를 영원히 나라고 지키고 싶어한다. 부처님이 제법무아에서 경계
하는 것은 바로 이것이다. 우리가 경험적인 나를 임시적인 것으로 생
각하지 않고 막연하게나마 고정적인 것으로 착각하는 것이 문제이
다.

  우리는 앞에서 '어떤 종류의 나가 없다는 것이냐'는 물음을 만들었
다. 그러나 집착의 성질을 가진 우리는 상식적이고 임시적인 명칭을
영원한 것으로 혼동한다. 그래서 부처님이 가르치는 제법무아에 대
해서 아무런 분별이나 꾀를 부리지 말고 그저 무조건 관해야 한다는
최초의 그 자리로 되돌아가야만 하게 되었다. 부처님이 실체적 고정
적인 나는 부정하면서도 상식적인 나는 인정했지만, 우리 중생이 그
상식적인 나를 영원한 나로 착각하고 집착하기 때문에 그 상식적인
나에게 깃들어 있는 실체의 관념을 지워야 한다는 것이다.

  부처님께서는 무아의 종류에 대해서 구별하지 않았지만, 뒤에 대
승불교에서는 그것을 두 가지로 구별하게 되었다. 인무아(人無我)와
법무아(法無我)이다. 사람 인(人)자 인무아와 법 법(法)자 법무아이
다. 절 집안에서 흔히 쓰는 아공(我空), 법공(法空)과 같은 내용이
다. 인무아나 아공은 모든 사물이 실체적인 자아가 없는 상태에 있다
는 것을 나타낸다. 법무아나 법공은 법 즉, 불교에서 말하는 일체법
이 무아이고 공하다는 것을 말한다. 불교에서는 일체법을 인간이 경
험할 수 있는 5온과 12처, 18계로 잡고 있는데, 정신적으로나 물질적
으로 요소적인 것이든지 인식적인 것이든지 모두 실체가 없고 공한
상태에 있다는 것이다. 부처님은 인무아와 법무아를 구별해서 나의
관념을 부정하지는 않았지만, 일체법의 무아를 가르쳤기 때문에 개

인적 자아와 요소적 실체를 함께 부정한 셈이다. 그런데 대승불교에
서는 소승 부파불교가 인무아만 가르치고 법무아는 알지 못하는 수
준에 있다고 보았다.

가령 어떤 이가 밤길을 가다가 뱀을 밟았다. 너무 놀라서 혼비백산
해서 집으로 돌아왔다. 다음날 자기가 밟은 뱀이 어떻게 되었는지 보
기 위해서 어제 뱀을 밟은 자리에 가 보았다. 그러나 어제 밟은 것은
뱀이 아니고 새끼줄이라는 것을 알았다. 그뿐 아니라 그 새끼줄은 본
래 새끼줄이 아니고 마른 볏짚이나 삼나무 껍질을 꼬아서 만들었다
는 것도 깨달았다. 뱀이 새끼줄인 것을 아는 것이 인무아이고 새끼줄
이 본래 새끼줄이 아니라 마른 볏짚이나 삼껍질의 합성이라는 것을
깨닫는 것이 법무아이다.

경험적인 나와 부정되는 나를 도표로 정리해보자.

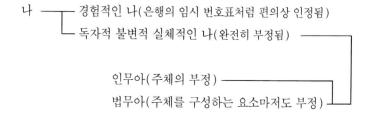

21. 무아의 실천적 의미

> 나를 임시적인 나 속에 가두어두고 착각의 나를 살
> 려는 것이 아니라 내가 본래부터 포함되어 있는 저
> 쪽의 상대 속에서 진정한 나를 살리고 한다.

4법인에서 무아를 관하는 이유로 크게 두 가지를 생각해볼 수 있다. 이론적인 면과 실천적인 면이다. 이론적인 면에서의 무아사상은 일체의 사물이 고정된 실체나 본질이 없다는 것 즉, 자성 내지는 자기 동일적인 성질이 없다는 것이다. 시간적 공간적으로 뒤엉켜 있다. 게다가 인간의 마음까지도 섞여 있다. 따라서 어떤 사물도 독자적으로 존재할 수 없고 반드시 다른 것과 의존관계에 의해서만 존재한다는 것이다.

인연법으로부터 무아에 이르는 공식은 이렇다. 만물이 상호 의존 내지는 상호 버팀의 인연법칙에 의해서 생기고 지탱되고 쓰러지기 때문에 독자적인 능력이 없고 독자적인 능력이 없기 때문에 주체가 비어 있는 상태가 된다. 주체가 비어 있는 상태이기 때문에 그 상태를 무아라고 부른다. 이 공식을 한문으로 말하면 '인연생기고(因緣生起故)로 무자성(無自性)이요, 무자성고(無自性故)로 공(空)이며, 공고(空故)로 무아(無我)'가 된다. 이 공식에서는 무아가 공 뒤에 나왔지만 공 앞에 무아가 나와도 상관이 없겠다. 반야사상의 입장에서는 무아의 개념이 발달된 공의 개념보다도 먼저 나왔기 때문에 인연(因緣), 무자성(無自性), 무아(無我), 공(空)의 순서를 선호할 것이다. 없을 무(無)자를 많이 쓰는 선종에서는 빌 공(空)자를 치우고 무자로 대치시키든지 아니면 공사상의 수준보다 한 단계 더 올라갔다는 의미에서 공자를 그대로 놓고 공자 다음에 무자를 넣을 것이다.

선종이 무자로 공에 대치시키는 것과는 달리 반야의 공사상을 종교적으로 발전시킨 법화사상에서는 공의 단계 뒤에 공을 뒤집어서 인연의 상대를 자체에 포함한다는 아이디어를 내놓았다. 포함한다는 뜻을 갖출 구(具)자로 나타내기도 하고 본래부터 상대를 포함한다는 의미에서 성구(性具)라는 말로 나타내기도 한다. 이 말은 인연법에 의해서 모든 존재가 상대적인 것과 의존관계에 있으므로 자성이 없고 자성이 없으므로 독자적인 존재가 아니라는 의미에서 공이라고 할 수 있다. 그러나 다른 한편으로는 독자적인 존재가 아니라는 말은 상대가 이미 나에게 포함되어 있고 내가 상대에게 포함되어 있다는 뜻이 된다.

연기의 필연적 결과인 무아사상과 무아사상의 연장인 상대포함의 사상을 확실히 이해하기 위해서 예를 한 가지 들어보자.

사랑하는 남녀가 결혼했다. 그들의 사랑은 너무 깊어서 전생에도 부부였고 내생에도 부부일 것이라고 생각했다. 그러나 결혼 후 얼마 되지 않아서 전쟁이 일어났다. 부부는 자기 나라를 위하여 몰래 적군의 무기수송 본부에 숨어들어가서 무기창고를 폭파하는데 성공했다. 그러나 도망나오던 중에 남편이 다리에 총상을 입었다. 남편은 걸을 수가 없었고 부인도 남편을 등에 업고 도망갈 수 없었다. 그 자리에 있으면 둘 다 죽게 될 처지였다. 이때 남편은 부인을 보고 도망치라고 말한다. 그러나 부인은 남편을 따라서 같이 죽을 각오가 되어 있었다. 부인은 오히려 차분해지면서 '함께 죽어서 내생에 다시 만나 같이 살아요'라고 말하면서 남편을 위로하려고 했다.

그 순간 남편은 부인이 자기를 두고 총을 쏘며 뒤쫓아오는 적군들을 피해 도망치게 하기 위해 부인을 설득했다. 시간을 줄이기 위해 남편 설득의 요지는 다음과 같다. "우리의 만남과 결혼은 너와 나에게 똑같이 목숨이다. 우리의 만남과 결혼 즉, 우리의 목숨은 우리 둘 중의 어느 한 쪽을 없이 하고는 있을 수 없다. 내가 없어도 우리의 목숨이 없고 네가 없어도 우리의 목숨은 없다. 그러므로 너와 나를 분리해서 생각하면 우리 둘 다 목숨이 없는 상태이다. 반대로 나는 너에 의지해서 목숨이 있고 너는 나에 의지해서 목숨이 있으므로 나 속에 이미 네가 있고 네 속에 이미 내가 있다. 나는 너와 나의 전부이고 너는 나와 너의 전부이다. 나는 이미 죽을 수밖에 없지만, 너의 죽음은 너와 나를 한꺼번에 죽이는 것이 된다. 부디 어서 여기를 피해 나와 너를 네가 함께 살려다오. 네 속에 있는 나를 살려다오. 빨리 가라. 나를 살릴 수 있는 길은, 나에게 의리와 정을 베풀 수 있는 최선의 길은 지금 죽어가는 나를 보는 것이 아니라 네 속에 살고 있는 나를 살리는 길이다.”

　이같은 요지의 설득을 듣고 부인은 남편을 두고 울면서 그 자리를 떠났다. 남편이 자신은 죽으면서도 부인을 살리려고 하는 부분이므로 좀 시간을 갖고 감동적으로 설명해야 극적인 효과가 있는데, 그렇지 못해서 유감이다. 그러나 지금 여기서 필요한 것은 감동적인 이야기가 아니라 우리가 무아를 좀더 쉽게 이해하게 하는데 도움이 될 이야기의 줄거리이다.

　이 이야기 중에서 필자가 사용하려고 하는 부분은 남편이 부인에게 적군을 피해 도망쳐서 목숨을 건지도록 설득하는 말 중에 나오는 부분이다. 남편은 부부의 목숨이라는 것을 둘의 만남과 결혼생활로 정한다. 부부의 목숨이나 남편이라는 개념과 부인이라는 개념은 둘의 상대적 의존관계 즉, 연기의 상태에 있다. 그러므로 둘을 분리해서 생각하면 어느 한 쪽에도 그들이 소중히 생각하는 목숨이 없다. 남편도 부인도 없다. 남편과 부인이라는 말이나 목숨이라는 만남과 결혼은 어느 한 쪽을 지우는 순간 무너져버리기 때문이다. 그래서 부부 각자에게는 혼자서 결혼생활하는 부부로 존재할 수 있는 성능이 없다. 이것이 무자성 즉, 자성이 없는 단계이고 공의 단계이다. 한편 관점을 전환하면 남편과 부인이 각기 독자적으로 존재할 수 없는 상태를 남편이 부인에게 있고 부인이 남편에게 있는 상태로 생각할 수 있다. 나에게 일체법이 다 차 있고 일체법의 모두에게 내가 다 차 있다는 논리가 이 부부에게서도 나타난 것이다. 이것이 상대를 내 속에 갖추고 있다는 성구의 단계이다.

이 이야기에 나타나는 남편은 불교의 연기법이나 무아사상, 공사상, 성구사상을 모르면서도 이 사상들을 활용해서 부인이 살아남을 수 있도록 또는 부인 속에 있는 남편이 살아남을 수 있도록 적군의 총알을 피하라고 설득한다. 부인의 목숨 속에서 자신을 살리고자 한다. 나를 임시적인 나에게만 가두어서 임시적인 나 속에서 착각의 나를 살려고 하는 것이 아니라 이쪽의 내가 본래부터 포함되어 있는 저쪽의 상대 속에서 진정한 나를 살리려고 한다. 이 이야기가 부인을 살리고 죽는 남편을 살리고 우리 모두를 살린다. 내가 귀하게 여기는 것을 위해, 내가 사랑하는 것을 위해, 내가 존경하는 것을 위해 기꺼이 자신의 목숨을 던질 수 있는 감동의 드라마를 만들 수 있는 논리적 근거가 바로 연기사상, 무아사상에 뿌리를 두고 뻗쳐나온다. 뜻하지 않게도 무아사상이 이 세상을 살아볼 만한 아름다운 것으로 만드는 교리적 논리와 근거를 제시하고 있다.

무아사상이 전제하는 상호 의존관계, 무자성 상태, 공한 상태 그리고 포함 상태는 앞에서 살펴본 예문에서처럼 개인간의 관계에만 적용되는 것이 아니라 온갖 종류의 인간관계 내지는 모든 조직이나 사회에 다같이 적용된다. 또 한 개인의 내부적인 입장에서도 무아적인 존재상태는 똑같이 적용된다. 인연으로 이루어져 있기 때문에 자성이 없고, 자성이 없기 때문에 공이다. 그리고 공인 까닭에 서로의 안에 서로가 갖추어져 있다.

다음은 제법무아를 관해야 하는 실천적 의미를 살펴볼 차례이다.

그런데 앞에서 필자는 무아사상의 연장선상에서 비었다는 아이디어, 상대를 포함한다는 아이디어를 살피면서 그것을 이해하기 쉽도록 예를 들어 설명했는데, 한 사나이가 자신을 죽이면서 부인을 살리는 이야기에서도 볼 수 있듯이 무아사상의 이론적인 면과 실천적인 면이 별개의 것으로 떨어져 있는 것은 아니다.

이론이 철저하면 실천적인 것이 되고, 그렇지 못하면 부족한 이론으로 끝난다. 불교에는 석공(析空)과 체공(體空)이라는 말이 있다. 공을 분석해서 아는 것으로는 충분하지 못하고 체달해서 행동으로 알아야 한다는 뜻에서 이런 말들이 나왔다. 무아에 있어서도 마찬가지로, 석무아(析無我)와 체무아(體無我)라는 말을 만들 수 있다. 무아를 분석해서 아는 것과 체달해서 아는 것은 다르다는 뜻이다. 앞에서는 보다 이론적으로 무아를 분석한 것이다. 그러나 진정한 무아는 체달의 무아이다.

무아를 체달하는 것은 이론으로 따지지 않고 직관적 느낌으로 무아를 실천하는 것이다. 그러다 보면 이 몸에 갇힌 나, 5욕락(五欲樂)에 갇힌 나, 우물 안의 개구리인 나로서 사는 것이 아니라 이 세상 모두를 나로 살 수가 있다. 살아 있는 것을 구태여 또 살릴 필요는 없다. 죽어가는 것 즉, 불쌍하고 어려운 환경과 사람을 나로 살아버린다. 보살도를 행한다는 말이다. 이 점에 대해서《반야심경》은 간단하게 요점을 전하고 있다. 무아를 살고 공을 살다보니 아무 것도 얻겠다는 생각도 없고 따라서 아무런 걸림이 없다. 보살도로 누구를 구하겠다는 생각도 없이 보살도를 행하니 아무것에도 걸림이 없고 중생을 구하는 것조차에도 걸릴 것이 없다. 그러니 무가애(無罣碍)가 실천된다. 무소득(無所得)과 무가애를 체무아 즉, 체달한 무아로 실천한다는 뜻이다.

무아에 이르는 교리적 경로와 무아의 종류를 도표로 정리해 생각해보자.

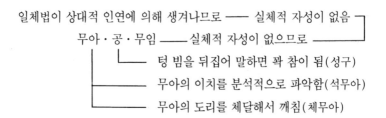

22. 존재 그 자체로서의 고통

세상을 살아가려면 어느 정도의 고통은 불가피하다. 그런데 불교에서는 왜 멀쩡한 우리에게 고통이 있으면 세상이 뒤집어지기나 하는 것처럼…

4법인에서 세번째는 일체개고(一切皆苦)이다. 고통에 대해서는 고·집·멸·도의 4성제 중 고제(苦諦)에서 이미 다루었다. 또 12연기를 혹·업·고(惑業苦)의 3도(三道)로 압축하고 3도 가운데서 고(苦)를 혹업(惑業)과 함께 살펴본 바 있다. 또 열반에 대해서도 4성제 중 멸제를 공부할 때 이미 다루었다. 그러나 고·집·멸·도 4성제와 혹·업·고 3도 및 4법인에 각기 나오는 고 즉, 고통은 기본적으로 비슷하고 또 관법이라는 점에서도 큰 차이가 없지만 고통을 다루는 관점에서는 서로 약간씩의 차이가 있다. 열반도 마찬가지이다. 4성제에서도 열반이 나오고 4법인에서도 열반이 나오는데, 기본적으로는 다른 열반이 아닌 것이 확실하다. 그럼에도 불구하고 제목에 차이가 있는 것처럼 설하는 용도랄까 목적을 염두에 둔 배열과 그를 통해 강조하려는 점에는 차이가 있다. 고통이나 열반에 대해서 앞에서 다룬 문제들을 반복할 필요는 없다. 4성제에서는 현실의 고통, 고통의 원인, 고통의 소멸과 관련해서 고통과 열반이 무엇이냐는 설명에 주력했다. 그러나 일체행고(一切行苦)에 나타나는 고통은 보다 포괄적이다. 4법인 중 앞의 제행무상과 제법무아를 바로 보지 못할 때 괴롭지 않은 것조차도 고통으로 받아들이게 된다. 반대로 여실하게 관찰하고 깨달으면 열반이 된다. 열반적정은 4성제의 멸제와 같기 때문에 여기서는 별도로 다룰 필요가 없다. 단지 일체개고의 고통에 있어서 고통을 분류하는 방법이 4성제의 고제 부분과 다르다. 그래서 그 고통의 종류만 살피면 된다. 그리고 고통을 있는 그대로 받아들이는 것과 여실한 관찰을 어느 정도까지 불교에서 허용하느냐의 문제에 대해서도 더듬어보아야 한다.

일체개고(一切皆苦)는 제행개고(諸行皆苦)나 일체행고(一切行苦)라고도 부른다. 일체가 다 괴롭다는 말은 제행(諸行) 즉, 모든 행하는 것 또는 변해가는 모든 것이 괴롭다는 말이다. 여기서의 행(行)자는 다같이 변천하는 것을 뜻한다. 그래서 제행이라는 말이나 일체행이라는 말이 다같이 변천하는 모든 것을 나타낸다. 일체개고의 괴로움에는 세 가지가 있다. 고고(苦苦)·행고(行苦)·괴고(壞苦)이다. 즉 괴로움 자체의 고통과 시간적으로 무상하게 변하는데서 오는 고통 그리고 공간적으로 이루어진 것이 부서지는 고통이다.

첫째 고고 즉, 괴로움 자체에서 오는 고통이란 육체적으로나 정신적으로 괴로움을 겪는데서 오는 고통을 말한다. 몸이나 마음으로 두들겨맞는 고통은 괴롭다. 교통사고로 당하는 고통, 병으로 얻는 고통도 괴롭다. 너무 힘들고 지친 노동도 괴롭다. 그러나 참으로 괴로운 것은 정신적인 압박감이다. 잘 모셔야 할 홀어머니와 사랑하는 부인 사이에서 심한 갈등을 보아야 하는 아들은 괴롭다. 아들이나 딸이 대학시험에서 낙방하는 것을 보는 부모는 괴롭다. 인기나 명예를 잃는 것도 괴롭다. 인기를 누리던 연예인이 인기를 잃고 무대에서 빈 객석을 바라보는 것은 괴로운 일이다. 사회적으로 존경을 받고 명예를 누리던 이가 뜻밖에 언론에 의해서 지금까지의 위선과 비도덕성을 지적받으면서 망신을 당하는 것은 괴롭다. 인간이라면 누구나가 고통으로 인정하는 괴로움 자체의 원인에서 오는 고통이다.

둘째 행고 즉, 모든 것이 변함으로 인해 겪게 되는 고통은 4법인의 첫번째인 제행무상에서 오는 고통이다. 젊음을 잃어야만 하는 고통,

정력이나 기력을 잃어야만 하는 고통, 팽팽하던 얼굴에서 험한 주름 살을 보아야만 하는 고통, 계속해서 친절받기를 원하는 이에게 이제 는 기운이 없어서 어울리지 못하고 뒤처져야만 하는 고통, 늙어 죽어 야만 하는 고통이다. 세월의 변화에 따라 그 전에 나라고 믿었던 것, 내 편이라고 믿었던 사람, 내 것이라고 여겼던 것들이 지금에 와서는 나도 아니고 내 편도 아니고 내 것도 아니라는 것을 확인해야 하는 고통이다.

셋째는 괴고 즉, 이루어져 있는 것이 부서지는데서 오는 고통이다. 즐거움이 무너지고, 재산이 무너지고, 가문이 무너지고, 결혼생활이 무너지는데서 오는 괴로움이다. 이 무너지는데서 오는 괴로움은 4법 인의 세번째인 제법무아에서 오는, 보다 공간적인 고통이라고 할 수 있다.

이와 같이 고통의 종류를 세 가지로 분류하기는 했지만, 어떤 고통 은 꼭 시간적으로 변화하는데서 오는 고통이고 다른 고통은 이루어 진 것이 부서지는데서 오는 고통이기만 한 것은 아니다. 한 가지 고 통이 한편으로는 시간적 무상에서 오는 행고라고 할 수 있고 다른 한 편으로는 이루어졌던 것이 부서지는데서 오는 괴고라고 할 수도 있 다. 어떤 고통은 고고·행고·괴고의 세 가지 측면을 다 가지고 있을 수도 있다. 그러므로 중생에게 있어서는 무상과 무아가 그대로 고통 이다.

우리는 고통에 대해서 살펴본 적이 있다. 어떤 이는 필자에게 이런 요지의 질문을 했다. '고통이 있는 줄 안다. 그러나 나는 우리가 이 세상을 살려면 그 정도의 고통은 감수해야 한다고 생각한다. 나는 지 금 받고 있는 괴로움을 소멸해야 할 필요를 느끼지 않는다. 그런데 불교에서는 왜 멀쩡한 우리에게 고통이 있으면 세상이 뒤집어지기나 하는 것처럼 호들갑을 떨고 고통을 면하도록 불도를 닦지 않으면 안 된다고 하는 거냐. 마치 다른 종교에서 자기네가 믿는 신의 심판이 눈앞에 와 있다고 겁을 주면서 자기 종교를 믿지 않으면 아주 무서운 불구덩이에 빠진다고 위협하는 것과 무엇이 다르냐.'

불교에서는 이런 이야기가 전해져오고 있다. 데바닷다라는 부처님 제자가 있었다. 그 제자가 부처님 교단을 이끌어갈 모든 권한을 자신이 넘겨받기 위해서 부처님께 도전하고 부처님을 괴롭혔다. 그 과보로 그는 지옥에 떨어졌다. 어느 날 부처님의 시자 즉, 부처님의 비서실장 격인 아난존자가 데바닷다가 있는 지옥으로 면회를 가게 되었다. 데바닷다에게 얼마나 괴롭고 힘드냐고 물었다. 그런데 데바닷다의 대답은 아난존자가 예상했던 것과는 전혀 딴판이었다. '지옥의 괴로움은 당연한 것 아니냐. 저기서 지금 고통을 받고 있는 이들에게 내가 필요하지 아무런 고통이 없이 부른 배를 쓰다듬고 있는 극락의 사람들에게 내가 무슨 필요가 있겠느냐. 나는 여기 있는 것에 대해서 불만스럽다거나 원망스럽다기보다는 보람을 느끼고 감사하게 생각한다'는 것이었다. 데바닷다는 고통이 이상한 일이 아니라고 생각하는 이의 생각에서 한 걸음 더 나아가서 자기의 고통을 걱정하는 것이 아니라 남의 고통을 위로하고 구하는 것까지 생각하는 단계에 있었다. 그때의 데바닷다는 부처님께 도전하는 사람이 아니라 보살도를 행하는 보살이 되어 있는 것이다.

《금강경》에는 '무유정법(無有定法) 명아뇩다라삼먁삼보리(名阿耨多羅三藐三菩提)'라고 설하고 있다. 일정한 법에 고집하지 않는 것이 가장 높은 등급의 지혜라는 뜻이다. 불교에서는 산에 오르는 길이 하나뿐이라고 말하지 않는다. 각기 자기의 길을 새로 만들어서 산의 정상까지 오를 수도 있다. 사람들이 생각하는 것처럼 고통을 면하기 위해서 무슨 조치를 취하지 않으면 큰 일이 난다고 겁을 주지도 않는다. 불교에서는 아무리 좋은 것도 강요하지 않는다. 인연이 중요하다고 생각하기 때문이다. 인연의 때가 누구에게나 찾아갈 것이라고 확신하고 있기 때문이다. 필자에게 질문한 사람의 마음상태가 데바닷다의 그것과 같은 정도의 것인지는 모르겠다. 그러나 어느 수준의 것이든지 상관없다. 불교는 인간이 지옥을 택할 권리를 가지고 있다고 인정한다. 고통을 택할 권리가 있다고 인정한다. 죽음이라는 고통이 나에게 오기를 기다리지 않고 죽음을 찾아가서 죽음을 미리 죽어버림으로써 오히려 죽음으로부터 벗어나는 파격적이고 혁명적인 고통 극복의 방법도 인정한다.

부처님 가르침의 특징은 대기설법이다. 상대의 근기에 맞추어서 법을 설하는 것이다. 변화할 화(化)자와 몸 신(身)자를 쓴 화신(化身)이라는 말이나 응할 응(應)자 몸 신자(身)를 쓴 응신(應身)이라는 말도 석가모니부처님이 중생의 근기에 응해서 이 사바세계에 변화해나왔다는 뜻이다. 중생 근기의 다름을 처음부터 인정한 것이다. 그래서 '고통을 받아들이면서 살면 되는 것이 아니냐'고 질문한 그분이 어느 정도까지 고통을 있는 그대로 보고 있느냐는 그분의 근기에 달렸지만, 고통에 대한 진실한 인식이 아직 많이 부족하다고 하더라도 자기의 근기에 맞게 나름대로 도를 닦는 것을 불교는 허용하고 있다.

23. 고통의 관찰과 수행

문제를 관찰하고 자각하는데도 분석적인 것과 체달적인 것이 있다. 분석적인 것만 가지고는 충분하지 못하다. 체달적으로 깨달아야 한다.

무상과 무아가 범부중생에게 있어서는 고통이 되는데, 그 고통의 여실한 관찰이 어떻게 열반적정이 되느냐는 의문이 떠오른다. 필자는 고통을 극복한다는 것이 실제적인 고통의 절단이나 소멸이 아니라 고통을 여실히 관찰하는 것이라고 말한 바 있다. 4법인 중에서 제행무상과 제법무아를 지나 일체개고에 나오는 괴로움을 다루면서 생각해보니 사람들의 마음 속에는 이런 질문이 일어날 수도 있다. 즉 고통을 여실히 관찰한다고 해서 어떻게 고통을 극복하거나 초월할 수 있느냐는 물음이다. 고통의 관찰과 고통의 초탈이 동등한 것이라고는 할 수 없지 않느냐는 것이다.

그렇다. 고통의 관찰 자체가 바로 고통의 극복이나 초탈을 의미하지는 않는다. 고통을 여실하게 관찰한다는 것이 고통을 초탈하는 것이라고 말하기 위해서는 인간의 천성을 믿는다는 것이 전제되어 있어야 한다. 중생의 삶이라는 실타래가 뒤얽힘으로써 고통이 있는 것을 보게 되면 인간의 천성은 자연적으로 그 뒤엉킨 실타래를 풀기 위해서 노력을 한다는 것이다. 눈에 먼지가 들어오려고 하면 우리 눈꺼풀의 자율신경은 안구를 보호하기 위해서 눈을 감는다. 화로를 들어보았다가 너무 뜨거우면 놓아버린다. 고통을 여실히 관찰해서 그 시작과 끝을 보게 되면 사람은 일부러 마음을 먹지 않아도 수행을 통해서 그 고통을 없애려고 한다. 이렇게 천성적인 사람 마음의 경향을 대승불교에서는 여래장(如來藏), 진여(眞如), 자성청정심(自性淸淨心), 또는 불성(佛性)이라고 부르기도 한다. 인간에게는 고통을 여실히 보면 그것을 풀고자 하는 본능적 성향이 있다.

우리는 12연기를 공부할 때 12연기의 각 가지는 동시에 일어난다고 공부했다. 무명이 일어나면 업과 갈애와 인식 등이 동시에 일어난다고 했다. 12연기를 압축한 혹·업·고(惑業苦) 3도(三道)도 마찬가지라고 했다. 미혹이 일어나면 악업과 고통이 동시에 일어난다. 그렇다면 혹·업·고 3도의 반대인 법신(法身)·반야(般若)·해탈(解脫)의 3덕(三德)도 동시에 일어나야 한다. 수행이 있으면 법신과 반야가 그 자리에서 나타나야 한다. 마찬가지로 지혜 즉, 고통에 대한 여실한 관찰이 있으면 해탈수행이 뒤따르게 된다. 해탈수행은 혼자만 오는 것이 아니라 같이 오는 것이기 때문에 여실한 관찰이라는 반야지혜는 반드시 해탈수행을 동반해서 온다. 고통을 여실히 관찰하게 되면 수행을 하지 않고는 못배기는 것이 인간의 심성이라는 말이다. 여실지견(如實知見)에 자연적으로 뒤따르는 수행은 인위적으로 나오는 것이 아니라 불가사의하게 나타나는 것이다. 어디에 숨어 있다가 갑자기 나타나는지 우리 중생은 알 수가 없다. 이것이 인간이 지닌 가장 고귀하고도 위대한 우리 마음자리의 본성 즉, 불성이다. 인간에게는 이상을 향하는 마음과 이상을 향하는 행동이 본래적으로 갖추어져 있다는 믿음이다. 여래장, 자성청정심, 진여, 불성 등에 대해서는 다음에 별도의 시간을 가지고 공부하게 될 것이다.

나쁜 친구들과 어울려서 가끔 사고를 저지르는 고등학생 아들을 둔 학부모가 있었다. 부모는 아들에게 첫째 나쁜 친구들과 어울리면 안되고 둘째 남의 것을 훔치는 따위의 일을 저지르면 안된다고 타이른다. 나쁜 친구들과 어울림으로써 나타나는 해독들을 조목조목 열거해준다. 그러자 아들은 부모님 말씀을 듣고 확실하게 깨닫는다. 그리고 다시는 나쁜 친구들과 어울리지도 않고 범죄도 저지르지 않겠다고 다짐한다. 부모님에게만 약속을 하는 것이 아니라 자신의 마음 속에도 진실로 참회하고 굳게 결심한다. 그럼에도 불구하고 일정한 기간이 지나고 나면 다시 그 아이는 나쁜 친구들과 어울리게 되고 일을 저지른다. 다시 부모님이 타이르면 결심하고 다시 그 결심이 무너지는 일이 반복된다. 이 아이는 자신의 문제 즉, 자기가 나쁜 친구들과 어울리고 그들과 범죄를 저지르는 일이 얼마나 자신에게 좋지 않은가를 확실하게 관찰한다. 그럼에도 불구하고 그 현실고통의 여실한 관찰에 모범학생의 행동이 뒤따르지 않는다.

무상과 무아와 고통의 여실한 관찰이 반드시 수행을 동반하고 그 수행(修行)이 열반적정(涅槃寂靜)으로 연결된다면, 그런 원칙이 앞의 문제학생에게도 똑같이 적용되어야 하고 현실적으로 그 효과가 나타나야 할 것이다. 그런데 현실은 그 원칙과 반대이다. 당연히 질문이 뒤따른다. '어째서 그 학생은 자기 문제를 여실하게 관찰해도 잘못을 개선하려는 행동이 자연적으로 솟아나지 않느냐'는 물음이다.

여기에는 확실한 자각(自覺)의 문제뿐만 아니라 업(業)의 문제가 개입되어 있다. 업 즉, 습관의 힘은 일시적인 자각과 결심에 의해서 무력화시켜버릴 수가 없다. 시간을 가지고 노력을 해서 닦아야 한다. 업을 녹여야 한다. 문제학생이 문제를 일으키는 것은 전생의 업일 수도 있고 금생의 업일 수도 있다. 그 업 때문이거나 아니거나에 상관없이 앞의 문제학생은 일시적인 겉마음이나 감상이 여실한 관찰을 한 척했지 진실로 뼈에 사무치는 관찰과 자각이 없었던 것이 분명하다. 우리는 전에 무아를 공부할 때 무아에 대한 철저한 관찰과 깨달음을 석무아(析無我)와 체무아(體無我)로 구별했었다. 무아를 분석해서 이치적으로만 아는 것과 무아를 체달해서 뼛골에 사무치게 절감하는 것에는 큰 차이가 있다. 마찬가지로 고통이나 그밖의 다른 문제들을 관찰하고 자각하는데도 분석적인 것과 체달적인 것이 있다. 분석적인 것만 가지고는 충분하지 못하다. 체달적으로 깨달아야 한다. 앞의 문제학생은 분석적으로 알았을 뿐이지 체달하지는 못한 것 같다.

노름에 빠진 아버지가 노름 때문에 패가망신하는 것을 본 아들이 화투는커녕 윷가락 하나도 잡지 않았다는 유의 이야기는 우리 주위에 많이 전해진다. 술과 담배를 좋아하던 이가 어느 날 자신의 몸에 위기가 왔다는 의사선생님의 진단을 받고 단번에 술과 담배를 끊었다는 식의 이야기는 듣기에 어렵지가 않다. 소매치기의 습관이 든 사람이 한번만 더 소매치기를 하면 자신의 손가락을 자르겠다고 결심하고 실제로 손가락을 잘랐다는 이야기가 신문의 가십난에 나기도 했었다. 앞의 문제학생도 지금 예를 든 사람들처럼 확실하게 자신의 문제를 관찰하고 깨달았다면 자연히 새로 태어나는 결심이 행동으로 나타났을 것이다.

그전에도 잠깐 스친 바 있지만 깨달음과 닦음의 관계에 있어서 보조국사는 돈오점수(頓悟漸修)를 가르친다. 단번에 깨닫고 서서히 닦는다는 말이다. 단번의 깨달음은 여실한 관찰에 속하고 서서히 닦는 것은 수행에 속한다. 어떤 분들이 깨달음이 먼저 있고 닦음이 그 뒤에 온다는 것에 대해서 고개를 갸웃거리며 이상하다고 여기는 것을 본 적이 있다. 상식적으로는 닦음 다음에 깨달음이 있어야 하는데 어째서 깨달음 다음에 닦음이 있느냐는 것이다. 그러나 보조국사가 설한 돈오점수의 돈오 부분에서 의미하는 깨달음은 궁극의 것이 아니라 임시적인 것이었다. 화엄에 있어서 신·해·행·증(信解行證)을 돈오점수에 배치한다면 신·해 즉, 믿음과 이해는 깨달음에 속하고 행·증 즉, 수행과 궁극의 완전한 깨달음은 수행에 속한다. 깨달음이란 여실한 관찰이다. 관찰하는 대상이 무엇이든지 상관없이 그 내용은 결국 일체 존재의 시간적 무상과 공간적 무아 그리고 그에 따른

괴로움이다. 자성을 깨닫는다는 말에서 자성이라는 것은 가슴 속 깊
은 곳에 들어 있거나 머리의 대뇌 부분에 숨어 있는 것이 아니라 인
간 존재의 있는 그대로의 성품과 모습을 의미한다. 인간 존재의 모습
은 무상과 무아와 괴로움 바로 그것이다. 인간 존재의 모습을 여실히
보면 수행이 뒤따르고 결과적으로 무상과 무아가 그대로 고요한 열
반이 된다.

셋·째·마·당

부처님과 불상

범문대사라는 책에서는 먼저 30억의 석가불, 8억의 연등불, 5백의 연화상불, 3억의 불사불 등을 비롯해서 수십억의 과거불이 있다고 한다. 석가모니부처님께서는 과거 보살 시절에 그 무수한 부처님들에게 예배하고 그 부처님들로부터 가르침을 받았다고 전해진다.   (다불사상)

기본적인 진리 그 자체는 법신이고, 아래로 내려오는 부처님은 화신이나 응신이며, 아래로부터 위로 올라가는 부처님은 보신이나 수용신이 된다.   (부처님의 세 가지 몸)

부처님은 정신적으로나 육체적으로 범부중생과는 다른 훌륭한 덕목들을 갖추고 있다. 부처님의 정신적이고 인격적인 덕목은 18불공법이고 육체적인 덕목은 32상 80종호이다.
                                              (부처님의 덕상)

모든 부처님에게는 열 가지의 별명이 있다. 그 별명들은 각기 부처님의 특이한 장점들의 이모저모를 드러낸다. (여래십호)

부처님의 열반을 보고 허전해하던 재가불자들은 부처님의 유골 즉, 사리가 모셔진 탑을 찾아 마음을 달래려고 했다. 사리탑을 중심으로 모인 사람들이 대승불교운동의 뿌리 중에 하나의 중요한 근간이 되었다.   (사리)

부처님 입멸 후 처음에는 부처님의 유품을, 다음에는 상징물을 숭배하게 된다. 사리는 부처님의 유품이고, 불상은 상징물이다.   (불상의 기원)

부처님을 닮은 등상이 만들어졌다고 해서 그 등상이 바로 불상이 되는 것이 아니다. 그 등상은 조각품일 뿐이다. 우리가 예경하는 부처님으로 모시려면 부처님의 혼을 그 등상 안에 모셔야 한다.   (점안식)

24. 세 가지 보배와 귀의

삼보에 귀의를 하지 않고 불교를 공부하겠다는 것은 검정색이 여기저기 얼룩진 옷감을 노랑 물감으로 염색하려고 하는 것과 같다.

불교에는 보배처럼 귀중이 여기고 존경해야 할 대상으로서 불·법·승(佛法僧) 3보(三寶)가 있다. 불·법·승 3보를 넓게 잡으면 모든 종류의 부처님, 경·율·논(經律論) 삼장(三藏)과 교법(教法), 보살(菩薩)·연각(緣覺)·성문(聲聞) 그리고 스님네가 다 포함된다. 먼저 3보에 대한 귀의를 《아함경》에서 읽어보자.

이와 같이 내가 들었다. 어느 때 부처님께서는 사위성 제타숲 외로운 이 돕는 장자의 동산에 계시면서 여러 비구들에게 말씀하셨다.

"세 가지 귀의하는 덕이 있다. 어떤 것이 세 가지인가. 부처님께 귀의하는 첫번째 덕과 법에 귀의하는 두번째 덕과 승가에 귀의하는 세번째 덕이다. 어떤 것이 부처님께 귀의하는 덕인가. 많은 세계에서 여래는 가장 높고 따를 이가 없어 모든 중생들이 다 부처님을 받들어 섬기는 것이다. 어떤 것이 스스로 법에 귀의하는 것인가. 모든 법에는 유루법과 무루법, 유위법과 무위법, 번뇌가 다한 열반이 있지만, 그 중에서 열반이 가장 높고 제일이어서 미칠 것이 없으니 모든 중생들은 법을 섬기는 것이다. 어떤 것이 스스로 거룩한 승가에 귀의하는 것인가. 거룩한 승가란 큰 무리이고 사람들의 모임으로 모습 있는 여러 종류의 삶들 가운데 여래의 승가대중이 가장 높고 귀하니 모든 중생들이 다 승가를 받들어 섬기는 것이다. 여래와 열반과 승보대중을 받들어 섬기는 것이 첫째 가는 덕으로, 그 첫째 가는 덕을 갖추면 천상인간의 복락을 받을 것이다."(증일아함 권12)

여기서 불보 중에 가장 귀한 이는 여래이고, 법보 중에 가장 귀한 법은 열반으로 향하는 법이며, 승보 중에 가장 귀한 무리는 불제자 승가대중이라고 한다. 그리고 3보를 받들어 섬기라고 한다. 3보를 섬기는 것이 가장 큰 덕이고, 그 덕은 반드시 천상인간의 보답을 받는다고 한다.

3보는 조직체로서의 불교에 절대적으로 필요불가결한 요건이다. 그래서 3보 즉, 세 가지 보배라고 한다. 불보 즉, 불타는 인도 고대어인 붓다(buddha)의 음을 따라 그대로 부른 것이다. 붓다라는 말의 뜻은 '각자(覺者)' '대각자(大覺者)' '깨달은 사람'이다. 불교에서는 다불사상(多佛思想) 즉, 여러 부처님을 다 인정하기 때문에 많은 부처님을 모시지만, 일반적으로 불보라고 할 때는 불교의 교조이며 역사적 부처님인 석가모니부처님을 정점으로 한 모든 부처님을 의미한다. 단지 종파에 따라서 주불이 다를 수가 있다. 가령 정토종에서는 아미타불을 주불로 모신다. 미래에 하강하실 미륵부처님을 섬기는 용화종(龍華宗) 또는 미륵종(彌勒宗)에서는 미륵부처님을 주불로 모신다. 밀교(密敎) 즉, 진언종(眞言宗)에서는 대일여래(大日如來)를 주불로 모신다. 불보 속에는 모든 부처님이 다 포함되지만 종파에 따라 주불 즉, 주로 모시는 부처님이 이렇게 다를 수 있다.

3보의 두번째는 법이다. 법은 인도말 다르마(dharma)를 번역한 것이다. 법에는 진리라는 의미와 사물이라는 의미가 같이 들어 있다. 일체법이라고 할 때의 법은 일체 사물이라는 의미이고, 부처님의 교법이라고 할 때 법은 가르침이나 진리를 나타낸다. 아직 발견되지 않은 진리, 아직 말해지지 않은 진리도 이 법에 속하기는 하지만 주로 석가모니부처님에 의해서 설해진 교법을 다르마 즉, 법이라고 한다.

3보의 세번째는 승보이다. 승이란 범어 상가(saṃgha)의 음역이다. 화합대중을 뜻한다. 부처님과 부처님의 교법을 전하는 화합된 출가자 단체이다. 근래에 종파에 따라서 승보에 출가대중만 포함시키지 않고 재가자도 포함시키는 수도 있지만, 본래의 승보는 분명히 출가 수도승만을 의미했다.

불교를 믿는 일은 맨 먼저 귀의3보 즉, 3보에 귀의하는데서부터 시작된다. 3보에 귀의하지 않고 불교교리만을 배우는 이는 불교를 믿는 것이 아니라 불교를 구경하러 온 구경꾼에 불과하다. 백화점에 많은 사람들이 드나들지만 물건을 사러 오는 사람도 있고 눈요기만 하기 위해서 오는 사람도 있다. 3보에 귀의하지 않고 불교를 믿는 이는 일종의 불교에 대한 아이쇼핑을 하는 셈이다.

그러므로 모든 불교의식의 처음에는 반드시 3귀의(三歸依)가 들어간다. 3귀의란 삼보께 귀의한다는 뜻이다. 요즘에는 한글 가사에 서양식 곡을 붙여서 다음과 같이 노래한다.

거룩한 부처님께 귀의합니다.
거룩한 가르침에 귀의합니다.
거룩한 스님들께 귀의합니다.

스님들만을 위한 법회에서는 전에는 물론 지금도 3귀의 한문구절을 범패식으로 늘여서 창하고 있다. 한문식 3귀의는 다음과 같다.

귀의불양족존(歸依佛兩足尊)
귀의법이욕존(歸依法離欲尊)
귀의승중중존(歸依僧衆中尊)

다음과 같이 번역할 수 있다.

　지혜와 복덕을 구족하신 부처님께 귀의합니다.
　모든 욕망을 떠나게 하는 부처님의 가르침에 귀의합니다.
　무리들 중에 가장 존귀하신 스님들께 귀의합니다.

　이 3귀의는 '귀의불무상존(歸依佛無上尊) 귀의법이진존(歸依法離塵尊) 귀의승화합존(歸依僧和合尊)'이라고도 한다. 여기서는 부처님을 더없이 높은 분으로, 교법을 욕망의 속진 티끌을 털어버리게 하는 것으로, 그리고 승가를 화합을 이루는 높은 이로 나타내고 있다.
　3보에게 귀의를 나타낼 때 귀의란 말 대신에 범어인 나무(南無)라는 말을 쓰기도 한다. 나무를 쓰는 예는 '나무불(南無佛) 나무법(南無法) 나무승(南無僧)'이라고 하는데서 보인다. 귀의를 나타내는 이 나무라는 인도말은 '나무석가모니불' '나무아미타불'이라고 할 때에도 쓰여진다.
　모든 종교에서 그러하듯이 불교에서도 3보에 대한 기본적인 귀의를 대단히 중시한다. 3보에 귀의하지 않고 불법을 닦겠다고 하는 것은 마치 빈 잔이 아니라 물이 가득 차 있는 잔에 다시 물을 받으려고 하는 것과 같다. 옷감을 염색하려면 그 옷감이 다른 물감을 받아들일 수 있도록 기본적으로 깨끗해야 한다. 3보에 귀의를 하지 않고 불교를 하겠다고 하는 것은 검정색이 여기저기 얼룩진 옷감을 노랑 물감으로 염색하려고 하는 것과 같다.
　3보에 귀의하는 뜻을 표하려면 부처님을 모신 도량에서는 먼저 부처님께 예배를 올린다. 그리고 스님을 만나서는 절을 하거나 합장을 한다. 그러나 3보에 귀의하겠다고 마음 속으로 결심한 불자들을 당황하게 하는 것은 어느 종파에 소속되어 있는지도 알 수 없는 스님들을 길거리에서 만났을 경우이다. 스님들이라고 부르기에는 어울릴 것같지 않은 복장과 행동들을 만났을 경우이다. 고속버스터미널 앞이나 전철역 입구 등지에서 땅바닥에 자리를 펴고 절을 해대는 삭발승의 모습을 보고 그분을 승보로 간주해야 할지, 승보로 간주한다면 그 앞에 가서 예를 표하고 시주를 한 다음에 지나가야 할지 판단이 서지 않는 경우가 있다.

불교에서는 3륜청정(三輪淸淨)이라는 용어가 있다. 어떤 사람이 자기가 가진 것을 다른 이에게 보시할 경우 주는 물건과 주는 사람과 받는 사람이 다같이 청정해야 한다는 것을 나타낸다. 훔친 물건이면 청정하지 않은 것이다. 어떤 계산을 하고 주는 마음은 청정한 마음이 아니다. 보시를 받는 사람이 이상한 예언을 하면서 자신에게 무엇인가를 주어야 한다고 유도하면 그는 청정하게 받는 사람이 아닐 것이다. 그래서 3보에게 귀의하기로 작정한 청정한 시주의 마음은 눈앞에 보이는 승려의 모습이 미덥거나 미덥지 않거나, 좋아 보이거나 좋아 보이지 않거나, 존경스럽거나 창피스럽거나에 관계없이 자기 나름대로의 방법으로 승보에 대한 귀의를 표해야 한다. 예의를 받는 사람이 청정하지 못한 것은 상대의 문제이고, 예라는 시주를 베푸는 사람의 청정한 입장에서는 받는 사람이 어떤 흑심을 품고 있는지에 상관없이 상대를 청정한 것으로 보아야 한다. 자기가 귀의를 표하는 것은 승보에 대한 자신의 결심 때문이므로 상대가 진짜 승려이고 가짜 승려이고 간에 상관이 없다. 그렇다고 해서 신문의 가십난에 보이는 것처럼 가짜에게 사기까지 당하며 줄 필요는 없다.

자동차를 운전하고 다니다 보면 짐승들이 차에 치어 피를 흘리고 죽어 있는 것을 본다. 필자는 그것들을 볼 때마다 합장하고 관세음보살이나 지장보살을 염하면서 죽은 것들의 천도를 빈다. 어떤 때는 죽은 짐승이 아닌 헝겊조각을 보고도 합장하며 지장보살의 명호를 찾는 수가 있다. 그러면 옆자리에 앉아 있던 이가 '지금 본 것은 죽은 짐승이 아니라 헝겊조각이에요. 헝겊조각을 보고 합장하면서 천도를

비는 것은 어리석잖아요'라고 말한다. 그렇다. 헝겊조각을 보고 합장
하는 것은 어리석은 일이다. 그러나 죽은 짐승을 보면 합장하면서 보
살의 명호를 불러주겠다고 작정한 사람이 헝겊조각을 잘못보고 합장
하는 것은 어리석은 일이 아니다. 합장하는 마음에는 길에 널려져 있
는 것이 진짜 짐승의 시체거나 아니거나 아무 상관이 없다. 그는 그
렇게 원을 세우고 그렇게 실천할 뿐이다.

25. 여러 가지 종류의 삼보

현재 한국불교에서 모시고 있는 삼보는 우선적으로 부처님 재세시의 삼보지만 아울러 외형적 삼보, 일체적 삼보도 포함되어 있다.

필자는 가끔 이런 질문을 받는다. '다른 종교에서는 자기 종교의 절대자가 하늘나라에 있으면서 재림할 것이라고 하기도 하고 인간이 죽으면 심판을 할 것이라고 하는데, 부처님은 지금 어디에 계시느냐'는 것이다. 또 이런 질문을 한다. '불교에서는 일체중생 실유불성(一切衆生悉有佛性)이라고 해서 누구나 다 부처가 될 수 있다고 하는데, 석가모니부처님이 성도하신 이후에 부처님이 되었다는 사람이 한 명도 없는 이유는 어디 있느냐'는 것이다. 그리고 '석가모니 이후에 성불한 사람이 있다고 하면 3보(三寶) 중에 포함되는 불보(佛寶)는 어느 부처님을 말하느냐'는 것이다. 또 법보(法寶)에 대해서도 의문을 가진다. 석가모니부처님이 설법한 것을 뜻하는 것인지 우주의 진리를 뜻하는 것인지 모든 경전과 거기에 담긴 가르침을 뜻하는 것인지 확신을 가지고 알지 못하고 있다. 또 승보(僧寶)에 대해서도 잘 모르는 분이 많다. 절에 오래 다니면서 공부를 많이 하고 포교원에서 실시하는 불교교양대학도 졸업했다고 하는 불자들에게 관세음보살이나 지장보살은 3보 중에 어디에 속할까 생각을 물은 적이 있다. 어찌된 일인지 필자가 만난 불자 중에는 한 분도 제대로 답하는 분이 없었다. 그래서 3보에 어떤 종류가 있는지, 현재 한국불교에서 3보라고 하면 구체적으로 무엇을 뜻하는지에 대해서 생각해볼 필요가 있다.

가장 먼저 생각할 수 있는 종류의 3보는 석가모니부처님 재세시의 3보이다. 살아 계신 석가모니부처님 자신은 불보가 되고 부처님의 육성과 마음으로 전하는 가르침은 법보가 된다. 부처님의 가르침을 받고 출가해서 수도하는 비구와 비구니는 승보가 된다. 석가세존이 생존해 계신 기간동안에는 3보를 이해하는데 아무런 문제가 없었다. 그러나 문제는 석가세존이 열반에 든 이후에 생긴다. 석가세존은 입멸 후에 어디에 계시며 우리와 어떤 관계가 유지되는지에 대해서 알고 싶어진다. 석가세존의 입멸 이후가 알고 싶어지면 석가세존의 생존 이전도 알고 싶어진다. 그러나 이 문제는 법신(法身) · 보신(報身) · 화신(化身)의 3신 문제와 관계되므로 뒤에 별도의 시간을 가지고 살펴볼 것이다.

부처님 입멸(入滅) 후에 불교교단의 외형적인 모습을 보면 받들어 섬기는 3보가 석가모니부처님 재세시의 3보와 달라진 것처럼 보인다. 먼저 불보를 보면 살아 있는 석가모니부처님 대신에 부처님이 남긴 자취를 숭배한다. 이 숭배 대상에는 부처님과 관련된 것이라면 어느 것이든지 다 불보가 된다. 우선적으로 부처님을 화장한 후에 남은 유골 즉, 사리(舍利)가 불보로 숭배된다. 사리도 종류가 많다. 일반 사리도 있고 부처님의 이빨로 된 특별한 사리도 있다. 사리를 숭배하는 것은 자연히 사리를 모신 탑의 숭배로 옮겨져간다. 부처님이 남긴 유물은 모두 다 숭배의 대상이 되고 부처님의 가사와 발우도 숭배된다. 부처님이 지나간 자취도 숭배의 대상이 된다. 부처님이 태어나신 카필라국의 룸비니, 성도하신 마가다국의 붓다가야, 최초로 설법하신 베나레스의 녹야원, 열반에 드신 쿠시나가라도 불보의 성지가 된다. 뿐만 아니라 부처님의 발자취, 보리수, 법륜 등도 숭배의 대상이 된다. 여러 가지 부처님과 관련된 것, 부처님이 남긴 것에 대한 숭배 중에서 가장 두드러지고 중요한 것은 부처님의 몸을 뜻하는 사리와 사리가 모셔진 탑이다.

그러나 세월이 흐르면서 탑의 숭배는 부처님 등상의 숭배와 병행되고 또 대치되기도 한다. 재세시의 불보가 석가모니부처님 자신에서 사리탑으로, 다시 등상불로 옮겨진 것이다. 부처님의 등상을 숭배하는데 있어서 불상의 종류도 다양하다. 나무로 만든 불상, 쇠붙이로 만든 불상, 흙으로 만든 불상, 돌로 만든 불상 등이 있다. 불상만 있는 것이 아니다. 부처님의 모양을 그린 것 즉, 탱화를 모셔놓고 거기에 예배를 올리기도 한다.

부처님의 열반에 따라 외형적인 법보도 달라진다. 부처님의 가르침이 쓰여져 있는 것이 법보가 된다. 나뭇잎, 나무껍질, 옷감, 종이, 인쇄된 책 등 부처님의 말씀이 적혀진 모든 것이 법보로 숭배된다.

승보도 달라진다. 부처님 재세 이후 그 당시의 시점까지 이미 열반에 들었거나 살아 있는 비구 비구니가 승보를 이룬다. 이미 열반에 든 고승의 승상도 만들어지고 숭배된다. 또 불교가 인도의 전통종교인 힌두교와 멀어지고 가까워짐에 따라 교리 내용에도 약간 변화가 오게 되고 교리 내용의 변화에 따라 승보의 내용도 달라진다. 처음에는 불교가 힌두교의 4종신분(四種身分)과 실체사상(實體思想)에 대한 반발로 생겨났지만 뒷날 대승불교가 되면서 힌두교와 가까워지고 힌두교의 종교적인 내용과 방법들을 불교적인 의미로 전환시켜서 채용하게 된다. 그래서 대승불교의 경전에는 원시불교 경전과 달리 보살이 등장하고 비구 비구니와 함께 이상적인 수행자상으로 보살이 승보에 추가된다. 관세음보살, 문수보살, 보현보살 등은 역사적인 인물이 아님에도 불구하고 승보로 받들어지게 된 것이다.

부처님 재세시의 3보와 부처님 열반 후의 외형적인 3보가 있는가하면 교리적인 의미에서의 3보도 있다. 이 3보는 인연법과 혹·업·고 3도와 법신·반야·해탈의 3덕과 관계된 것이다. 12연기는 미혹과 악업과 고통의 3도로 압축될 수 있다. 미혹과 악업과 고통의 3도가 윤회의 길이기 때문에 이것을 열반해탈의 길로 전환하는 것이 법

신과 반야와 해탈의 3덕이다. 그런데 불·법·승의 3보는 이 3덕과
일치된다. 법보는 우주의 진리 그 자체이므로 3덕 중의 법신과 같다.
승보는 보리를 구하든 중생을 제도하든지 상관없이 수행이 본분이므
로 3덕 중의 해탈수행과 일치된다. 그리고 불보는 수행을 해서 얻은
결과요 깨달음의 지혜이므로 3덕 중의 반야와 일치한다. 그래서 3덕
중의 법신과 법보, 반야와 불보, 해탈수행과 승보가 같은 내용이 된
다. 우리는 3도와 3덕을 공부할 때 이 세 가지가 떨어져 있는 것이 아
니라 동시에 일어나는 한 몸의 것이라고 정리한 바 있다. 미혹과 악
업과 고통이 한 몸체이듯이 법신과 반야와 해탈수행이 한 몸통이고
마찬가지로 불보·법보·승보가 떨어져 있는 것이 아니라 한 몸체라
는 것이다. 교리적으로 3보일체 또는 일체3보가 된다.

  3보의 일체성은 교리적으로뿐만 아니라 현실적으로도 생각해볼
수 있다. 먼저 우주 진리인 법보는 부처님에 의해서 발견되고 설해져
서 법보가 되었기 때문에 법보는 부처님에게 의존해서 있는 셈이다.
다른 한편으로 부처님은 법을 발견하고 법을 깨달아서 불보가 되었
기 때문에 법을 떠나서는 불보가 존재할 수 없다. 법보는 불보의 본
질로서 존재한다. 승보는 부처님을 대신해서 진리를 전하므로 불보
와 법보를 떠나서는 생각할 수 없다. 반대로 불보와 법보는 승보가
전하고 펴는데 따라서 그 가치가 나타나므로 승보를 떠나서는 존재
할 수가 없다. 불보·법보·승보는 각기 어느 한 가지를 떠나서는 그
의미와 가치를 찾을 수가 없다. 그래서 3보가 일체라고 하는 것이다.

  이와 같이 3보는 크게 세 가지 종류가 된다. 즉 부처님 생존시의 3
보, 부처님이 열반에 드신 후 형상물에서 부처님 재세시의 3보를 상
징적으로 찾아보려는 물질적 외형적 3보, 그리고 교리적 가치적으로
떨어질 수 없다는 의미의 일체적 3보이다. 현재 한국불교에서 채용해
서 모시고 있는 3보는 우선적으로는 부처님 재세시의 3보가 되지만,
아울러서 외형적 3보와 일체적 3보도 동시에 수용하고 있다. 다시 말

하면 부처님 생존시의 3보 즉, 석가모니부처님과 그 부처님의 가르침
과 그 제자들을 3보로 받들어 모시지만, 현재에는 형상적으로 살아
계신 부처님과 부처님의 음성이나 이심전심의 마음을 찾을 수가 없
으므로 부처님 재세시에 있었던 3보를 상징하기 위해서 불상이나 탱
화 그리고 경전과 보살상 등을 3보로 모신다는 것이다. 동시에 교리
적인 의미에서 3보의 일체성을 인정해서 불보에서 법보와 승보를 보
고 법보에서 불보와 승보를 보고 승보에서 불보와 법보를 동시에 본
다. 그래서 부처님께 올리는 3배는 불·법·승 3보에 대한 절이 되고
불경이나 부처님의 가르침을 존중하는 것은 부처님과 스님네를 존중
하는 것이다. 마찬가지로 스님네를 공경하는 것은 부처님과 부처님
의 가르침인 진리에 대한 공경이 된다.

　여러 가지의 3보와 3덕을 도표로 정리하면 다음과 같다.

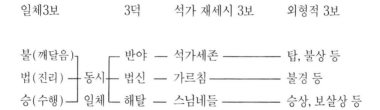

26. 석가모니부처님이 계신 곳

도를 깨달아서 성불한 사람이 있다고 하더라도 그
는 그 깨달음을 석가세존께 바친다. 그 결과 불경이
나타나지만 우주의 진리는 한 줄기이므로…

　불교에서는 한 부처님만이 아니라 많은 부처님이 있다고 가르치고
또 중생들 누구나가 불성이 있다고 하는데, 싯다르타태자가 성도해
서 부처님이 된 후 역사적으로 왜 다른 부처님이 나오지 않느냐는 질
문을 종종 듣는다. 누구나 다 부처가 될 수 있다고 하면서 역사적으
로 내가 부처라는 사람이 나오지 않는데는 이유가 있다. 한 나라에는
한 임금만 있듯이 부처님이 중생을 교화하는데도 한 세계에는 한 부
처님만 교주로서 역할을 한다는 원칙이 있다. 사바세계의 교주는 석
가모니부처님이다. 서방정토 극락세계의 교주는 아미타부처님이다.
그리고 미래에 올 용화세계의 부처님은 미륵부처님이다. 우리가 살
고 있는 이 세계는 사바세계이다. 이 사바세계에서 교주는 석가모니
부처님이기 때문에 설사 부처가 된 분이 여럿 있다고 하더라도 부처
로서 행세를 하지 않는다. 예를 들면 용수보살, 마명보살, 무착보살,
세친보살 등은 역사적인 인물이다. 그분들의 깨달음은 부처님의 경
지와 다를 바 없다고 많은 사람들이 믿고 있다. 그러나 실제로 이 지
구상에 태어났던 사람들인 그들을 부처님이라는 이름으로 부를 수도
없고 그렇다고 해서 조사스님으로 이름붙이기에는 아쉬운 생각이 들
어서 불교도들은 그 훌륭한 조사스님들을 보살의 칭호를 붙여서 부
른다.

그렇다면 다음의 물음이 생긴다. 열심히 수행해서 완전한 깨침을
이룬 사람들이 밖으로 도를 이루어 부처가 되었다고 공식적으로 외
쳐댈 수는 없지만 내용적으로 성불한 사람들은 자신들의 깨달음을
어떻게 하느냐는 물음이다. 완전한 깨달음을 얻기 위해서는 무량겁
을 지나면서 보살행을 닦고 헤아리기 어려운 갖가지 어려움도 있었
을 것이다. 그것들을 다 극복하고 깨달음을 얻어보니 그 세계에는 이
미 석가모니부처님이 교주로 있어서 어렵게 이룩한 법을 펴지 못하
고 그 깨달음을 묻어버린다면 너무도 아깝고 안타까운 일이다. 그러
나 불교에는 아름다운 전통이 있다. 자신의 깨달음을 남의 깨달음으
로 미루는 것이다. 후세에 도를 깨친 이가 있다면 그는 그의 깨달음
을 어느 기관에 자기 것으로 등록해서 저작권을 보호받고자 하는 것
이 아니라 그것을 이 사바세계의 교주인 석가모니부처님께 바친다.
그 부처님께 바치는 방법은 여러 가지가 있을 수 있다. 경전을 결집
할 때 즉, 경전을 편집할 때 자신의 깨달음을 석가모니부처님의 이름
으로 펴거나 어떤 논문을 펴내서 부처님의 가르침을 해석하고 정리
하는 형식을 취하기도 한다. 가령 《대승기신론》같은 논문은 마명보
살의 이름으로 되어 있지만, 불교시인 마명의 작품은 아니라는 것이
불교학계에서는 이미 분명하게 판명이 나 있다. 누군가 대단한 깨달
음을 얻은 스님에 의해서 만들어졌지만, 그 원작자는 자기 이름을 쓰
지 않고 마명이라는 이름을 쓴 것이다. 결과적으로 《기신론》의 원작
자는 자신의 깨달음을 마명보살에게 바친 셈이고 궁극적으로는 석가
모니부처님에게 바친 것이다.

대승불교의 경전들은 부처님께서 열반에 드신 후 3~4백 년 이후
부터 편집되어 세상에 나타나기 시작했다. 완전한 체제를 갖춘 대승
경전은 부처님 입멸 후 천 년경에도 편집되었다. 아무리 뒤늦게 편집
된 경전도 그 형식은 한결같이 석가모니부처님에 의해서 설해지고
아난존자가 들은 것으로 되어 있다. 《반야경》《화엄경》《법화경》

《열반경》《유마경》《승만경》 등의 많은 부분들이 부처님 재세시와는 5백 년 이상의 간격을 두고 세상에 나타났다. 누가 경전들을 편집했겠는가. 그것들을 편집한 조사스님들은 자신의 이름은 전혀 남기지 않고 불경만 편집했던 것이다. 그 익명의 조사스님들은 자신의 깨달음을 석가모니부처님께 바친 것이다. 그 조사스님들에게 왜 부처로서 행세를 하지 않아서 석가모니부처님 이후에 한 부처님도 나타나지 않게 했느냐고 따지는 것은 옳지 않다.

깨달음을 얻은 조사스님들이 그 깨달음을 사바세계의 교주인 석가모니부처님에게 바쳤다는 말을 듣고 더욱이 그 깨달음을 바친 산물이 대승경전이라는 말을 듣고 어떤 이는 또 이런 질문을 할 수도 있다. '그렇다면 대승경전은 전부 석가모니부처님의 직설이 아닌 가짜인가요' 하고 말이다. 그런데 불교경전 중에서 석가세존께서 직접 집필해서 만들었거나 말씀하신 것을 그 자리에서 제자가 기록해서 생겨난 경전은 한 가지도 없다. 모든 경전은 원시경전이나 대승경전을 막론하고 부처님 열반 후에 편집된 것이다.

그러나 이것만은 분명히 해야 한다. 이 우주의 진리는 어느 부처님이 깨달아도 똑같다는 사실이다. 우리가 앞에 살펴본 연기법, 4법인, 4성제의 범위를 벗어날 수가 없다는 것이다. 가령 연기법을 석가모니부처님이 깨달았다고 하더라도 부처님이 없던 법을 새롭게 만들어낸 것은 아니다. 본래부터 있던 법을 발견했을 뿐이다. 그 인연법을 공의 입장에서 볼 수도 있고 상호 갖춤의 입장에서 볼 수도 있다. 또 일체유심조의 입장에서도 볼 수 있다. 그 외에 많은 다른 시각에서 볼 수 있다. 그러나 그러한 관찰이나 깨달음들은 궁극적으로 석가모니부처님께서 깨달은 내용 즉, 연기법과 상충되는 것이 아니라 오히려 서로 이해를 쉽게 할 수 있게 해주는 보완의 역할을 하고 있다. 대승경전들은 석가모니부처님께서 깨달은 내용 외에 다른 것을 추가한 것이 아니라 석가세존의 깨달음을 다른 시각에서 발전적으로 풀이한 것일 뿐이다. 그러므로 깨달음을 부처님께 바친 일을 가짜 경전을 만들어낸 것이라고 할 수는 없다.

문제를 제기해놓고 답을 미루어온 두번째의 질문은 석가모니부처님이 지금 어디에 계시느냐는 것이다. 이 질문은 두 가지 방면에서 풀이할 수 있다. 한 가지는 자연과학적인 소재를 묻는 것이고 다른 한 가지는 종교적 교리상의 소재를 묻는 것이 되겠다. 먼저 자연과학적인 의미에서 객관적인 석가세존의 소재를 묻는다면 그 질문은 이미 형이상학적인 것이 되어버린다. 왜냐하면 열반해서 이미 육신을 버린 부처님에 대해서 그 소재를 물으면 그것은 이미 형이하학 즉, 경험적인 사실이 아니기 때문이다.

만동자가 여래의 사후 존재를 부처님께 물었을 때 부처님은 침묵을 지키셨다. 직접적인 대답 대신에 초롱불을 끈 후 그 불이 있다고 해야 옳으냐 없다고 해야 옳으냐고 되물으셨다. 있다고 할 경우 지금 촛불이 꺼져 있으니 틀린 답이 되고, 없다고 할 경우 언제라도 불을 켜면 다시 그 초롱에 불이 붙으므로 그것도 틀린 답이 된다. 있는 것과 없는 것으로밖에 사물을 파악할 수 없는 우리는 부처님을 생각할 수도 말할 수도 없다. 말한다면 그것은 희론 즉, 말장난이 된다.

종교적인 교리상의 답을 원한다면 먼저 《법화경》 여래수량품의 이야기를 전하고 싶다. 한 의사가 타국을 여행하고 집에 돌아오니 자신이 사랑하는 아이들이 독약에 중독되어 미쳐 있었다. 의사가 약을 지어서 아이들에게 먹게 해도 아이들은 막무가내로 그 약을 먹으려 하지 않았다. 의사는 한 가지 방편을 생각해냈다. 아이들만 집에 두고 밖으로 나온 다음 자신이 죽었다는 소문을 아이들에게 보냈다. 아이들은 깜짝 놀라 정신을 차리고 아버지의 죽음을 슬퍼하면서 아버지가 먹으라고 해도 먹지 않던 약을 먹고 모든 병이 다 낳았다. 아버지가 실제로 죽지 않았지만 아이들을 구하기 위해서 죽은 척했듯이 석가모니부처님도 실제로는 옴도 감도 없건만 중생을 구하기 위해서 죽음을 보인다는 뜻이다. 다음에 불신관 즉, 부처님 몸의 종류에 대해서 간단히 말하면 석가모니부처님은 중생을 구하기 위해서 이 사바세계에 오신 화신이기 때문에 온갖 변화신으로 우리 주위에 있다고 할 수 있다. 그 화신은 보살일 수도 있고 거지일 수도 있다. 멀리 있을 수도 있고 우리와 아주 가까운 곳에 있을 수도 있다. 종교적인 의미에서의 석가세존의 소재는 바로 우리가 있는 그 자리에 있다.

두 가지 질문을 생각해보았다. 석가모니부처님이 입멸하신 후에 왜 역사적인 부처님이 없는가와 석가모니부처님은 지금 어디에 계시는가였다. 한 세계에는 한 부처님만 부처님 행세를 해야 한다는 것, 이 사바세계는 석가모니부처님이 교주라는 것, 도를 깨달아서 성불한 사람이 있다 하더라도 그 깨달음을 석가세존에게 바친다는 것, 석가세존에게 깨달음을 바친 결과가 대승불교의 경론에 나타나지만 우주의 진리는 똑같기 때문에 다른 부처님이 깨달은 내용이라도 서로 어긋나지 않는다는 것, 그래서 대승경전은 석가세존의 직설과 다름이 없다는 것을 생각해보았다. 그리고 석가모니부처님의 현재 소재에 대해서 형이상학적인 면에서의 대답은 침묵이요, 종교적인 면에서의 대답은 우리가 있는 곳 어디에나 천백억 화신으로 항상 계시다는 것이다.

27. 헤아릴 수 없이 많은 부처님들

원시불교시대부터 다불사상이 있었다. 석가모니불만이 아니라 과거에도 부처님들이 있었고 미래에도 부처님이 있을 것이라고 생각했다.

부처님이 각자(覺者) 즉, 깨달은 사람을 뜻한다는 것은 우리가 이미 알고 있다. 그러나 우리가 부처님이라고 부를 때 부처님에게도 깨달음과 중생교화의 능력에 따라 등급이 있다. 벽지불(辟支佛)인 연각(緣覺)은 아직 자신이 완전한 깨달음도 얻지 못했고 남을 깨닫게 할만한 능력도 없다. 완전한 각자는 아뇩다라삼먁삼불타(阿耨多羅三藐三佛陀) 즉, 위없이 높고 바른 깨달음을 얻은 자이다. 이러한 완전한 깨달음을 얻은 부처님은 자각각타(自覺覺他) 각행원만(覺行圓滿) 즉, 자기도 깨닫고 남도 깨닫게 할 수 있으면서 깨달음의 행이 원만하게 완성된 분이다. 이 무상정등각자(無上正等覺者)는 성문, 아라한, 벽지불과 다르다. 부처님은 다른 중생을 구제할 만큼 깨달음이 완전하고 원만하기 때문이다. 우리가 알고 있는 역사에서 이 완전한 깨달음을 얻은 이는 오직 석가모니부처님뿐이다. 그래서 부처님 내지는 불타라고 하면 서양 사람들은 석가모니부처님을 뜻하는 것으로 알고 있다. 그러나 중국이나 티베트, 한국, 일본같은 북방의 대승불교권에서는 다르다. 불타라고 할 때 보통의 경우에는 석가모니부처님을 뜻하지만 비로자나불이나 아미타불을 뜻할 경우도 많이 있다. 또 석가모니부처님이나 다른 부처님을 구태여 구분하지 않고 그저 일반적인 부처님을 의미할 때도 많이 있다.

원시불교시대부터 다불사상(多佛思想)이 있었다. 석가모니부처님만이 아니라 과거에도 부처님들이 있었고 미래에도 부처님이 있을 것이라고 생각했다. 과거7불(過去七佛)이라고 해서 석가모니부처님 이전에 이미 여섯 부처님이 있었고 석가모니불을 포함해서 일곱 부처님이 된다고 생각했다. 《아함경》에는 과거 여섯 부처님의 이름까지 나온다. 즉 비바시불(毘婆尸佛), 시기불(尸棄佛), 비사부불(毘舍浮佛), 구류손불(拘留孫佛), 구나함모니불(拘那含牟尼佛), 가섭불(迦葉佛)이다. 미래의 부처님으로는 미륵불의 이름이 나타난다. 다른 전적에서도 무수히 많은 과거불이 나타난다. 팔리어 《불종성경(佛種姓經)》은 과거25불 또는 28불을 말한다. 부파불교 대중부의 설출세부에 속하는 《마하바스투(Mahāvastu)》 즉, 《범문대사(梵文大事)》라는 책에서는 먼저 30억의 석가불, 8억의 연등불, 5백의 연화상불, 3억의 불사불 등을 비롯해서 수십억의 과거불이 있다고 한다. 석가모니부처님께서는 과거 보살 시절에 그 무수한 과거 부처님들께 예배하고 그 부처님들로부터 가르침을 받았다고 전해진다. 그리고 이 《범문대사》의 한역에 가까운 《불본행집경(佛本行集經)》에는 《범문대사》와 비슷한 과거불이 언급된다. 또 부파불교 설일체유부의 《비나야약사(毘奈耶藥事)》에 의하면 석가세존이 보살로서 수행할 때 최초의 아승지겁에 7만5천불을 공양한 것을 비롯해서 3아승지백대천겁을 지나면서 헤아릴 수 없이 많은 부처님께 공양했다고 한다.

이와 같이 많은 과거불이 설해지는 것은 석가모니불이 금생에 태어나서 갑자기 부처님이 된 것이 아니라 과거에 무량아승지겁 동안 한량없이 많은 부처님들을 예배공양하고 그 부처님들로부터 가르침을 받았으며 많은 보살행을 하고 갖가지 선근공덕을 심은 결과로 성불했다는 것을 알리기 위해서이다. 처음에는 석가세존의 과거에 한량없이 많은 생애를 거치면서 수행했다는 것을 나타내기 위해서 《본생담》 즉, 《자타카》라는 것이 나왔다. 그런데 석가세존의 과거전생의 수행 이야기가 나오다 보니 과거에 부처님이 있었다는 것도 함께 알리고 싶어졌던 것이다. 이에 따라 보살에 대한 개념도 변해갔다. 처음에는 석가모니불의 전생수행담을 위해 석가보살(釋迦菩薩)이 있었지만, 후에 부파불교시대를 지나면서 시방삼세에 많은 부처님들이 있다는 것을 뒷받침하기 위해서 석가보살뿐 아니라 많은 보살들을 인정하게 되었다. 그래서 누구라도 부처가 되기 위해서 수행하는 이를 보살이라고 하게 되었고, 대승불교에 이르러서는 이와 같은 보살사상이 일반화되었다.

또 한 나라에는 한 전륜성왕만이 있듯이 한 세계에는 한 부처님만 있어야 한다는 원칙을 인정하면서도 세계가 다르면 동시에 여러 부처님이 출현할 수 있다는 대중부 부파불교의 주장도 있었다. 이것이 발전되어 대승불교에서는 시방삼세에 무수한 부처님이 출현한다고 가르치게 되었다. 그래서 사바세계 외에도 10방 세계가 인정된다. 현재 한국불교에서 사용하고 있는 안진호 편《석문의범》을 보면 동방은 만월세계(滿月世界)로 약사유리광불(藥師琉璃光佛)이 있고, 서방 정토극락세계(西方淨土極樂世界)는 아미타불(阿彌陀佛)이, 남방환희 세계(南方歡喜世界)는 보승여래불(寶勝如來佛)이, 북방무우세계(北方無憂世界)는 부동존여래불(不動尊如來佛)이, 중방화장세계(中方華藏世界)는 비로자나불(毘盧遮那佛)이 각기 담당하는 것으로 되어 있다.

수미산(須彌山)을 중심으로 한 천상과 지옥 그리고 동서남북 사부주(四部洲)를 1소세계(小世界)라 하고 1000소세계를 1소천세계(小千世界)라고 한다. 다시 1000소천세계를 1중천세계(中千世界)라고 하고, 1000중천세계를 삼천대천세계(三千大千世界)라고 한다. 부파불교에서는 이 삼천대천세계가 한 부처님이 교화를 담당할 세계의 단위가 된다. 사바세계(娑婆世界)의 사바라는 말은 산스크리트어 사바(sabhā) 또는 사하(saha)라는 말에서 왔다. 사바는 잡회(雜會)나 집회(集會)라는 의미이고, 사하는 인토(忍土) 또는 감인토(堪忍土) 즉, 고통을 참아야 하는 땅이란 의미이다. 그래서 사바세계는 고통을 참으면서 모여 살아야 하는 세계로 해석되어왔다.

부처님의 몸은 두 가지, 세 가지, 네 가지 등이 있지만 복잡한 것은 치우고 가장 중요하고 정형화된 것은 세 가지이다. 세 가지 부처님의 몸 즉, 불신(佛身)의 3신설(三身說)은 여러 가지가 있지만, 그 중에서도 두 가지가 가장 중요하다. 한 가지 3신설은 법신(法身)과 보신(報身) 그리고 응신(應身)이나 화신(化身)을 드는 것이다. 또 한 가지의 3신설은 자성신(自性身) · 수용신(受用身) · 변화신(變化身)을 가리킨다. 그러나 이 두 가지는 똑같은 내용이다. 즉 법신은 자성신을 말하고, 보신은 수용신으로서 수행해서 얻은 결과의 보답을 수용한다는 의미이다. 응신은 변화신과 같아서 그저 화신이라고만 불리우기도 한다. 또 보신이나 수용신을 두 가지로 나누어서 자기가 보답을 받으면 자수용(自受用)이 되고 남이 받게 하면 타수용(他受用)이 된다. 응신 또는 변화신도 구별하지 않고 같은 의미로 쓸 수 있다. 그래서 3신을 어떻게 부르고 어떤 의미로 분류하느냐에 따라서 3신도 되고 4신도 된다.

법신은 우주의 진리 그 자체를 나타낸다. 우주의 진리 그 자체가 우주의 자성 또는 품성과 같다는 의미에서 자성신이라고도 한다. 기독교의 교리로 말하면 최고신인 셈이다. 그러나 법신과 기독교의 최고신 사이에는 다른 점이 있다. 기독교의 신은 인격신 즉, 사람의 마음과 그 마음에 따르는 변화를 가지는데 비해서 법신은 아무런 인간적인 마음이나 그 마음에 따르는 친소의 변덕이 없다. 보신 또는 수용신은 중생의 세계에서 많은 선근공덕을 닦아가지고 그 보답으로 부처님이 되어 법신으로 올라가는 것을 나타낸다. 기독교로 말하면 최고신으로부터 인간세상에 내려온 구원자가 인류구원이라는 자신의 사명을 다한 후 그 선근공덕으로 천상의 최고신으로 올라가는 것을 나타낸다.

보신이라는 말은 수행의 보답으로 받는 몸이라는 뜻이고, 수용신이라는 말은 수행의 보답으로 성불의 결과를 수용한다는 뜻이다. 응신 또는 변화신은 법신으로부터 중생을 구제하기 위해서 중생세계로 내려오는 것을 말한다.

응신이라는 말은 부처님이 중생의 근기에 응해서 내려온다는 뜻이고, 변화신 또는 화신이라는 말은 중생을 교화하기 위해서 갖가지 방편으로 변화해 중생에게 접근해 내려온다는 뜻이다. 기독교로 말하면 최고신으로부터 구원자가 인류에게 내려오는 것과 같다. 기독교에서 최고신과 최고신으로부터 인간세계에 내려온 구원자와, 인류를 구원한 후 그 보답으로 최고신에게로 돌아가는 교리체계와 거의 비슷하게 법신으로부터 중생세계로 내려오는 것을 화신이라 하고 중생세계에서 도를 닦아서 법신의 세계로 올라가는 것을 보신이라고 한다. 그래서 기본적인 진리 그 자체는 법신이고 아래로 내려오는 부처님은 화신이나 응신이며 아래로부터 위로 올라가는 부처님은 보신이나 수용신이 된다.

법신 · 보신 · 화신의 위치를 도표로 정리해보자.

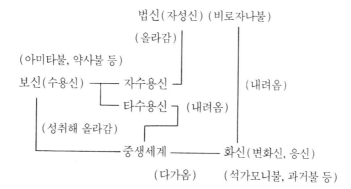

28. 법신·보신·화신

법신이 진리의 세계에서 중생의 세계로 내려오면
화신이고 중생의 세계에서 부처의 세계로 올라가
면 보신이 된다. 그래서 삼신은…

　법신(法身)·보신(報身)·화신(化身)은 흔히 법·보·화 3신(三
身)으로 줄여서 나타내기도 한다. 먼저 법의 몸 즉, 법신은 산스크리
트어 다르마 카야(dharma-kāya)를 번역한 것이다. 다르마는 부처님의
교법을 뜻하고, 카야는 몸을 의미하지만 쌓임, 모임을 뜻하기도 한다.
그래서 다르마 카야는 법의 축적 또는 법의 집합이 되기도 한다. 법
신으로 보면 부처님께서 설하신 진리, 이 우주의 존재이치를 인격화
해서 진리불로 나타낸 것이다. 법신의 법(法)자가 처음에는 부처님
께서 설하신 진리 즉, 석가모니부처님의 교법을 뜻했지만, 뒤에 대승
불교에서는 우주에 두루 차 있는 진리를 의미하게 되었다. 그래서 대
승불교에서의 법신은 수행의 결과로 얻은 부처님이 아니고 본래 우
주의 진리로서 존재하는 법 그 자체이고 꼭 인격화해서 말한다면 진
리의 체현자가 된다.
　부처님의 가르침을 법신의 법으로 이해하는 원시불교와 부파불교
에서는 다섯 가지 부처님의 가르침을 법신으로 정했다. 계(戒)·정
(定)·혜(慧)·해탈(解脫)·해탈지견(解脫知見)의 다섯 가지 교법
그 자체를 법신으로 삼은 것이다. 계·정·혜는 우리가 4성제와 8정
도를 다룰 때 살펴본 3학이고 해탈은 3학을 닦는 목표이며 궁극의 도
달처이다. 해탈지견은 완전히 해탈하게 하는, 또는 해탈한 깨달음의

지혜를 의미한다. 이 계·정·혜·해탈·해탈지견의 5종법신(五種法身)은 현재 한국불교에서 오분향례(五分香禮)로 예불을 모실 때마다 염불예식으로 외우고 있다. 즉 계향(戒香)·정향(定香)·혜향(慧香)·해탈향(解脫香)·해탈지견향(解脫知見香)이다. 법신을 향으로 대치했을 뿐이다.

그러나 대승불교에 와서는 법신의 법자가 부처님의 교법만을 의미하는 것이 아니라 우주에 편만한 진리 그 자체를 의미하기도 하기 때문에 각기 다른 의미의 법신이 생긴다. 첫째는 우주 존재의 질서 또는 진리로서의 순전히 원리적인 의미에서의 법신이다. 둘째는 그 원리가 이상적인 인격을 갖추어 나타난 법신이다. 셋째는 그 이상적인 인격으로서의 법신이 우주의 이치만 체현하는 것이 아니라 세상을 바르게 만드는 방향으로의 지혜를 포함하고 그것을 작용하는 당사자로서의 법신이다. 즉 우주의 진리 그 자체로서의 법신, 진리가 인격화된 것으로서의 법신, 그리고 진리뿐만 아니라 중생의 미혹으로 인해 우주질서가 잘못된 것을, 또는 잘못될 것을 바로잡는 지혜까지도 겸비하고 작용하는 것으로서의 법신, 이 세 가지이다.

예를 들면 책에서 원리원칙만 공부한 후 사법고시에 합격하고 검사로 배치받은 이가 책에서 배운 원칙적인 것만 실천하는 단계와 차츰 그 법도가 인격과 어울어지는 단계와 다시 그 인격이 원리를 갖추었을 뿐 아니라 법의 참된 취지대로 능히 죽이고 살리는 개차법(開遮法)을 쓰는 지혜까지도 겸비하는 단계의 세 가지가 된다. 《법화경》 여래수량품에서처럼 영산회상(靈山會上)에 상주(常住)하면서 설법하는 석가모니불은 앞의 세번째 단계의 법신에 속한다고 할 수 있다.

선종(禪宗)에서는 십념(十念) 가운데에 청정법신비로자나불(淸淨法身毘盧遮那佛), 원만보신노사나불(圓滿報身盧舍那佛), 천백억화신석가모니불(千百億化身釋迦牟尼佛)을 외운다. 선종의 이 3신설은 천태종의 것을 그대로 사용한 것이다. 법신인 비로자나불은 《보현관경

(普賢觀經)》에서 가져왔고, 원만보신 노사나불과 천백억화신 석가모니불은 《범망경(梵網經)》의 연화대장세계(蓮華臺藏世界)에서 가져왔다. 여기에서 노사나불은 천백억의 석가모니불을 화현하게 하는 보신이고, 석가모니불은 천백억 가지로 나타나는 화신이다.

그런데 산스크리트어에 있어서는 법신인 비로자나와 보신인 노사나가 다같이 바이로차나(Vairocana)이다. 동진(東晋) 불타발타라(佛陀跋陀羅)의 60권본 《화엄경》에서는 노사나불(盧舍那佛)로 번역되었고, 당(唐) 실차난타(實叉難陀)의 80권본 《화엄경》에서는 비로자나불(毘盧遮那佛)로 번역되었다. 밀교에서는 대일여래(大日如來)로 나타난다.

보신은 범어 상보가 카야(saṃbhoga-kāya)로, 수용신(受用身)이라고도 번역한다. 보살로서 바라밀의 수행과 중생구원의 서원을 완성해서 그 보답으로 궁극의 깨달음을 수용하는 부처님이다. 보신 또는 수용신은 선근공덕의 결과를 자기 혼자만 누리면 자수용신이 되고 다른 이에게 누리게 하면 즉, 다른 이를 구제하는 일에 나서면 타수용신이 된다. 그래서 타수용신은 화신이나 응신과 가까워진다.

불전상에 두드러지게 나타나는 보신불로는 서방정토 극락세계의 아미타불이다. 아미타는 무량한 수명을 나타내는 범어 아미타유스(Amitāyus)와 무량한 광명을 뜻하는 범어 아미타바(Amitābha)의 뜻을 동시에 가지고 있다. 그래서 아미타불은 무량수불(無量壽佛)과 무량광불(無量光佛)의 두 가지로 번역되어 왔고, 무량수무량광(無量壽無量光)은 서예를 하는 사람들이 즐겨 이용하는 구절이 되었다.

아미타의 뜻 중에서 무량수는 시간적인 무한을, 무량광은 광명의 무한과 함께 공간적인 무한을 생각할 수 있다. 공간적인 무한은 몸과 마음의 자유로운 활동에서 찾을 수 있을 것이다. 그러나 진정으로 완전한 자유는 무한한 공간의 넓이에서 찾을 것이 아니라 마음의 자재, 마음의 해탈에서 찾아야 한다. 공간적인 무한을 마음의 해탈에서 찾

아야 한다면 시간적인 무량 또는 무량한 수명도 긴 세월을 내 목숨이
다 밟아서 얻어야 할 것이 아니라 깨달음에서 찾아야 한다. 모든 바
닷물을 다 마셔본 후에야 바닷물의 맛을 알려고 하거나 온지구를 다
밟아본 다음에야 지구를 여행한 것으로 생각하는 이가 있다면 그의
어리석음을 여기서 새삼스럽게 말할 필요가 없다. 마찬가지로 무량
겁 동안 계속 이 육신을 지탱하면서 살아야 무량한 수명을 얻은 것이
라고 생각하는 이가 있다면 그의 어리석음도 새삼스럽게 말할 필요
가 없다.

　보신으로 아미타불 외에 약사여래(藥師如來)가 있다. 약사여래는
약사유리광여래불(藥師琉璃光如來佛)을 줄인 것으로, 동방만월세계
(東方滿月世界)를 담당하면서 중생들의 정신적 육체적 병고를 치료
해주는 부처님이다. 아미타불이나 약사여래가 보신 즉, 수행과 선근
공덕의 결과를 받는 부처님이기는 하지만, 아미타불은 서방정토 극
락세계에서 중생을 교화하고 약사여래는 동방만월세계에서 중생들
의 질병을 치료하고 있는 것으로 보아 순수한 자수용신(自受用身)이
아니고 다른 이로 하여금 깨달음을 얻게 하는 타수용신(他受用身)에
가깝다고 할 수 있다. 법장비구가 48대원을 세우고 무량겁 동안 수행
해서 아미타불이라는 보신을 이룩했고, 약사보살은 수행 시절에 12
대원을 세우고 무량겁을 닦아서 약사유리광여래라는 보신을 얻었다.

　응신과 화신의 범어는 다같이 니르마나 카야(nirmāṇa-kāya)이다.
교화할 대상의 수준이나 근기에 맞추어서 그들을 구제하고자 특정의
시기와 장소에 나타나는 부처님을 말한다. 2,600여 년전에 인도 카필
라국에 나타난 석가모니부처님이 바로 화신이고, 석가모니부처님 이
전의 과거불들이 또한 화신이다. 그리고 미래의 용화세계에 하강하
여 중생을 구제할 미륵부처님도 또한 화신이다.

　중생을 구하기 위해 변화해서 왔다고 하는 뜻의 화신이나 중생의
근기에 응해서 몸을 나투었다는 응신이 똑같은 말이지만, 약간 의미

가 다르게 쓰여질 때도 있다. 응신은 상대를 교화하기 좋은 모양을 나타내되 부처님의 육신의 덕목인 32상과 80종호 등을 여법하게 갖추고 나타난다. 반면에 화신은 부처님이 갖추어야 할 모든 위엄과 상호를 갖추지 않고 범부중생, 지옥·아귀·축생의 3악도 중생, 제석천이나 마왕 등 다양한 모습으로 나타날 수 있다. 관세음보살은 33응신을 가지고 중생을 구제하는데 부처님의 몸, 벽지불의 몸, 제석천의 몸, 아수라의 몸, 동남동녀의 몸 등으로 자유롭게 나툰다. 그래서 관세음보살은 보살의 명호를 가지고 있지만 실제로는 화신의 부처님과 같다. 지장보살도 마찬가지이다. 승려의 삭발한 모습을 한 지장보살은 성문의 모습으로 삼계육도를 다니면서 중생을 구제하므로 그런 점에서 화신의 부처님이라고 할 수 있다.

　법신·보신·화신으로 부처님 몸을 분류하기는 했지만 각기 다른 것은 아니다. 법신이 진리의 세계에서 중생의 세계로 내려오면 화신이요, 중생의 세계에서 부처의 세계로 올라가면 보신이 된다. 그래서 3신은 다른 것이 아니라 한 몸체의 다른 모양이라고 할 수 있다. 또 이 3신을 혹·업·고 3도의 전환인 법신·반야·해탈의 3덕과 배대해보더라도 그 일체성을 알 수 있다. 즉 3덕의 법신이나 3신의 법신이 같다. 3덕의 해탈수행이 3신의 화신이 된다. 3덕의 반야지혜가 3신의 보신이 된다. 따라서 이 3신은 3덕이나 불·법·승 3보가 그랬

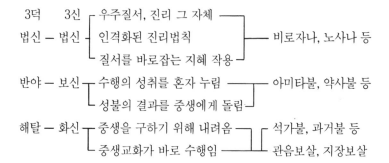

던 것처럼 떨어지지 않는 일체가 된다. 똑같은 한 몸을 진리의 입장에서, 교화전법의 입장에서, 그리고 교화의 사명을 다하고 공덕을 누리는 입장에서 볼 때 각각 차이가 있을 뿐이다.

법·보·화 3신을 법신·반야·해탈의 3덕과 선으로 이어서 그 호환성과 일체성을 살펴보면 앞 페이지의 도표와 같다.

29. 부처님이 갖춘 덕상들

훌륭한 덕목들이 오로지 부처님의 위대함을 찬탄하기 위한 것만은 아니다. 인격 완성에 이른 사람의 모형을 보이기 위한 목적도 겸하고 있다.

부처님은 정신적으로나 육체적으로나 범부중생과는 다른 훌륭한 덕목들을 갖추고 있다. 정신적인 그리고 인격적인 덕목은 보통 18불공법(十八不共法) 즉, 일반 범부와는 달리 부처님만이 지닌 열여덟 가지 특징이다. 불공법이라는 말은 범부와 깨달은 이가 같지 않은 것 또는 깨달은 이에게만 있는 것을 뜻한다. 육체적인 덕목은 32상 80종호 즉, 서른두 가지의 두드러진 특징과 미세한 여든 가지 특징을 말한다.

부처님의 정신적 인격적 덕목인 18불공법의 구체적인 내용에 있어서 남방불교와 대승불교간에는 약간의 차이가 있다. 남방불교의 열여덟 가지 덕목은 10력(十力) 즉, 열 가지 힘·4무외(四無畏) 즉, 네 가지 자신감·3념주(三念住) 즉, 세 가지 흔들림이 없는 상태·대자대비(大慈大悲)이다. 대승불교의 18불공법은 10력, 4무외, 3념주 등을 구별하지 않고 열여덟 가지 덕목을 바로 제시하고 있다. 또 대승과 소승의 18불공법과 32상 80종호를 다 합한 140불공법도 있다. 그러나 이런 것을 우리가 자세히 알아야 할 필요는 없다. 그저 18불공법이라는 용어와 그 안에 포함된 대체적인 내용 그리고 32상과 80종호라는 용어와 그 내용의 특징들을 이해하면 족할 것이다.

먼저 부처님의 10력 즉, 열 가지 힘은 바르고 그른 도리를 변별하는 힘, 선악의 업과 그 과보를 여실하게 아는 힘, 모든 종류의 선정을 체달하는 힘, 중생 근기의 우열을 여실히 아는 힘, 중생의 원하는 바를 여실히 아는 힘, 중생세계의 성질이나 종류의 차별을 여실히 아는 힘, 중생의 과거운명에 대해서 바로 아는 숙명통의 힘, 중생의 미래 운명에 대해서 바로 아는 천안통의 힘, 번뇌가 다하고 궁극의 깨달음을 얻는 누진통의 힘 등이다.

다음은 부처님의 4무외 즉, 어떤 것에 대해서도 두려움이 없는 네 가지 자신감이다. 모든 사물의 실상을 여실히 보는 지혜의 눈을 가진 이로서의 자신감, 일체 번뇌가 다 끊어진 이로서의 자신감, 깨달음의 도에 방해되는 것을 알려주는 이로서의 자신감, 고통을 멸하는 길을 알려주는 이로서의 자신감 등이다.

다음은 3념주 즉, 부처님이 항상 바른 생각과 바른 의식과 바른 판단을 가지고 있는 세 가지 상태이다. 사람들이 부처님을 지극 정성으로 신봉해도 부처님은 그 경계에 흔들려서 특별히 기쁜 마음을 내지 않고 항상 잔잔한 고요를 유지한다. 사람들이 부처님을 받들어 모시지 않더라도 부처님은 특별히 걱정하지 않고 항상 고요한 평정을 그대로 유지한다. 또한 부처님은 사람들이 부처님을 신봉하거나 비방하는데 끄달려서 좋아하거나 싫어하는 마음을 내지 않고 항상 잔잔한 고요와 지혜를 유지한다.

그리고 18불공법의 마지막인 대자대비는 부처님의 중생의 고난을 구하고자 하는 자비심을 뜻한다.

위의 18불공법 즉, 부처님이 지닌 열여덟 가지 특징적 덕목을 볼 때 4무외라는 네 가지 자신감이나 3념주라는 세 가지 역순경계에 흔들림 없는 상태, 그리고 크나큰 자비심을 부처님이 가지고 있는 것에 대해서는 당연하다는 생각이 든다. 또 10력 즉, 열 가지 지혜의 힘에 대해서도 대체로 수긍이 간다. 그런데 문제는 열 가지 힘 가운데 마지막 두 가지이다. 부처님의 숙명통과 천안통을 어떻게 받아들여야 할까 하는 것이다. 일반 범부로서는 불가사의한 신비롭고 초월적인 힘이 부처님에게 있다는 뜻으로 받아들여야 할지 아니면 지금 현재 중생이 하는 것을 부처님이 보면 그 중생의 전생과 내생을 알 수 있다는 의미로 받아들여야 할지 판단이 서지 않을 수가 있다.

《삼세인과경(三世因果經)》에는 이런 구절이 나온다. '자신의 전생을 알고자 하거든 지금 자신이 받고 있는 과보를 보고, 자신의 내생을 알고자 하거든 지금 자신이 짓고 있는 선악의 업을 살피라'는 말이다. 부처님의 덕목을 인간적으로 해석하려는 사람은 아마도 부처님이 현재 중생이 받고 짓는 과보와 업을 보고 전생과 내생을 꿰뚫어 볼 것이라고 생각할 것이다. 부처님에게 초월적인 힘이 있는 것으로 부처님을 높이고 싶어하는 사람은 부처님이 글자 그대로의 숙명통과 천안통을 가지고 있다고 생각할 것이다.

대승불교에서 보는 18불공법도 있다. 대승불교의 부처님이 지닌 열여덟 가지 덕목은 남방불교의 18불공법처럼 10력, 4무외, 3념주, 대비심으로 구분하지 않고 계·정·혜 3학의 묶음으로 정리한다. 즉 열여덟 가지 중에서 앞의 여섯 가지는 계율의 닦음에서 생기는 열반의 원인(原因)으로, 두번째 여섯 가지는 선정의 닦음에서 생기는 열반의 조연(助緣)으로, 세번째 여섯 가지는 지혜의 닦음에서 생기는 열반 자체로 분류한다.

먼저 계율적인 부처님의 덕목을 보면 부처님은 몸과 입과 마음에 흐트러짐이 없고 항상 깨달음의 도에 집중되어 있다. 또 중생에 대한 평등심, 산란하지 않은 선정심, 중생에 대한 보살핌의 마음을 항상 가지고 있다.

참선 명상적인 면에서의 부처님의 덕목을 보면 부처님은 열반을 향한 믿음과 발원과 노력이 조금도 감퇴하지 않는다. 그리고 중생의 이익을 위한 지혜, 해탈, 해탈의 깨달음을 위한 명상과 선정이 언제 어디서라도 조금도 줄어들지 않는다.

지혜의 닦음 면에서 부처님의 덕목을 보면 부처님은 몸과 말씀과 마음의 3업이 항상 지혜를 수반한다. 그리고 과거·현재·미래 3세의 일체법의 실상에 대해서 부처님은 여실하게 알아서 편협하게 집착된 견해나 걸림이 없다.

대승의 18불공법은 부처님이라면 누구나 가지는 정신적인 그리고 인격적인 덕목이다. 그런데 이 훌륭한 덕목들이 오로지 부처님의 위대함을 찬탄하기 위해서만 쓰여진 것은 아니다. 깨달음에 이른 상태의 모형으로 보이기 위한 목적도 겸하고 있다. 부처님이 되기 위해서 노력하는 수행자들에게 '부처님의 경지는 이와 같으니 너희들도 이런 경지를 향해서 정진하라'는 뜻이 포함되어 있다. 수행자가 자신의 수행 정도를 알려면 자신의 몸과 입과 뜻이 항상 청정한지 칭찬과 비방에 흔들리지 않는지 제법의 실상을 여실히 보는 지혜가 있는지 중생을 불쌍히 여기고 구제하려는 자비와 능력이 있는지 등을 점검해 보면 되는 것이다.

한편 부처님의 육체에 나타나는 수승한 상호를 32상 80종호라고 한다. 32상과 80종호 가운데 절 집안에서 많이 인용되는 것들이나 또 특이한 것들만 보자.

먼저 32상 중에는 이런 것들이 나온다.

서면 양팔의 길이가 무릎을 넘는다. 생식기가 말의 것과 같이 깊이 감추어져 있고, 신체가 균형이 맞고 단정하다. 치아가 희고 고르며, 최상의 미각을 가지고 있고, 혀는 얇고 연하고 길어서 입 밖으로 내밀면 얼굴뿐만 아니라 이마의 머리카락까지 덮는다. 미간에는 흰 털이 나 있는데, 이것을 펴면 다섯 자가 된다.

부처님의 육체적인 미세한 덕상인 80종호에서 특이한 점을 보자.

걸음걸이가 엄숙하여 사자와 같다. 걸음걸이가 편안하고 조용하여 소의 걸음과 같다. 남근의 무늬가 묘하고 위세가 구족하여 원만하고 청정하다. 배가 네모지고 반듯하며 앞으로 튀어나오지 않았고, 손금이 깊고 곧고 분명하여 끊어져 있지 않으며, 입술이 붉고 윤기가 있다. 목소리가 깊고 웅장하고 위엄이 있어서 사자소리와 같다. 코가 높고 곧으며 들창코가 아니고, 이가 깨끗하고 반듯하고 희다. 눈이 맑고 깨끗하며 검은자위와 흰자위가 분명하다. 눈썹이 휜칠하고 빛나고 윤택하여 초생달과 같다. 귀가 두껍고 크고 길고 가지런하여 아무런 흠이 없다. 몸의 윗부분이 원만하여 사자의 위엄을 갖추었다. 키가 크고 몸이 단정하며 얼굴빛이 화평하여 웃음을 머금은 듯하다. 한 말소리로 법을 말씀하시되 여러 중생들이 각자의 근기에 따라 알아듣는다.

부처님의 32상 80종호 중에 절 집안에서 자주 거론되는 것은 부처님의 미간백호상 즉, 양 눈썹 사이에 흰 털이 나서 거기서부터 광명을 발하는 것이다. 또 불상의 귀 모양에서 흔히 볼 수 있듯이 귀가 크고 두텁고 귓밥이 아래로 늘어진 것이 중요시된다. 귓밥이 크고 늘어진 귀를 흔히 부처님 귀라고 한다. 그리고 부처님의 음부가 말의 음부와 자라목의 특징을 겸해서 가지고 있다는 것 등이다.

부처님의 정신적 육체적 덕상들을 도표로 정리해보자.

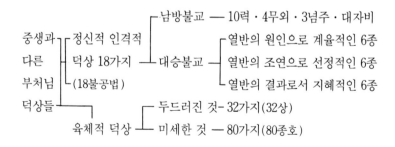

30. 부처님의 열 가지 이름

여래라는 명칭을 기본으로 해서 부처님은 열 가지의 별명을 가지고 있다. 십호는 각기 부처님이 지닌 장점들을 여러 방면에서 나타낸다.

모든 부처님에게는 열 가지의 별명이 있다. 부처님의 갖가지 특이한 장점들을 이모저모 드러내다 보니까 이런 열 가지 별명이 나오게 되었으므로 이 별명들은 부처님의 특징을 가장 잘 나타내준다고도할 수 있다. 여래(如來)가 부처님의 기본적인 이름이고, 응공(應供)·정변지(正遍知)·명행족(明行足)·선서(善逝)·세간해(世間解)·무상사(無上士)·조어장부(調御丈夫)·천인사(天人師)·불(佛)·세존(世尊)이다. 사찰에 다니면서 스님네 염불소리를 많이 들어본 불자들에게는 이 여래10호가 귀에 익을 것이다. 왜냐하면 영단을 향해 재를 모실 때 스님네의 염불 속에는 이 명호들이 반드시 등장하기 때문이다.

사람에 따라서는 여래를 별명 중의 하나로 삼고 불·세존을 붙여서 한 이름으로 만들어 열 가지로 숫자를 맞추기도 하지만, 필자는여래를 기본 이름으로 삼고 뒤이어 나오는 열 가지를 별명으로 삼는다. 여래의 열 가지 별명을 한꺼번에 번역해보면 다음과 같다. 진여(眞如) 또는 진리의 세계에서 오신 어른, 공양을 받을 수 있을 만큼높은 도를 이룬 이, 최고의 바른 깨달음을 얻은 이, 지혜와 체험이 원만하게 어우러져서 구족한 이, 피안의 열반세계에 잘 간 이, 세상사를 잘 아는 이, 중생들을 잘 조련해서 성불의 길로 이끄는 이, 가장

높은 이, 모든 천상세계와 인간세계의 스승이 되는 이, 도를 깨달은
이, 세상에서 존경받는 세존 등이 된다.

부처님의 기본적인 이름은 여래이다. 산스크리트어 타타가타(tathā
gata)를 번역한 것이다. '여실하게 온 이' '진여의 세계에서 온 이'라는
뜻이다. 이 말은 불교 이전에도 인도의 다른 종교에서 '생사윤회로부
터 해탈한 사람'이라는 뜻으로 사용되고 있던 것을 불교에서 거의 같
은 의미로 채용한 것이다. 석가모니부처님은 원시불교에서 이 말을 3
인칭으로 윤회에서 해탈한 다른 이를 일컬을 때 사용하고 1인칭으로
부처님 자신을 호칭하기 위해서는 사용하지 않았다. 그러나 후세에
이르러서는 여래라는 말이 불타라는 말과 거의 구별이 없이 사용된
다. 석가여래, 아미타여래, 약사여래 등과 석가모니불, 아미타불, 약
사유리광불 등을 거의 아무런 차이 없이 혼용하게 된다.

별명의 첫번째는 응공이다. 이 말은 범어 아르한(arhan)을 번역한
것으로, 공양을 받을 수 있을 만큼 높은 도를 이룬 사람이라는 뜻이
다. 부처님은 궁극의 정각을 이루었고 또 중생구제에 일생을 바치기
때문에 공양을 받을 자격을 갖춘 어른이다. 응공 즉, 공양을 받을 만
한 이에게 공양을 올리는 것은 복의 밭 즉, 복전(福田)에 씨를 뿌리
는 것과 같다. 밭에 뿌린 씨는 본래의 씨보다 엄청나게 많은 수확을
가져다준다. 공양을 받을 만한 지혜와 자비를 갖춘 부처님이라는 복
밭에 공양의 씨를 뿌리면 그것이 모두 중생에게 회향되어서 돌아온
다는 뜻이다. 그래서 사찰에 가면 불전함이 있는데, 요즘에도 희사함
이나 불전함이라는 말 대신에 복전함이라는 말이 쓰여지는 경우가
많다.

그런데 이 응공의 범어 아르한을 소리나는 대로 옮긴 말 아라한
(阿羅漢)은 처음에는 공양을 받을 만한 이로 쓰여졌지만, 대승불교에
가서는 성문(聲聞)이나 연각(緣覺)을 나타내는 말로 쓰여지고 결국
소승을 의미하게 되었다. 그러나 여기 여래10호에서는 응공이라는

원래의 의미로 쓰여지고, 대승불교에서 성문·연각을 아라한이라고
하는 경우 그 아라한은 소승적인 깨달음을 이룩한데 만족하는 사람
을 의미한다. 그리고 부처님의 제자들도 나한 또는 아라한이라는 말
로 부르고 있다. 그래서 16나한전, 500나한전이라는 법당 명칭이 생
겼다. 이때의 아라한은 부처님의 제자를 의미하기 때문에 여기 여래
의 별명으로 쓰이는 응공이 지칭하는 것과는 다르다.

　다음은 정변지로, 범어 삼야크 상붓다(samyak-saṃbuddha)의 번역
이다. 이 범어는 삼먁삼불타로 음역되기도 한다. 바른 깨달음을 이룩
한 부처님이라는 뜻이다. 이 삼먁삼불타에 아눗타라(anuttarā)가 붙으
면 위가 없이 높은 정각을 뜻하게 된다. 아뇩다라삼먁삼보리(阿耨多
羅三藐三菩提)는 위가 없이 높은 지혜를 의미한다.

　명행족에서 명(明)은 지혜를 의미하고 행(行)은 체험을 뜻한다.
지혜와 체험이 원만하게 구족한 어른을 가리킨다. 부처님은 지혜와
실천의 체험을 구족하고 있기 때문이다. 바른 지혜가 없이 실천만 있
는 것은 맹인이 다리만 튼튼한 것과 같아서 미신으로 빠질 염려가 있
고, 실천이 없이 지혜만 있는 것은 다리 없는 머리와 같아서 공리공
론으로 빠질 염려가 있다.

　선서라는 별명은 열반이라는 피안의 세계로 잘 건너가서 다시는
생사고해로 되돌아오지 않는다는 뜻이다. 수가타(sugata)라는 범어를
착할 선(善)자와 갈 서(逝)자로 번역해서 이상의 세계로 잘 갔음을
나타낸 것이다.

　세간해는 세간을 잘 이해하는 이를 뜻한다. 세간에는 생명을 가진
유정세간(有情世間)과 그 환경인 기세간(器世間)이 있지만, 여기에
서의 세간은 생명이 있는 것들을 말한다. 출세간이 깨달음의 세계를
나타내는데 반해서 세간은 3계6도 윤회의 세계를 나타낸다. 부처님
은 범부중생들의 세간의 성격이나 근기를 소상히 알아서 사람에 따
라 적절한 가르침을 주시므로 세간해가 부처님의 한 특징을 나타내

는 별명이 된다.

무상사는 더 이상 높을 것이 없이 가장 높은 이를 말한다. 부처님은 최고의 지혜를 얻으신 어른이고 중생을 구제하고자 하는 대자비를 가졌기 때문에 지혜로 보나 자비심으로 보나 가장 높은 분이다.

조어장부는 말을 잘 다루는 조련사처럼 인간을 잘 다루는 인간 조련사라는 뜻이다. 인간은 기본적으로 불성을 가지고 있기는 하지만 불성을 가진 미혹의 중생은 훈련되지 않은 말과 같다. 아무리 좋은 말도 조련하고 다스려야 명마의 본래 능력이 살아나는 것처럼 불성을 가진 중생들도 수행으로 길들여야 그 불성이 빛을 발할 수 있다. 부처님은 갖가지 강약의 방편으로 중생을 조련해서 열반으로 이끈다는 의미에서 조어장부가 된다.

천인사는 천상의 세계와 인간세계에 똑같이 스승이라는 뜻이다. 부처님은 3계의 대도사이기 때문에 인간의 스승일 뿐만 아니라 모든 신들의 스승이기도 하다. 불교에서는 기본적으로 영원불멸의 실체를 가진 신을 인정하지 않는다. 그런 점에서 무신론(無神論)이다. 그러나 삼라만상의 곳곳에 깃들어 있는 상식적인 영기(靈氣)는 인정한다. 사람들이 그러한 영기를 임시적인 이름으로 신이라고 부른다면 불교에서도 반대하지는 않는다. 그러나 신으로 인정하기로 말하면 모든 것을 다 각기 독특한 의미에서의 신으로 인정해야 한다. 사람들은 처처물물을 신 기운으로 인정하는 것을 범신론(汎神論)이라고 부른다. 그래서 불교는 무신론적 범신론 또는 범신론적 무신론을 가르치는 셈이 된다. 임시적인 신들을 인정하고 그 신들을 천상에 있다고 할 경우 부처님은 삼라만상 두두물물의 스승이라는 의미에서 천인사라는 별명이 붙는다.

불은 우리가 이미 알고 있는 것처럼 범어 붓다(buddha)를 음역한 것이다. 뜻은 생사윤회를 벗어나는 진리를 깨달은 이가 되고, 한문으로 말하면 각자(覺者) 또는 대각자(大覺者)가 된다.

세존은 범어 바가바트(bhagavat)의 번역으로, 이 세상에서 가장 존귀한 어른을 뜻한다. 부처님은 성인 중의 성인이기 때문에 가장 높다는 별명이 붙은 것이다. 경전에서는 제자들이 부처님께 질문을 하거나 고백을 하고자 할 때 세존이라는 말로 부처님을 부른다.

이와 같이 부처님에게는 여래라는 기본 명칭 외에 열 가지의 별명이 있지만, 자주 쓰이는 별명의 숫자는 제한되어 있다. 여래·불·세존 이 세 가지 명칭이다. 이 중에서도 세존은 주로 석가세존을 부르거나 지칭할 때 사용된다. 석가세존이라는 말은 볼 수 있지만 아미타세존, 약사세존이라는 표현은 찾기 힘들다. 석가모니부처님 외에 다른 부처님들도 세존이라는 이름으로 불러서 안될 것이야 없지만, 석가세존만이 이 땅에 출현한 역사적인 인물이고 다른 부처님들은 경전에 나타나는 부처님이기 때문에 석가모니부처님 외에는 직접적으로 세존이라는 명칭으로 부를 필요가 없기 때문이기도 하다. 그러나 여래라는 이름과 불 또는 부처님이라는 이름은 자유롭게 혼용된다.

31. 사리와 탑

부처님의 진신사리는 어느 곳에 모셔져 있는지 어느 누구도 확실하게 모른다. 오직 신심에 찬 기도만이 적멸보궁의 진신사리에 접근할 수 있다.

부처님께서 쿠시나가라의 사라쌍수 아래서 열반에 드신 후 제자들은 전륜성왕의 장례를 치르는 법도에 의해서 부처님을 화장했다. 화장을 한 후에 여러 나라 국왕들이 부처님의 사리(舍利)를 얻기 위해서 몰려왔다. 잘못하면 사리를 서로 모셔가기 위해서 싸움이 날 판이었다. 그러자 한 수행자의 중재로 부처님의 사리를 여덟 등분으로 나누었다. 여덟 나라 국왕들은 부처님의 사리 8분의 1씩을 자기 나라에 가지고 가서 각기 탑을 세웠다. 최초의 사리탑이 건립된 것이다. 그런데 후에 인도 전역을 통일한 아쇼카왕이 카필라바스투의 탑만을 제외하고 일곱 나라에 세워진 탑을 모두 열어 그 안에 있는 사리들을 꺼냈다. 그리고는 그 사리들을 헤아릴 수 없이 많은 숫자의 몫으로 세분해서 아쇼카왕의 힘이 미치는 여러 곳에 전파하고 무수히 많은 불사리탑을 세우게 했다.

부처님이 열반에 드신 후 큰 지도자의 빈 자리는 쉽게 메워지지 않았다. 부처님의 제자들은 부처님의 가르침을 연구하고 실천하는데 온힘을 다 쏟았지만 항상 미치지 못하는 구석이 남아 있었다.

한편 부처님을 일심으로 따르다가 부처님의 열반을 보고 허전해하던 재가불자(在家佛子)들은 부처님의 유골 즉, 사리가 모셔진 탑을 찾아 마음을 달래려고 했다. 무형적인 것보다는 유형적인 것에 의존하는 일반인들에게 부처님 사리는 그들이 접근할 수 있는 부처님의 유일한 유형적 몸체였다. 부처님의 사리탑 앞에 모인 사람들은 생전의 부처님을 대하듯이 사리탑을 향해서 예배를 올렸다. 예배뿐만 아니라 공양물도 탑 앞에 올렸다. 탑과 공양물을 관리하는 사람도 생겼다. 공양물 덕분에 탑을 관리하는 사람들은 일하지 않고도 신앙생활을 할 수 있게 되었다. 일하지 않는 신앙인들은 개인의 수행과 자기의 신앙을 널리 펴는 일에 더욱 전념할 수 있게 되었다. 부처님의 사리탑을 중심으로 모인 사람들이 대승불교운동의 중요한 근간이 되었다.

그런데 사리를 분배하고 탑을 모시고 탑을 중심으로 사람들이 모여서 새로운 불교운동을 일으키는 과정에서 묘한 아이러니가 생기게 된다. 부처님은 열반에 들기 전에 마지막 유훈으로 자등명(自燈明) 법등명(法燈明)을 가르치셨다. 자기 자신과 부처님의 가르침에 의지하라는 것이다. 그 가르침에 따라 부처님의 출가제자들은 부처님을 화장해서 모신 후 부처님의 사리를 차지하는데 아무런 욕심을 내지 않았다. 사리를 욕심낸 이들은 당시 인도 각 나라들의 국왕들이었다. 제자들이 부처님을 따르는 신심이 부족하고 국왕들의 신심이 더 많아서가 아니라 국왕들은 부처님 사리를 모시는 공덕을 더욱 중요시했기 때문에 싸우려고 하면서까지 사리를 얻으려고 했던 것이다.

반면에 부처님의 출가대중들은 받들어 모시면 공덕이 되는 사리를 재가자들에게 양보하고 부처님 법의 학문적 연구에만 전념하였다. 그런데 뒷날의 결과는 이상하게 나타났다. 곧이곧대로 부처님의 말씀을 따라 자신과 법에 의지하려고 했던 대부분의 출가대중은 철학적 사변에 치중한 아비달마(阿毘達磨)불교 즉, 논문 중심의 불교로 흐르게 되었고, 자신의 공덕을 더 중요시한 국왕들에 의해서 세워진 사리탑을 중심으로 모인 사람들은 부처님의 진정한 뜻으로 돌아가야 한다는 대승불교운동의 중요한 뿌리가 된 것이다.

사리는 범어 샤리라(śarīra)의 음역으로, 신체 또는 유골을 뜻한다. 석가세존의 유골을 두고 말할 때 사리는 다시 전신사리(全身舍利)와 쇄골사리(碎骨舍利)로 구별된다. 전신사리는 사체를 뜻하고 쇄골사리는 유골을 뜻한다. 쇄골사리 즉, 유골은 다시 두 가지로 구별되는데 생신사리(生身舍利)와 법신사리(法身舍利) 또는 법송사리(法頌舍利)이다. 생신사리는 순수한 불타의 유골을 말하고 법신사리나 법송사리는 부처님의 가르침을 말한다. 법신사리는 부처님의 교법을 사리처럼 귀하게 여기라는 뜻으로 이름붙인 것이다. 우리가 사리라고 하면 보통 부처님의 유골의 정수를 빻은 쇄신사리를 의미한다.

수행력이 높은 사람의 사체를 화장하면 뼈의 정수만 남는다. 그 뼈의 정수를 곱게 빻으면 갖가지의 보석 분말처럼 된다. 이 사리는 뼈이기 때문에 여러 가지 모양이 나올 수 있으나 대개 둥근 형태가 된다. 그것은 갖가지 색깔을 띠거나 투명하기도 하다. 어떻게 오색의 색깔을 띤 영롱한 사리가 나오는지에 대해서는 알 길이 없다. 과학자들이 사리가 생기는 원인과 과정을 규명해보려고 시도해왔지만 아직까지 별다른 진전이 없다. 절 집안에서는 사리를 수행력과 도력의 결정체라고 믿고 있다.

처음에는 석가세존의 사리만을 중시해서 탑에 모시고 예배 공양했지만, 후대에 이르러서는 고승들의 사리도 채취해서 부도에 모시게 되었다. 그러나 불보로 모시는 사리와 사리탑은 오직 석가모니부처님의 것에 국한된다. 석가세존의 사리 외에 아무리 훌륭한 고승의 사리도 불보로 모시지는 못한다. 한 나라에는 한 국왕이 있듯이 한 세계에는 한 부처님이 주불로서 교화한다는 원칙이 있기 때문이다. 《십이인연경(十二因緣經)》은 육체의 멸후에 사리를 채취해서 탑에 봉안할 자격을 정하고 있다. 사리탑으로 모실 만한 이들은 부처님, 보살, 연각, 아라한, 전륜성왕이다. 그러나 탑을 세우더라도 부처님의 사리를 모신 탑과 보살 이하의 사리를 모신 탑이 구별되도록 해야 한다고 가르친다. 덕 높은 비구의 탑도 세울 수는 있지만 아무리 이름이 있는 고승의 유골을 탑에 모시는 경우에도 부처님의 사리를 모신 탑과 혼동될 정도로 큰 탑을 함부로 세워서는 안된다는 경계이다. 그래서 근래의 한 고승은 자신의 육신에 온기가 끊어진 다음에 절대로 사리를 줍거나 사리탑을 세우는 일이 없도록 하라는 유언을 남기기도 하였다.

사리탑을 세우는 의미를 세 가지로 들 수 있다. 첫째는 열반에 든 부처님을 육신으로 친견할 수 없으니까 부처님 육신의 한 부분이나 유품, 가르침을 형상의 탑에 모셔서 부처님을 상징하게 하기 위한 것이다. 둘째는 훌륭한 부처님과 연결되는 인연의 끈을 사람들에게 주어서 그들이 계속적으로 부처님의 가르침을 생각하고 따르게 하기 위한 것이다. 셋째는 부처님의 몸과 부처님의 가르침을 널리 전하고 펴서 부처님의 은혜를 갚기 위한 것이다.

우리나라의 대부분의 사찰에는 석가세존의 사리탑이 모셔져 있다. 그 중에서도 5대 적멸보궁이 유명하다. 강원도 오대산 상원사의 적멸보궁, 강원도 태백산 정암사 적멸보궁, 경상남도 영취산 통도사 적멸보궁, 강원도 사자산 법흥사 적멸보궁, 강원도 설악산 적멸보궁 등이다. 5대 적멸보궁 중에 한 군데만 경상남도에 있고 나머지 네 군데가 모두 산골 깊은 강원도에 있다. 적멸(寂滅)이란 부처님의 열반을 뜻한다. 그래서 적멸보궁이란 열반하신 부처님의 사리가 모셔진 보배로운 궁전을 의미한다.

그런데 주의할 점이 있다. 적멸보궁에 가서 기도를 해보면 진신사리가 방광하는 것을 경험할 수가 있는데, 사리가 모셔졌다고 표시된 곳에서가 아니라 멀리 뒷산에서 빛이 퍼지는 것이 보인다. 적멸보궁에서 가람을 수호하는 주지스님들에게 여쭈어보니 그 스님들의 짐작도 적멸보궁이라고 표시된 장소에만 사리가 모셔져 있지 않고 산의 어딘가에도 모셔져 있을 수 있음을 짐작할 뿐이라는 것이다.

아무도 짐작할 수 없는 장소에 사리가 모셔져 있다는 사실은 우리로 하여금 생각하게 한다. 이름난 적멸보궁에 참배하고 기도하는 일도 중요하지만 평소 자신이 소속되어 있는 사찰의 불상이나 탑에 정성스럽게 참배하고 기도하는 것도 또한 중요한 일이라는 것이다. 부처님의 진신사리는 어느 곳에 모셔져 있는지 누구도 모르기 때문이다. 오직 신심에 찬 기도만이 적멸보궁에 접근할 수 있다. 그리고 부처님의 사리는 육신사리뿐 아니라 부처님의 가르침인 법신사리도 있는데, 이 두 가지에 예배하고 공양하는 공덕은 조금도 차별이 있을 수가 없다.

32. 불상의 기원

부처님의 입멸 후 부처님의 유품을 숭배하다가 점차 상징물을 숭배하게 되었다. 처음에는 사리탑을 모시다가 마침내는 불상을 조성하기에 이른다.

석가모니부처님 외에도 많은 과거불이 있고 법신·보신·화신의 부처님들이 있지만, 형상에 의지해서 살아가고 있는 중생들에게 눈으로 보이지 않는 그 부처님들은 너무 멀리 떨어져 있는 것처럼 느껴진다. 만약에 부처님이 출현한 기록이나 부처님의 설법만을 가슴에 새겨두고 집에서 나름대로 수행하거나 신앙생활을 해도 충분하다면 사찰도 필요없고 사찰을 찾아서 부처님에게 예배를 올릴 필요도 없을 것이다. 그러나 범부중생인 우리는 상징물을 모시는 것이 그러지 않는 것보다 신심을 키우기에 편리함을 느낀다. 아무것도 없는 허공이나 벌판에 예경을 올리는 것보다는 부처 불(佛)자 하나라도 써서 모셔놓고 절을 하고 염불하는 것이 훨씬 마음이 든든하다. 또 부처 불자를 모시는 것보다는 황금색의 부처님을 모시고 예경을 올리면 더욱 신심이 난다. 법당에 모신 불상으로부터 부처님의 덕인 18불공법(十八不共法)과 법신·보신·화신의 3신(三身)과 여래의 10호와 욕망의 티끌 바다를 건너는 부처님의 가르침을 떠올릴 수 있다. 《도행반야경》에는 불상을 조성하는 것은 중생들로 하여금 부처님께 예배하고 공양하게 하여 복밭의 터전을 닦게 하는데 뜻이 있다고 설명한다.

학자들의 조사와 연구에 의하면 부처님이 열반하신 후 약 500여

년경까지는 직접적으로 불상이 조성되지 못했다고 한다. 왜냐하면 당시 인도에서 부처님상을 조성하거나 그림을 그리는 것은 신성의 모독이라고 생각했기 때문이다. 사람들은 생각이나 이름, 형상 등을 초월한 부처님을 한정된 형상에 고착시켜놓는 것은 부처님에게 죄송 스러운 일이라고 생각했다. 불상 조성이 금지된 초기의 불교도들에게 부처님을 상징하는 예경의 대상은 주로 부처님의 유품이었다. 부처님이 남긴 사리, 가사, 발우, 머리칼 등이다. 미얀마의 양곤에 황금으로 입힌 쉐다곤탑은 부처님의 머리칼 여덟 가닥을 모시기 위하여 세워진 것이다.

그러나 부처님의 유물은 그 수와 양의 면에서 제한되어 있었다. 일정한 양, 일정한 수의 부처님 유품을 누구나 다 얻을 수 있는 것은 아니었기 때문이다. 원하는 이 모두에게 부처님의 유품이 분배될 수는 없었다. 그래서 부처님의 숭배는 부처님의 상징물 숭배로 바뀌었다. 부처님이 그 밑에서 성도했다고 하는 보리수나무는 부처님을 상징하기에 좋았다. 법륜의 모양과 부처님의 발자국 모양도 부처님을 상징하기에 충분했다. 그 상징물들은 얼마든지 새롭게 만들 수 있었다.

부처님의 상징물에 예경을 올리던 사람들은 부처님의 유품과 상징물을 조합한 예경물을 생각해냈다. 그 두 가지의 결합이란 바로 탑이었다. 탑은 부처님의 유품을 모실 수도 있고 부처님의 상징물로 제작될 수도 있기 때문이었다. 사리탑을 중심으로 부처님을 생각하며 예경을 올렸다. 사리탑의 예배와 공양을 중심으로 대승불교가 일어났다. 대승불교의 흥기와 함께 불상이 조성되기 시작했다. 처음에는 사리탑과 불상이 예경의 대상으로 병용되었지만 차츰 세월이 가면서 예경의 주된 대상이 탑에서 불상으로 옮겨져갔다. 불상 조성을 권장하고 그 공덕을 찬탄하는 경전들이 유포되었다. 또 대승경전들마다 불상 조성의 공덕을 중간중간에 끼워넣었다.

불상의 최초 발상지는 현재 아프가니스탄 동북부에 해당하는 간다

라지방과 인도 뉴델리 동남쪽에 있는 마투라지방의 두 곳으로 짐작
된다. 알렉산더대왕의 간다라지역 침략과 함께 그리스의 문화와 미
술이 인도의 그것과 만나게 되었다. 그리스인들의 합리주의적 사고
방식은 이 지역에서 불교를 합리적으로 설명하려고 시도한《미란왕
문경(彌蘭王問經)》또는《나선비구경(那先比丘經)》을 만들어내게 했
다. 그리스 미술과 인도 미술이 만난 이 지역에서 자연주의와 현실주
의에 바탕을 둔 그리스풍의 불교미술이 탄생했다. 불상은 이 간다라
미술의 산물이었다. 간다라 불상의 조성형식이 널리 퍼져서 중국, 한
국, 일본에까지 전해졌다.

한편 마투라지역은 예로부터 인도식 조형미술의 중심지였다. 이
마투라지역에서는 간다라풍의 불상과 전혀 다른 순인도풍의 불상이
만들어져서 인도 전역에 보급되었다. 간다라식과 마투라식 불상의
차이는 다음과 같다. 간다라식은 머리가 물결형인데 비해 마투라식
의 불상은 소라고동형이다. 간다라식의 얼굴에는 수염이 없는데 비
해 마투라식은 수염이 있다. 간다라식은 행・주・좌・와(行住坐臥)
의 움직이는 동작이 다 있는데 비해 마투라식은 입상과 좌상만 있다.
간다라식의 옷은 로만스타일의 주름이 진데 비해 마투라식은 단정한
인도식이다.

한편 대승불교가 일어남에 따라 유품 숭배에서 상징물 숭배로, 다
시 사리탑 숭배로, 다시 불상 숭배로 옮겨가자 부처님 재세시에 이미
불상 조성이 허락된 것으로 설명할 필요가 생겼다. 불상 조성의 공덕
도 찬탄해야만 했다. 이 필요에 부응하는 경전들이 편집되었다. 아마
도 불상 조성이 허용된 이후에 편집되어서 다른 경전에 합해졌거나
독립했으리라고 짐작되는《증일아함경(增一阿含經)》28이나《조상
공덕경(造像功德經)》을 보면 부처님이 불상 조성의 공덕을 찬탄했다
는 구절이 나온다.

코삼비국의 우전왕은 석가모니부처님을 모시고 자주 설법을 듣곤

했는데, 부처님이 3개월 동안 우전왕을 떠나 있게 되었다. 우전왕은 부처님을 너무도 그리워하고 사모한 나머지 전단향나무를 베어다가 부처님상을 조성하게 했다. 부처님은 불상을 조성하는 우전왕이 불상을 조성한 공덕으로 필경에 해탈할 것이라고 찬탄했다. 《법화경(法華經)》에는 아이들이 장난삼아 땅바닥에 손끝으로 부처님의 형상을 그리기만 해도 필경에 부처를 이루리라고 말한다. 《반주삼매경(般舟三昧經)》에서는 부처님의 형상을 조각하거나 그리면 속히 삼매에 들 수 있다고 한다. 《작불형상경(作佛形像經)》에서는 선행을 짓지 못한 이는 우선 다급한 대로 부처님을 조성하라고 설한다. 《관불삼매경(觀佛三昧經)》에서 부처님은 아난에게 '내가 열반에 든 뒤에 나의 형상을 조성하거나 발자취를 그려서 사람들을 기쁘게 한다면 모래알처럼 많은 억겁 동안의 죄를 소멸하리라'고 말씀하신다.

근래에 우리 주변에 그릇된 이야기가 퍼져 있다. 내용인즉 부처님을 집에 모시되 잘 모시지 못하면 우환이 생긴다는 이야기이다. 그래서 부모님이 신심이 깊은 것을 생각해서 여행갔던 자손들이 집에 돌아올 때 선물로 사온 불상들을 집에 모시지 않고 절로 모시고 온다. 이것은 잘못된 일이다. 일본사람들은 집집마다 부처님 모시는 함까지 만들어놓고 예불을 드리고 있다. 신심 있는 불자들은 집에 반드시 불상이나 부처님을 상징할 만한 것을 모셔두고 그곳을 향해 예불을 올리고 있다. 물론 부처님을 잘 모시면 더욱 좋지만 설사 잘 모시지 못하는 경우가 있더라도 부처님을 모시지 않는 것보다는 모시는 쪽이 훨씬 좋다. 부처님은 일종의 사리탑과도 같다. 부처님의 가르침도 바로 사리와 같다. 우리가 불상이나 탱화, 부처님 사진을 집에 모시는 것은 부처님의 사리를 모시는 것과 같다. 부처님이나 부처님과 관련된 것들은 더 많이 그리고 더 가까이할수록 공덕이 된다.

불상에는 서 있는 부처님, 앉아 있는 부처님, 걸터앉은 부처님, 누워 있는 부처님 등이 있다. 소형으로 제작된 부처님이나 옛날 사찰

터나 부처님의 복장에서 나오는 작은 부처님 중에는 서 있는 상이 많다. 요즘 우리가 예경의 대상으로 모시는 입상은 주로 미륵부처님이다. 지장상은 주로 승려의 모습을 한 입상이기는 하지만 부처님이 아니고 보살상이다. 좌상의 부처님은 우리가 예경하는 대부분의 불상들이다. 걸터앉은 모습의 불상에는 미륵반가사유상(彌勒半跏思惟像)이 있다. 누운 상의 부처님은 부처님이 열반에 드시는 모습을 형상화한 것으로, 일본이나 남방불교에는 흔하지만 우리나라의 전통적인 불상 중에서는 찾아보기가 쉽지 않다.

점안을 하지 않은 부처님의 모형은 그저 조각품일
뿐이고 점안식을 통해서 그 불상 안에 경전, 다라
니, 보석 등의 법신사리가 들어가야…

현재 우리나라에서 예식 때 주로 사용하고 있는 안진호 편《석문
의범》의 대예참례에 보면 불상에 공양을 올리는 구절이 나온다.

우전금상전단상(優塡金像栴檀像)　아육왕조동철상(阿育王造銅鐵像)
사자오중옥석상(獅子吳中玉石像)　제국토중칠보상(諸國土中七寶像)
마니보상진주상(摩尼寶像眞珠像)　자마염부단금상(紫磨閻浮檀金像)
여시시방허공계(如是十方虛空界)　무량일체제형상(無量一切諸形像)

이 구절은 불상을 만드는 재료의 종류를 알려준다. 우전왕이 처음
조성했다고 하는 금으로 만든 불상과 전단향나무로 만든 불상이 있
다. 아쇼카왕이 조성했다는 동으로 만든 불상과 철로 만든 불상도 있
다. 또 옥불상, 석불상, 칠보불상, 마니주불상, 진주불상, 자마불상, 에
메랄드불상, 흙불상, 목불상 등이 있다. 부처님을 조성하는데는 세상
에서 가장 귀하게 여기는 보석들이 사용되기도 하고 쉽게 얻을 수 있
는 나무, 돌, 흙 등이 사용되기도 한다.

부처님을 닮은 등상이 만들어졌다고 해서 그 등상이 바로 불상이
되는 것이 아니다. 그 등상은 조각품일 뿐이다. 우리가 예경하는 부
처님으로 모시려면 부처님의 혼을 그 등상 안에 모셔야 한다. 부처님

혼을 등상 안에 모시는 의식을 점안식(點眼式) 또는 개안식(開眼式)이라고 한다. 도가 높은 큰스님을 모셔서 그 스님으로 하여금 불상의 눈에 마지막 점을 찍고 불상이 눈을 뜨게 하는 의식을 말한다.

이 점안의식에는 두 가지의 단계가 있다. 한 가지는 물질적인 형상을 가진 부처님 사리를 모시는 일이고, 또 한 가지는 정신적인 무형의 사리를 모시는 일이다. 여기서의 사리란 법신사리(法身舍利)를 말한다. 앞에서 사리의 종류에도 두 가지가 있다는 것을 공부한 바 있다. 생신사리와 법신사리이다. 생신사리는 부처님의 물질적 유골사리이고 법신사리는 부처님의 정신적 유골사리이다. 법신사리란 바로 부처님의 가르침이다. 부처님은 열반 직전의 유훈에서 자기를 의지하고 법을 의지하라고 말씀하셨다. '법신사리를 의지하라'는 말씀이다. 그래서 부처님의 법신사리를 등상불 안에 모시는 것이 점안식의 첫번째 단계이다. 이때는 유형의 물질적 법신사리이므로 부처님의 말씀을 적은 경전과 진언, 다라니, 보석 등을 등상불의 복장 안에 넣는다. 옛불상들의 복장 속에서는 가끔 사리가 나오기도 한다.

점안식(點眼式)의 두번째 단계는 부처님의 법신사리 중에서 무형의 교법을 넣는 것이다. 3신(三身)·4지(四智)·5안(五眼)·6통(六通)·10호(十號)의 법신사리를 넣는 것이다. 필자는 지금 사리라는 말을 많이 쓰고 있지만, 사리 대신에 부처님의 혼을 집어넣는다고 표현해도 상관이 없다. 먼저 법신·보신·화신과 미륵불, 약사여래불께 예를 올리고 다섯 가지의 눈이 열리기를 기도한다. 다섯 가지란 육신의 눈·하늘의 눈·지혜의 눈·진리의 눈·깨달음의 눈이다. 즉 육안(肉眼)·천안(天眼)·혜안(慧眼)·법안(法眼)·불안(佛眼)이다. 이 다섯 가지 눈이 성취되어 청정하고 원만하기를 발원한다. 이 다섯 가지 눈 즉, 5안은 천 개, 만 개, 억천만 개의 눈을 한꺼번에 나타내는 것이다.

이 다섯 가지 눈이 열리는데는 네 가지 지혜 즉, 4지가 이미 전제되어 있다. 4지란 대원경지(大圓鏡智)·평등성지(平等性智)·묘관찰지(妙觀察智)·성소작지(成所作智)이다. 크고 원만한 거울처럼 존재의 실상을 있는 그대로 보는 지혜, 너와 나의 분별을 떠나서 평등하게 보는 지혜, 평등한 가운데서도 현상 세간의 차별을 있는 그대로 보는 지혜, 깨달음으로 향한 서원을 성취하는 지혜이다.

3신, 4지, 5안 다음에는 6통 즉, 6신통(六神通)의 힘을 불상에 스며들게 한다. 6신통이란 천안통(天眼通)·천이통(天耳通)·타심통(他心通)·신족통(神足通)·숙명통(宿命通)·누진통(漏盡通)의 여섯 가지이다. 천안통은 하늘의 눈으로 세계를 한꺼번에 내려다볼 수 있는 종합적 통찰력이다. 천이통은 중생들의 현재와 미래에 대해서 훤히 보고 듣는 힘이다. 타심통은 중생의 마음이 번뇌에 차 있는지 지혜에 차 있는지를 보는 힘이고, 신족통은 중생들 마음의 얽매임과 풀림을 아는 힘이다. 숙명통은 중생의 과거를 아는 힘이고, 누진통은 중생들의 번뇌가 다한 것과 다하지 못한 것을 여실히 아는 힘이다. 필자는 지금 6신통을 부처님이 중생을 관함에 있어서 부처님이 중생을 걱정하고 보살피는 위주로 해석했다. 부처님을 중심으로 해석할 수도 있지만, 불상을 모시는데 있어서는 부처님 자신의 불가사의한 힘이 어느 정도인가를 아는 것보다는 부처님이 어떻게 중생을 이해하고 구제하느냐를 아는 것이 중요하기 때문이다. 3신과 4지와 5안과 6통의 혼이 등상불 안에 모셔지면 그 등상불은 바로 여래의 10호를 가진 부처님이 된다.

부처님 앞에서 기도해보기도 하고 집에서 혼자 기도해본 불자들은 부처님 앞에서 기도하는 것과 혼자 하는 것이 얼마나 차이가 많은지를 느낄 것이다. 법당의 부처님이 등상불이라고 하지만, 그 부처님은 점안의 예식을 통해서 경전과 다라니 등의 유형적 법신사리와 3신, 4지, 5안, 6통, 10호 등의 무형적 힘이랄까 혼을 갖추었다. 그래서 등상의 부처님은 불가사의한 힘으로 중생을 제도한다.

어떤 분은 이런 질문을 할지도 모른다. '다른 이교도들은 천년 묵은 마애불 위에 페인트칠을 하는가 하면 갖가지 방법으로 많은 불상들을 훼손하기도 하는데, 영험 있는 부처님이 왜 그런 사람들을 혼내지 않으시느냐'는 말이다.

부처님은 머리칼 한 올이나 털끝만큼의 마음도 동하지 않을 것이다. 부처님은 18불공법 가운데 3념주 즉, 이로움이나 해로움에 흔들리지 않는 덕목을 가졌기 때문이다. 그리고 불상을 훼손할 정도의 사람들은 이미 신장님들이 알아서 처리했을 것이다.

인도를 침입한 이슬람교도들은 당시에 조성된 불상들의 코와 목을 잘라서 대부분의 불상들을 파손시켜버렸다. 그러나 불교도들은 이슬람교도들과 전쟁을 하지 않았다. 지금의 이슬람 국가들을 보면 그들은 유태인들과 서양의 기독교 세력에 눌려서 처참하게 분열되어 괴로움을 당하고 있다. 반면에 불교가 대승불교화되면서 인도의 전통종교인 힌두교와 대승불교와는 아주 밀접하게 가까워지고 상호 모방을 하게 되었다. 힌두교의 특수한 교파들과 대승불교의 어떤 교파 사이에는 구태여 구별할 필요가 없게 되기도 했다. 그래서 불상들의 코와 머리가 없어졌더라도, 불교라는 이름이 많이 쓰이지 않더라도 불교가 인도 민족의 혼에 심어준 영향은 지금도 인도의 큰 역사라는 강물을 따라 도도히 흐르고 있다.

법당에 모신 주불(主佛)이 어떤 부처님이냐에 따라서, 또 같은 부처님이라도 누구와 함께 모셔져 있느냐에 따라서 법당의 명칭이 달라진다. 3신 중에 화신인 석가모니불을 주불로 모신 법당은 보통 '대웅전' '대웅보전' 또는 한글로 '큰 법당'이라고 한다. 그런데 석가모니 부처님이 제자들인 아라한들과 같이 있게 되면 석가모니불을 주불로 모시고 양 옆에 나한들을 모셨더라도 그 법당의 이름은 아라한을 위주로 해서 '나한전' '영산전' '응진전' 등으로 부른다. 3신 중에 법신인 비로자나불을 모신 법당은 '대적광전' '적광전' '비로전' 등으로 부른다. 보신인 아미타불을 모신 법당은 '극락전' '극락보전' '미타전' 등의 이름을 붙인다. 또한 보신인 약사여래를 모신 법당은 '약사전' 또는 '만월전'이라고 한다. 그리고 미래에 하강할 미륵부처님을 모신 법당은 '미륵전' 또는 '용화전'이라고 한다.

넷·째·마·당

불경의 성립과 분류

부처님 말씀을 여러 제자들이 같이 들었기 때문에 한 사람이 대표로 부처님 말씀을 외우면 다른 이들이 맞다 틀리다를 결정하고 완전히 부처님 말씀과 같다고 여러 사람들의 뜻이 모아질 때 그것을 부처님 말씀으로 확정했다.　　　(제1결집)

아함의 범어인 아가마의 뜻은 전승이다. 그런데 한역된 아함경은 원시불교 이후 분열된 20개의 부파 중 한 부파로부터만 가져온 것이 아니라 이 부파, 저 부파에서 가져온 것을 번역하고 모아놓아서 4아함이 되었다.　　　(아함경의 한역)

진보적 성향을 가진 사람들의 독자적인 계율 제정과 보수적인 사람들의 그 계율을 비법으로 규정하는 결집으로 인해 교단은 두 개로 분열되었다. 이어서 20여 개의 부파로 다시 세분되었다.　　　(부파불교)

경전에 관한 연구논문을 별도로 아비달마라고 부르고, 그 연구논문들을 총칭해서 논장이라고 한다.　　　(아비달마)

사리탑을 중심으로 존경을 받기에 손색이 없는 전문적인 법사가 생기고 대승의 뜻을 나타내는 경전이 유포되면서 법사와 경전에 대한 숭배가 생겨났다.　　　(대승경전의 출현)

무작정 경전을 읽어서는 그 경전들의 전체 사상을 체계적으로 이해할 수가 없다. 그래서 옛스님들은 해석학적인 의미에서, 설해진 순서에 따라서, 보다 얕고 깊은 단계에 따라서, 또는 중생을 교화하는 방법에 따라서 모든 경들을 서로 연관이 되도록 분류했다.　　　(교판)

천태대사의 교판에 의하면 기본적으로 중요한 경전들이 설해진 순서는 화엄경, 아함경, 방등경, 반야경, 법화경, 열반경의 순이다.　　　(천태오시교)

34. 최초의 경전 결집

불멸 후 교단의 질서를 위해서 부처님의 가르침과
계율을 확정했다. 가섭존자, 아난존자, 우바리존자
등 5백 명의 아라한으로 구성된 편집회의…

부처님 재세시에는 부처님의 가르침을 글자로 기록해서 적어놓지
않고 모조리 머리 속에 암기했다. 부처님 교법의 보관장소는 머리와
가슴이었고, 다른 이에게 전할 때는 입과 귀만 이용되었다. 부처님
말씀을 기록해놓지 않는 것이 부처님 당시의 전통이기도 했고, 언제
라도 질문이 있으면 부처님께 직접 물을 수 있기 때문에 별도로 기록
할 필요가 없었다. 부처님 말씀을 거역하는 사람은 아무도 없었고,
또 부처님의 말씀이 교단의 기본이기는 했지만 꼭 부처님이 억압적
으로 통솔하지 않았다. 어떤 일이 생기면 승단의 모임에서 결정했고
부처님은 권고자의 입장만을 취했다. 교단이 있기는 했지만 현재의
종단처럼 조직적으로 구성되어 있지 않았다.

부처님이 열반하신 후 후계자로 마하가섭(摩訶迦葉)존자가 지명되
기는 했지만 일사불란하게 통솔되는 교단을 인수받은 것은 아니었
다. 부처님으로부터 직접 가르침을 받고 별도의 무리를 지어 곳곳에
서 나름대로 포교하는 많은 그룹이 있었다. 그런데 부처님이 열반하
셨다는 소식이 들려오자 어떤 이가 '이제 우리의 행동을 감시하면서
잔소리할 사람이 없어졌다. 지금부터는 우리가 각자의 방식으로 수
행하거나 전도해도 된다'고 주장했다고 한다. 이 일에서도 알 수 있
듯이 부처님의 입멸 후 교단이 완전히 와해되지 않기 위해서는 부처

님의 가르침, 특히 승단의 규율을 확정하는 일이 시급하게 필요했다.

부처님의 후계자로 지명된 마하가섭존자는 부처님 말씀을 기록해서 책으로 만들 편집회의를 소집했다. 편집회의의 인원수는 500명으로 제한되었고 장소는 마가다국의 왕사성(王舍城) 즉, 라자가하의 교외에 있는 칠엽굴(七葉窟)이었다. 이와 같은 편집회의를 범어로 상기티(saṃgiti)라고 한다. 합송(合誦)이나 결집(結集)이라는 말로 한역된다. 그 뜻은 여럿이 모여서 함께 부처님으로부터 들은 말씀을 외운다는 것이다. 부처님 말씀을 여러 제자들이 같이 들었기 때문에 한 사람이 대표로 부처님 말씀을 외우면 다른 이들이 그것이 맞다 틀리다를 결정하고 완전히 부처님 말씀과 같다고 여러 사람들의 뜻이 모아질 때 그것을 부처님 말씀으로 확정하는 방식이다.

경전을 편집하는데 있어서 가장 중요한 이는 다문제일(多聞第一)의 아난(阿難)존자와 지계제일(持戒第一)의 우바리(優波離)존자였다. 아난존자는 부처님이 열반에 드시기 전까지 25년 동안 부처님 곁을 떠나지 않고 부처님의 시자(侍者) 즉, 비서실장의 일을 담당했기 때문이다. 우바리존자는 출가하기 전에 이발사로서 노예계급에 속해 있었다. 부처님은 우바리존자가 노예계급임을 감안하여 출가 후에는 모든 신분이 평등하다는 것을 강조해서 우바리존자에게 다른 귀족 출신보다도 더 높은 관심을 보였다고 한다. 그런데 그 우바리존자는 계율에 대해서 관심이 많았고 또 남달리 계율을 잘 실천했다.

마하가섭존자가 소집한 최초의 편집회의에서 아난존자는 부처님의 가르침을 외우고 우바리존자는 부처님이 규정한 계율을 외웠다. 아난존자가 차례로 외우는 대목에 대해서 다른 5백 명의 동참자들이 각기 '내가 듣기에도 부처님이 그때 그 장소 그 상황에서 그와 같이 말씀하셨다'고 인정하면 그 내용은 부처님 말씀으로 확정되었다. 이렇게 결집된 것이 최초의 경장(經藏)이다. 율장(律藏)도 마찬가지 방법으로 편집되었다. 우바리존자가 외우고 다른 대중들이 인정하면 그것이 부처님이 정한 계율로 확정되었다.

마하가섭존자가 소집한 제1회 결집에서 경장과 율장을 만들 때 어떤 언어가 사용되었는지에 대해서는 아직까지 확정적으로 알려지지 않고 있다. 매스컴의 영향력이 커지고 교육수준이 보다 높아졌으리라고 짐작되는 지금도 인도에는 방언이 아주 많다. 하물며 그 옛날에는 더 많은 종류의 방언들이 있었을 것이다. 제1회 결집 당시보다 1세기 이전에 융성했던 코살라국의 언어나 결집 당시에 강국으로 부상한 마가다국의 언어가 뒷날 팔리어로 변천해갔으리라고 추측할 뿐이다. 그러나 현재의 팔리어가 탄생하기까지 언어 자체가 오랜 변천이 있었을 것이고, 또 경장과 율장이 처음부터 현재와 같은 팔리어로 기록되었다고 볼 수가 없다. 그리고 경전이 현재의 팔리어 경전으로 확정되기까지 언어 자체의 변천에 따라 경전을 옮겨쓰는 과정에서 경전의 구성, 형태, 내용 등이 차츰 정리되어 매끄럽게 다듬어졌으리라고 짐작된다. 경전은 운문과 산문의 형태로 기록되어 있는데, 운문은 비교적 고침이 없이 원형을 존중해서 보존된 것같고 산문은 원형의 변화가 상당히 있었으리라고 여겨진다.

제1회 결집을 통해서 만들어졌다고 하는 경장으로는 《아함경(阿含經)》이 있다. 《아함경》은 팔리어본에서는 5부로 이루어져 있고 한자로 번역된 것은 4아함이 있다. 팔리어본의 5부아함(五部阿含)은 장부(長部) 34경, 중부(中部) 152경, 상응부(相應部) 56부류, 증지부(增支部) 그리고 소부(小部)로 되어 있다. 이에 해당하는 한역은 장아함(長阿含) 30경, 중아함(中阿含) 222경, 잡아함(雜阿含)과 별역잡아함(別譯雜阿含), 증일아함(增一阿含) 그리고 기타 잡역(雜譯)이 있다.

팔리어본과 한역본 《아함경》을 비교해보면 다음과 같다.

　　　　팔리어본 5부아함　　　　　　　　　한역본 4아함

1. 장부 34경
2. 중부 152경
3. 상응부 56상응
4. 증지부 1법 내지 11법
5. 소부

1. 장아함 30경
2. 중아함 222경
3. 잡아함 및 별역잡아함
4. 증일아함 1법 내지 11법
(잡다역)

  아함의 범어인 아가마(āgama)는 '전승(傳承)' 또는 '전해내려오는 것'이란 의미이다. 석가세존의 시대부터 전해내려온 경전을 뜻한다. 그런데 한역된《아함경》은 원시불교 이후 분열된 20개의 부파 중 어느 한 부파로부터만 가져온 것이 아니라 이 부파, 저 부파에서 각기 질서없이 가져온 것을 번역하고 모아놓아서 4아함이 되었다.

  4아함 중에서 장아함은 긴 경전이고 중아함은 중간 정도 길이의 경전들을 모아놓은 것이다. 잡아함은 수천 가지의 짧은 경들로서, 교리학설이나 관계된 인물 등에 의해 분류하여 부류별로 수집해놓은 것이다. 증일아함은 설법 내용의 법수에 따라서 분류해놓은 것이다. 팔리어본의 소부에는 15편의 경이 있는데, 그 중에 유명한 것으로는 《법구경(法句經)》《경집(經集)》즉,《숫타니파타(Suttanipāta)》《본생경(本生經)》즉,《자타카(Jātaka)》《장로게(長老偈)》《장로니게(長老尼偈)》《비유경(譬喩經)》《불종성경(佛種姓經)》등이 있다.

  앞에서 중국의 한자로 번역된《아함경》이 부파불교의 여러 부파에서 제각기 들어온 것이라고 말했다. 그런데 부처님 말씀에 대한 이해의 차이는 이미 부처님 열반 직후에도 있었다. 마하가섭존자 등 5백 명의 아라한이 제1회 결집을 마치고 그 편집한 경전을 설법제일(說法第一) 부루나(富樓那)존자에게 보였다. 그리고 그 결집한 내용이 합당하다고 인정해줄 것을 부탁했다. 그러나 부루나존자는 결집한 것을 승인하지 않았다. 부루나존자는 자신이 부처님으로부터 직접 듣고 이해한 대로 불법을 닦고 전하겠다고 말했다. 이런 사실을 염두에 두고 생각해본다면 20여 부파의 분열 가능성은 이미 원시불교 때부터 있었고 각기 다른 부파는 자기 부파의 해석과 일치하도록 결집된 경전을 수정 보완했을 가능성이 있다.

　제1회 결집에서 편찬된 율장도 처음부터 지금의 형태는 아니었고 전해내려오면서 분류되고 정돈되었으리라고 추측된다. 율장의 조직은 크게 금지사항(禁止事項)과 준수사항(遵守事項)으로 나뉘어진다. 금지사항은 비구스님네의 250계와 비구니스님네의 348계를 가리킨다. 준수사항은 출가한 스님네 단체의 생활규정이다. 이를테면 수계(受戒), 포살(布薩), 안거(安居), 자자(自恣), 의식주 등에 관한 여러 규정을 모은 것이다. 이 금지사항과 준수사항 이외에 후대로 내려오면서 율장에 부록이 추가되었다. 금지사항을 경분별(經分別)이라고 하고 준수사항을 건도부(犍度部)라고 한다. 팔리어 율장은 이처럼 금지사항의 경분별, 준수사항의 건도부, 그리고 추가부록(追加付錄)의 3부로 되어 있다.

　현존하는 각종의 율장으로는 팔리어본 율장 1종, 한문으로 번역된 율장 5종, 티베트역 1종의 모두 일곱 가지이다. 팔리어본은 남방 상좌부 소속이고, 《오분율》은 화지부 소속이다. 《사분율》은 법장부 소속이고, 《마하승기율》은 대중부 소속이다. 《십송율》은 설일체유부(說一切有部) 소속이고, 《유부신율(有部新律)》과 티베트역도 똑같이 근본설일체유부 소속이다.

　남방불교 즉, 태국, 미얀마, 스리랑카 등에서는 이 율장을 철저히 준수한다. 중국에서는 대승불교라고 해서 소승부파의 교단은 없지만, 당 시대의 율종인 남산종(南山宗)은 《사분율》에 의해서 계율규정을 삼았다. 그래서 이 율종을 사분율종(四分律宗)이라고도 한다. 우리나라에서는 비구 250계, 비구니 348계인데 반해서 남방불교에서는 비구 227계, 비구니 311계이다.

35. 율장의 항목과 논장

거짓말에도 여러 가지가 있다. 도통했다고 거짓으
로 주장하면 큰 거짓말이 되고 그 외의 사소하게
둘러대는 거짓말은 작은 거짓말이 된다.

제1결집에 의해서 성립된 율장들은 《사분율》《오분율》《십송율》
《마하승기율》 등을 막론하고 한결같이 계율의 조목들을 여덟 가지로
분류한다. 비구스님네의 250계와 비구니스님네의 348계를 그 경중에
따라서 분류한 것이다. 그 여덟 가지란 바라이(波羅夷)·승잔(僧殘)
·부정(不定)·사타(捨墮)·단타(單墮)·회과(悔過)·중학(衆學)·
멸쟁(滅諍)이다. 계율의 조문집(條文集)을 바라제목차(波羅提木叉)
라고 한다. 범어 프라티모크샤(prātimokṣa)의 음역(音譯)이다. 계율을
지켜서 죄를 막고 해탈에 이르게 한다는 뜻이다.
　바라제목차의 조문 중에서 4바라이죄가 가장 중요하다. 앞의 여덟
가지 분류의 용어들을 일반인들이 꼭 알아야 할 필요는 없다. 단지
그 내용을 이해하면 그것으로 족하다. 계율은 스님들에게 관계된 것
이지만 어떤 계율이 중요하고 어떤 계율이 미세한 것인지 분별하기
위해서 살펴보는 것이다.
　바라이는 살생, 도둑질, 삿된 행위, 큰 거짓말의 네 가지이다. 이 네
가지를 ‘4바라이죄’라고 한다. 바라이라는 말은 ‘목을 자른다는 의미
의 단두(斷頭)’ ‘죄가 대단히 중하다는 의미의 극중(極重)’ 등의 뜻이
다. 이 4바라이죄를 범하면 교단으로부터 파문을 당하게 된다. 세간
으로 말하면 사형에 해당하는 죄목이다.

승잔에 속하는 계를 범하면 일정 기간동안 권리를 빼앗기고 혼자
서 별거해야 한다. 세간으로 말하면 징역이나 금고의 죄와 같다. 이
승잔에 속한 계는 파계를 인정하느냐 않느냐에 따라 그 처벌이 달라
진다. 자신의 죄과를 있는 그대로 고백하고 참회하는 이에게는 가벼
운 처벌이 있고 참회하지 않는 이에게는 무거운 처벌이 있게 된다.
승잔이라는 말은 불문으로부터 추방당하지는 않고 아직 승려로서 남
아 있을 정도의 죄라는 뜻이다.

다음 부정의 계율은 비구니스님에게는 관계되지 않고 비구스님네
에게만 적용된다. 어둡고 으슥한데 가서 계를 범하지 않았다고 하더
라도 계율을 범했다는 오해를 받을 만한 태도를 취하면 그 자체가 하
나의 죄가 된다. 부정이라는 말은 계를 범했는지 범하지 않았는지 확
실히 정할 수 없는 것을 뜻한다. 이 계를 범하면 범계 여부를 밝히고
오해받을 소지가 있는 행위를 삼가는 것이다.

사타의 계는 불법으로 취득한 물건을 승단에 버리고 참회하면 용
서가 되는 정도의 죄이다. 세간으로 말하면 몰수나 벌금에 속하는 죄
이다. 단타의 계는 사소한 잘못을 범하는 계로, 참회하면 용서가 되
는 계이다. 세간의 견책의 죄에 해당된다. 회과는 식사에 관계된 잘
못으로 고백하면 용서되는 죄이다. 중학은 일상생활 중에서의 위의
없는 행위로, 혼자 스스로 반성하면 되는 죄이다. 멸쟁은 죄과는 아
니고 교단에서의 모든 다툼을 멈추게 하는 방법이다.

여덟 가지의 벌칙을 보면 중한데서부터 가벼운 쪽으로 내려온다.
중한 범계는 파문과 별거이다. 그 다음에는 참회만 하면 되는 죄, 고
백하기만 하면 되는 죄, 스스로 반성하기만 하면 되는 죄 등으로 이
루어져 있다. 그런데 명목상으로는 똑같은 파계가 그 경중에 따라 다
른 죄가 된다. 가령 살생계를 범했다고 할 경우 사람을 다치게 하면
바라이죄가 되지만 축생을 죽였을 경우에는 '작은 살생'이라고 해서
단타의 죄가 된다. 바라이죄는 파문을 당해야 하는데 단타의 죄는 참

회만 하면 된다.

똑같은 거짓말도 그 종류와 내용에 따라 죄의 경중이 달라진다. 자기가 깨닫지도 못했으면서 도통했다고 주장하면 '큰 거짓말'이 되고, 그 외의 사소하게 둘러대는 거짓말은 '작은 거짓말'이 된다. 큰 거짓말은 바라이죄를 범한 것이 되고, 작은 거짓말은 참회만 하면 된다.

우리나라에서는 자장율사(慈藏律師)가 《사분율》과 대승계(大乘戒)인 《범망경(梵網經)》을 가지고 와서 통도사에 계단을 세웠다. 그래서 자장율사가 우리나라 율종의 교조가 된다. 《사분율》은 본래 상좌부 계통의 법장부에서 사용하던 율장이고, 10중대계와 48경계를 설하는 《범망경》은 대승율장이다. 우리나라에서는 출가한 비구, 비구니에게는 소승율장을 그리고 출가와 재가를 포함한 사부대중 전체에게는 대승율장을 적용한다.

부처님이 열반에 든 후 약 100년경에 혁신파와 진보파간에 계율 문제에 대한 이견이 생겼다. 진보파는 기후, 토양, 문화의 조건에 따라서 10조목의 계율을 독자적으로 만들었다. 진보파는 계율을 고친 근거를 부처님이 열반 전에 남기신 유훈에 두었다. 부처님은 '세세한 항목은 대중의 합의하에 폐지해도 좋다'고 말했기 때문이다. 이 말은 시대와 환경에 따라서 소소한 계율은 바뀔 수 있다는 것을 허락한 것으로 해석할 수도 있다. 진보파가 부처님이 정한 계율을 마음대로 바꾸자 보수파는 그것을 걱정했다. 야사(耶舍)존자가 주동이 되어 7백 명의 보수파 장노가 비사리성에 모였다. 진보파가 새로 제정한 열 가지 계율을 '비법(非法)'이라고 규정하려는 목적으로 결집을 했다. 이것을 '10사비법(十事非法)'이라고 한다.

진보적 성향을 가진 사람들의 독자적인 계율 제정과 보수적인 사람들의 그 계율을 비법으로 규정하는 결집으로 인해 교단은 두 개로 분열되었다. 이것을 교단의 '근본분열(根本分裂)'이라고 한다. 이때의 보수파는 상좌부 계통이었고, 진보파는 대중부 계통이었다. 상좌부

와 대중부가 생긴 것이다. 이 결집은 제1결집 후에 일어났으므로 제2
결집이라고 한다. 또 일설에는 대천(大天)이라는 진보적 성향을 가
진 승려의 다섯 가지 교리적 망언(妄言) 사건에 의해서 보수파와 진
보파가 분열되었다고 한다. 제2결집 이후에도 부처님 열반 후 2백 년
경에 아쇼카왕의 후원을 받아서 소집된 제3결집, 또 불멸 후 6백 년
경에 카니시카왕의 후원을 받아서 소집된 제4결집이 있었다고 전해
지지만, 경·율·논 3장의 기본적 골격에 크게 영향을 미치는 것은
아니었다.

제1결집 이후에 경장과 율장에 대해서 꾸준한 분류와 정리가 있었
다. 난해한 어구에 대해 정의하기도 하고 교리나 수행법을 체계화시
켜갔다. 율장 속의 계율조목이나 시행규정도 체계화되었다. 이와 같
은 경장에 대한 연구논문을 '아비달마(阿毘達磨, abhidharma)'라고 하
고 율장에 대한 연구논문을 '아비비나야(阿毘毘奈耶, abhivinaya)'라고
한다. '아비(abhi)'라는 말은 '어떤 것에 대해서'의 뜻이다. 아비 뒤에
달마가 붙으면 '법에 대한'이라는 뜻으로, '법 즉, 부처님의 가르침에
대한 논문'을 나타낸다. 율장에 관한 것은 부록으로 율장의 뒤에 추
가되었지만, 경에 관한 연구논문인 아비달마는 그 서술이나 표현형
식이 경전과 다르기 때문에 《아함경》에 추가될 수가 없었다. 그래서
경전에 관한 연구논문을 별도로 아비달마라고 부르게 되었고, 그 연
구논문을 총칭해서 논장(論藏)이라고 부르게 되었다. 논장은 원시불
교시대를 지나 제2결집으로 인한 보수파 진보파의 분열 이후에 부파
불교시대에 이루어진 것으로 짐작된다. 각 부파들은 자기 부파 나름
대로의 경·율·논 3장을 가지고 있었다.

경장이나 율장은 각 부파 사이에 크게 다른 점이 없었지만, 논장은
주제에 따라서 상당한 차이점을 보이기도 했다. 경장이나 율장은 석
가세존께서 말씀하신 것을 전해받는 것이므로 공통성을 가지게 되지
만, 논장은 부파불교시대에 각 부파들에 의해서 제작된 것이므로 부

파에 따라 달라지게 되었다. 논장은 각 부파의 독특한 주장이랄까 특징을 나타내는 것이었다. 현재에는 팔리어본으로 일곱 가지의 논문이 있고 설일체유부(說一切有部)의 것으로 또한 일곱 가지가 있다. 그리고 설일체유부의 한 부파인 법장부에 속하는 것으로 추측되는 《사리불아비담론(舍利弗阿毘曇論)》이 있다. 팔리어본 논장과 설일체유부의 논장 사이에는 서로 대응하는 일치점이 없다. 《사리불아비담론》은 팔리어본과 설일체유부본을 통합해서 정리한 것으로 보여진다.

36. 대승불교 삼장의 성립

대승경전의 성립은 보통 3기로 나뉜다. 1세기경부터 용수보살 때까지와 그후 세친보살 때까지, 다시 7세기 이후이다. 저술에 인용된…

　인도의 대승불교에서는 엄격한 의미에서의 3장이 없었다. 인도의 초기 대승불교에서는 출가교단이 없고 재가교단이 주류를 이루었으므로 율장이나 교단의 규율이 필요없었다. 후기 대승불교에 이르러서야 출가승려들이 많이 모이고 집단생활이 이루어짐에 따라 생활규정이 필요하게 되었다. 그러나 별도의 율장을 갖지는 않고 근본설일체유부에서 사용하는 율장을 이용하였다. 대승불교이면서도 소승불교의 율장을 사용한 것이다. 그러나 중국의 대승불교에서는 《범망경(梵網經)》의 10중대계와 48경계 그리고 《선계경(善戒經)》의 10선계를 이용했다. 《범망경》은 인도에서는 나타나지 않고 중국에서만 유포된 것이고, 《선계경》은 유식파에서 사용하던 것이다. 유식학이라는 것은 무착보살이 미륵부처님으로부터 가르침을 받은데서부터 유래되었다고 전해지므로 유식학파는 미륵신앙과 같이 퍼져서 미륵부처님을 신봉하는 곳에서는 《선계경》의 10선계가 강조되었다.

　중국불교에 있어서는 삼장교(三藏敎)가 낮은 기초수준의 소승불교를 의미한다. 그래서 불교경전을 전체적으로 정리할 때 삼장교는 기초불교쯤으로 간주하고 그 위에 대승불교의 경론을 놓는다. 제1회 결집에 의해서 만들어진 3장을 낮추어서 보는 태도는 중국불교에서 처음 시작된 것이 아니고 이미 대승불교의 경전에 나타난다. 《법화경》

의 안락행품에는 '소승의 3장에 탐착하는 학자'라는 구절을 써서 부파불교의 3장을 분명하게 낮추어 말하고 있다. 또 많은 대승경전들이 소승법(小乘法)은 기초이고 대승법(大乘法)이 궁극이라고 하거나 삼승(三乘)은 방편이고 일승(一乘)이 진실이라고 할 때 소승불교의 3장에 대한 업신여김이 기본적으로 깔려 있는 것이다. 그러나 중국에서 모든 경전의 목록을 만들 경우에는 대승에도 3장이 있는 것처럼 분류했다. 그래서 현장삼장이라고 할 경우 현장스님이 일체의 경전에 통달했다는 것을 나타낸다. 대승불교에서는 인도나 중국을 막론하고 율장보다는 경장이나 논장에 더 중점을 두었다.

그렇다면 대승불교의 경장과 논장은 어떻게 성립되었는지에 대해서 살펴볼 차례이다. 대승불교는 부처님의 사리탑 신앙을 중심으로 일어났다. 부파불교의 출가대중이 학문적으로 불교를 연구하는 일에만 몰두하고 일반대중을 보살피는데는 관심이 없는데 대해서 재가불자들은 허전해했다. 그래서 부처님과 직접 연결되는 탑을 중심으로 모였고 아비달마적 즉, 철학적 현학적 불교와는 다른 신행적 행동적 불교를 지향하게 되었다. 여기서는 부처님의 다겁생래의 보살도수행과 6바라밀의 보살행, 자비정신이 강조되었다. 특히 혼자 아라한과를 얻어서 그것을 즐기는데 만족하는 것이 아니라 자신의 성불을 미룰지라도 모든 중생의 고통을 살피겠다는 발원, 혼자만 성불하는 것이 아니라 다같이 성불하겠다는 발원, 또 중생의 고통이 남아 있는 한 나의 수행은 끝나지 않았다는 다짐 등이 크게 작용하였다. 대승불교 운동의 최초 지도자들은 전통적인 비구계를 받지 않은 사람들이었다. 그러나 차츰 존경을 받기에 손색이 없는 전문적인 법사(法師)가 생기고 대승의 뜻을 나타내는 경전이 유포되면서 법사와 경전에 대한 숭배가 생겨났다. 처음에는 재가법사로부터 대승불교의 교단이 차츰 조직화되면서 출가법사로 교체되었다.

대승불교의 경론의 성립은 3기로 나뉘는 것이 보통이다. 처음에 대승불교가 일어난 때부터 용수보살이 나타나서 활동할 때까지의 기간동안에 성립되고 유포된 경론을 제1기의 것으로 본다. 그리고 용수보살 이후 무착보살과 세친보살이 출현해서 활동할 때까지 만들어지고 유포된 경전을 제2기의 것으로 본다. 그리고 무착, 세친보살 이후에 성립된 경전들을 제3기의 것으로 본다. 밀교의 경전은 제3기의 경전에 포함시키기도 하고 별도로 제4기의 경전으로 취급하기도 한다.

대승불교는 서력기원 1세기 전후에 일어났으리라고 짐작된다. 그리고 용수보살은 기원후 약 200년에서 250년 사이에 활동했던 것으로 추측되며, 무착과 세친보살은 약 400년에서 480년 사이에 있었던 것으로 여겨진다. 이렇게 보면 제1기의 대승경전들은 서력기원 초부터 기원후 약 300년경까지 생겨난 것들이고 제2기의 경전들은 300년부터 약 650년경까지 만들어진 경전이 될 것이다. 그리고 650년경 이후에 만들어진 경전들은 제3기가 되겠다.

용수보살과 세친보살은 대승불교사상 발전에 획기적인 역할을 한 조사스님들이다. 조사스님으로 부르기에는 너무도 훌륭하고 거룩해서 후세 사람들은 용수에게 보살이라는 명칭을 붙이고 있다. 또한 범어 이름 나가르주나(Nāgārjuna)인 용수보살은 제2의 석가로, 범어 이름 바수반두(Vasubandhu)인 세친보살은 제3의 석가로 칭송되고 있다. 불교의 특징을 공사상과 유식사상이라고 할 때 용수보살은 공사상의 교조와 같은 대가이고 세친보살은 유식사상의 교조와 같은 대가이다. 용수보살은 인간 존재의 실상이 어떠한가를 직접적으로 파악하는데 주력했다. 반면에 세친보살은 마음의 흐름을 연구하여 어떻게 미혹의 인간세계가 벌어졌으며 그 미혹의 세계로부터 어떻게 해야 깨달음의 세계로 갈 수 있는가 그리고 깨달음을 이룩할 수 있다는 가능성이 어떻게 우리에게 있는가를 살피는데 주력했다.

어떤 경전이 어느 시기에 성립되었느냐에 대해서 확실한 근거가 있는 것은 아니다. 단지 두 가지 사실을 기초로 해서 추측할 뿐이다.

그 한 가지는 어떤 인물의 사상과 그의 저술에 인용된 것으로 보아서 짐작하는 것이고, 다른 한 가지는 한역된 순서로 보아서 짐작하는 것이다. 용수보살은 공사상을 중심으로 법을 폈다. 용수보살은 8종의 조사로 숭배되는 인물로서, 용수보살의 저술에 인용되고 있는 경전들은 최소한 용수보살 이전에 이미 존재하고 있었음을 알 수 있다. 또 용수보살이 직접적으로 인용하지 않았고 용수보살이 이미 유포되어 있던 경전을 보지 못했다고 하더라도, 또는 용수보살 이후에 어떤 경전이 나타났다고 하더라도 그 경전의 사상이 용수보살이 주로 인용했던 경전들과 연관이 많이 있다면 그 경전들은 제1기에 성립된 경전으로 보아도 무방할 것이다. 즉 용수보살의 저술인 《대지도론(大智度論)》에 인용되는 경전이나 사상의 내용을 보아서 그 이전에 이미 존재하던 경전이나 그 사상과 관련된 경전을 추측할 수 있다는 것이다. 여기에 추가해서 한역된 경전들은 누가 언제 번역했다는 것이 분명하게 기록으로 남아 있다. 한역의 순서를 보면 확실하지는 않지만 대강 앞뒤의 시대를 짐작해볼 수가 있다.

용수보살이 공사상을 중심으로 모든 불교를 해석한데 비해서 세친보살은 유식사상을 중심으로 불교를 연구했다. 용수보살의 저술에는 전혀 어떤 경전의 명칭이 인용되지도 않았고 유사한 아이디어도 없었는데 세친보살의 저술에 인용되고 있고 세친보살이 의지하는 사상과 일치점이나 유사점이 있다면 그 경전은 용수보살 이후 세친보살 이전 사이에 편찬된 것으로 짐작할 수 있다. 세친보살 이후에 만들어졌다고 하더라도 세친보살의 사상과 관련이 더 많다면 제2기의 경전 무리에 포함시켜도 무방할 것이다. 어떤 경전의 한역된 시기를 참조하는 것도 마찬가지로 도움이 될 것이다.

제3기의 경전은 제1기와 2기에 속하지 않는 사상들이 표출된 것, 특히 밀교에서 사용하는 경전들로 짐작할 수 있다. 왜냐하면 역사적으로 보아 밀교는 7세기 이후에 일어났기 때문이다.

제1기의 대승경전 이전에 가장 원시적인 대승경전이 어떤 것인가를 알기 위해서는 대승불교 초기에 있었으리라고 짐작되는 사상들이 주류를 이루는지 살펴보아야 할 것이다. 원시 대승경전의 조건이란 초기 대승불교도들이 불탑신앙을 중시했으므로 탑에 대한 신앙을 살펴야 한다. 또 아미타불같은 현재 타방에서 교화활동하시는 부처님이 있는지도 보아야 한다. 또 서원을 중시하는지, 소승에 대립해서 대승이라는 말을 사용하고 있는지, 경전의 숭배와 법사에 대한 존중 사상이 있는지, 석가보살의 6바라밀, 4무량심 등의 수행이 나타나는지 등을 살펴야 한다.

이와 같은 원시 대승경전의 조건에 맞는 것으로는 《반주삼매경(般舟三昧經)》 《수능엄삼매경(首楞嚴三昧經)》 《아난사사경(阿難四事經)》 《태자화휴경(太子和休經)》 《금강반야경(金剛般若經)》 등이 있다. 이 중에서 《금강반야경》은 우리에게 친숙한 경인데, 원시적인 대승경전으로서의 조건에 맞는 점도 있고 뒤에 만들어졌을 가능성도 있다. 《금강반야경》에는 아직 공(空)이라는 말도 나오지 않은 점, 경의 형식과 교리적 표현이 단순하고 소박한 점 등으로 보아서는 보다 일찍이 성립된 경전으로 볼 수도 있다. 그러나 《금강반야경》이란 이름이 용수보살의 저작에도 나타나지 않고 있고, 또 기원후 343년에 태어나서 413년에 열반한 구마라집삼장에 의해서 늦게 이 경이 번역된 것으로 보아서는 다른 반야부경전들보다 먼저 만들어졌다고 생각하기가 어렵다.

서력기원 초부터 300년경까지 대승불교 제1기에 성립된 경전으로는 우선 반야부(般若部) 경전들을 들 수 있다. 이 반야부에는 《대반야경(大般若經)》 600권, 《대품반야(大品般若)》 27권, 《소품반야(小品般若)》 10권, 《방광반야(放光般若)》 20권, 《금강반야(金剛般若)》 1권, 《이취반야(理趣般若)》 10권, 《반야심경(般若心經)》 1권, 《인왕반야(仁王般若)》 2권, 《도행반야(道行般若)》 10권, 《법장반야》 25권, 《승천왕반야》7권,《대명도경》6권,《불공삼매대교왕경》7권 등이 있다. 이외에도 많은 반야부경전들이 있다. 이 중에서 유명한 것으로는 《대반야경》《대품반야》《소품반야》《금강반야》《반야심경》등이다. 《대반야경》600권은 현장법사가 번역했다. 《대품반야》27권본과 《소품반야》10권본은 구마라집이 번역했다. 우리가 현재 사용하고 있는 《금강경》은 구마라집이 번역한 것이고,《반야심경》은 현장법사가 번역한 것이다. 반야부경전들은 주요 불교경전 전체의 약 3분의 1의 분량을 차지하고 있다.

화엄부(華嚴部) 경전도 제1기에 속한다. 《화엄경》은 60권본, 80권본, 40권본이 있다. 60권본 《화엄경》은 불타발타라가 번역했고, 80권본 《화엄경》은 실차난타가 60권본 《화엄경》보다 더 자세하게 번역한 것이다. 40권본 《화엄경》은 반야가 번역한 것으로, 경전 전체가 아니라 핵심이 되는 입법계품(入法界品) 부분만을 자세하게 번역한 것이다. 60권본 《화엄경》은 34품에 일곱 장소에서 여덟번 부처님이 설한 것으로 되어 있고, 80권본 《화엄경》은 39품으로 일곱 장소에서 아홉번 부처님이 설한 것으로 되어 있다. 우리 나라에서는 80권본 《화엄경》을 스님들의 불교전문강원 대교과에서 교재로 삼고 있다. 우리가 법회 때 자주 염송하는 《대방광불화엄경용수보살약찬게》는 80권본 《화엄경》의 대의와 구성을 나타내고자 한 것이다. 그런데 이와 같은 《화엄경》은 처음부터 방대한 경전으로 제작된 것이 아니고 각 품들이 별도로 돌아다니다가 함께 모아진 것이다. 《화엄경》의 십지품(十地品)도 《십지경(十地經)》으로 유포되고 있었고, 여래성기품(如來性起品)도 《여래흥현경(如來興現經)》으로 유포되고 있었다. 각기 흩어져서 다니던 것들이 모아져서 현재 모양의 전체 《화엄경》을 이룬 것이다.

《법화경》도 대승불교 제1기에 속하는 경전이다. 《법화경》은 여섯 차례 한역되었지만 현재는 세 가지의 번역본만이 남아 있다. 그 중에서 우리가 현재 많이 읽고 있는《법화경》은 구마라집이《묘법연화경(妙法蓮華經)》이라는 이름으로 번역한 것이다.

이 밖에 대승불교 제1기에 이루어진 것으로《무량수경(無量壽經)》과《유마경(維摩經)》이 있다. 또 대승 1기에 나온 논장으로는 용수보살이 지은《중론(中論)》《십이문론(十二門論)》《대지도론(大智度論)》《십주비바사론(十住毘婆沙論)》《회쟁론(廻諍論)》등이 있다. 그리고 제바(提婆)가 지은《백론(百論)》과《사백론(四百論)》등이 있다.

서기 300년경부터 650년경 사이에 대승불교 제2기의 경전들이 성립되었다. 이 시기에는 대승불교도 차츰 철학적 학문적인 불교연구에 몰두해갔다. 그 당시에는 외교들도 왕성했는데, 특히 유명한 인도의 6파철학 등이 융성했으며 외교에 대항하기 위해서는 불교도 철학적인 이론을 전개할 필요가 있었다. 그래서 경이나 논에 다같이 철학이론적인 면이 강하게 스며들어 있었다. 제2기의 대승경전은 불교 내에서뿐만 아니라 인도역사 전체에 견주어보더라도 가장 철학적이고 학문적인 경론이라고 할 수 있다.

제2기의 대승경론은 크게 세 가지 계통으로 구별된다. 첫째는 중생이 불성을 가지고 있어서 성불할 수 있다는 것을 밝히는 여래장(如來藏)과 불성(佛性) 계통의 경론이다. 둘째는 모든 것이 다 마음이 지어서 본 것이라고 설하는 유가행(瑜伽行) 유식학파(唯識學派)에 속하는 경론이다. 셋째는 여래장·불성사상과 유식사상을 통합한 경론이다. 여래장·불성사상은 우리 중생들이 어떻게 미혹의 세계로부터 깨달음의 세계로 갈 수 있느냐는 것을 제시하는 것이고, 유식연기사상은 어떻게 미혹의 세계가 벌어졌는가를 밝히는 것이다. 이 두가지를 통합한 것은 여래장과 아뢰야식을 하나로 결합해서 미혹의 세계로 가는 길과 열반의 세계로 가는 길을 한 체계로 밝히고자 하는 것이다.

성불 가능성을 밝히는 경으로는 《여래장경(如來藏經)》《승만경》
《대승열반경》 등이 있다. 마음이 미혹의 연기를 일으키는 것을 설명
하는 경으로는 《해심밀경(解深密經)》과 《대승아비달마경(大乘阿毘
達磨經)》 등이 있다. 두 가지의 통합을 시도하는 경으로는 《능가경
(楞伽經)》이 있다. 이외에도 별도의 사상체계를 가진 《금광명경(金
光明經)》《보적경(寶積經)》《대집경(大集經)》 등이 있다.

중기에는 경전을 연구한 학자들이 많았다. 무착(無着), 세친(世
親), 안혜(安慧), 견혜(堅慧), 진나(陳那), 호법(護法) 등이다. 유식 계
통의 논서로는 《유가사지론(瑜伽師地論)》《섭대승론(攝大乘論)》《대
승장엄경론(大乘莊嚴經論)》《유식이십론(唯識二十論)》《유식삼십송
(唯識三十頌)》《성유식론(成唯識論)》 등이 있다. 여래장 계통의 논으
로는 《불성론(佛性論)》과 《보성론(寶性論)》 등이 있다. 또 유식사상
과 여래장사상의 통합을 시도한 것으로 《대승기신론(大乘起信論)》이
있다.

650년경부터 1200년경까지가 제3기의 대승경전 성립시기이다. 제
2기의 대승불교가 철학적 학문적으로 흐름에 따라 민중신앙의 실천
적인 면을 소홀히 하게 되었다. 대승불교가 학문 중심의 불교에 대해
반발하면서 생겨났지만 다시 학문 중심으로 돌아가버린 것이다. 그
래서 신앙으로서의 불교로 복귀하려고 일어난 것이 제3기의 대승불
교이다. 학문적인 것을 무조건 폐기하는 것이 아니라 제2기의 학문적
인 것을 지키면서 그것을 이해하기 쉬운 상징으로 표현해서 불교의
이상을 실현하려고 시도한 것이다. 그 당시 인도에서는 상징주의가
유행했었는데, 불교도 그 상징주의에 영향을 받았으리라고 짐작된
다.

밀교에서는 몸과 입과 뜻으로 진언을 외우고 해탈을 상징하는 모
양과 부호를 짓고 생각함으로써 불교의 이상을 성취할 수 있다고 가
르친다. 상징에 의해서 불교의 높은 이상을 쉽게 나타내려고 한 것이

다. 이런 밀교가 신선한 불교로서 널리 유행했지만, 한편으로는 타락한 민간신앙과 혼합되어서 마침내는 정법의 불교로부터 멀어지게 되었다. 따라서 힌두교나 이슬람교도들이 볼 때에는 삿된 종교처럼 여겨지고 그들의 공격과 압박을 불러들이는 명분도 제공하는 꼴이 되었다.

제3기의 대승경전으로는 《대일경(大日經)》《금강정경(金剛頂經)》《소실지경(蘇悉地經)》 등과 많은 종류의 진언다라니(眞言陀羅尼)가 있다. 현재 밀교는 티베트불교 전체를 이루고 있고 중국이나 일본에서는 진언종이라는 종파로 이어지고 있다. 통불교(通佛教)로서의 한국불교에서는 특별히 밀교라는 이름을 띠지 않고도 밀교적인 요소들을 다분히 포함하고 있다.

교판은 여러 종류의 경전들에 대해 그 설법의 형식
이나 방법, 순서에 따라서 또는 그 의미와 내용에
따라서 모든 가르침을 체계화함으로써…

　모든 경전들은 그 내용에 따라 어떻게 분류할 수 있는지, 어떤 경
전이 어떤 면에서 중요한지, 중요한 경전들은 다른 경전들과 어떤 관
계에 있는지 등을 살펴보기 위해서 옛스님들의 분류방법인 교상판석
(敎相判釋)이 크게 도움이 된다. 각 경전들이 각기 다른 사상을 설한
다. 무작정 경전을 읽어서는 경전의 전체적 사상을 체계 있게 이해할
수 없을 것이다. 그래서 옛스님들은 해석학적인 의미에서나 설해진
순서에 따라서, 또는 보다 얕고 깊은 단계에 따라서나 중생을 교화하
는 방법에 따라서 모든 경전들을 분류하는 교상판석을 했다. 교상판
석은 보통 교판(敎判)이나 판교(判敎)라고 부르기도 한다. 경에 나타
나는 설법의 형식이나 방법, 순서에 따라서 또는 그 의미와 내용에
따라서 모든 경전의 가르침을 체계화하려고 한다. 그렇게 함으로써
부처님의 진정한 뜻과 궁극적인 가르침을 파악하고자 하는 것이다.
　우리는 학자들의 연구 덕분에 어떤 경전들이 대략 어느 시기에 성
립되었는가를 짐작할 수 있다. 그러나 옛날 중국에서는 인도에서 들
어온 여러 경전들이 성립 연대와 관계없이 동시에 번역되었으므로
그 경들의 성립 연대나 성립 상황을 알 수 없었다. 많은 경론 가운데
나타나는 다양한 사상 중에서 각기 교파 또는 학파에 따라 독특한 관
점을 가진 이들은 자신이 믿고 따르는 교의적(敎義的) 입장을 분명히

하기 위해서 여러 경의 내용을 체계화해야만 했다. 이처럼 옛스님들은 역사적이고 사실적인 순서에 의해서 경이 설해진 시기를 구분한 것이 아니라 부처님 가르침의 가닥을 잡기 위해서 경의 설해진 순서를 정한 것이므로 필자는 '옛스님들이 해석학적(解釋學的)인 입장에서 경전의 탄생 시기를 이야기했다'고 하는 것이다.

교판 중에서 가장 유명한 것으로 천태대사의 5시8교(五時八敎)가 있다. 여기서는 중국에 있었던 각 종파의 입장을 알기 위해서가 아니라 경전들의 내용을 체계화하기 위해서 이 교상판석을 공부하는 중이므로 천태대사나 천태대사가 속한 천태종에 대한 설명은 생략한다.

천태대사는 경전이 일정한 순서에 의해서 설해졌다는 교판을 만들었다. 그 교판에 의하면 성도하신 후 부처님은 최초로 《화엄경》을 설했다. 그러나 《화엄경》은 부처님의 진의를 나타내는 궁극의 경전이기는 하지만 너무 높은 법문이어서 알아듣는 중생이 없었다. 그래서 부처님은 '이런 방법으로 설해서는 안되겠구나' 생각하고 아주 알아듣기 쉬운 법문을 했다. 그것이 《아함경》이다. 다음에는 《아함경》은 주로 사물이 실재한다는 유(有)사상에 기초를 두고 있기 때문에 한층 더 높여서 공(空)사상을 약간 섞어서 법을 설했다. 그것이 방등부(方等部)의 경전들이다. 그 다음에는 아주 철저하게 공사상을 많이 넣어서 설법했다. 그것이 반야부경전이다. 공사상으로 중생들이 모든 집착을 다 털어버리게 하고 중생들의 수준 또는 근기가 어느 정도 높아진 것을 확인하여 이제는 불타가 참으로 말하려고 했던 궁극의 법문을 설했다. 그것이 《법화경》이다. 그리고 《열반경》은 《법화경》의 보충으로 설해졌다.

천태대사의 교판에 의하면 기본적으로 중요한 경전들이 설해진 순서는 《화엄경》《아함경》《방등경》《반야경》《법화경》《열반경》 순이다. 다섯 시기에 다섯 단계로 설해졌다고 해서 5시교라고 한다. 후

에 송나라의 원수(元粹)는 《천태사교의비석(天台四敎儀備釋)》에서
이 경들이 설해진 기간까지 말하기도 했다.

화엄최초삼칠일(華嚴最初三七日) 아함십이방등팔(阿含十二方等八)
이십이년담반야(二十二年談般若) 법화열반공팔년(法華涅槃共八年)

즉 《화엄경》은 성도 후 3 · 7일 동안, 《아함경》은 12년 동안, 《방
등경》은 8년 동안, 《반야경》은 22년 동안, 《법화경》은 8년 동안 그
리고 《열반경》은 하루 낮, 하루 밤 동안에 각기 설해졌다고 한다.
《화엄경》을 설한 3 · 7일이란 3에 7을 곱한 날자 즉, 21일을 뜻한다.
그러나 여기에서의 순서나 기간은 역사적인 것이 아니라 해석학적인
것이다.

천태대사의 이 교판은 《법화경》 신해품에 나오는 장자궁자(長者窮
子)의 비유에 기초를 두고 있다. 장자궁자 즉, 부자인 아버지와 궁하
게 살아온 아들의 비유는 다음과 같다.

한 부호의 아들이 어렸을 때 멀리 타국으로 도망쳐서 오랫동안 곤궁하
게 살았다. 아버지는 더욱 부자가 되어 한량없이 많은 보배 즉, 부와 귀
를 마음껏 누리게 되었다. 단지 걱정이 있다면 그 많은 재산을 물려줄 아
들이 없다는 것이었다.

그런데 장자인 아버지가 어느 날 멀리 성문 입구를 바라보니 그리도
그리던 자신의 아들이 날품팔이 일자리를 찾는듯이 기웃거리고 서 있었
다. 아버지는 하인들에게 그 아들을 데려오게 했다. 그러나 아들은 무슨
벌이나 받는 것이 아닌가 하고 겁을 냈으므로 아버지는 자신의 아들을
그냥 가게 했다. 그리고는 몰골이 파리하고 위엄이 없는 하인 둘을 불러
서 '똥치는 일을 하면 두 배의 품삯을 준다'고 말하게 하여 현재 겁에 질
려 있는 자신의 아들 즉, 궁자(窮子)를 데려오게 하였다. 장자는 모든 보

배 장신구를 벗어버리고 일부러 낡은 옷을 입고 허름한 모습으로 궁자에게 접근하여 다른데 가지 않고 계속 일을 잘하면 보수도 더 많이 올려주겠다고 달래면서 안심시켰다.

후에 장자는 궁자에게 이름을 지어주고 아들을 삼지만, 궁자는 여전히 천인이라 자처하고 똥치는 일만 계속하려 하였다. 그때 장자가 병이 나서 죽음이 멀지 않았음을 알고 궁자를 불러 창고마다 가득한 보물과 금고를 지키는 일을 시켰다.

마침내 임종을 당하여 장자는 국왕, 대신, 유지들을 불러놓고 그 궁자는 바로 자신의 모든 재산을 고스란히 물려받을 옛날에 집을 나간 아들이라고 선언하였다. 궁자는 장자의 말을 듣고 꿈에도 생각할 수 없었던 그 많은 보배와 재산의 주인이 바로 자기의 친아버지이며 자기가 바로 그의 정당한 상속자임을 알고 크게 기뻐하였다.

《법화경》신해품의 이 이야기에서 아버지가 아들을 알아보고 신하들을 시켜서 데려오게 하자 궁자가 위엄이 가득한 아버지를 보고 공포에 떨며 놓아달라고 외치는 것은 마치 부처님이 《화엄경》을 3·7일 동안 설했지만 중생들이 전혀 그 뜻을 알아듣지 못하는 것과 같다. 장자가 밀사 두 사람을 보내 아들을 데려오고 그 아들과 점차 친근해지는 것은 부처님이 이해하기 쉬운 《아함경》을 12년 동안 설하는 것과 같다. 궁자와 장자가 서로 믿게 되고 장자가 궁자를 양아들을 삼는 것은 부처님이 《방등경》을 8년, 동안 설하는 것과 같다. 장자가 아들에게 보물창고들을 맡기고 자유롭게 드나들게 하는 것은 부처님이 《반야경》을 22년 동안 설하는 것과 같다. 장자가 모든 이들을 불러 놓고 궁자가 상속권 가진 아들임을 선포하는 것은 부처님이 《법화경》을 8년, 《열반경》을 하루 낮과 하루 밤 동안 설하는 것과 같다.

천태대사의 교판과 경들이 설해진 기간 그리고 《법화경》 신해품의 비유에 나타나는 방편의 진행을 도표로 정리해보자.

제1시기 — 21일 — 화엄경 ———— 장자가 궁자를 데려오려 하나 놀램
제2시기 — 12년 — 아함경 ———— 궁자에게 똥치는 일을 시키며 유인
제3시기 — 8년 — 방등경 ———— 궁자에게 좀더 접근함
제4시기 — 22년 — 반야경 ———— 궁자에게 보물창고 열쇠를 맡김
제5시기 — 8년 — 법화·열반경 — 궁자가 본래 장자의 상속자임을 선포

　천태대사는 경이 설해진 순서를 다섯 단계로 나누는 이외에도 화법4교(化法四敎)와 화의4교(化儀四敎)라고 해서 교리의 내용에 따라서 또 가르치는 방법에 따라서 경을 분류하기도 했다. 우리는 천태대사의 5시교판만 가지고도 경을 분류하는데 어떤 빛을 얻은 것과 같다. 우선 《화엄경》이 부처님의 궁극점을 나타내는 중요한 경전이라는 것, 《아함경》은 쉽고, 《방등경》은 좀 더 어렵고, 《반야경》은 더욱 어렵다는 것을 짐작할 수 있다. 그리고 《아함경》으로부터 《반야경》까지 공사상이 얼마나 더 많이 들어 있느냐에 따라서 그 단계가 결정된다는 것, 《아함경》은 공사상이 아주 적고 《방등경》은 공사상이 좀더 많이 들어 있고 《반야경》은 공사상으로 꽉 차 있다는 것을 알았다. 《법화경》은 《반야경》을 이어받았다는 것도 알 수 있다. 그전에 우리가 무아에 대해서 공부할 때 무아를 공으로 나타낼 수도 있고, 공을 뒤집어 모든 것이 서로 포함되어 있다는 성구사상(性具思想)으로 나타낼 수도 있다는 것을 살펴본 바 있다. 바로 그와 같이 《반야경》의 공사상이 《법화경》의 상호 포함의 사상으로 이어지고 있는 것이다. 그리고 천태대사에 의하면 《법화경》이 부처님의 진의를 분명하게 드러내는 경전이라는 것이다.

38. 천태 오시교판과 달관의 길

부처님 말씀을 받아들이되 그것을 자신이 경험해
온 고통과 절망과 고독에서 이해한다. 자신이 생각
하는 삶의 가치와 목표 속에서 정리하는 것이다.

천태대사의 5시교판을 우리가 살아가야 할 방향으로 받아들이는 관점에서 이해할 수도 있다. 말을 하는 사람의 입에서 말이 떠나고 글을 쓰는 사람 손에서 글이 떠나면 그 말과 글은 이미 작자의 것이 아니다. 듣는 사람의 것이다. 듣는 사람이 다 똑같이 들을 수가 없다. 총칙에 있어서는 같을 수도 있지만, 각 장에서 달라지기 마련이다. 부처님의 경전이 교판을 만든 스님네의 손에 들어왔을 때 그것은 이미 그것을 다루는 사람의 것이다. 그 스님네는 나름대로의 인생관을 가지고 있다. 부처님 말씀을 받아들이되 그것을 자신이 경험해온 고통과 절망과 고독에서 이해한다. 자신이 생각하는 삶의 가치와 목표 속에서 정리하고 체계를 세운다.

천태대사의 5시교판은 화엄시·아함시·방등시·반야시·법화열반시이다. 우리는 《아함경》《방등경》《반야경》은 공사상이 점점 더 깊어가는 순서에 의해서 배열되었다고 정리한 바 있다. 지금 우리의 연구에 의해서 그렇다는 것이 아니라 천태대사의 관점에서 볼 때 《아함경》은 공사상이 아주 적고 방등부경전은 공사상이 조금 더 섞였고 《반야경》은 공사상으로 되어 있다는 것이다. 그리고 《법화경》은 공사상을 뒤집어서 서로 포함되어 있다는 사상으로 본 것이다.

이와 같은 교판의 의미를 알기 위해서 임시로 《화엄경》의 대의가

필요하다. 필자는 《화엄경》의 여래성기품에 의지해서 《화엄경》의
대의를 '지금 여기 있는 내가 그대로 여래의 법신이다'라고 정하겠다.
여래의 법신이라는 말을 들어도 별로 좋은 것같이 느껴지지 않는다
면 법신이라는 말을 '가장 행복한 사람' '당연히 행복해야만 할 사람'
'온갖 보배 속에 휩싸인 사람' 등으로 바꿀 수도 있다. 좀 더 실감나게
말한다면 오랫동안 무명가수로 고생하던 한 청년이 음반을 내고 그
음반에 담긴 노래가 히트를 칠 때 그 청년이 느끼는 행복감과 같을
것이다. 아니면 여러번 국회의원선거에서 탈락하던 이가 마침내 당
선되었을 때 느끼는 만족감과도 같을 것이다. 이 세상에 행복감을 느
낄 상황을 한꺼번에 다 모아놓은 것이 바로 '지금의 내가 여래의 법
신'이라는 느낌이 된다.

　천태대사의 교판에 의하면 세상 사람들에게 '지금의 네가 그렇게
완전하고 그렇게 행복한 사람, 그렇게 귀한 사람이다'라고 말했을 때
《법화경》 신해품의 궁자처럼 겁을 먹고 놀랠 것은 뻔한 일이다. 복권
에 당첨되었다는 말을 듣고 너무 놀라서 심장이 마비되었다는 예를
잡지의 가십난에서 본 적이 있다. 부처님이 《화엄경》을 설하면서 '너
희들 모두가 다같이 복권에 당첨된 사람들이다. 그리고 앞으로도 누
구를 막론하고 원하기만 한다면 언제든지 복권에 당첨될 것이다'라
고 말한다면 사람들은 그 말의 의미를 알아듣지도 못하고 믿지도 않
으려고 할 것이다.

　천태대사의 5시교판을 우리 인간의 삶과 유사하게 만들어서 이해
할 수 있도록 우리 주변에서 흔히 볼 수 있는 이야기를 하나 들어보
자.

　시골의 한 마을에서 아기가 둘 태어났다. 여자아이 한 명과 남자아
이 한 명이었다. 지금도 이 지구상에서는 순간순간 일어나는 일이다.
남자아이를 갑돌이라고 하고 여자아이를 갑순이라고 하자. 열반에
드신 탄허스님께서는 《장자》나 《화엄경》에 대해서 강의하실 때마다

천진도인(天眞道人)의 예를 어린아이에서 찾곤 하셨다. 어린아이에게는 아무런 음모와 걸림이 없다는 것이다. 아이에게도 욕심이 생기기는 하지만, 그것은 자연스럽게 배고프면 울고 배부르면 자는 정도이지 사람을 다치게 하거나 사람의 마음을 상하게 할 만한 욕심을 내지는 않는다는 것이다.

그 아이들이 자라서 국민학교, 중학교를 거쳐 고등학생이 되었다. 남녀공학의 고등학교에 같이 입학했다. 그 두 고등학생이 사랑을 하게 되었다. 그러나 가정교육을 잘 받은 아이들이어서 잘못된 길로 나가지는 않았다. 마음에 정을 품고 제과점에서 만나는 정도였다. 양가 부모들은 아이들의 대학입시 공부를 걱정해서 둘 사이를 갈라놓으려고 애썼다. 대학에 들어간 후에 교제하라고 타일렀다. 대학입시에서 갑돌이는 서울에 있는 원하는 대학에 합격했고 갑순이는 낙방했다.

대학입시 후 두 남녀가 교제하려고 했다. 그러나 남자의 부모들은 대학에 입학하지 못한 갑순이와의 교제를 반대했다. 갑순이의 집에서는 재수를 하라고 교제를 말렸다. 갑순이는 대학에 가기 위해서 공부하기로 결심하고 학원과 독서실에서만 살았다. 아무리 갑돌이가 만나고 싶어도, 아무리 갑돌이 생각이 나도 독한 마음으로 참으면서 공부에만 열중했다. 이듬해에 갑순이가 원하는 대학에 합격했다. 갑순이가 합격을 확인하고 갑돌이를 찾았을 때 그는 이미 다른 여자친구가 있었다. 순전히 갑돌이만을 만나기 위해서 일년 동안 모든 고독과 스트레스를 이겨가며 공부해서 학교에 입학했는데 세상이 허물어지는 것같았다. 갑순이는 너무도 심하게 충격을 받은 나머지 실성해 버렸다. 입학한 대학을 다니지도 못하고 정신병원에 들어가야만 했다. 병원에서 몇년간 집중치료를 받은 후에 절로 옮겼다. 절에서 휴양을 하던 중 비슷한 충격을 받고 절에서 휴양하던 한 의대 휴학생과 결혼하게 되었다.

결혼식을 앞두고 갑순이가 갑돌이를 찾아가보았다. 대학을 중퇴하

고 하숙집의 딸과 결혼을 해서 문방구점을 운영하고 있었다. 갑순이
는 세살 난 갑돌이의 아이를 한번 안아보았다. 자기가 그 아이의 아
버지인 갑돌이에 대한 사랑의 포로가 되어 매달렸던 과거가 빠른 필
름처럼 스쳐갔다. 갑순이는 갑돌이에게 행복하냐고 물었다. 갑돌이
는 그 물음에는 대답하지 않고 아내와 아이를 행복하게 해주어야 한
다고 말했다. 갑순이도 결혼하게 되었다는 것을 말했다. 남편을 행복
하게 해주리라고 다짐했다.

　이 이야기 중에서 필자가 이용하고자 하는 것은 갑순이가 천진한
어린시절부터 사랑의 행복감으로 가슴이 울렁이던 때까지의 시기,
결혼 파트너로 갑돌이를 잡겠다고 생각하던 시기, 불합격의 장애를
만나고 고민을 하던 시기, 대학합격 후 미쳐버린 시기, 결혼을 결정
하고 남편만을 위하기로 작정한 시기이다. 천진도인인 어린아이의
마음 또는 사랑의 행복감으로 차 있던 시기는 천태의 5시교판 중에
서 화엄시와 같다. 《화엄경》에서 말하는 여래의 법신(法身) 상태처
럼 마음은 순진무구하고 꾸밈이 없다. 그러나 사랑과 함께 장래를 설
계하고 결혼을 생각하면서 상대를 소유할 마음을 낸다. 이 시기는 아
함시와 같다. 갑순이가 대학에 불합격함으로써 갑돌이와 계속 교제
하는데 일차적인 장애를 만난다. 《방등경》에 공사상이 첨가되는 것
과 같다. 실망과 좌절이 직접적으로 공사상을 의미하는 것은 아니지
만, 무상과 무아, 공이라는 점에서 공통점이 있다. 갑순이가 이듬해
대학에 입학하게 되지만 갑돌이가 다른 여자친구에게 돌아선 것으로
생각하고 미쳐버린다. 공사상으로 가득찬 철저하게 절망하는 《반야
경》의 시기가 된다. 후에 정신을 수습하고 결혼할 상대를 만난다. 갑
돌이와 함께 '기구한 인연과 현실을 있는 그대로 받아들이고 각기 결
혼 파트너의 행복을 위해서 최선 다하기'를 다짐한다. 이것이 법화열
반시가 된다.

　갑돌이와 갑순이의 이러한 이야기는 너무도 흔해서 예문이 좀 진

부하게 생각될 수도 있을 것이다. 그러나 그러한 이야기가 흔하다는 말은 꼭 그런 식이 아니더라도 그와 비슷한 경험을 하는 사람들이 아주 많다는 것을 나타내준다. 우리는 지금 5시교판을 통해 보통사람 누구나가 경험하는 기대와 집착과 좌절 그리고 현실 수용의 과정을 살피고자 하는 것이다. 천태대사가 5시교판을 만들었지만, 천태대사는 갑순이가 겪은 것과 똑같은 스토리의 경험을 하지는 않았을 것이다. 그러나 갑순이와 같은 사랑 이야기가 아니라 하더라도 천태대사도 나름대로 5시교판과 비슷한 과정의 이야기를 경험했을 것이 분명하다. 개인적인 일이 아니고 불도를 닦는데 있어서의 일이라 하더라도 반드시 천진하게 기대에 찬 화엄시, 소유를 생각하고 집착하는 아함시, 집착이 필연적으로 만나는 실망으로서의 방등시, 철저하게 좌절을 느껴야만 하는 반야시, 그리고 좌절과 체념을 넘어서서 보는 새로운 지평의 법화열반시의 과정을 경험했을 것이 분명하다.

39. 화엄종의 경전 분류

인천교는 사후에 천국으로 구원을 받는다는 것을
최고의 이상으로 가르친다. 종밀에 의하면 이 인천
교는 소승교보다도 더 낮은 수준의 것이다.

천태종과 화엄종은 불교교리의 발달에 있어서 쌍벽을 이루는 종파
이다. 천태종은 공사상과 법화사상으로 연결되는 중관파(中觀派)이
고, 화엄종은 유식사상과 유심사상으로 이어지는 연기파(緣起派)이
다. 중관파는 눈앞의 사물이 존재하는 상태를 직접적으로 판단하려
는 입장이고, 연기파는 미혹의 세계가 어떻게 마음의 연기로 일어나
는가를 밝히려는 입장이다. 그래서 천태종의 대칭으로 생각되는 화
엄종의 교판을 보면 우리는 또 다른 시각에서 불교경전들의 의미와
내용 그리고 설해진 순서와 형식을 정리할 수 있을 것이다.

현수 법장(賢首法藏)대사는 불교 전반을 5교10종(五敎十宗)으로
분류했다. 부처님의 교법을 다섯 가지로 나눈 후 다시 그것을 열 가
지 종지로 분류한 것이다. 10종까지 들어가면 복잡해질 염려가 있으
므로 우리는 여기서 5교판만을 살피려고 한다. 5교란 첫째 소승의 가
르침, 둘째 대승의 기초적인 가르침, 셋째 대승의 궁극적인 가르침,
넷째 직접적으로 깨달음에 이르도록 하는 가르침, 다섯째 모든 교법
을 원만하게 조화해서 펴는 가르침의 다섯 가지이다. 5교를 풀어서
설명했지만, 한문용어로 말한다면 소승교(小乘敎)·대승시교(大乘始
敎)·대승종교(大乘終敎)·돈교(頓敎)·원교(圓敎)이다.

첫째 소승교 즉, 소승의 가르침이란 《아함경》의 교법을 의미한다.

화엄종의 입장에서 볼 때 《아함경》에서 나타나는 교리들, 예를 들면 12연기와 고·집·멸·도 4성제같은 것은 근기가 아주 낮은 사람들을 위해서 설해졌다는 것이다. 그래서 이 소승교의 별명을 어리석은 사람들을 위한 소승교라고도 하고 성문을 위한 소승교라고 부르기도 한다. 대승불교의 경전들도 기본적으로는 《아함경》으로부터 나왔지만, 소승경전과 대승경전을 조화시키기 위해서 대승불교의 입장에서 《아함경》의 위치를 낮게 잡아놓은 것이다.

둘째 대승시교 즉, 대승의 기초적 가르침에는 공사상을 설하는 경전들과 유식사상을 설하는 경전들을 함께 포함시키고 있다. 공사상은 존재의 실상을 있는 그대로 파악하려는 입장이고, 유식사상은 존재가 어떻게 일어나는가를 설명해보려는 입장이다. 이 두 가지 입장이 다같이 대승의 기초적 가르침에 포함된다는 것이다. 먼저 공사상을 나타내는 대표적인 경전으로는 반야부의 경전들이 있다. 우리가 자주 접하는 《반야심경》이나 《금강경》을 보면 공사상이 바닥에 깔려 있음을 알 수 있다. 그리고 유식사상을 나타내는 경전으로는 《해심밀경(解深密經)》이 있다. 《해심밀경》은 유식학파에서 소의경전으로 삼는 것이지만 우리 일반인들이 접할 기회는 많지 않다.

셋째 대승종교 즉, 대승불교의 궁극적 가르침에는 중생이 성불할 수 있는 가능성과 경로를 제시하는 경론이 포함된다. 여래장사상은 미혹의 중생이 여래의 성품을 본래부터 가지고 있기 때문에 필경에 성불할 수 있다는 것이다. 이런 여래장사상의 대표적인 경전으로는 《능가경》《여래장경》《승만경》 등이 있다. 그리고 여래장사상으로 유명한 논서로는 《대승기신론》《보성론》 등이 있다. 논서로서는 유일하게 《대승기신론》이 우리나라 불교전문강원의 교육과정에 포함되어 있다.

넷째 돈교 즉, 단번에 깨치는 가르침에는 언어와 사량분별을 초월해서 어떤 수행단계에 구애되지 않고 갑자기 자신의 마음자리를 보게 하는 경전이 포함된다. 돈교는 점교(漸敎)의 반대를 뜻한다. 점교는 점차 닦아서 깨닫는 것이지만, 돈교는 목숨을 던지듯이 체중을 실는 자세로 닦아서 몰록 깨치는 것이다. 돈교의 대표적인 경전으로 현수대사는 우리에게 잘 알려진 《유마경》 등을 꼽는다. 《유마경》에서는 마음이 청정하면 그대로 국토가 청정하다든가 중생의 마음이 편안하지 않으면 보살의 마음도 편안할 수 없다는 등의 유명한 귀절을 가르친다.

다섯째는 원교 즉, 원만하고 완전한 가르침을 설하는 경전이다. 그런데 현수대사는 이 원교를 동교(同敎)와 별교(別敎)로 나눈다. 동교는 다른 경전과 같은 가르침이라는 뜻이고, 별교는 다른 경전의 가르침보다 특별하다는 뜻이다. 특별한 원교로는 물론 《화엄경》을 세우고 보통의 원교로는 《법화경》을 세운다.

현수대사의 5교에서도 어떤 경전이 교리적으로 중요한가를 짐작할 수 있다. 《아함경》이 소승교라고 하더라도 중요한 것은 인정된다. 반야부의 경전과 유식학의 경전들 그리고 여래장사상을 나타내는 경전들이 중시된다. 그리고 《유마경》은 돈교라는 점에서, 《법화경》 《화엄경》은 불교의 최고 가르침이라는 점에서 중요시된다.

한편 현수대사와 같은 맥락의 화엄종에 속하는 종밀(宗密)대사는 현수대사의 다섯 가지 교판을 약간 개정한 새로운 5교판을 만들었다. 이 5교판은 첫째 천상에 태어나기를 목표로 하는 가르침, 둘째 소승의 가르침, 셋째 대승의 마음을 풀이하는 가르침, 넷째 대승의 공사상을 풀이하는 가르침, 다섯째 일승법을 표방하는 가르침이다. 한문으로는   인천교(人天敎)·소승교(小乘敎)·대승법상교(大乘法相敎)·대승파상교(大乘破相敎)·일승현성교(一乘顯性敎)이다.

첫째 인천교 즉, 사후에 극락왕생을 위한 가르침으로는 《제위경》 등이 있다. 인천교란 말하자면 천국에 가서 구원을 얻는다는 타종교들과 같은 수준의 것이다. 종밀대사는 사후에 천국이나 극락에 가고

자 하는 종교들을 불교에서의 소승교보다도 낮은 위치에 놓았다. 인천교를 거론하고 그것을 소승교 밑에 놓은 점에서 종밀대사의 교판의 독특함과 번뜩이는 지혜가 엿보인다. 인천교를 5교의 밑바닥에 놓음으로써 우리 보통사람들의 기복적인 신앙의 자세가 얼마나 저열한 것인가를 보여주려고 한다. 그리고 믿기만 하면 구원을 받는다는 교리를 자랑하는 사람이 있다면 그 사람은 '나는 인천교를 선전하고 있는 중입니다'라고 외치는 셈이 된다.

둘째 소승교는 《아함경》의 가르침을 말한다. 12인연과 4성제라는 기초적인 가르침이 《아함경》의 주된 교법이다.

셋째 대승법상교 즉, 대승의 마음을 풀이하는 가르침은 《해심밀경》같은 유식학의 경전이다. 법상에 있어서 법은 마음을 가리킨다. 마음의 상은 망심에 속하고 마음의 성품은 진심에 속한다. 법상은 마음의 상이 되므로 망심이 된다. 그래서 법상교는 인간의 망녕된 마음을 설명하는 가르침이다.

넷째 대승파상교 즉, 대승의 집착을 파하는 가르침은 반야부의 경전들이다. 파상이라는 말은 마음의 상을 부순다는 뜻이다. 마음의 상은 망녕된 미혹의 마음이다. 미혹의 망심을 부순다는 말은 공사상으로 인간의 멍청한 미련과 집착을 부순다는 뜻이다. 일체의 집착을 놓아버린 바탕 위에서 아무런 걸림도 바램도 얻을 것도 없이 최선을 다하면 될 터인데 집착심을 끊지 못해 문제가 생기므로 그 집착심을 파괴하는 가르침이 필요하다.

다섯째 일승현성교 즉, 일승의 궁극점을 나타내는 가르침은 《능가경》《승만경》《유마경》《법화경》《화엄경》이다. 현수대사에게 있어서는 대승종교·돈교·원교의 세 가지로 나뉘어져 있는 것을 종밀대사는 하나로 합해서 일승의 궁극적인 성품을 나타내는 가르침이라고 한 것이다.

40. 화엄종의 교판에 나타나는 인생관

불교교리를 공부하는 것은 업의 얽매임과 업의 타성으로부터 벗어나려는 몸부림이 아니겠는가. 종밀대사의 교판도 윤회의 감옥에서 탈출하는…

화엄종의 교판에서 어떤 달관의 길을 엿보려고 한다. 화엄종 교판의 대표적인 것으로 종밀대사의 것을 쓰는데, 그 이유는 법장대사의 5교판도 종밀대사의 것에 온전히 포함되기 때문이다. 법장대사의 5교판은 첫째 《아함경》, 둘째 《반야경》과 《해심밀경》, 셋째 《능가경》과 《기신론》, 넷째 《유마경》, 다섯째 《화엄경》이었다. 이에 대해 종밀대사의 5교판은 제일 먼저 인천교를 넣었다. 인천교란 앞서 살펴본 대로 천국이나 극락세계에 가고자 하는 신앙태도를 말한다. 그리고 둘째를 《아함경》으로, 셋째를 《해심밀경》으로, 넷째를 《반야경》으로, 다섯째를 《능가경》《유마경》《화엄경》 등으로 삼는다. 그래서 종밀대사의 5교판은 법장대사의 5교판에 인천교를 넣고 조금 나누기도 하고 통합하기도 했을 뿐 기본적으로 차이가 없다. 종밀대사의 교판을 한문 그대로 말한다면 인천교·삼장교·대승법상교·대승파상교·일승현성교가 된다.

화엄종의 입장에서 보았을 때 5교판의 하나하나가 어떤 의미를 지닌 어떤 단계인지 다시 한번 점검하도록 하겠다. 첫번째 단계의 인천교는 현실을 뒤집는 것이 아니라 현실에서 귀중히 여기는 것을 더욱 얻고자 한다. 가령 현재의 생활에 다이아몬드가 귀하다면 극락세계는 다이아몬드로 도로가 포장된 세계이다. 자녀들의 대학입시가 중요하다면 극락세계에서는 누구든지 원하는 사람은 일류대학에 입학할 수 있다. 너무 좋은 것만 있어서 골치 아프게 구태여 대학에 갈 필요가 없을지도 모르지만, 현실에서 미진했던 것들이 극락세계에서는 완전히 충족되는 것이다. 권력이 필요하다면 권력이, 미모와 건강이 필요하다면 미모와 건강이 그대로 이루어진다.

둘째 삼장교는 부파불교의 경·율·논 3장을 가리키는 것으로, 경으로 말하면 《아함경》을 일컫는다. 현실에서 금이 귀하다고 해서 금을 찾는 것이 아니라 금은 무상하게 지나가는 것이므로 진정한 영원, 영원의 생명을 찾고자 구도의 길을 떠나는 단계이다. 그러나 삼장교의 단계에서도 영원이라는 이상을 생각할 때 현실에서 생각할 수 있는 그런 개념의 영원을 찾는 것이다. 완전히 생각을 전환한 것은 아니다.

셋째 대승법상교는 완전한 이상을 성취하지 못하는 것은 번뇌가 끊임없이 일어나기 때문이고 번뇌가 계속 일어나는 것은 현실의 집착을 떠나지 못하는데 원인이 있다고 생각하고 현재 자기 마음 속에 번뇌가 일어나는 경로를 역추적한다. 그래서 번뇌가 일어나는 과정과 번뇌의 종류를 관찰한다. 이것이 대승에 있어서 망녕된 마음을 살피는 단계이다.

넷째 대승파상교는 번뇌가 일어나는 경로와 번뇌를 조사해보지만 그것들은 본래부터 실체로서 있는 것이 아니라 공연한 허깨비에 속고 있는 것임을 깨닫는 것이다. 모든 망상이 공함을 알게 하는 가르침이 대승파상교이다.

다섯번째 단계에서는 이상을 찾아 길을 떠나 여기저기 헤매지만 가장 완전한 이상의 경지가 멀리 밖에 있는 것이 아니라 바로 자기 자신 안에 여래의 태로서 본래부터 있었다는 것을 알게 된다. 그래서 이 몸과 이 목숨이 바로 여래가 나타난 여래의 법신임을 알고 이제는 더 이상 구할 것도 헤맬 것도 없게 된다. 이것이 5교판의 일승현성교이다.

이와 같은 화엄종의 교판을 우리가 겪는 삶의 과정과 비교해보기 위해서 영화 한 편을 예로 들어보겠다. 그 영화는 우리나라에서도 '빠삐용'이라는 제목으로 여러번 상영된 바 있다. 영화를 감상한지가 오래 되어서 자세한 내용은 잊어버렸지만 자세히 몰라도 상관이 없다. 우리가 필요로 하는 것은 대략의 줄거리일 뿐이다. 그리고 필요하면 그 줄거리를 변형해서 사용할 수도 있다.

돈과 명예와 사랑을 구하던 한 청년이 있었다. 그 청년이 원하는 것은 다른 사람들의 그것과 크게 차이가 없었다. 돈과 사랑을 구하는 것은 그 혼자만 가진 특별한 욕심이 아니기 때문이다. 그는 우리가 구하는 5욕락을 똑같이 구하는 사람이었다. 그런데 그가 모함에 걸려들었다. 그는 구속되고 외딴 곳에 있는 감옥으로 옮겨진다. 그 청년은 억울했다. 죄도 없는데 모함에 걸려들어 구속된 것을 생각하면 피가 끓어올랐다. 그는 감옥에서 삶의 목표를 정했다. 그의 인생의 목표는 감옥으로부터의 탈출이었다. 일차 탈출을 시도했다. 그러나 실패하고 말았다. 감옥의 사정에 대해서 충분한 지식이 없었기 때문이었다. 탈출을 시도한 죄과로 독방 생활을 해야 했다. 독방 생활을 하면서 이번에는 더욱 꼼꼼하게 탈옥의 계획을 세웠다. 감옥의 구조와 감옥 밖의 상황도 세밀하게 알아두었다. 탈출한 후에 달아날 방법까지 연구해두었다. 다시 탈출을 시도해서 이번에는 감옥을 벗어날 수는 있었다. 어느 수녀원에 들어가서 잠을 잘 수도 있었다. 그러나 수녀원의 신고로 다시 감옥으로 돌아오게 되었다. 이번에는 도저히 도망칠 수 없는 섬으로 이송되었다. 그러나 그 청년은 다시 바람과 파도의 방향을 연구한다. 섬의 한쪽에 있는 벼랑에서 야자나무의 잎을 모아서 던져보고 그것들이 어느 쪽으로 밀려가는지도 실험해보았다. 마지막에는 물에 뜰 만한 것을 벼랑으로 떨어뜨린 후 자신도 뛰어내려 그 뜰 것을 타고 탈출에 성공한다.

영화는 여기에서 끝난다. 그러나 필자는 이 이야기의 마지막 부분을 좀 바꾸려고 한다. 그 청년이 감옥으로부터 탈출하려고 끊임없이 시도하다가 마침내는 감옥으로부터 탈출했다. 탈출한 그 청년은 갑자기 마음을 바꾸었다. 그 청년은 다시 감옥으로 돌아온다. 외부와 연결이 끊긴 외딴 섬에서 자유와 평화를 발견한다.

이 영화의 이야기는 필자가 변형한 것까지 합해서 다섯 단계가 된다. 첫째는 주인공 청년이 일반 속세에서 남들이 구하는 세속적인 돈이나 사랑, 명예 따위를 구하는 단계이다. 둘째는 모함에 걸려서 억울하게 감옥에 갇히게 된 후 돈과 명예를 구하는 것이 아니라 인간으로서 자신의 자유를 찾는데 최우선의 목표를 둔다. 그리고 준비가 부족한 상태에서 탈출을 시도한다. 그러나 준비의 부족과 미숙 때문에 바로 실패하고 만다. 셋째는 감옥 안팎의 전체적인 구조를 꼼꼼히 조사한 후 탈출에 성공하지만 신고로 인해서 다시 돌아온다. 넷째는 바람과 파도와 조류 그리고 자기의 굴함이 없는 의지가 합하여 마침내 탈출에 성공한다. 다섯째는 탈출의 성공을 확인한 후 섬의 감옥으로 다시 돌아와서 그 섬 안에서 넓은 바다와 높은 하늘을 보면서 자유를 찾는다.

이 다섯 단계 중 첫번째 주인공 청년이 평범하게 돈과 사랑을 구하는 단계가 종밀의 5교판으로는 인천교에 해당한다. 인천교는 선인선과(善因善果) 악인악과(惡因惡果)를 우선으로 하면서도 좋은 인을 짓고자 하는 동기가 좋은 일 그 자체를 좋아하는데 있지 않고 좋은 결과를 받고자 하는데 있는 것이다. 그래서 현세적인 좋은 것의 범위를 넘지 못한다. 두번째 그 청년이 모함으로 감옥에 옮겨져서 탈출을 궁극의 목표로 삼고 탈출을 시도하지만 바로 실패하는 단계가 종밀교판에서는 삼장교 즉, 《아함경》에 해당한다. 《아함경》의 단계는 부귀와 공명같은 현세적인 귀한 것을 구하는 것으로부터는 초월했지만 아직도 윤회의 물질세계로부터 탈출하려는 깨달음과 준비가 부족하다. 셋째 그 청년이 감옥의 안팎을 꼼꼼히 조사한 후 일단 탈출에 성공한 후 신고에 의해서 다시 잡혀오는 단계는 종밀 교판의 망녕된 마음이 일어나는 경로를 살피는 것과 같다. 윤회의 세계로부터 해탈하기 위해서 윤회의 길로 가는 망녕된 마음이 어떻게 일어나는가를 살피는 대승법상교이다. 넷째 그 청년이 마침내 탈출하는데 성공하는 단계는 종밀의 교판에서 모든 마음의 번뇌가 실체가 없음을 확인하고 모든 집착을 훨훨 털어버리는 것과 같다. 다섯째 그 청년이 탈출에 성공했지만 다시 감옥의 섬으로 돌아와서 그 자리에서 하늘과 바다를 보며 자유를 찾는 단계는 지금 바로 이 자리의 자기가 여래법신임을 자각하는 것과 같다.

우리는 '빠삐용'의 주인공처럼 모함을 받을 일도, 감옥에 갈 일도, 탈출을 시도할 필요도 없을지 모른다. 그러나 그 영화 또한 상징의 이야기가 아니겠는가. 우리 범부들은 모두 행복의 문제에 부귀영화를 관련시킨다. 사랑을 구하고 자손창성을 바라지만 나중에 그것들은 보이지 않는 포승줄로 우리를 얽어맨다. 창살 없는 감옥을 만든다. 우리도 가끔 봄아지랑이를 보면서, 높은 하늘을 보면서, 넓은 바다를 보면서 이 얽힘으로부터의 탈출을 시도하곤 한다. 불교교리를 공부하는 것도 보이지 않는 이 얽매임, 업의 타성, 윤회의 감옥으로부터 벗어나려는 몸부림이 아니겠는가. 화엄종의 법장대사나 종밀대사도 얽힘을 경험하였을 것이 분명하다. 종밀대사가 탈출이라는 표현을 쓰고 있지는 않지만, 사실 불교 전체가 이 업과 윤회의 감옥으로부터 탈출하는 지도를 제작하는 것이라고 할 수 있다. 그런데 종밀의 교판은 궁극의 탈출처가 밖에 있지 않고 내 마음 안에 있다고 한다. 집을 뛰쳐나가는데 있는 것이 아니라 안방의 불법을 공부하는 곳에 있다고 한다. 인천교 · 삼장교 · 대승법상교 · 대승파상교 · 일승현성교를 되뇌이면서 '빠삐용'의 끝없는 탈출 장면을 연상해보기 바란다.

41. 유식종과 삼론종 등의 경전 분류

선종에서는 불교 전체를 부처님의 입으로 전하는
가르침과 마음으로 전하는 가르침으로 나눈다. 이
같은 분류도 하나의 교판이라고 할 수 있다.

　유식종(唯識宗)의 3시교판(三時敎判), 삼론종(三論宗)의 3시교판
(三時敎判), 정토종(淨土宗)의 2문교판(二門敎判), 진언종(眞言宗)의
2교판(二敎判), 선종(禪宗)의 2교판(二敎判) 등이 있다. 여러 종파의
교판을 한꺼번에 다루다보면 들어보지 못했던 종파나 학자들의 이름
이 등장해서 독자들이 당황할 수도 있을 것이나 걱정할 필요는 없다.
우리가 지금 교판을 공부하는 목적이 교판 자체의 학습에 있지 않다.
우리는 어떤 경전들이 중요하게 거론되며 어떤 종파에서 어떤 시각
을 가지고 경전들의 체계를 세우는지 엿보기만 하면 된다.
　먼저 유식종은 3시교판을 세운다. 유식종이란 망념된 마음이 어떻
게 일어나는지를 살피는 종파이다. 마음에는 번뇌를 일으키는 망녕
된 마음과 번뇌를 여읜 진실된 마음이 있다. 망녕된 마음을 마음의
겉모양이라고 하고, 진실된 마음을 마음의 성품이라고 한다. 불교에
서 마음은 자주 법(法)이라는 말로 표현된다. 이 법이라는 말은 부처
님의 교법을 나타내기도 하고 일체의 사물을 나타내기도 하는데, 불
교에서는 일체의 사물과 마음을 동일시하기 때문에 법을 마음으로
보는 것이다. 그래서 마음의 겉모양을 표현할 때 법상(法相)이라고
한다. 법이 마음을 나타내고 상이 모양을 나타낸다. 또 마음의 성품
을 표현할 때는 법성(法性)이라고 한다. 법상은 망념된 마음이고, 법

성은 진실된 마음이다. 법상종(法相宗)은 망녕된 마음을 다루는 종파이고 법성종(法性宗)은 진실된 마음을 다루는 종파다. 유식종은 망심을 주로 다루기 때문에 법상종이라고 하고 화엄종은 진심(眞心)을 주로 다루기 때문에 법성종이라고 한다. 그러므로 유식종과 법상종은 같은 말이고, 화엄종과 법성종도 같은 말이다. 아무튼 망심이 일어나는 과정을 추적하는데 주된 관심을 가지고 있던 법상종의 규기(窺基)대사는 모든 경전을 세 시기로 나눈 3시교판을 주장했다.

최초의 시기는 《아함경》이다. 《아함경》에서는 연기법에 따라 모든 요소가 인연에 의해서 생겼기 때문에 무아라고 가르치기는 하지만 모든 요소와 요소를 이루는 요소 즉, 무한의 근원적 요소를 밝혀서 완전한 무아를 말하지 못하기 때문에 원초적인 요소의 실체를 인정하는데 기반을 두고 있다고 한다. 둘째의 시기는 반야부경전이다. 《반야경》에서는 직접적으로 모든 것이 공하다는 것을 밝힌다. 그러나 현상은 분명히 존재하는 것이므로 단순히 공하다고만 해서는 안될 터인데, 《반야경》에서는 여러 말이 필요없이 그저 공만을 말한다. 셋째 시기는 법상종의 소의경전인 《해심밀경》이다. 그리고 《해심밀경》과 같은 계통에 속하는 《화엄경》이다. 규기대사에 의하면 《해심밀경》에서는 어떤 현상이 있다고 하더라도 그것이 공함에 바탕을 두고 있고 또 공하다고 하더라도 현상의 임시적인 존재에 바탕을 두고 있다고 말함으로써 있고 없음의 중도(中道)를 가르친다. 법상종의 이와 같은 3시교판은 간단히 말해서 《아함경》은 유(有)를 설하는 것으로, 《반야경》은 공(空)을 설하는 것으로, 《해심밀경》은 유와 공의 중도를 설하는 것으로 보는 것이다. 이와 같은 교판은 규기대사가 유식종의 소의경전인 《해심밀경》을 높이기 위한 경전의 분류이다. 실제로 《아함경》이 유사상만을 말하고 《반야경》이 공사상만을 말하는가 하는 것은 별도의 문제이다.

다음은 용수보살의 공사상을 주로 이은 중국 삼론종 길장(吉藏)대사의 3시교이다. 길장대사의 교판을 그대로 표현하면 2장3륜(二藏三輪)이다. 2장이란 성문장(聲聞藏)과 보살장(菩薩藏) 즉, 소승의 길과 대승의 길을 말한다. 《아함경》은 소승의 길을 가르치고 대승경전은 대승의 길을 가르친다는 뜻이다. 그리고 3륜 즉, 세 가지 수레바퀴란 세번의 기회로 나누어서 설해진 법문을 말한다. 그래서 삼륜은 세번에 걸친 가르침이라는 말과 같다. 첫째는 근본법륜(根本法輪)으로, 《화엄경》을 말한다. 부처님은 자신의 깨달음을 그대로 털어놓았는데, 그것이 《화엄경》이다. 이것은 나무로 말하면 둥치와 같다. 둘째는 지말법륜(枝末法輪)이다. 나무로 말하면 가지와 같은 설법이라는 뜻이다. 여기에는 소승의 《아함경》과 대승의 《법화경》《화엄경》을 제외한 모든 경전들이 다 포함된다. 《방등경》이나 《반야경》도 모두 지말가지 법문이 된다. 근기가 각기 다른 중생들을 위하여 일불승(一佛乘) 즉, 궁극의 경지를 방편의 3승으로 나눈 것이다. 유사상에 젖어 있는 이에게는 소승법문을, 조금 더 공사상을 이해할 수 있는 이에게는 방등법문을, 공사상을 철저히 이해할 수 있는 이에게는 《반야경》의 법문을 설했다는 것이다. 셋째로는 섭말본법륜(攝末本法輪)이다. 나무의 둥치와 가지를 다같이 포섭하는 가르침이라는 뜻이다. 부처님의 근본 가르침인 《화엄경》의 법문도 포함하고 근기에 맞추어서 설하느라고 방편으로 보였던 3승의 법문도 한꺼번에 포함하는 법문이라는 뜻이다. 이 세번째의 가르침이 바로 《법화경》이다.

삼론종 길장대사의 2장3륜 가운데 3시교판도 천태대사의 교판처럼 《법화경》 신해품의 장자궁자의 비유에 근거한다고 한다. 길장대사의 3시교판 즉, 《화엄경》과 아함·방등·반야와 《법화경》의 줄기를 보면 천태대사의 교판과 큰 차이가 없다. 천태대사는 부처님의 경전설법의 시기를 다섯으로 나누었고 길장대사는 셋으로 나눈데 차이가 있을 뿐이다. 천태대사와 길장대사의 교판이 비슷한 것은 천태종과 삼론종이 모두 중관사상의 연속이고 다같이 《법화경》을 공사상의 궁극점으로 보기 때문일 것이다.

다음은 정토종의 2문교판을 보자. 도작(道綽)대사가 모든 부처님 경설을 두 가지로 나눈 교판이다. 두 가지란 성도문(聖道門)과 정토 문(淨土門)이다. 첫째 성도문이란 현재의 이 자리에서 도를 닦아 깨 달음의 이상세계 또는 열반의 피안에 도달하는 방법이다. 둘째 정토 문이란 금생에 바로 불도를 이루기 어려우므로 우선 극락세계에 가 기를 발원하여 아미타불의 도움을 받아서 해탈하고자 하는 방법이 다. 성도문은 금생에 자력으로 수행하는 것이고, 정토문은 아미타불 의 힘을 빌려서 극락세계에 가는 것이다. 성도문은 자력교이고, 정토 문은 타력교이다. 정토종의 입장에서 볼 때 자력이 좋기는 하지만 대 부분의 중생들이 근기가 하열하기 때문에 부처님의 힘을 빌려야 한 다는 것이다. 불교에 있어서 타력신앙의 극단은 정토종이고, 자력신 앙의 극단은 선종이다.

그런데 이와 같은 자력교와 타력교에서 보는 것처럼 불교에는 종 교의 다양한 면이 모두 갖추어져 있다. 어떤 이는 불교에 깃들어 있 는 모든 면을 다 보지 못하고 어느 한 면만을 염두에 두면서 불교에 는 자력신앙만 있는 것처럼 또는 타력신앙만 있는 것처럼 생각하고 말하는 수가 있다. 그러나 실제로 불교는 모든 사람들이 자기의 취향 이나 능력에 맞추어서 신앙생활을 할 수 있도록 갖가지의 교리와 방 법을 모두 갖추고 있다.

진언종에는 현교(顯敎)와 밀교(密敎)의 2교판이 있다. 진언종은 밀교를 말한다. 불교의 정의와 종류를 살피는 중에 우리는 밀교의 분 류법인 현교와 밀교를 공부한 바 있다. 현교는 드러나게 깨우치는 가 르침이고, 밀교는 비밀스럽게 깨우치는 가르침이다. 진언, 다라니, 주 문, 손으로 짓는 상징 등에 대한 가르침이 밀교이다. 그러므로 밀교 의 입장에서는 밀교 이외의 가르침이 모두 현교이다. 그러나 선종에 도 신비주의적 성격을 갖추고 있는 면이 있고 또 불교 전반을 보아도

언어나 사량분별을 넘어서는 그 어떤 것을 설하고 있는 부분이 있으
므로, 그런 점을 생각한다면 밀교의 범위는 한층 넓어질 것이다.

　다음은 선종의 2교판이다. 선종에서는 누가 특별히 '이것이 우리의
교판이다'라고 주장한 사람이 없었다. 그러나 선종의 입장에서는 '부
처님이 입으로 설하신 말씀이 교(敎)이고, 부처님이 은밀히 전한 마
음이 선(禪)'이라고 생각하는 것이 보통이다. 그러므로 부처님이 입
으로 전한 가르침과 마음으로 전한 가르침의 두 가지로 나누는 것이
선종의 교판이라고 할 수 있을 것이다.

다·섯·째·마·당
상징의 가르침

잡밀은 체계가 잡히지 않은 잡다한 형태의 밀교라는 뜻이다. 그리고 순밀은 대일경이나 금강정경같은 밀교계 경전을 가지고 밀교로서 완전히 체계를 갖춘 것을 말한다. 그리고 좌도밀교 또는 탄트라밀교는 섹스같은 번뇌도 수행에 이용하는 것을 말한다. (세 가지 밀교)

문제와 답을 한꺼번에 알려주면 문제를 풀어내는 방법을 배우지 못한 중생들은 과정의 수행은 생략한 채 성불의 내용이라는 답만을 외우려고 한다. 불교에서는 외워서 얻는 답은 아무런 의미가 없다. 그래서 중생의 근기에 맞게 중생이 알아야 할 만큼만 알려준다. (상징의 이유)

대일여래의 체는 6대연기이고, 그 상은 4만다라이다. 그리고 용은 몸과 입과 뜻으로 행하는 3밀이다. (체상용의 밀교)

만다라에는 네 가지가 있다. 첫번째는 색깔을 가진 그림으로, 대일여래와 6대를 나타낸다. 두번째는 불·보살이 지닌 본래의 서원을 칼이나 구슬 등으로 표현하는 것이다. 세번째는 부처님의 명호를 기호와 음성으로 표시한다. 네번째는 대일여래의 작업으로, 중생을 교화하는 불·보살의 움직임이 모두 만다라이다. (만다라)

태장은 모태를 뜻한다. 어머니의 배 안에 어린아이를 키우는 기능이 있는 것과 같이 중생 속에는 여래법신을 배고 낳을 수 있는 기능이 있음을 나타낸다. (태장계와 금강계 만다라)

진언을 아주 많이 이용한다는 점에서 한국불교에는 밀교적인 면이 많다고 할 수 있다. 그러나 진언을 외우는 목적이 궁극적인 성불에 있지 않고 단순히 현세이익만을 구하는데 있다면, 그것은 참으로 부끄러운 일이다. (한국의 밀교)

42. 밀교의 시대적 분류

탄트라불교의 수행법은 중생의 번뇌나 성욕같은
것도 보다 높은 차원의 것으로 승화시켜서 활용하
고자 한다. 그래서 남녀가 포옹한 모습의 불상이…

　불교 전체를 소승불교와 대승불교, 남방불교와 북방불교, 현교와 밀교 등 여러 방면에서 분류할 수 있는데, 밀교(密敎)는 바로 현교(顯敎)의 상대적인 것이다. 현교는 드러내보이는 가르침이라는 뜻이고, 밀교란 드러내보이지 않고 비밀리에 전하는 가르침이라는 뜻이다. 밀교에 대해서 잘 알지 못하는 분들도 진언(眞言), 다라니(陀羅尼 ; dhāraṇi), 금강계(金剛界)와 태장계(胎藏界) 만다라(曼茶羅 ; maṇḍala), 모다라(母陀羅 ; mudrā), 탄트라(tantra), 잡밀(雜密), 순밀(純密), 6대연기(六大緣起), 3밀가지(三密加持), 즉신성불(卽身成佛) 등의 용어들을 한두번은 들어보았을 것이다. 먼저 밀교란 어떻게 나타나는지 그리고 밀교의 종류는 어떻게 나뉘는지에 대해서 살펴보자.

　불교교리 발달의 역사를 더듬어보면 반전(反轉)의 역사라고도 할 수 있다. 어떤 방향으로 발달한 불교는 반드시 얼마 지나지 않아서 새로운 불교로 전환한다는 것이다.

　석가모니부처님은 처음에 인도의 전통종교인 힌두교의 반발로 불교를 일으켰다. 석가세존은 힌두교의 4성계급(四姓階級)을 부정하고 평등을 주장했으며 전통종교의 실체사상의 오류를 알고 연기법(緣起法)을 발견했다. 그러나 부처님이 열반에 드신 후에 불교는 아비달마불교가 되었다. 출가승려들이 철학적으로나 학문적으로 불교를 연구하는데 몰두하고 보살행이나 중생구제에는 관심이 많지 않았다. 그러자 다시 그와 같은 학문불교에 대한 반발로 대승불교가 일어났다. 처음에 대승불교는 보살행의 실천을 중시했다. 그러나 세월이 흐르면서 대승불교도 점차 교리가 복잡해졌다. 중관사상의 불교를 지나 유식사상이 나왔을 즈음에는 불교가 극히 철학적이고 학문적이 되었다. 소승의 아비달마불교에 대한 반발로 일어난 대승불교가 다시 대승의 아비달마불교로 기울게 된 것이다. 일반 대중에게 있어서 깊은 교리는 어렵기만 하고, 어렵기만 한 불교는 중생구제에 아무런 의미가 없었다.따라서 복잡하고 어려운 불교를 쉽게 접근할 수 있게 하는 대책이 요구되었다. 그래서 나타난 것이 불교의 깊은 의미를 상징화(象徵化)하는 밀교였다. 비밀한 가르침임을 전제로 해서 복잡한 교리를 단순화시켜서 상징적으로 표현하는 것이다. 그런데 상징적으로 표현하다 보니 밀교는 자연히 신비주의(神秘主義)로 빠져들어갔다.

밀교는 시대와 지역과 교파에 따라 여러 가지로 분류되지만 우리는 복잡한 분류가 필요없다. 현재 불교를 믿는 나라들 가운데 어느 나라의 불교가 어떤 종류의 밀교를 신봉하고 있는가 하는 정도만 알아두면 될 것이다. 밀교는 크게 세 가지로 나눌 수 있다. 잡밀교(雜密教), 순밀교(純密教) 그리고 좌도밀교(左道密教) 또는 탄트라불교이다. 잡밀교는 보통 잡밀이라고도 하는데, 잡다한 형태의 밀교라는 뜻이다. 그리고 순밀교는 순전한 밀교로《대일경(大日經)》이나《금강정경(金剛頂經)》같은 밀교계 경전을 가지고 밀교로서만 완전히 체계를 갖춘 것을 말한다. 그리고 좌도밀교 또는 탄트라밀교는 섹스까지도 수행에 이용하는 것을 말한다.

첫째 잡밀교는 우리가 흔히 볼 수 있는 비밀교의 형태이다. 순수한 밀교에서는 대일여래라는 법신불이 주불로 모셔지지만, 잡밀교에서는 전통적인 신앙의 대상이 그대로 인정되며 유지되고 있다. 석가여래, 약사여래, 아미타여래, 갖가지로 변화한 형태를 가진 관세음보살 등이 그대로 주불(主佛)로 유지된다. 그리고 순수한 밀교에서는 몸과 입과 뜻이 모두 비밀의 수행을 하지만, 잡밀에서는 오직 입으로만 진언이나 다라니를 외울 뿐이다. 신체적으로는 보살의 서원을 표시하는 모양을 짓고 마음으로는 명상을 해야 하는데, 오직 입으로만 닦을 뿐이다. 그리고 잡밀에서는 비밀법을 닦는 주된 목적이 병을 치료한다거나 수명, 재산, 명예, 권력, 자손 등과 같은 현세이익을 구하는 것이다. 불교의 궁극목적이 성불하는 것이지만, 이 잡밀의 단계에서는 성불과 같은 큰 서원을 내지 못하는 것이다. 또 잡밀에는 만다라가 없다.

둘째 순밀교는 잡밀교에서 한 걸음 더 나아간 체계화된 밀교를 말한다. 잡밀에서는 본존불이 석가모니불이나 약사여래나 관세음보살 등이 되어도 상관이 없지만, 순밀교에서는 본존불이 대일여래(大日如來)라는 법신불(法身佛)이 되어야 한다. 이 대일여래라는 법신불은 우리가 이미 공부한 《화엄경》의 비로자나부처님과 같다. 그러나 《화엄경》의 법신불이 깨달은 사람의 입장에서 삼라만물을 여래의 성품이 일어난 것으로 보는데 비해서 순밀교의 경전인 《대일경》에서는 중생의 입장에서 자신을 포함한 모든 것이 여래의 몸 그 자체라고 본다. 또 순밀에서 대일여래를 본존불로 모신다는 것은 순밀교가 대승불교 일반과 별도로 《대일경》이나 《금강정경》같은 소의경전을 가진다는 것을 뜻하기도 한다. 《대일경》은 《화엄경》과 같이 대일여래를 중심으로 해서 우리가 공부한 여래장사상에 바탕을 두고 중관반야사상의 흐름을 밀교적으로 조직한 것이고, 《금강정경》은 유가유식사상(瑜伽唯識思想)의 흐름을 밀교적으로 조직한 것이다.

또 앞에서 살펴본 대로 잡밀에서는 입으로만 진언을 외워서 수행을 하지만, 순밀에서는 몸과 입과 뜻을 다 동원해서 불도를 닦는다. 입으로는 진언과 다라니를 외우고 몸으로는 서원을 가진 보살수행자로서의 상징적인 모양을 취한다. 그리고 뜻으로는 대일여래와 자신

이 하나라는데 초점을 두고 명상한다. 잡밀에서는 수행의 목적을 현
세이익에 주로 두고 있지만, 순밀에서는 지금의 이 몸을 가지고 그대
로 성불한다는 즉신성불(卽身成佛)을 목표로 하고 있다. 또 잡밀에서
는 만다라가 완성되지 않은데 비해서 순밀에서는 대일여래의 몸이
온세계라는 밀교의 세계관을 만다라로 나타낸다.

잡밀교과 순밀교에 이어서 세번째는 8세기경 인도에서 이루어져
서 티베트 등으로 전해진 탄트라밀교이다. 보통 한문으로 좌도밀교
라고 부른다. 우리는 앞에서 《대일경》의 대일여래가 《화엄경》의 비
로자나부처님의 연장으로서 중생의 눈 그대로 중생과 부처를 하나로
본다고 살핀 바 있지만, 탄트라불교의 수행법은 이같은 관점과 같은
맥락에서 중생의 번뇌나 성욕같은 것도 보다 높은 차원의 것으로 승
화시켜서 활용하고자 한다. 그래서 여기에서는 남녀가 포옹하고 있
는 환희의 부처님상도 있고 악에 대한 분노를 나타내는 분노의 부처
님상도 있다.

남녀가 합해 있는 환희불(歡喜佛)의 존상은 성적(性的) 환희를 뜻
하는 면도 있지만, 그 성적 환희라고 하는 것은 우리 인간이 느끼는
단순한 것이 아니라 보다 깊은 교리적인 의미를 상징하고 있다. 불교
의 기본은 지혜(智慧)와 자비(慈悲)이다. 지혜는 반야(般若)이고 자
비는 방편(方便)이다. 반야지혜는 《반야경》의 공사상으로 대표되고
방편자비는 《법화경》의 참사상으로 대표된다. 그런데 탄트라밀교에
서는 방편을 아버지 탄트라로 반야를 어머니 탄트라로 상징한다. 방
편과 반야 즉, 자비와 지혜가 합일된 것을 불이(不二) 탄트라로 부른
다. 이 밀교에서는 여성상위라고 할 만큼 여성이 중시되고 섹스의 집
중력과 환희를 상징해서 방편과 반야가 이루는 언어로 표현할 수 없
는 성스러운 차원의 법열(法悅)을 맛보고 나타내려고 한다.

《대비공지금강대교왕의궤경(大悲空智金剛大敎王儀軌經)》으로 번역
된 《헤바즈라 탄트라(hevajra-tantra)》라는 좌도밀교 경전에서의 예를

보자. 여기서는 남성의 성기(性器)를 금강저(金剛杵)라는 상징으로
부르고 여성의 성기를 연꽃이라는 상징으로 부른다. 남녀의 생식기
(生殖器)를 단단한 젓가락과 부드러운 연꽃으로 나타낸 것이다.

　금강저가 연꽃과 접촉할 때 지·수·화·풍·공(地水火風空)이 다
생기는데, 접촉은 땅기운이고 습기는 물기운이며 마찰의 열은 불
기운이고 움직임은 바람기운이며 묘한 환희는 허공의 기운이다.

　여기서는 지·수·화·풍의 4대(四大)에 허공을 더한 5대(五大)
의 풀이를 성교의 내용에서 찾으려고 한다. 필자는 이 부분을 번역하
면서 감각적인 면을 가능한 한 줄이고 섹스를 이용하는 예만을 전달
하려고 노력했지만, 유교적인 윤리관에 꽉 절어 있는 중국, 한국, 일
본 등에서는 성적인 환희를 상징으로 이용하는 좌도밀교가 제대로
수용되지 못했다.

　또 탄트라밀교에 있어서의 분노의 부처님은 아주 무서운 모양을
하고 있다. 분노에 찬 나머지 머리는 산발하고 눈은 무섭게 뜨고 피
를 흘리고 있는 모습이다. 그런데 이 분노는 개인적 이해관계나 기분
의 좋고 나쁨에 따른 분노가 아니라 우주적인 악에 대한 분노이고 불
법이라는 진리의 가르침을 해치려는데 대한 분노이다. 그래서 분노
의 부처님은 악을 적극적으로 타파하려는 역동성을 가지고 있다.

　지금까지 밀교를 크게 세 가지로 분류했다. 잡밀교·순밀교·탄트
라 좌도밀교이다. 그런데 이 세 가지의 발생은 시기적인 순서와도 일
치한다. 그래서 초기·중기·후기 밀교라고도 부른다. 초기 밀교란
4세기에서 6세기에 걸쳐서 생긴 체계가 잡히지 않은 잡밀을 뜻하고,
중기 밀교란 7세기경에 성립한 《대일경》《금강정경》을 중심으로 한
순밀을, 그리고 후기 밀교란 8세기경에 성립한 탄트라 좌도밀교를 말
한다. 현재 우리 나라에서는 초기 잡밀교가, 일본에서는 중기 순밀교

가, 그리고 티베트에서는 후기 탄트라밀교가 주류를 이룬다.

세 가지 밀교를 도표로 정리해보자.

초기 밀교(4~6세기)—잡밀(한국 등) —— 비체계적, 현세구복적

중기 밀교(7세기) —— 순밀(일본 등) —— 대일여래, 만다라, 즉신성불

후기 밀교(8세기) —— 탄트라(티베트 등)-성욕, 번뇌 등을 수행에 활용

43. 육대연기와 만다라의 상징성

대일여래의 몸체가 6대연기이고 그 형상이 네 가지 만다라이다. 대일여래의 작용은 몸과 입과 뜻으로 행하는 3밀이다. 법신불의 체상용이…

밀교를 살펴보는 가운데 우리 귀에 익숙하기는 하지만 쉽게 그 개념이 잡히지 않는 만다라를 알기 위해서 기본작업으로 밀교에서 체·상·용(體相用)으로 분류하는 6대연기(六大緣起)·4만다라(四曼陀羅)·3밀(三密)에 대해서 살펴보아야 한다. 한 신도가 만다라에 대해서 스님께 질문하는 것을 들은 적이 있었다. 스님은 티베트 스님들이 그린 만다라 그림을 중심으로 답변을 했다. 그러나 만다라를 이해하기 위해서는 밀교의 기본적인 것을 먼저 알아야 한다.

밀교는 전체를 있는 그대로 드러내지 않고 상징적으로 전하는 비밀스런 가르침이다. 비밀스럽게 가르치는 이유는 부처님이 비밀스러운 것을 좋아해서가 아니다. 중생들은 있는 그대로 다 알려주면 그대로 믿지 않고 비방해서 업장을 짓거나 완전히 이해하지도 못하고 자신의 이기심에 알맞게 합리화해서 해석하려고 하기 때문이다. 합리화하는 방식으로 해석하면 깨달음으로 향한 수행에 전혀 도움이 되지 않기 때문에 중생의 근기에 맞게 적당한 만큼만 알려주는 것이다.

학생들에게 공부를 시키는데 문제와 답을 한꺼번에 주어버리면 학생들은 문제를 직접 풀어보지도 않고 답을 바로 보게 된다. 공부는 답 그 자체를 아는 것보다는 자신이 답을 풀어내는 방법을 아는 것이다. 그런데 답만을 외우고 공부를 다 한 것으로 생각하면 공부가 전혀 되지 않을 것이다. 마찬가지로 불법을 닦는데 있어서도 문제부터 답까지 다 알려주면 답을 풀어내는 방법을 배우지 못한 중생들이 과정의 수행은 생략한 채 성불의 내용이라는 답만을 외우려고 한다. 그러나 불교에서는 외워서 얻은 답은 아무 의미가 없다. 직접 닦아야 한다. 그래서 중생의 근기에 맞게 중생이 알아야 할 만큼만 알려주고 나머지는 비밀로 감춰두는 것이 바로 밀교이다.

그러나 아무리 비밀한 가르침이라고 하더라도 그 출발점이 무엇인지는 알아야 한다. 그 출발점은 바로 밀교의 체·상·용 3대설(三大說)이다. 이미 출판된 《허공의 몸을 찾아서》에서 《기신론》을 공부할 때 우리는 체·상·용 3대설을 살펴본 바 있는데, 예로부터 밀교의 핵심도 체·상·용 3대에 의해서 파악되어왔다. 6대연기설을 본체(本體)로, 4종 만다라를 형상(形相)으로, 3밀을 작용(作用)으로 이해하는 것이다. 6대와 만다라와 신·구·의(身口意) 3밀이 생소한 용어이기는 하지만, 그렇게 어려운 말들은 아니다. 밀교의 기본이라도 알기 위해서는 만다라를 알아야 하고 만다라를 알기 위해서는 이 세 가지를 알아야 한다.

우리는 위에 말한 책에서 여러 가지 연기설을 공부한 바 있다. 업 감연기설(業感緣起說), 아뢰야연기설(阿賴耶緣起說), 진여연기설(眞如緣起說), 법계연기설(法界緣起說) 등을 다루었다. 법계연기란 바로 《화엄경》의 성기사상(性起思想)을 말한다. 비로자나부처님이라는 여래의 성품이 그대로 온법계를 이룬다는 것이다. 《화엄경》 입법계품에서는 선재동자가 52명의 선지식을 방문하고나서 마지막으로 보현보살을 만났을 때 보현보살의 몸에 난 낱낱의 털구멍 안에서 헤아릴 수 없이 많은 세계를 보았고 그 세계에서 또다시 헤아릴 수 없이 많은 부처님의 바다를 보았다. 《화엄경》의 여래성기의 세계에서는 낱낱의 사물이 서로 걸림이 없이 상통한다. 공처럼 된 큰 방을 많은 거울조각들로 장식하고 방 한가운데에 불상과 촛불을 놓았을 때 낱낱의 거울에 불상과 촛불이 비치고 다시 낱낱의 거울에 다른 거울에 담긴 불상과 촛불의 모양이 이중 삼중으로 담기게 된다. 모든 사물은 다른 것을 모두 포함하고 또 다른 모든 것에 포함되도록 엉켜 있으면서도 서로 걸림이 없이 자재한 것을 의미한다.

그러나 《화엄경》의 무진연기(無盡緣起)는 광대하고 시원하기는 하지만 밀교의 입장에서 보았을 때 시작과 끝이 없이 막연하다. 개인의 번뇌에서 우주의 번뇌라는 넓은 바다로 나아가고 넓은 바다에서 작은 티끌로 돌아오지만, 그것이 마음에서 일어나는 것이라고 할 뿐 구체성이 없다. 그래서 밀교에서는 연기하는 사물의 내용을 좀더 구체적으로 잡아서 그것으로부터 상호 받아들이고 상호 걸림이 없는 도리를 체험하고자 한다. 그 구체적인 기본단위가 바로 지·수·화·풍·공·식(地水火風空識) 즉, 땅·물·불·바람·허공·인식의 여섯 가지이다. 이 여섯 가지는 이미 원소설(元素說)로서 인도에 있던 것이다. 지·수·화·풍 4대를 우주의 근원으로 삼는다거나 지·수·화·풍·공·견·식 7대를 우주의 근원으로 삼는 경우도 있었다. 그러나 밀교에서는 이 지·수·화·풍·공·식의 여섯 가지를 대일여래라는 법신불(法身佛)의 기본적인 몸으로 이용하고 있다. 인도의 다른 원소설은 그 요소에 생명력이 없는 유물론(唯物論)인데 비해서 밀교에서 말하는 6대는 법신불의 몸으로 살아 움직이는 우주적 생명체가 된다.

밀교는 다시 여러 갈래로 나뉘어진다. 잡밀·순밀·탄트라이다. 그러나 이 중에서도 가장 기본이 되는 것은 《대일경》과 《금강정경》에 기반을 둔 순밀이다. 순밀은 일본의 홍법대사(弘法大師)가 교조가 되어서 발달했다. 6대연기·4만다라·3밀은 홍법대사의 밀교 저술인 《즉신성불의(卽身成佛義)》에 적힌 것이다. 일본의 밀교도 홍법대사를 교조로 하는 동밀(東密)과, 밀교와 천태사상이 결합된 천태밀교(天台密敎)가 있지만, 이 자리에서는 순밀 안으로 너무 깊이 들어

가지 않으려고 한다. 6대연기나 만다라같은 기본적인 것을 이해하는
데 만족하려고 한다.

밀교에서 체·상·용을 분류하고 그 본체를 6대연기론으로 삼는
데, 그 연기의 기본은 본체의 6대와 현상의 6대를 일치시키는 것이
다. 6대 중에서 지·수·화·풍·공 즉, 땅·물·불·바람·허공은
물질적인 것에 속하고 마지막의 식 즉, 인식은 정신적인 것에 속한
다. 이 다섯 가지의 물질적인 것과 한 가지의 정신적인 것이 그대로
대일여래의 몸 그 자체이고 또한 현상이라는 것이다. 그런데 6대의
각 요소들은 제각기 여러 가지 특성을 갖는다. 가령 땅기운은 굳은
성질, 모아지는 성능, 네모난 모양, 노랑 색깔, '아(阿)'라는 소리,
본래 태어남이 없다는 의미 등을 가지고 있다는 것이다. 물기운·불
기운·바람기운·허공기운·인식 등도 각기 다른 성질, 모양, 색깔,
음(音) 등을 가진다. 6대의 각 요소가 가지는 특징을 다 알아야 할 필
요는 없다. 그러나 여러 가지 종류의 만다라를 이해하기 위해서는 6
대의 각 요소마다 특유한 모양과 색깔과 음성이 있다는 점을 이해해
야 한다.

앞에서 6대연기는 대일여래 법신의 몸체에 속한다고 했다. 그렇다
면 대일여래의 형상이 있어야 할 것이다. 그 법신의 형상은 바로 지
·수·화·풍·공·식이라는 6대의 형상이기도 하다. 그 형상이 바
로 만다라이다. 그런데 이 만다라는 네 가지 종류로 나뉜다. 그 이유
는 6대 자체의 각 요소마다 형상, 성질, 음성 등이 있기 때문에 그것
을 어떤 관점에서 보느냐에 따라서 다른 종류의 만다라가 되는 것이
다.

첫번째 것으로는 색깔을 가진 그림으로 나타나는 만다라이다. 그
림 만다라는 대일여래 몸의 구성체인 6대와 대일여래 그 자체를 표
현해야 하기 때문에 6대의 특징을 다 담아야 할 것이다. 그러므로 만
다라 그림에는 모양, 색깔 등이 각기 중요한 의미를 가지게 된다.

두번째 종류의 만다라는 불·보살이 지닌 본래의 서원을 표현하는
것이다. 여기에는 여러 가지 불상들이 지니고 있는 칼, 구슬 그리고
손모양 등이 있다. 문수보살은 지혜의 칼로 중생의 번뇌망상을 자른
다는 서원의 의미에서 칼을 가지고 있고, 관세음보살은 중생 속에서
자비행을 실천하면서 속진에 물들지 않는다는 서원의 의미에서 연꽃
을 가지고 있다. 지장보살은 지옥중생을 구하고 복덕을 준다는 서원
의 의미에서 둥근 구슬을 가지고 있다.

세번째 종류의 만다라는 기호와 음성으로 표시된다. 앞에서 6대의
하나하나는 각자의 기호와 음성을 가지고 있다고 했는데, 거기에는
또한 각각 다른 부처님의 명호가 붙어 있다. 가령 '아(阿)'자는 대일
여래를 의미한다. 그리고 이런 식으로 하나의 기호는 한 부처님을 의
미하게 된다. 그래서 기호문자나 음성으로 표시되는 만다라가 있게
된다.

네번째 종류의 만다라는 대일여래의 작업으로 표시된다. 제불보살
(諸佛菩薩)이 중생을 교화하는 모든 움직임이 모두 만다라이다. 그래
서 모든 불·보살상 등의 조형물과 세상 만물의 움직임이 그대로 대
일여래의 중생교화 작업인 만다라가 된다. 그러므로 만다라는 그림
만 있는 것이 아니라 불·보살이 지니는 서원의 상징물도 있고 기호,
음성과 등상물 등도 있는 셈이다.

대일여래의 몸체가 6대연기이고 그 형상이 네 가지 만다라라면 다
음에는 그 작용이 있어야 할 것이다. 대일여래의 작용을 몸과 입과
뜻으로 행하는 3밀이라고 한다. 6대의 연기가 이 세상의 모든 것이기
때문에 중생의 몸과 입과 뜻도 본래 법신불의 그것과 똑같다. 단지
중생은 자신의 신·구·의가 법신불의 것인지를 모르거나 믿지 않을
따름이다. 몸으로는 갖가지 결인(結印)을 만든다. 범어로 무드라라고
부른다. 불상에서 볼 수 있는 갖가지 다른 손모양을 짓는다. 입으로
는 진언이나 다라니를 외운다. 그리고 마음으로는 대일여래와 일치

하는 삼매에 든다.

　대일여래 법신불의 상징적인 체 · 상 · 용 3대를 6대연기 · 4만다라 · 3밀과 선으로 이어서 정리해보자.

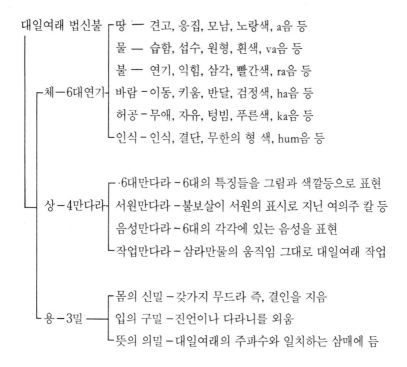

대일여래 법신불
체―6대연기
　땅 ― 견고, 응집, 모남, 노랑색, a음 등
　물 ― 습함, 섭수, 원형, 흰색, va음 등
　불 ― 연기, 익힘, 삼각, 빨간색, ra음 등
　바람 ― 이동, 키움, 반달, 검정색, ha음 등
　허공 ― 무애, 자유, 텅빔, 푸른색, ka음 등
　인식 ― 인식, 결단, 무한의 형 색, hum음 등

상―4만다라
　·6대만다라 ― 6대의 특징들을 그림과 색깔등으로 표현
　서원만다라 ― 불보살이 서원의 표시로 지닌 여의주 칼 등
　음성만다라 ― 6대의 각각에 있는 음성을 표현
　작업만다라 ― 삼라만물의 움직임 그대로 대일여래 작업

용―3밀
　몸의 신밀 ― 갖가지 무드라 즉, 결인을 지음
　입의 구밀 ― 진언이나 다라니를 외움
　뜻의 의밀 ― 대일여래의 주파수와 일치하는 삼매에 듬

44. 두 가지 만다라와 한국의 밀교

신묘장구대다라니를 주된 염불로 외운다고 하는
것은 우리가 밀교적인 수행을 겸하고 있다는 것을
의미한다. 한국불교가 통불교로 다양한…

밀교에는 태장계만다라(胎藏界曼茶羅)와 금강계만다라(金剛界曼茶
羅)가 있다. 한국불교에도 밀교적인 면이 다분히 있다.

필자는 그전에 다른 스님들과 함께 인도네시아에 있는 보로부두르
탑을 참배한 적이 있었다. 그 탑을 보기 전부터 세계 7대불가사의 가
운데 하나라고 듣기는 했지만 직접 보고는 너무도 놀랍고 감격스러
웠다. 그런데 그 탑의 구성이 만다라 형식으로 되어 있다는 것을 알
고 만다라에 대해서 깊은 관심을 갖고 그 탑을 관찰했다. 다른 스님
들도 너무 감격한 나머지 앉아서 좌선도 하고 절도 하고 또 탑을 돌
기도 했다. 물론 사진 찍는 것을 싫어하던 스님도 탑과 같이 촬영해
달라고 부탁했다.

보로부두르탑은 먼저 정사각형의 기단으로부터 층을 높여서 올
라갈수록 사각형이 좁아지고 가장 위에 가서는 원형층이 된다. 정사
각형 맨 아래 기층의 한 변의 길이가 110미터가 된다고 하니 그 엄청
난 탑의 규모가 사람의 기를 완전히 눌러놓는다. 각층의 벽에는 여러
가지 불경의 내용들을 그림으로 새겨놓았다. 부처님의 본생담,《비유
경》, 부처님의 일생,《화엄경》입법계품,《보현행원찬(普賢行願讚)》
으로 점점 단계를 높여간다. 탑의 층이 높아짐에 따라 벽에 새기는
그림의 수준도 같이 높아진 것이다. 그리고 탑의 각층 여유공간에는

종처럼 불감(佛龕)을 만들어놓고 그 안에 부처님을 모셔놓는가 하면 그냥 부처님만 모셔놓기도 했다. 각 방향을 향한 부처님들의 결인(結印) 즉, 손모양이 각기 다르다. 가령 동방을 향한 부처님들은 왼쪽 손바닥을 배꼽 앞에 놓고 오른손 손바닥을 무릎에 걸치는가 하면 서방을 향한 부처님들은 두 손바닥을 모아서 배꼽 앞에 놓았다. 사각형을 이루는 1층에서 4층까지 한 방향의 부처님들만 92상이 모셔져 있으며 다른 방면도 또한 마찬가지다. 그 위에 다시 원형을 세 줄 만들면서 동일한 모양을 한 부처님이 계셨다. 그 탑을 상공에서 사진촬영한 것을 보니 탑의 기단이 이루는 줄, 부처님들의 배열이 이루는 줄들이 정확하게 만다라의 모양을 이루고 있었다.

필자는 그 탑의 안내인에게 그 탑이 그리는 만다라가 태장계만다라인지 금강계만다라인지에 대해서 물었는데, 안내인은 그 질문을 받고 어리둥절해했다. 태장계니 금강계니 하는 것까지는 모르는 눈치였다.

네 가지의 만다라가 있다고 했는데, 그 만다라는 다시 밀교의 소의경전인 《대일경》의 태장계만다라와 《금강정경》의 금강계만다라로 나뉜다. 태장(胎藏)에서 태라는 말은 모태(母胎)를 뜻한다. 어머니의 배 안에는 어린아이를 키우는 기능이 있는 것과 같이 중생 속에는 여래법신(如來法身)을 배고 낳을 수 있는 기능이 있다는 것을 나타내기 위해서 태장이라고 부른다. 여래장(如來藏)이라는 말과 비슷하다. 그러나 여래장에는 여성적인 면이 특별히 없지만 태장은 여성적인 어머니의 모태를 의미하는 뉘앙스를 강하게 풍긴다. 《대일경》에서는 160가지의 마음이 있는 부처의 세계가 만다라로 표시된다. 밀교에 있어서는 온세계가 다 대일여래의 법신이기 때문에 온세계가 다 만다라이다. 그 만다라에 여성적인 것과 남성적인 것이 있는데, 《대일경》의 만다라는 여성적인 면을 가진 태장계만다라이고, 《금강정경》의 만다라는 남성적인 면을 가진 금강계만다라이다.

잡밀이나 순밀과 달리 인도나 티베트의 밀교는 탄트라 좌도밀교로서 인간의 성(性)을 수행에 이용한다고 했지만, 사실은 《대일경》에서 《금강정경》으로 넘어가면 벌써 성(性)에너지에 대해서 관심을 갖기 시작한다. 《대일경》이 여성적인 태장계만다라를 만들고 《금강정경》이 남성적인 금강계만다라를 만든다면 당연히 이 둘을 합한 만다라가 등장하게 될 것이다. 그것을 《이취경(理趣經)》이 소개한다. 《이취경》은 여성 만다라와 남성 만다라를 통합한 만다라를 제시한다. 물론 성(性)에너지에 대한 관심은 《금강정경》보다도 훨씬 더 높아진다.

그렇다면 이제 우리는 현재 한국불교에 있어서 밀교적인 것은 어떤 것들일까 하는 의문이 생긴다. 입춘 때가 되면 다라니나 부적을 주고받는 경우가 있다. 그런데 다라니 가운데는 《천수경》의 신묘장구대다라니가 원형으로 돌아가면서 인쇄되어 있어서 만다라를 연상하게 하는 것이 있다. 그 원형의 만다라처럼 쓰여진 원판은 현대에 만들어진 것이 아니고 옛날 불상의 복장 안에서 나온 것을 동판으로 떠서 유포시킨 것이라고 한다. 탑이나 부처님의 가슴 속에는 반드시 복장물이 들어 있는데, 복장물 가운데는 진언과 만다라같은 그림이 많다는 것이다. 물론 다양한 색채를 넣은 전문적인 만다라는 아니지만 밀교적인 마음이 많이 담겨 있음을 짐작할 수 있다.

우리는 《천수경》을 많이 읽고 있으며 오늘날에는 《천수경》이 우리나라 불교의례의 대표적인 염불처럼 되어 있는데, 《천수경》의 핵심은 신묘장구대다라니이다. 긴 다라니나 짧은 진언을 다같이 다라니라고 부르거나 진언이라고 부를 수 있지만, 긴 주문은 주로 다라니라고 부르고 짧은 주문은 진언이라고 부른다. 신묘장구대다라니를 주된 염불로 외운다고 하는 것은 우리가 밀교적인 수행을 겸하고 있다는 것을 의미한다. 한국불교가 통불교로 불교의 다양한 면을 다 포함하고 있기 때문에 밀교적인 면이 겸해 있다고 말하는 것이다. 그리고《천수경》안에는 진언도 많이 있다. 정구업진언부터 시작해서 여러 개의 진언이 있다. 이 진언들 또한 밀교적인 것이다.

《천수경》에만 진언이 섞여 있는 것이 아니라 아미타불신앙을 주로 하는 염불이나 관음염불, 지장염불 등에도 예외가 없이 진언들이 포함되어 있다. 아미타불을 찾는 중에는 아미타불본심미묘진언이 들어 있다. 단순한 염불만으로는 부족하고 밀교적인 진언이 들어가야만 서방정토 극락세계에 이르는 것으로 보고 있는 것으로, 그래야 염불도 더욱 효과적이라고 생각하는 것이다. 관음정근을 하고나서도 관세음보살멸업장진언을 외우고 지장정근 후에도 지장보살멸정업다라니를 외운다. 선방에서도 능엄주를 외운다. 이것이 모두 밀교적인 요소들이다.

절집 화장실에 가보면 여러 가지 진언들이 있다. 발우공양을 할 때에도 진언들이 있다. 진언을 아주 많이 이용한다는 점에서는 한국불교에 밀교적인 면이 많다고 할 수 있다. 한국불교에서는 염불만이 아니라 다른 면에서도 밀교적인 요소들을 다분히 포함하고 있다. 우리나라에는 많은 사찰에 비로자나 법신부처님이 모셔져 있다. 대적광전, 적광전, 보광전 등 빛 광(光)자가 들어간 법당의 이름은 모두 비로자나불이 모셔져 있다. 왜냐하면 비로자나라는 뜻이 바로 광명이 두루 비치는 것을 뜻하기 때문이다. 다른 나라의 불교에 비해서《화엄경》의 영향을 많이 받은 우리나라에서 비로자나불은 당연히 화엄의 법신불이라고 보아야 할 것이다. 그러나 다른 종류의 염불을 하는데도 밀교적인 진언을 이용하는 태도를 보면 비로자나 법신불을 모시는데도 비로자나불상에《화엄경》적인 요소와 밀교의《대일경》적인 요소가 섞여 있다고 짐작할 수 있다.

또한 의식에 있어서도 밀교적인 요소를 많이 발견할 수 있다. 49재나 천도재를 올릴 경우 먼저 영가가 다겁생래로 지은 업장을 씻어내어야 하는데, 그것을 관욕이라고 부른다. 관욕을 할 때 법주스님은 갖가지 손모양을 짓는다. 그것들은 분명히 밀교적인 상징성을 가지고 있다. 또 불상 점안을 할 때 증명법사는 붓을 들어 불상의 눈을 뜨게 하는 의식을 행하는데, 그것 역시 밀교적인 것이다.

잡밀·순밀·탄트라의 세 가지 밀교 가운데 한국불교의 밀교적인 요소는 잡밀에 속한다. 밀교로서 완전히 체계가 잡히지 않고 밀교적인 요소만 잡다하게 섞여 있다는 뜻이다. 순밀의 경우처럼 대일여래가 주불로 확립되지도 않았고 3밀(三密)을 종합적으로 닦지도 않는다. 즉신성불(卽身成佛), 곧 이 몸을 가진 그대로 성불하는 것을 목표로 하지도 않는다. 또 본격적인 만다라가 완성되지도 않았고, 설사 완성되었다고 하더라도 그것이 큰 의미를 갖지 못한다. 비로자나불 속에 대일여래적인 요소를 염두에 두고 비로자나불상을 모셨다고 하더라도 순전히 대일여래를 본존주불로 모시지는 않는다. 그래서 우리나라의 밀교는 잡밀적이라고 하겠다.

물론 순밀이거나 잡밀이거나, 또는 순밀처럼 밀교적인 수행을 하거나 말거나 우리가 성불을 목표로 해서 우리 나름대로 나아가는 한 별문제가 없다. 그러나 순밀과 잡밀을 구분하는 하나의 기준대로 진언을 많이 사용하는 우리나라의 밀교가 진언을 사용하는 목적이 궁극적인 성불에 있지 않고 단순히 현세이익을 구하는데만 있다면, 그것은 참으로 부끄러운 일이다. 진언이나 다라니를 외우는 효과가 직접적으로 성불을 이루도록 목표하지 않아도 좋다. 참선이나 염불이나 기도를 하면서 성불을 목표로 하고 진언을 보조수단으로 사용한다면 좋지만, 성불로 향하는 뜻이 전혀 없이 처음부터 끝까지 기복으로만 진언이 이용되어서는 안될 것이다.

여·섯·째·마·당

인도의 명상에서
중국의 선으로

한 티끌 속에서 많은 세계와 많은 부처님의 바다를 보는 것은 신통변화의 세계를 말하는 것이 아니라 삼매의 세계를 뜻하는 것이다.   (대승경전 속의 선)

찰나의 마음과 하나의 사물은 이 우주의 다른 모든 것을 포함하고 상징하게 된다. 그래서 부처를 똥치는 막대기로 나타낼 수가 있다. 낱낱의 사물이 모두 부처를 나타내고 나날이 모두 부처의 날일 수가 있다. 선사상의 배경에는 이와 같이 천태의 무한 포함의 사상이 깃들어 있다.   (선 속의 천태사상)

법계연기의 무애사상에 의하면 하나와 여럿이 서로 걸림이 없이 용납한다. 하나는 여럿의 견본이고 여럿은 하나들이 모인 것이다. 세상의 모든 사물이 서로 어울리면서도 자유롭다. 똥치는 막대기에서 부처를 보는 선에는 화엄 여래성기의 무애사상이 큰 영향을 주었다.   (선 속의 화엄사상)

노장과 선에 있어서 도라든지 자성은 인위적인 것이 아니라 순수하게 자연적인 입장을 말한다. 무심이라고 할 때 그것은 인위나 조작이 없는 마음을 의미한다. 노장과 선은 다같이 인간의 자연스러운 본성이 완전하다는 전제에서 선악을 초월한다.   (선 속의 노장사상)

장자와 선은 인간의 운명을 취급하는데 미묘한 차이가 있다. 장자는 인간의 모든 고통과 한계에 대해서 일체의 의문이나 저항이 없이 천명으로 받아들인다. 선에서도 인과법은 깨달은 이에게조차 적용된다. 그러나 깨달은 이에게 있어서 인과나 생사는 실제의 사실이 아니라 하나의 묘사일 뿐이다.
                   (선과 노장사상의 차이)

혜능대사는 지금 당장 서방정토를 보여주겠다고 말하고는 우리의 몸을 정토국의 성에 비유한다. 다섯 가지 감각기관은 정토국이라는 성의 바깥문이 되고 마음은 안쪽문이 된다. 마음은 국토가 되고 본성은 국왕이 된다.   (육조대사)

45. 교리공부의 완성과 선

선은 한 경전도 없기 때문에 모든 경전을 하나도
버리지 않고 다 쓴다. 모든 경전뿐만 아니라 불교
계 일반의 사상까지도 자유롭게 활용한다.

독자들은 울음에 대해서 알 것이다. 슬플 때 울음이 나온다는 것도
안다. 부처님과 조사스님들이 걱정하는 대로라면 고해에서 윤회하는
우리, 미혹 속에 헤매는 우리는 마음을 깨치지 못한 것에 대해서 항
상 부끄럽고 억울하게 생각해야 한다. 슬퍼하며 울어야 한다. 그러나
우리는 지금 슬프지도 않고 눈물이 나지도 않는다. 그런데 일단 큰
소리로 울다보면 슬픈 마음이 들게 되고 눈물도 나오게 된다. 처음에
는 억지로 울지만 한참 울다보면 참으로 슬픔이 북받쳐오르게 된다.

필자는 평소에 바다를 좋아하기도 했지만 《화엄경》을 읽으면서
바다 이야기가 자주 나오기 때문에 바다가 보고 싶어졌다. 조각배에
엔진을 달고 바다를 달리다가 다시 《화엄경》을 읽었다. 바다를 보고
《화엄경》을 보니 이 중생의 좁은 마음이 좀 보이는 것같았다. 《화엄
경》을 읽고 다시 바다에 나가보았다. 이제는 넓은 바다가 더욱 좋아
보인다. 내가 마음놓고 의지할 수 있고 내가 마음놓고 뛰놀 수 있는
곳은 비로자나부처님의 넓은 가슴인 저 바다뿐이라는 생각이 든다.
바다라면 얼마든지 오래 있어도 좋을 것 같다. 파도를 뚫고 달리면 참
으로 신이 나고 생기가 나고 살맛이 난다. 번뇌와 호기심의 정열이
있던 옛날에는 흥분의 번뇌를 들키지 않는 것과 그 번뇌를 삭일 수
있는 것이 아주 신나는 일이었다. 오랫동안 신나는 일이 없었다. 이

제 《화엄경》을 보고 바다를 보면서 신나는 일을 찾은 것이다. 우는 시늉을 하다가 울음을 얻은 것이다. 바다 위에서라면 끊임없이 충전하는 에너지로 화두에 집중할 수 있을 것같다. 큰스님네가 간월암에서 바다를 보며 참선하신 행적들이 이해가 간다.

그런데 《화엄경》의 바다나 참선의 바다는 형상의 바다가 아니다. 얼마의 기간동안 바다를 좋아할 수 있지만 형상이 있는 것은 반드시 싫증이 나게 되어 있다. 또 처음에는 바다가 넓어 보이지만 얼마 지나지 않아 그 바다에도 끝이 있다는 것을 알게 되고 이어서 넓은 바다는 좁아 보이게 될 것이다. 우리가 찾아야 할 바다, 우리의 가슴을 뛰게 하고 영원히 살맛 나게 하는 그 바다는 지금까지 우리가 공부한 교리들을 한 줄기로 엮어서 달려들 참선에서 찾아야 한다는 것이다. 도의 세계가 아니면 그리고 무궁무진한 마음의 세계가 아니면 우리가 온갖 어리광을 다 부리고 뒹굴어도 모든 것을 다 받아줄 넓은 바다를 찾을 수가 없다.

불교교리를 잘못 공부하면 남의 집 살림만 하다가 끝날 수가 있다. 큰스님들은 남이 한 말을 공처럼 굴리며 그 말에 매달리고 끌려다니다가 빈손으로 돌아서는 것을 은행원에 비유하곤 한다. 은행원들이 온종일 남의 돈만 세고 남의 돈만 보관하듯이 궁극적 깨달음으로 향한 닦음이 없이 교리만 아는 것은 아무 소득이 없다는 말이다.

선에는 일정한 경전이 없다. 물론 선사들이 《능가경》《금강경》《화엄경》《원각경》 등을 주로 의지하는 경우가 있기는 하지만, 그것은 염불을 할 때 진언·다라니를 끼어서 읽는 것처럼 보조적으로 도움을 받는 것일 뿐 선 위에 있는 것은 아니다. 불자들이라면 승속을 막론하고 누구나 하나의 경전 내지는 모든 경전을 중요시하고 읽어야 한다는 입장에서 경전이나 조사의 가르침을 받드는 것이다. 그러나 선의 극단적인 탈속(脫俗)과 무애(無礙)의 입장은 '부처를 만나면 부처를 치고 조사를 만나면 조사를 치는' 것이다. 마치 씨름선수

나 권투선수가 자기를 가르치는 스승을 훨씬 능가함으로써 스승의
은혜를 갚는 것과 같다. 이창호라는 학생은 스승인 조훈현이라는 바
둑계의 최고봉을 쓰러뜨림으로써 자신을 데려다가 바둑을 가르쳐준
스승의 은혜를 갚는다.

역설적이지만 한 경전도 없기 때문에 모든 경전을 하나도 버리지
않고 다 쓴다. 모든 경전뿐만 아니라 불교계 일반의 사상까지도 자유
롭게 사용한다. 그래서 선사상에는 《반야경》이나 중관학파의 공사상
적인 요소가 있는가 하면 《화엄경》이나 유식불교의 일체유심조사상
적인 요소도 있다. 또한 《법화경》이나 천태불교의 상호 포함 내지는
상호 갖춤의 사상적인 요소도 있다. 그 뿐이 아니다. 불교적인 것만
있는 것이 아니라 중국적인 사상도 스며 있다. 바로 노자와 장자의
사상이다. 인도의 요가명상법이 지금의 중국 선이 된 것은 노장사상
을 흡수한데 큰 원인이 있다.

중국의 독특한 사유방법이 불교와 결합하거나 불교를 새로운 각도
에서 풀이하는 것을 말하기로 하면 선사상 이전의 천태사상이나 화
엄사상에서 이미 중국적인 것이 나타난다. 《법화경》이나 《화엄경》
이 인도로부터 중국으로 오기는 했지만, 천태학이나 화엄학은 인도
인들이 생각하지 못했던 중국인들의 독창적인 해석이다. 중국인들의
독창적인 해석이라는 말은 중국의 독특한 문화 분위기와 불교가 뒤
섞였다는 뜻이다.

그래서 우리가 선에 대해서 살펴보려면 경전에 나오는 교리도 알
아야 하지만, 중국에서 해석한 공사상, 유식사상, 화엄사상, 천태사상
도 익혀야 한다. 여기에다 노장사상도 알아야 한다. 그런데 이런 것
들을 하나하나 별도로 살펴보면 또다시 통합해야 하는 일이 남는다.

불자들이 꽃이 핀 화분을 부처님 앞에 올리는 것을 종종 본다. 계
절에 따라서 진달래꽃, 난초꽃, 선인장꽃 등이 있다. 그런데 화원에서
가져올 때는 꽃이 피는데, 한번 그 꽃이 지면 해가 바뀌어도 다시는

피지 않는 것이었다. 필자는 화분에 담긴 화초가 다시 꽃이 피지 않는 것에 대해서 항상 의문을 가지고 있었다. 꽃을 피우려고 화원에서는 특별한 약을 치고 있는가라고 생각하기도 했다. 그런데 한 화훼 전문가의 이야기를 들을 기회가 있었다. 어느 분이 집에 있는 화분에서는 왜 꽃이 피지 않느냐고 묻더란다. 그분의 대답은 화초에 고통을 주지 않았기 때문이라는 것이었다. 꽃이 피려면 겨울이라는 추운 고통이 있어야 하는데, 집에서 키우는 화분은 실내에서만 보관하기 때문에 화초가 추운 겨울의 고통을 맛볼 수가 없다는 것이다. 따라서 계절도 모르고 꽃을 피울 줄도 모르는 멍한 화초가 되어버린다는 것이었다.

선을 공부하려면 화초에게 필요한 고통 이상으로 크게 죽어야 한다. 크게 죽을 때에 큰 의심이 생기고 큰 의심이 생길 때에 큰 깨달음이 나온다. 우리는 지금 당장 크게 죽을 수가 없다. 울음이 안나온다. 그러나 앞에서 말했듯이 억지로 울다보면 울음이 나오게 된다. 크게 자기를 지우고 발심을 하다보면 참된 발심이 나오게 된다. 자기를 죽이다보면 참으로 죽게 되고 참으로 살게 된다.

46. 중국 이전의 선

무한한 허공과 무한한 인식을 얻을 때 무소유가 가능하고, 무소유를 얻었을 때 무한한 허공과 무한한 인식이 가능하게 된다.

불교가 중국에 들어오기 이전의 인도에도 인도식의 명상법이 있었다. 중국의 선은 분명히 인도의 그것과 다르다. 중국 선의 독특한 점을 알기 위해서는 먼저 인도의 선에 대해서 알아볼 필요가 있다. 원시불교와 아비달마불교 시대에는 어떤 명상법이 있었고 선을 나타내는 말들은 어떤 것들이 있었는지 그리고 현재 남방불교에서는 어떤 명상수행법을 쓰고 있는지 궁금하다.

선의 원어는 범어로 드야나(dhyāna)이고 팔리어로는 자나(jhāna)이다. 팔리어는 범어의 방언으로서 같은 어원이기 때문에 뜻은 똑같다. 한문으로는 보통 선나(禪那), 정려(靜慮), 선정(禪定), 선사(禪思) 등으로 번역된다. 선나는 발음을 그대로 옮긴 것이고 정려는 뜻으로 번역한 것이다. 그리고 선정이나 선사는 음과 뜻을 겸해서 번역한 것이다.

명상을 나타내는 다른 말로 범어의 사마디(samādhi)가 있다. 사마디라는 말은 보통 삼매(三昧), 등지(等持)로 번역된다. 삼매는 음을 그대로 옮겨서 번역한 것이고, 등지는 마음을 고르게 집중해서 지킨다는 것으로 의미를 번역한 것이다. 우리나라에서는 등지라는 의역보다 삼매라는 음역이 거의 우리말이 되다시피 해서 쓰여지고 있다.

또 요가(yoga)라는 말도 있다. 요가라는 말은 본래는 '말에 멍에를

씌워 붙잡아맨다'는 뜻이지만, 결합의 의미가 정신을 집중해서 잡아
맨다는 뜻으로 변하고 이어서 정신통일이나 전심전념의 수행을 뜻하
게 되었다.

사마타(samatha)와 비파사나(vipassanā)라는 말도 있다. 사마타는
마음이 가라앉아 평정한 것을 나타내서 그칠 지(止)자로 번역되고,
비파사나는 지혜를 염두에 둔 명상관찰의 뜻으로 볼 관(觀)자로 번
역된다.그리고 이 두 가지를 합해서 만든 지관(止觀)이라는 말도 자
주 쓴다.

비목카(vimokkha)라는 말도 있다. 해탈이라는 뜻이다. 이 말은 직
접적으로 명상을 나타내지는 않지만 해탈을 위한 명상이란 의미가
있기 때문에 우회적으로 명상을 뜻한다. 이외에도 상(想)이나 결가
부좌(結跏趺坐)도 명상을 나타낸다고 할 수 있다. 그렇다면 선을 나
타내는 말은 선나, 선정, 선, 삼매, 등지, 지관, 해탈, 상, 결가부좌 등
이 있다. 이 중에서 현재까지 많이 쓰이는 말은 선, 삼매, 지관이다.

선정이나 명상을 나타내는 이름이 원시불교 때부터 이처럼 많이
있었다면 명상의 방법에도 여러 가지가 있었을 것이다. 그러나 여러
가지 선정법 중에서 가장 체계가 잡힌 것은 4선(四禪)·8정(八定)·
9차제정(九次第定)이다. 전체가 모두 아홉 단계일 뿐이지만, 4선의
다음에 4무색정(四無色定)이 추가되고 그 다음에 멸진정(滅盡定)이
추가된 것이다. 추가되거나 뺀 부분부분을 독립적인 명상법으로 닦
을 수도 있기 때문에 전체로 부르기도 하고 분리해서 부르기도 해서
여러 가지 이름이 있게 된다.

초선·2선·3선·4선으로 이루어지는 4선도 중요하기는 하지만,
그 명상법은 명칭에 내용이 나타나지 않으므로 설명을 생략하겠다.

4무색정은 공무변처정(空無邊處定)·식무변처정(識無邊處定)·무
소유처정(無所有處定)·비상비비상처정(非想非非想處定)인데, 명칭
에 그 내용이 나타난다. 그리고 명칭을 곰곰이 생각해보면 불교에서

일체법이라고 말하는 색·수·상·행·식(色受想行識) 5온(五蘊)을 이용한 것같은 생각도 든다. 식무변처의 식(識), 비상비비상처의 상(想)은 분명히 색·수·상·행·식 5온에 나타나는 식과 상이다. 그렇다면 공무변처는 색(色)을 표현한 것이고 무소유처는 수(受)와 행(行)을 표현한 것일 수도 있다. 5온과 4무색정을 관련지어서 생각해 보는 것은 필자가 처음 시작하는 일이 아니라 많은 학자들에 의해서 연구되고 밝혀진 것이다. 4무색정은 불교를 공부한 이라면 누구나 다 알고 있을 정도로 유명하고 그 명칭만으로도 무한을 알려주는 시원한 선정법이다.

 4무색정이라는 말은 욕계(欲界)·색계(色界)·무색계(無色界) 즉, 욕심의 세계·물질의 세계·정신의 세계라는 3계(三界) 중에서 무색계라는 정신세계의 선정방법이라는 뜻이다. 4무색정의 첫번째는 공무변처정이다. 허공처럼 무변하고 한량이 없는 경지라는 뜻이다. 두번째 식무변처정은 인식의 무한한 경계를 의미한다. 보통 중생의 인식은 한정되어 있지만 생각이 확 터져서 온세계가 무한하게 뻗어나가는 인식의 세계이다. 세번째는 무소유처정 즉, 아무것도 소유하지 않은 경계, 아무것에도 걸림이 없는 경계이다. 무한한 허공과 무한한 인식을 얻을 때 무소유가 가능하고, 무소유를 얻었을 때 무한한 허공과 무한한 인식이 가능하게 된다. 네번째는 비상비비상처정 즉, 의식이나 무의식을 다 뛰어넘은 경계이다. 우리 범부중생들은 당장 떠오르는 의식이나 보이지는 않으면서도 항상 우리의 생각과 행동에 영향을 미치는 무의식에 의해서 놀림을 받고 있다. 그러나 무한 허공과 무한 인식과 무소유를 체득한 이는 개인적인 의식이나 의식의 영향권을 벗어난 저 건너에 있다. 이 4무색정을 명상법으로 이용하지 않더라도 그 이름만 가지고도 탈속의 경계를 짐작할 수 있다.

 4선과 4무색정에 멸진정을 합해서 9차제정이 되는데, 앞의 여덟 가지가 의식과 무의식의 범위 내에서 씨름하는데 비해서 멸진정은

완전히 몸과 마음을 지워버린 무심의 경계이다. 한 비구스님이 이 멸
진정에 들어 있는 것을 보고 사람들은 그가 죽은 것으로 생각했다.
장작을 쌓고 그 위에 스님을 모시고 장작에 불을 붙여도 스님은 타지
않았다. 장작불이 다 꺼진 다음에 그 스님은 멸진정에서 깨어났다고
한다. 멸진정은 이처럼 불에도 타지 않을 정도로 몸과 마음을 다 지
워버린 경지이다.

아비달마 소승불교 시대에는 여러 가지 명상법 중에서 5정심관(五
停心觀) 즉, 다섯 가지 마음을 고요히 하는 명상관법이 유명하다. 5정
심관의 첫째는 자신의 내부에서 일어나는 더러움과 세상에 꽉 차 있
는 더러움을 있는 그대로 직시해서 탐욕의 마음을 쉬는 부정관(不淨
觀)이다. 마음 속에서나 마음 밖에서 추한 일을 저지르는 뿌리가 간
탐의 마음이라는 것을 관해서 탐심을 지우는 것이다.

둘째는 모든 사람들을 자비의 마음으로 관해서 자신 속에 숨어 있
는 분노를 녹이는 자비관(慈悲觀)이다. 자비의 마음이 일어날 때 자
신의 마음 속에 있는 분노가 보이고, 분노가 있는 그대로 드러나보일
때 분노가 쉬고 자비가 나타난다.

셋째는 모든 사물이 상대적이며 인연에 의해서 일어나고 없어진다
는 도리를 관하는 인연관(因緣觀)이다. 이 인연관을 닦으면 어리석은
마음이 없어진다.

넷째는 일체의 사물이 모두 지·수·화·풍·공·식의 6대나 주
관·객관의 접촉에 의해서 지어내는 것이라고 분석해 관찰하는 계분
별관(界分別觀)이다. 이것을 닦으면 자신과 사물에 대한 실체가 없다
는 것을 깨닫게 된다. 혹은 이 계분별관 대신에 염불관(念佛觀)을 닦
기도 한다. 부처님을 관해서 마음 속에 일어나는 모든 번뇌가 쉬어버
리게 하는 방법이다.

다섯째는 자신의 숨결을 세는 수식관(數息觀)이다. 이것을 닦으면
산란한 마음이 없어진다.

5정심관은 탐(貪)·진(瞋)·치(癡)의 3독심(三毒心)이 많은 이, 공사상을 모르는 이, 마음이 산란한 이들이 닦는 방법이다. 즉 탐심이 많은 이는 부정관을, 성냄이 많은 이는 자비관을, 어리석음이 많은 이는 인연관을, 공사상, 무아사상을 모르는 이는 계분별관을, 산란심이 많은 이는 수식관을 각기 닦는 것이다.

현재 태국이나 스리랑카 등의 남방불교 즉, 상좌부불교에서는 앞에서 지관의 관법으로 살핀 비파사나를 기본적인 수행법으로 삼고 있다. 요즘에는 우리나라에서도 비파사나에 대한 관심이 높아지고 있다. 선우도량에서는 간화선, 염불선, 천태지관 등과 함께 비파사나에 대해서도 태국에 유학한 스님이 주제를 발표하고 토론을 한 바 있다. 또 요즘 시중에는 비파사나를 해설하는 책도 나와 있고 몇년 전에는 승가사에서 남방불교의 비파사나수행자 스님을 모셔다가 남방선에 대한 강좌 또는 수련회를 갖기도 했다.

비파사나는 한문으로 볼 관(觀)자 관법(觀法)으로 번역되듯이 관찰법 또는 주시법이다. 주의관찰의 대상은 보통 네 가지이다. 첫째 몸의 호흡과 동작, 둘째 감각기관의 느낌들, 셋째 평상시 마음의 자연스러운 상태, 넷째 마음에 일어나는 대상들이다.

먼저 호흡의 관찰은 아랫배로 숨이 들어가고 나오는 것을 관찰하는 것이다. 단전호흡과 비슷하지만 단전호흡이 인위적인 면이 있는 데 비해 여기서는 자연스러운 편안함이 중요하다. 호흡의 주시와 함께 생각이 일어나고 머무르고 없어지는 것을 관찰해야 한다. 또 몸의 자세, 굳어짐, 피로함, 통증, 의심, 나태 등을 관찰한다. 선정에 잠기다보면 생각은 갈데 안갈데를 다 돌아다니고 몸은 편안하게 되기를 바라면서 온갖 생각이 다 들 것이다. 그 몸과 마음의 흐름을 있는 그대로 관찰하는 것이다. 몸뿐만 아니라 눈, 귀, 코, 혀 등도 접촉하는 것이 있고 요구하는 것이 있게 된다. 그런 것들도 낱낱이 관찰한다. 그러나 밖으로만 돌면 안된다. 반드시 호흡을 관찰하는 자리로 돌아

왔다가 다시 몸과 생각을 관찰하고 또다시 호흡의 관찰로 돌아오는
순환적 관찰을 해야 한다.

47. 대승경전에 나타나는 선

부처님이 경을 설하기 전에 삼매에 들었고 희유한
지혜광명을 보인 다음에 경을 설했다고 하는 것은
경 전체가 삼매에서 나왔다고 할 수 있다.

불교에서 부처님의 말씀은 어느 한 가지도 귀하게 여기지 않아야
할 것이 없다. 참으로 귀한 말씀은 한번 듣고 흘려버릴 것이 아니라
곰곰이 곱씹어보아야 한다. 간화선(看話禪)에서는 조사스님들의 말
씀이나 질문을 의문으로 잡고 정신을 집중하지만 부처님의 모든 말
씀들도 일종의 화두로 알고 온마음을 쏟아서 터득하려고 노력해야
한다. 대승불교의 공사상, 일체유심조사상, 여래장사상, 불성사상 등
도 모두 일종의 관법(觀法)이다. 부처님의 가르침은 명상으로 체득할
수 있는 것이므로 본인 자신이 생각하거나 닦지 않고 외워 가지고 알
수 있는 것은 아니다. 그러나 불교경전 모두를 관법의 대상이나 공안
(公案)으로 잡으면 명상적인 요소가 보다 많은 것과 보다 적은 것을
구별할 수가 없다. 그래서 명상 또는 선정의 요소가 보다 많은 것, 또
는 선이라는 말을 쓰지 않더라도 선정적인 분위기를 만드는 구절들
이 대승경전에서 어떻게 나타내는지 궁금하다.

먼저 《법화경》에 있어서의 명상의 모습과 명상의 힘을 보도록 하
자. 《법화경》은 부처님이 삼매(三昧)에 들어서 미간으로부터 광명을
발하는데서부터 시작한다. 삼매에 들은 부처님은 어떻게 광명을 내
며 그 광명은 어떻게 비치며 그리고 그 광명이 비치는 의미가 무엇인
지 생각하면서 읽어보자.

그때 세존을 사부대중이 에워싸서 공양, 공경하고 존중, 찬탄하삽더니 이에 세존께서 모든 보살을 위하사 대승경을 설하시니 그 이름이 무량의 라. 이 경을 설해 마치시고 결가부좌하사 무량의처삼매에 드시와 몸과 마음이 움직이지 않으시더라. 이때 부처님이 미간의 백호상으로부터 한 줄기 광명을 놓으시와 동방 일만팔천 세계를 비춰 두루 미치지 않음이 없으시매 밑으로는 아비지옥으로부터 위로는 천상에 이르도록 모든 중생을 샅샅이 뵈었으며 또 저 땅에 지금 계신 온갖 부처님을 뵈올 수 있었으며 그 온갖 부처님의 가르침을 들을 수 있더라.

여기서 부처님은 《법화경》을 설하기 전에 《무량의경(無量義經)》을 설하고 가부좌의 자세를 취한 다음에 삼매에 드신다. 삼매에 들어서 광명을 비추는데 모든 세계가 다 보이는 것이다. 경에서는 장엄으로 광명을 말하는 점도 있지만 삼매 속에서 지혜가 나오고 그 삼매의 지혜에서 온세계의 중생과 부처님을 한꺼번에 다 볼 수 있는 것으로 보아야 할 것이다. 부처님이 경을 설하기 전에 삼매에 들었고 이같이 희유한 지혜광명을 보인 다음에 《법화경》을 설했다고 하는 것은 《법화경》 전체가 삼매경에서 나온 지혜의 말씀이라고 할 수 있다. 명상에서 광명이 나오고 경이 나왔다는 말이다.

그러면 이번에는 《화엄경》이 어떻게 시작되는가를 보자.

태자는 마가다국 보리수 아래서 비로소 크게 깨달았다. 보배로 된 부처님의 자리에서 구름같은 광명이 솟아나서 여러 세계를 비추었다. 부처님의 지혜는 과거세와 미래세가 평등함을 깨달았고 몸은 모든 세계에 두루 가득했으며 말씀은 여러 세계의 모든 중생들과 통하였다. 부처님의 지혜는 바다처럼 깊고 허공같이 넓으며 광명은 온갖 어두운 세상에 비추어 중생들을 교화하였다.

싯다르타태자가 비로자나부처님이 되고 부처님의 자리에서 구름
같은 지혜의 광명이 솟아나서 비추는 장면이다. 이 장면의 묘사를 문
자 그대로 믿고 경의 묘사를 상징으로 보기보다는 역사적인 사실로
믿는 것도 나름대로의 귀한 신심(信心)이다. 그러나 이 광명을 삼매
속의 불가사의한 지혜광명으로 볼 수도 있다.《화엄경》의 시작 부분
에서는 삼매라는 말이 나오지 않지만, 뒤에는 보현보살이 드는 삼매
를 비롯해서 많은 종류의 삼매가 나온다. 삼매라는 말이 없어도 부처
님의 자리로부터 나온 광명은 부처님의 삼매로부터 나온 광명이라고
할 수 있다. 비로자나불은 광명이 두루 비친다는 뜻이다. 햇빛의 광
명이 아니라 삼매의 광명이 비친다는 말이다. 그러므로《화엄경》의
가르침도 모두가 삼매의 말씀이라고 할 수 있다.

　《화엄경》의 대표적인 삼매는 해인삼매(海印三昧)이다. 해인이란
바다의 도장이라는 말이다. 바다란 세상의 모든 사물을 말한다. 모든
업, 모든 인연, 모든 무명, 모든 깨달음을 뜻한다. 이 삼라만물의 바다
는 또한 비로자나부처님의 몸이다. 아무리 칠흑같은 미혹이나 무명
이라도, 아무리 변덕스러운 번뇌라고 하더라도 우주의 바다에 드러
내놓을 때 그것은 그대로 비로자나부처님의 몸이 되고, 비로자나부
처님의 몸이 될 때 모든 번뇌는 그대로 지혜가 된다. 부처님의 몸인
지혜의 바다에는 모든 사물이 있는 그대로 도장처럼 선명하게 보인
다. 그래서 해인삼매는 부처님의 광명으로 번역되고 부처님의 광명
은 다시 모든 세계로 번역이 된다.《화엄경》은 바다의 도장과 같은
삼매를 통해서만 부처님의 몸과 삼라만물을 있는 그대로 볼 수 있다
고 하는 것이다.

　《화엄경》에는 또 이런 구절이 나온다.

　　누구든지 3세의 모든 부처님을 알고자 하면 마땅히 온세상의 사물이
　모두 마음이 지어서 본 것이라고 관(觀)할지니라.

일체법이 다 마음이 지어서 본 것일 뿐이라고 관하라는 것이다. 이
것은 단순히 아는 것이 아니라 깊이깊이 생각해서 체달해야 한다는
것이다. 또 한 티끌 속에서 많은 세계와 많은 부처님의 바다를 보는
것도 신통변화의 세계를 말하는 것이 아니라 삼매의 세계를 뜻하는
것이다. 자신의 마음을 아주 잔잔하게 가라앉히고 그것을 거울로 삼
아서 세상을 비추어볼 때 즉, 삼매에 들어서 볼 때 자신의 마음이라
는 작은 거울에서 온세계가 다 보인다.

《금강경》에도 선정명상이 있다. 《금강경》에서는 '무릇 모양이 있
는 것은 다 허망하니 모양을 보되 모양을 지우고 보면 바로 여래를
볼 수 있느니라'고 말한다. 사물을 볼 때 모양을 지우고 모양을 본다
는 것이 어떤 커튼을 걷고 본다는 뜻이 아니다. 방안에 있다가 마당
에 나가서 본다는 뜻도 아니다. 깊은 명상 속에서 본다는 뜻이다. 바
로 삼매에 들어서 관찰하는 것이다. 이 구절을 하나의 공안으로 삼고
화두를 잡는 가운데서 사물의 실상을 있는 그대로 보면 그 자리에서
바로 부처님을 볼 수 있다는 말이다.

6조 혜능대사가 《금강경》 읽는 소리를 듣고 깨달았다고 하는 '응
무소주 이생기심(應無所住 而生其心)' 즉, 머무는 바 없이 불국토를
장엄할 마음을 내라는 구절도 세상을 바로 보고 바로 마음을 내게 하
기 위한 명상의 자세를 일으키게 한다. 삼매에 들었을 때 집착 없이
마음을 낼 수가 있고, 집착 없이 마음을 낼 때 삼매에 들 수가 있다.

《유마경》에도 명상의 고요가 있다. 문수보살을 비롯한 문병자들에
게 유마거사가 한 말 즉, '중생의 병이 바로 보살의 병'이라는 말도
분별의 머리로 이해할 수 있는 것이 아니다. 삼매에 들어서 볼 때 세
상의 참모습이 보이고, 사물의 실상이 보일 때 중생의 병을 자신의
병으로 생각하는 대자비심과 대원력이 나올 수 있다. 또 상대적인 것
이 둘이 아니라는 불이(不二)에 대해서 이야기하다가 유마거사에 이
르러서는 침묵으로 대답한다. 그 침묵이 바로 명상의 침묵이다.

《열반경》에서는 불성(佛性)으로 명상의 세계를 나타낸다. 불성이라는 것은 삼매에서 느낄 수 있고 삼매를 통해서 깨달을 수 있는 것이지 불성을 가지고 있다는 사실만으로 꺼내어 쓸 수 있는 것이 아니다. 《열반경》에서는 중생이 불성이고 불성이 중생이다. 그 불성은 지금은 번뇌가 일어나고 있지만 깨달으면 번뇌가 일어나지 않게 된다는 가능성이 아니라 지금 당장 부처인데 단지 그것을 알아보지 못해서 중생이라는, 다시 말해 부처를 알아봄으로써 부처가 되는 가능성이다. 그러나 이같이 부처를 알아볼 가능성도 명상수행을 전제로 한 것이다.

대부분의 대승경전에서 6바라밀(六波羅蜜)이 나타난다. 6바라밀에 대해 언급하지 않는 대승경전도 있기는 하지만, 그런 경들은 6바라밀을 당연히 닦아야 할 것으로 취급해서 새삼스러운 언급을 생략한 것이다. 그러므로 모든 대승경전에는 6바라밀이 있다고 해도 좋을 것이다. 그런데 6바라밀의 항목 중에는 선정과 지혜가 들어 있다. 《기신론》에서는 선정과 지혜를 하나로 묶어서 지관(止觀)으로 나타낸다. 지관이란 사마타와 비파사나이다. 비파사나는 현재 남방불교의 명상 수행법이기도 하다. 이와 같이 모든 대승경전에서 6바라밀을 기본적인 실천수행법으로 삼는다면 모든 대승경전은 선정과 지혜 또는 지관을 기본적인 수행으로 삼는다는 말이 된다.

《능가경》에는 선의 종류를 다음과 같은 네 가지로 들고 있다. 범부들이 닦는 선(禪)·아공(我空)만 관찰하는 선·모든 것이 진여로부터 나온 것임을 관하는 선·여래가 닦는 선이다. 《대지도론(大智度論)》에서는 선의 종류를 외도선(外道禪)·성문선(聲聞禪)·보살선(菩薩禪)으로 나누고 있다. 성문은 소승을 말하고 보살은 대승을 뜻하므로 외도선·소승선·대승선이 되는 셈이다. 이처럼 대승경전에는 삼매나 선이라는 말을 쓰거나 말거나에 상관없이 이미 명상을 전제하고 있고, 그와 같은 경전에 담겨 있는 공사상, 유심조사상, 불성사상에 기반을 두고 중국의 선이 나오게 된 것이다.

48. 무한한 포함과 선

한 마음이 열 가지 세계를 포함한다는 것은 포함을
상징하는 곱하기가 무한히 계속된다는 뜻이기도
하다. 찰나의 마음은 모든 것을 포함…

　　옛날에는 주판으로 더하기 빼기를 계산했지만 요즘에는 컴퓨터를
이용한다. 컴퓨터 회계장부프로그램에는 자동적으로 더하기 빼기의
답을 보여주게 되어 있다. 가령 수입·지출 항목이 5천 개쯤 된다고
하더라도 컴퓨터는 순식간에 총수입과 총지출과 모든 잔고를 계산해
준다. 만약 한 항목의 수입이나 지출을 높이거나 낮추면 모든 잔고의
답이 자동적으로 바뀐다. 한 항목에 0.001이라는 숫자만 달라지더라
도 그 달라진 항목 이후에 나타나는 수천 개의 잔고가 모두 바뀌게
된다. 총수입도 바뀌고 총지출도 바뀌게 된다. 그런데 컴퓨터를 이용
한다고 해서 모든 잔고가 자동적으로 바뀌고 이용하지 않는다고 해
서 잔고가 그대로 있는 것이 아니다. 우리가 일부러 계산하거나 말거
나에 관계없이 한 항목의 차이는 그 이후의 모든 잔고에 영향을 미치
게 되어 있다.

　　곰곰이 생각해보면 한 가지가 다른 것에 영향을 미치는 것이 어찌
숫자에만 관계가 되겠는가. 한 사람의 생각이나 행동은 옆 사람에게
영향을 주게 된다. 먼저 사람의 생각이나 행동을 뒷사람이 따르게 된
다면 따르는 의미에서 영향을 미치는 것이요 반발한다면 반발하는
의미에서 영향을 미치는 것이 된다. 한 사람이 옆에 사람에게 영향을
미친다면 한 사람의 생각은 이웃과 집단과 세계에 영향을 미치게 된

다. 우리는 전에 하나의 움직임이 모든 것에 연쇄파급되는 것을 한 자동차회사 노조의 파업이 그 회사의 제조공정과 연관되는 많은 다른 회사들에 직접 간접으로 영향을 미친다는 점에 대해서 이미 생각해본 바 있다.

하나가 다른 모든 것에 영향을 미친다고 하는 것은 그 하나에서 다른 모든 것의 변화를 볼 수 있다는 뜻도 된다. 물론 동해 바닷가의 헤아릴 수 없이 많은 모래알 중에서 모래알 하나의 움직임은 지금 당장 전체에 큰 영향을 미치지 않을 수도 있다. 그러나 하나의 모래알에서 전체 모래알의 예를 볼 수는 있다. 《화엄경》을 공부할 때 수억만 개의 거울로 장식된 방에서 한 개의 작은 거울은 모든 거울들이 반사하는 것을 다 반사하고 있으므로 한 거울은 모든 거울의 견본이라는 예를 살펴본 바 있다.

선에서는 지금 당장 눈앞에 있는 하나가 가장 근원적이고 궁극적인 것을 분명하게 보인다는 입장에 있다. 그래서 부처님은 똥치는 막대기가 되기도 하고 삼베옷이 되기도 한다. 이 마음이 바로 중생이고 또한 부처이다. 평상의 마음이 그대로 도가 되고 날마다 좋은 날이 된다. 지금 이 자리 눈앞에 있는 것이 최고 궁극의 자리나 여래법신과 똑같다고 보는 입장은 천태사상으로부터 영향받은 바가 크다. 천태사상에 있어서 일념(一念) 중에 삼천의 세계가 다 포함되어 있다는 아이디어와 선의 현물 전체사상은 일치하는 점이 있다.

천태사상에 의하면 지옥(地獄)·아귀(餓鬼)·축생(畜生)·아수라(阿修羅)·인간(人間)·천상(天上)·성문(聲聞)·연각(緣覺)·보살(菩薩)·불(佛)의 열 가지 세계는 우리의 일념 가운데 있다. 중생은 부처의 마음에서부터 지옥의 마음까지 골고루 생각하게 된다. 우리가 어떤 생각을 가지는 순간 그 마음은 열 가지 세계 중의 하나에 잡히게 된다. 그런데 우리의 마음은 단순히 열 가지 세계 중 한 가지만 생각하고 끝나지 않는다. 지옥의 마음을 먹으면서도 그 지옥의 마음 속에 다시 천상의 마음, 보살의 마음, 부처의 마음을 가지기도 한다.

우리는 부산행 열차사고를 만난 적이 있었다. 국민들은 안타까워했다. 사고를 당한 사람들을 위해서 위로의 마음을 전하고 싶어했다. 필자가 알고 있는 신도단체에서는 성금을 모아서 불교방송국에 전달했다. 그런데 성금을 전달한 신도단체 간부 중에 한두 명은 돈만 낭비하는 공연한 일을 했다고 후회하는 것이었다. 왜냐하면 옛날같으면 이런 일이 있을 경우 국민들로부터 성금을 모으기 일쑤였는데, 이번에는 문민정부가 준조세와 같은 성금을 억지로 모으지 않기로 방침을 정한 모양이다. 그래서 열차사고 성금모으기는 얼마 되지 않아서 흐지부지 끝났다. 먼저 성금을 낸 사람 중에는 내지 않아도 될 것을 공연히 냈다고 후회하는 사람도 있었다. 그 뒤에 발생한 아시아나 항공기의 추락사고도 아주 큰 사고였지만 같은 이유로 성금을 내겠다는 사람도 모으겠다는 언론기관도 없었다.

성금을 내겠다고 마음을 냈을 때는 보살의 마음, 부처의 마음을 먹은 것과 같다. 그러나 성금을 얼마 낼 것이냐에 이르면 다시 육도중생(六道衆生)의 마음, 지옥의 마음이 꿈틀거리고 일어난다. 돈을 혼자만 많이 내면 억울할 것이고 남과 균형이 맞지 않게 너무 적게 내면 체면이 서지 않는다는 계산을 할 것이다. 계산을 하는 중에도 '내가 왜 이러나, 이런 마음을 먹으면 안되는데' 하고 마음을 다시 돌리기도 할 것이다. 그같은 마음의 상황은 2중, 3중으로 겹친다. 보시하기로 한 마음 가운데 계산의 마음이 들어 있다. 계산의 마음 가운데 다시 맑은 마음을 내는 부처와 보살의 마음이 들어 있다.

필자는 미국에 살던 한 교포 노인이 한국의 아들 집으로 이사온 후 답답해하는 것을 본 적이 있다. 미국에서는 65세 이상의 노인들을 국가에서 보살피다시피 한다. 우리가 이야기하려는 할머니도 미국 정부의 도움을 받으며 살았다. 그 할머니의 장남은 한국에 살고 있었는데, 아주 부자였다. 어머니를 한국의 고급 아파트로 모셔왔다. 그때부터 노인은 아파트의 방에 갇히는 신세가 되었고 답답해했다. 그런 할머니에 대해서 며느리는 짜증을 내었고, 행복에 겨워서 아파트에 편안히 사는 것을 감사할 줄 모른다고 시어머니를 나무랐다. 처음에는 며느리만 시어머니에 대해서 귀찮게 생각했지만, 나중에는 아들과 손자들도 노인을 무시하게 되었다. 노인이 원하는 것은 좋은 옷을 입고 좋은 차를 타고 좋은 아파트에 사는 것이 아니었다. 걷기도 하고 친구도 만나는 것이었다.

　노인을 아파트에 모신 아들에게 큰 잘못이 있는 것은 아니다. 미국에 사는 어머니를 모시겠다는 것은 부처의 마음을 낸 것이다. 그러나 어떻게 모시느냐에 이르러서는 축생의 마음이 퍼뜩퍼뜩 일어난다. 아파트 방과 옷과 음식만 제공하면 그만이라는 생각을 한 것이다. 그러면서도 답답해하는 어머니를 만족하게 해드리지 못하는 것에 대해서 죄송하게 생각한다. 축생의 마음 중에 천상의 마음을 낸 것이다. 어머니를 아파트에 모시는 이 아들의 예는 겉으로 보기에 불효자도 아니고 비도덕적인 것도 아니다. 지금도 많은 사람들이 그와 같이 부모님을 모시고 있다. 그렇다면 우리 가운데 아주 많은 사람들이 부처의 마음 속에 지옥의 마음을 품고 지옥의 마음 속에 다시 하늘의 마음을 가지는 셈이다.

　지옥, 아귀, 축생 등의 마음으로부터 보살, 부처의 마음에 이르기까지의 10계(十界) 그 하나하나에 다른 10계의 마음이 포함되어 있다고 생각하면 10 곱하기 10으로 100이 된다. 즉 100계가 되는 것이다. 여기에 《묘법연화경》에 나오는 10여시(十如是)를 곱하면 1000의 세계가 된다.

　'이와 같다'는 의미의 여시(如是)란 사물의 실상(實相)과 같다. 모든 사물의 모양과 성품과 몸체, 원인, 결과 등을 열 가지의 측면에서 관찰한 것이다. 존재의 모습을 여러 가지 각도에서 세분해봄으로써 그 존재의 진실한 모양을 파악하고자 하는 시도이다. 100가지의 세계를 십여시와 곱한다고 하는 것은 마음 속에 복잡하게 일어나는 하나하나의 세계를 그 외형과 성품과 몸체와 작용 등으로 세분해서 관찰하는 것을 뜻한다.

이같은 천 가지의 세계를 다시 그것을 이루는 원소와 주체, 환경의 입장으로 더 세분해볼 수 있다. 천 가지의 세계를 셋으로 곱하면 삼천의 세계가 된다. 이것을 천태대사의 일념삼천설(一念三千說)이라고 한다. 한 생각을 일으키면 그 찰나의 일념에 삼천 개의 세계가 벌어진다는 것이다.

여기서 삼천이라는 숫자가 중요한 것은 아니다. 삼천을 이루기 위해서 10계와 10여시와 3종세간으로 곱하기를 했지만, 꼭 이와 같이 곱하기를 해야 하는 것도 아니다. 10계의 하나하나가 다시 10계의 마음을 포함하고 있다는 아이디어에 모든 핵심이 다 있다. 하나의 세계가 10계를 포함한다는 것은 그같은 포함을 상징하는 곱하기가 무한히 계속된다는 뜻이기도 하다.

그렇다면 찰나의 마음과 하나의 사물은 이 우주의 다른 모든 것을 포함하고 상징하게 된다. 여기서 부처를 똥치는 막대기로 나타낼 수가 있다. 낱낱의 사물이 모두 부처를 나타내고 나날이 모두 부처의 날일 수가 있다. 이와 같이 선사상의 배경에는 천태의 무한 포함사상이 깃들어 있는 것이다.

49. 하나와 여럿의 걸림 없는 용납

> 하나는 여럿의 견본이고 여럿은 하나들이 모인 것
> 이다. 그래서 세상의 모든 사물이 서로 어울리면서
> 도 자유롭고, 똥막대기에서도 부처를 본다.

현전에 있는 낱낱의 사물에서 비로자나불의 몸인 우주 전체를 보
는 선의 입장은 화엄의 성기(性起)사상 또는 법계연기(法界緣起)사
상에 한 뿌리를 두고 있다.

중관(中觀), 유식(唯識), 천태(天台), 화엄(華嚴), 정토(淨土), 진언
(眞言) 등이 불교의 강이라고 한다면 선은 그 모든 강줄기를 하나로
통합하는 바다라고 할 수 있다. 그래서 선은 중국불교의 다양한 면을
은근하게 바닥에 깔고 있다. 그럼에도 불구하고 선종 내의 각 분파에
따라서는 다른 불교 종파의 영향을 더 많이 받거나 덜 받을 수도 있
다. 예를 들면 조동종(曹洞宗)은 천태의 영향을 많이 받았고 임제종
(臨濟宗)은 화엄의 영향을 많이 받았다. 다른 종파의 영향에 따라서
선사상의 내용이나 수행방법도 달라진다. 조동종 계통의 묵조선의
내용은 천태사상과 일치하는 점이 많고, 임제종 계통의 간화선은 화
엄사상과 일치하는 점이 많다. 천태나 화엄이나 선이 똑같이 현실의
하나에서 존재의 실상이나 우주의 법신을 보기는 하지만, 그 이해방
식에는 차이가 있다. 화엄의 법계연기사상에서는 어떻게 하나와 모
두를 같은 것으로 보는지 궁금하다.

중국 화엄사상의 핵심은 성기 또는 법계연기이다. 성기라는 말은
이 우주가 여래의 성품이 일어난 그 자체라는 것을 나타낸다. 산하대

지가 모두 비로자나불의 몸체라는 것이다. 그러나 자연과학적인 의미에서 비로자나불의 몸뚱이가 이 우주를 이루고 있다는 뜻은 아니다. 비로자나불의 몸이 우주의 크기만한 동물인데 그 위에 산과 강과 바다가 생기고 또 촌락과 도시가 이루어졌다는 뜻이 아니다. 우리의 마음이 온우주의 삼라만유에 개념, 명칭, 용도, 가치 등을 붙인다는 의미에서 일체유심조이고 마음이 곧 우주라는 뜻이다. 또 그 마음의 본바탕은 진여법신처럼 참답다는 의미에서 삼라만상이 비로자나불의 몸체라는 것이다.

《화엄경》 여래성기품에서 여래의 성품은 우리 마음의 성품을 뜻한다. 마음의 여래법신 성품이 일어난다는 의미에서 성품 성(性)자에 일어날 기(起)자를 붙여서 성기라고 하고, 또 마음의 여래법신 성품이 세상으로 변환해 나타난다는 의미에서 여래출현(如來出現)이라고도 한다.

여래성기라는 말이나 법계연기라는 말은 거의 같은 의미이다. 법계(法界)라는 말의 법은 일체의 사물을 의미하지만, 화엄에서 일체의 사물은 바로 마음이다. 법(法)자를 마음 심(心)자로 바꾸면 심계(心界) 즉, 마음의 경계가 되는데, 마음의 경계는 바로 마음의 성품이다. 그래서 법계연기는 마음의 성품이 연기한다는 말과 같다.

연기한다는 말은 마음이 주관·객관으로 분열해서 현상세계를 이룬다는 뜻인데, 그 마음을 여래법신의 성품으로 보면 여래법신이 세상으로 나타나는 것이 된다. 결국 여래법신 성품의 출현이라는 성기와 마음법의 성품경계가 주관·객관으로 연기한다는 법계연기는 같은 뜻이 된다.

여래의 성품이 현상세계로 일어난다고 하고 이 우주가 그대로 비로자나불이라고 할 때 마음의 본래성품은 완전하게 참되고 좋다는 것이 전제되어 있다. 이 세계는 마음이 지은 바의 세계인데 마음이 지은 세계가 바로 비로자나불의 몸이라고 한다면 마음의 본성이 바로 비로자나불 그 자신이어야만 하기 때문이다. 결국 화엄사상에서 는 사물을 마음으로 돌리고 다시 마음을 비로자나의 불성으로 돌리 는 방식으로 눈앞의 모든 것에서 비로자나불을 본다.

천태사상이나 화엄사상이 다같이 하나의 근본자리와 현실의 여러 가지를 하나로 보기는 마찬가지이지만, 천태는 일념삼천설에서처럼 현실의 미혹세계를 중심으로 부처의 세계를 보고자 하고, 화엄에서 는 본래부처의 세계를 중심으로 현실의 세계를 보고자 한다. 천태와 화엄이 다같이 일체유심조에 바탕을 두고 하나와 만물을 한 가지로 보지만, 천태는 만물을 하나로 보는 성향이 강한 반면에 화엄은 하나 를 만물로 보는 성향이 강한 것이다.

화엄에 있어서 현상의 만물이 마음의 진여에서 나온 것이라고 한 다면 마음을 현상의 사물(事物)과 마음의 원리(原理)로 나누어 볼 수 있다. 즉 사물, 원리, 원리와 사물의 걸림 없는 관계, 그리고 사물 과 사물의 걸림 없는 관계 등 네 가지이다. 이 네 가지를 보통 4종법 계(四種法界)라고 부른다. 네 가지 법계라는 이름이 어렵게 들린다면 네 가지 상황이라고 불러도 좋다. 4종법계 즉, 사법계(事法界) · 이법 계(理法界) · 이사무애법계(理事無碍法界) · 사사무애법계(事事無碍法 界)는 아주 유명하다. 알아두면 큰스님네의 법문을 들을 때에 도움이 될 것이다.

예로부터 사물의 상황 즉, 사법계는 바닷물의 파도로 비유되고, 원 리의 상황 즉, 이법계는 바닷물 자체로 비유된다. 그리고 원리와 사 물이 무애한 관계 즉, 이사무애법계는 바닷물과 파도가 걸림 없는 것 으로 비유되고, 또 사물과 사물이 걸림 없는 것 즉, 사사무애법계는 파도와 파도가 걸림 없는 것으로 비유된다.

사(事)와 이(理) 즉, 사물과 원리를 따로 떼어서 생각하거나 붙여 서 생각해도 이해하는데 큰 어려움이 없다. 바닷물이라는 원리에서 파도라는 사물이 나오고 바닷물과 파도는 서로 상충될 것이 없기 때문이다. 현실의 사물은 우주의 법칙 내에 있기 때문에 그 근본과 가지가 서로 걸릴 것이 없다. 그러나 사사무애법계 즉, 사물과 사물 사이의 걸림이 없는 상황은 이해하기가 쉽지 않다. 바닷물의 비유에서는 파도와 파도가 서로 걸림이 없다고 하지만 현실의 세계로 옮겨서 해석하면 어려워진다.

그런데 이 사사무애의 상황은 보통 두 가지로 해석된다. 첫째 화엄사상의 기본은 마음이 모든 것을 지어서 본다는 일체유심조로부터 출발하기 때문에 사물과 사물이 걸림이 없다고 하더라도 마음이라는 원칙에 바탕을 두고 해석했을 때 그렇다는 것이다. 즉 심리적인 면에서 현실의 사물들이 걸림이 없거나 마음의 본성은 진여법신이기 때문에 그 여래의 성품이 나타난 현실세계에서는 낱낱의 사물과 사물의 관계에 분명한 질서와 조화와 연결이 있을 수밖에 없다는 해석이다. 현실 속에서는 부조화가 있는 것처럼 보이지만 부조화 그대로가 바로 조화라고 해석하는 것이다.

사사무애의 또 다른 해석방법은 현실적으로 눈앞의 벽이 눈의 시야를 가리지 않을 수 있다는 식이다. 이 세계가 모두 마음으로 지은 바이기 때문에 마음의 본성자리를 본 사람은 방안에서도 대문 밖의 것을 볼 수가 있다는 것이다. 이것은 보통사람에게는 신비한 것으로 보이지만, 도를 많이 닦은 선사들이 세상일을 보지 않고도 본 것처럼 아는 예들은 많이 있다. 선사들에게서 이같은 예를 보기 때문에 사사무애를 순전히 심리적인 것으로만 해석할 것이냐 아니면 도를 닦을 경우 현실의 생활에서 불가사의하게 경험할 수 있는 것으로 해석할 것이냐는 해석자의 선택에 달렸다.

사사무애의 도리를 해석한 것을 10현문(十玄門) 또는 10현연기(十玄緣起)라고 한다. 열 가지 심오한 걸림 없는 연기의 예를 보여준다. 10현연기에는 두 가지가 있는데, 지엄화상의 것을 고10현(古十玄), 법장대사의 것을 신10현(新十玄)이라고 부른다.

10현문에 의하면 모든 사물이 팽팽한 긴장관계를 가지고 서로서로 연결되어 있다. 요즘 페인트 광고를 보면 수백만 장의 판자를 세워놓았을 때 하나가 넘어짐에 따라 다른 것들이 차례로 넘어진다. 하나의 움직임과 다른 모든 것의 움직임이 긴밀한 관계에 있음을 나타내는 것이다. 넓은 것과 좁은 것은 상대개념이다. 마음이 지어서 보는 것이다. 넓은 것은 공간만 많이 차지할 뿐이고 모든 좁은 것들의 견본에 불과하다. 그리고 좁은 것은 넓은 것들의 견본일 뿐만 아니라 그 안에 모든 넓은 것을 담을 수 있다. 인공위성에 실린 작은 카메라의 렌즈를 통해서 지구를 아주 작은 모습으로 담고 작은 샘물을 거울로 삼아 한없이 넓은 하늘을 다 볼 수 있듯이 말이다.

또 하나와 여럿이 서로 걸림 없이 용납한다. 하나는 여럿의 견본이고 여럿은 하나들이 모인 것이다. 그래서 세상의 모든 사물이 서로 어울리면서도 자유롭다. 씨앗을 잘라보면 아무것도 없지만 아무것도 없는 씨앗에서 나무와 꽃이 나오고 그 꽃은 다시 져서 공으로 돌아간다. 있고 없음이 걸리지 않는다. 세상의 모든 사물을 작은 거울들의 모임이라고 할 때 한 거울은 자기의 작은 모양을 무너뜨리지 않고도 세상에 있는 모든 거울과 그 안에 담긴 내용을 다 반사해 담을 수 있다. 순간순간에 과거 · 현재 · 미래가 있다. 그렇다면 과거는 이미 현재와 미래를 담고 있고, 현재는 과거와 미래를 담고 있다. 지금 여기 있는 이것이 시간적으로 공간적으로 세계 모든 것의 견본을 다 담고 있다.

선에서는 뜰 앞의 잣나무나 지나가는 개나 똥치는 막대기에서 모든 부처와 우주를 보고자 하는데, 그 점에서 우리는 화엄의 법계연기 사상이 선에 미친 영향을 생각해볼 수 있다.

50. 노자의 무위자연

천지가 만물을 이루면서도 소유하거나 주재하지
않듯이 이상적인 도인은 자기에게 속한 것이라고
할지라도 소유하지 않아야 한다.

우리가 다 알고 있는 것처럼 선은 불교와 노장사상의 합성품이다.
인도적인 것과 중국적인 것이 합친 셈이다. 그래서 선을 공부하는데
노장사상을 살펴보고 그것을 선과 비교해보는 것은 선을 이해하는데
큰 도움이 될 것이다. 노장사상의 핵심은 무엇이며 그것과 선은 어떤
공통점이 있고 차이점이 있는지 궁금하다.

노자는 도(道)를 두 면으로 나누어서 보고자 한다. 노자의 《도덕
경(道德經)》 첫머리를 살펴보자.

도를 일정한 도로 보면 영원한 도가 아니고, 명칭을 일정한 명칭으로
보면 영원한 명칭이 아니다. 이름을 떠난 것은 천지의 원초요, 이름이 붙
는 것은 만물을 낳는 어머니이다.

여기서 도와 명칭, 이름을 떠난 것과 이름이 붙는 것 그리고 무위
적인 것과 인위적인 것이 대칭적으로 제시된다. 도는 명칭이 없고 인
위적인 것이 없으면서 현상세계의 뿌리가 되고, 명칭이 붙는 것은 인
위적인 것으로 만물을 낳는 어머니가 되면서 도의 가지나 잎이 된다.

노자는 한편으로는 도에 대해서 말로 설명하기를 기피하는 듯하면
서도 다른 한편으로는 도를 말로 나타내고자 한다. 진정한 도는 언어

의 영역 밖에 있다. 그러나 노자가 말을 피하기 위해서 말을 사용한다고 하더라도 노자는 언어의 세계에 있다. 왜냐하면 특별하게 묘사하지 않는 것도 일종의 묘사가 되기 때문이다. 그래서 노자는 말로부터 해방되기 위해서 말을 사용한다.

이름을 붙일 수 없는 도는 편의상 없을 무(無)자 무가 된다. 이 없을 무자는 '특별히 규정할 수 없는 것'이라는 뜻이지 아무것도 없다는 뜻은 아니다. 도는 말로 붙잡을 수가 없기 때문에 어떤 규정으로 묶어놓지 않고 그대로 둔다는 뜻이다.

현상세계가 도나 무로부터 나오는 것에 대해서 노자의 말을 들어보자.

천하의 만물은 유(有)에서 나오고, 유는 무(無)에서 나온다.
도로부터 하나가 나오고 하나로부터 둘이 나오며 둘로부터 셋이 나오고 셋으로부터 만물이 나온다.
나는 도가 누구의 아들인지 모르겠으나 천하를 주재하는 하늘의 임금보다 먼저이다.

이 말들을 종합해보면 무어라고 말로 표현할 수 없는 도 즉, 무라고 하는 도는 온세계를 지배하는 옥황상제보다 먼저 있던 것이다. 그 무로부터 유가 나오고 유로부터 하나가 나온다. 이어서 둘과 셋과 만물이 나온다.

도가 우주의 근원이기는 하지만 신(神)이나 조물주(造物主)를 상정해서 물질적 면에서의 창조(創造)나 자체 변화를 말하는 것은 아니다. 인간이 살아가는 도리 또는 원칙에 있어서 바탕이 된다는 것이다. 그래서 노자는 이런 말을 한다. '사람은 땅을 따르고, 땅은 하늘을 따른다. 하늘은 도를 따르고, 도는 자연을 따른다.' 여기서 필자는 법 법(法)자를 '따른다'로 번역했지만, '법칙 속에 있다'거나 '배운다'고 해도 되겠다. 여하튼 노자는 도를 어떤 태초의 시작으로 보는 것이 아니라 삶의 원칙으로 풀이한다. 도가 의지처로 삼는 것은 자연이다. 도의 뿌리가 자연에 있기 때문에 노자에게 있어서 억지나 인위가 아닌 자연이라는 개념은 대단히 중요하다. 그래서 사람들은 흔히 노자의 도를 '무위자연(無爲自然)'으로 이해한다. 노자의 《도덕경》 전체는 무위자연의 원칙을 실생활에 활용하는 방안을 제시한다.

먼저 무(無)자를 텅 빈 것으로 생각해서 그것의 활용을 모색하고 있는 대목을 보자.

찰흙을 이겨 그릇을 만들면 그 무(無) 즉, 그릇 속의 공간으로부터 그릇의 쓰임새가 생긴다. 그리고 창문을 뚫어 방을 만들면 그 무 즉, 방안의 빈 공간으로부터 방의 쓰임새가 생긴다. 그러므로 있다고 하는 유有)가 쓰이게 되는 것은 없다고 하는 무가 쓰이기 때문이다.

그릇이나 방이 속이 비어야 사용할 수 있는 것처럼 있다고 하는 유가 유리하게 쓰여지기 위해서는 무를 활용해야 한다는 것이다. 이 무를 자연과 관련시키면 인위(人爲)가 없다는 무위(無爲)가 된다. 실제의 일상생활에서 무위를 이용하면 인위가 없는 인위가 된다.

노자의 말을 들어보자.

도는 항상해서 하는 일이 없는 듯하지만 작용하지 않음이 없다.

함이 없이 행하고 일이 없이 일하며 맛이 없이 맛을 낸다. 작은 것을 크게 알고 원수는 덕으로 갚는다. 어려움은 쉬울 때 처리하고 큰 것은 작을 때 처리한다. 천하의 어려운 일은 쉬울 때 다루어야 하고 천하의 큰 일은 작을 때 다루어야 한다. 그러므로 성인은 큰 문제를 다루지 않으면서도 큰 것을 성취한다.

지식을 구하는 자는 날마다 더 배우려고 하고 도를 구하는 이는 날마다 더 잃으려고 한다. 잃고 또 잃음으로써 함이 없는 무위에 이른다.

인위가 없이 행하는 것은 특별히 일하는 것처럼 보이지 않으면서 일을 하게 되는데, 그 이유는 쟁기 일이 되기 전에 호미 일이나 삽 일로 처리하기 때문이라는 것이다. 문제가 드러난 다음에 그 문제를 풀려고 하면 무슨 일을 크게 벌리는 것처럼 되지만 평소 일상생활의 작은 일에서 잘 해내면 큰 일이 생기지 않는다. 평소에 자연의 흐름을 따라 행하기 때문에 특별히 드러나지 않는다. 그래서 하는 일이 없는 것처럼 보이지만 사실은 하는 일이 많다. 또 속된 사람들은 지식이나 돈이나 명예를 구하려고 한다. 그렇지만 노자가 말하는 이상적인 도인은 오히려 날마다 잃으려고 한다. 욕심과 번뇌를 버리려고 한다. 그래서 무위의 행을 할 수가 있다.

무위의 행은 구하는 것이 아니라 버리는 것이므로 만족을 알아야 하고 남보다 최고나 제일인자가 되려고 하지 않아야 한다.

노자의 지혜를 들어보자.

다른 이를 아는 자는 지혜롭기는 하지만 자신을 아는 이가 참으로 밝고, 다른 이를 이기는 이는 힘이 있지만 자신을 아는 이가 참으로 강하다. 그리고 만족할 줄 아는 사람이 부자이다.

나에게는 세 가지의 보배가 있다. 자비와 낭비하지 않는 것과 남을 앞지르려고 하지 않는 것이다. 자비로운 이에게는 두려움이 없고, 낭비가 없이 검박한 이는 널리 베풀 수 있다. 그리고 남보다 앞서려고 하지 않는 이는 자기의 재능을 완전히 키울 수 있다.

위의 내용 중에서는 두 가지가 두드러진다. 검박하게 살 정도에서 만족을 아는 것이고, 남을 앞질러서 일인자가 되려고 하지 않는 것이다. 이 두 가지를 하나로 줄이면 남보다 앞서지 않는데서 만족하는

것이 되겠다. 튀어나온 못은 망치를 맞기가 쉽다. 일인자의 자리를
지키기는 참으로 힘들다. 바둑의 일인자, 씨름의 일인자, 테니스의 일
인자, 권력의 일인자, 모든 종류의 일인자들은 한결같이 많은 스트레
스를 받는다고 한다. 그것을 지켜야 한다는 부담이 있기 때문이다.
앞서려고 하는 마음을 자제하고 쉴 때 그곳에 보이지 않는 무위의 행
이 있다. 남을 앞지르는 것도 어렵지만, 앞지를 수 있음에도 불구하
고 남의 뒤를 따라가도록 속력을 조절하는 것은 참으로 어려운 무위
의 행이다.

　노자는 소유하지 않는 큰 지혜를 무위의 행으로 설명하기도 한다.

　　천지의 덕은 만물을 내고 길러준다. 만물을 내지만 자기의 것으로 소
유하지 않는다. 일을 해도 자기의 능력으로 내세우지 않고 만물을 자라
게 해주면서도 주재하지 않는다.
　　큰 도는 항상 욕심이 없으므로 조잡하다는 말을 들을 수도 있지만 만
물이 자신에게 속한다고 하더라도 그것을 주재하려고 하지 않으므로 위
대하다는 말을 들을 수가 있다. 그러므로 성인은 끝내 큰 것을 이루려고
하지 않음으로써 위대함을 이룰 수가 있다.

　여기서 노자는 무위의 행은 잡는 것이 아니라 놓고 보는 것이라고
강조한다. 천지가 만물을 이루면서도 소유하거나 주재하지 않듯이
이상적인 도인은 자기에게 속한 것이라고 할지라도 소유하지 않아야
한다는 것이다. 그리고 앞에서도 나왔던 것처럼 노자에게 있어서 강
한 것은 강철처럼 견고한 것이 아니라 물처럼 부드러운 것이다. 초목
도 살아 있을 때는 부드럽지만 죽으면 딱딱하게 된다. 물보다 약한
것이 없지만 강한 것을 이기는데 물처럼 부드러운 것을 당할 것은 아
무것도 없다. 그리고 부드러운 물의 특성은 아래로 흘러내려서 자신
을 낮춘다는 것이다. 세상의 모든 비방을 받아들일 수 있는 사람, 세

상의 모든 죄를 다 뒤집어쓸 수 있는 사람, 그는 천하를 발 아래 다스리는 이 세상의 왕과도 같은 것이다.

51. 장자의 회의와 천명적인 자연

장자는 천명을 있는 그대로 받아들임으로써 마음의 평화를 얻고자 한다. 천명은 자연이다. 천명을 받아들이려면 자연을 여실히 보아야 한다.

장자는 인간이 사물을 있는 그대로 보는 능력에 대해 강한 회의를 가지고 있다. 그 회의는 유명한 《장자》의 나비꿈에서 나타난다. 제물론 편을 보자.

언젠가 장주가 나비가 되어 즐거이 날아다녔다. 스스로 만족해서 날아다니다보니 자신이 인간 장주인지를 몰랐다. 그러다가 문득 잠에서 깨어보니 누워 있는 것은 분명히 장주였다. 그가 꿈에 나비가 된 것인지 나비가 꿈에 장주가 된 것인지 알 수 없었다.

꿈속에서는 일정한 인과의 질서가 없이 일이 진전된다. 그러나 꿈을 꿀 때는 그것을 모른다. 꿈을 깨고나서야 왜 산을 오르다가 강을 건너고 평소에 잘 생각하지도 않던 외할머니를 만났는지 의아스럽게 생각한다. 꿈만이 그런 것이 아니다. 현실의 나도 그렇다. 나의 이성적인 판단대로 나의 감정과 몸이 움직이지 않는다. 그래서 나의 정신적 육체적 행보에는 일관성 있는 질서가 없다. 꿈속의 나비와 크게 다를 바 없다. 장자는 인간의 감각적 본능으로는 사물을 있는 그대로 볼 수 없다고 생각한다.

장자의 회의는 평범한 인간의 어리석음을 한탄하는데로 옮겨간다.

제물론 편의 조삼모사(朝三暮四)의 이야기도 유명하다.

원숭이 사육사가 상수리를 원숭이들에게 주면서 '아침에 세 개, 저녁에 네 개를 주겠다'고 말했다. 그러자 원숭이들이 크게 화를 내는 것이었다. 그래서 사육사는 '그러면 아침에 네 개, 저녁에 세 개를 주겠다'고 말했다. 그러자 원숭이들은 다같이 기뻐했다. 매일 받게 되는 상수리의 양은 달라지지 않았으나 노여움과 기쁨이 교차했다.

여기서는 단순하게 상수리의 갯수만을 말했지만, 인간이 실속없이 좋아하고 싫어하는 종류는 얼마든지 많을 것이다. 빨간색을 싫어하고 파란색을 좋아하기도 하고 각진 모양을 싫어하고 굴곡진 모양을 좋아하기도 할 것이다. 그래서 어떤 자동차회사에서 수백억을 들여서 새로 디자인해 내놓은 차를 보면 각을 죽이고 부드러운 곡선을 만들거나 곡선을 각으로 만드는 변화만 있을 뿐이다.

장자는 인간의 어리석음을 우물 안 개구리나 달팽이 두 뿔 사이의 다툼으로 나타내기도 한다. 추수 편에서는 우물 안의 개구리가 동해의 자라를 보고 자랑을 하다가 자라의 바다 소개를 듣고 정신을 잃는다. 착양 편에서는 달팽이 왼쪽 뿔에는 촉씨가 나라를 세우고 오른쪽 뿔에는 만씨가 나라를 세운다. 그들은 가끔 땅을 다투어 싸움을 벌이는데 많은 전상자를 만든다는 이야기가 소개된다. 보잘 것 없이 작은 것에 매달리는 인간의 어리석음을 지적하는 것이다.

장자는 인간 어리석음의 뿌리가 사물의 상대성을 모르는데 있다고 말한다. 장자의 말을 제물론 편에서 들어보자.

나와 그대가 토론을 했다고 하자. 만약 그대가 토론에서 이긴다면 그대는 옳고 나는 그른가. 만약 내가 이긴다면 내가 옳고 그대는 그른가. 우리 모두가 똑같이 옳고 똑같이 그른 것이 아닐까. 누구에게 옳고 그름을 판정해달라고 하겠는가. 그대와 뜻을 같이하는 사람에게 판결해달라고 하면 그는 그대와 뜻이 같기 때문에 바로 판결하지 못할 것이다. 나와 뜻을 같이하는 사람도 마찬가지이다. 그대와 나의 뜻과 다른 사람에게 판단해달라고 부탁하면 이미 뜻이 다른데 어떻게 바른 판단을 하겠는가. 그리고 우리 둘과 뜻이 같은 사람에게 부탁하면 그는 이미 우리 둘과 뜻이 같으므로 바른 판결을 할 수 없지 않은가.

장자는 또 이렇게도 말한다.

옳다는 주장에는 옳지 않다는 주장이 따르고, 그르다는 주장에는 그르지 않다는 주장이 따른다. 만일 옳다는 주장이 참으로 옳다면 옳다는 주장이 옳지 않다는 것과 다르다고 구태여 말할 필요가 없다. 옳고 그름을 말하는데 있어서의 끝없는 순환은 상대적이어서 해결을 기대할 수가 없다.

옳고 그름은 상대적이기 때문에 어떤 판단이 있을 경우 그에 따른 반대가 뒤따르기 때문에 해결을 기대할 수가 없다고 한다. 상대 쪽이나 내 쪽이나 중립적인 이에게 판단을 의뢰해도 바른 것을 기대할 수는 없다. 한쪽이 치우치면 치우치기 때문에, 양쪽에 다 어울리면 양쪽을 조절해야 하기 때문에, 양쪽과 다 의견이 다르면 이미 다르기 때문에 각기 바른 판단이 나올 수가 없다. 한쪽이 옳다는 편시론(片是論), 한쪽이 그르다는 편비론(片非論), 양쪽이 다 옳다는 양시론(兩是論), 양쪽이 다 그르다는 양비론(兩非論) 등은 모두 상대적인 것에 불과하다는 것이다.

제물론에서 장자는 이런 말도 한다.

삶이 있으면 죽음도 있다. 죽음이 있으면 삶도 있다.

사물은 저것이 아닌 것이 없고 이것이 아닌 것이 없다. 저것은 저것의 입장에서는 드러나지 않지만 이것으로 본다면 저것임을 알게 된다.

장자는 상대적인 것을 해소하는데 자연으로 나타나는 모든 것을 우주의 질서랄까, 천명(天命)으로 받아들이는 방식을 취한다. 대종사 편을 보자.

죽음과 삶은 천명이다. 밤과 아침이 항상 있게 되는 것은 하늘의 일이다. 그러므로 인간이 바라는 대로 얻지 못한다. 이것이 모든 사물이 존재하는 실정이다.

사람이 괴로움보다는 즐거움을, 죽음보다는 삶을 좋아하는 것은 분명하지만, 그처럼 상대적인 것은 인간의 마음대로 얻어지지 않는다는 것이다. 그것은 천명 즉, 우주의 운명이나 명령과 같은 것이기 때문에 그것을 거스를 수는 없다는 취지이다. 그래서 장자는 달생 편에서 '내가 그렇게 되는 까닭을 알지 못하는데도 그렇게 되는 것이 명'이라 하고, 인간세 편에서는 '어쩔 수 없다는 것을 알고 명과 같은 것에 편안해야 한다'고 말한다. 또 대종사 편에서는 '태어난 까닭을 알려고 하지 않고 죽는 이유를 따지지 않는다. 삶과 죽음의 어느 쪽도 특별히 따르지 않는다. 자연의 변화에 따라 무엇이 되든지 기꺼이 그 변화를 기다린다'고 말하기도 한다. 결국 장자는 천명을 있는 그대로 받아들임으로써 마음의 평화를 얻고자 한다.

장자에게 있어서 천명은 자연이다. 천명을 받아들이려면 자연을 있는 그대로 보아야 한다. 자연을 본다는 것은 사물 존재의 실체를 있는 그대로 보는 것이다. 사물을 보기 위해서는 그것을 보는 자신의 마음을 닦아야 한다. 그래서 장자는 대종사 편에서 '참된 사람이 먼저 있어야 참된 앎이 있으리라'고 말한다. 먼저 사물을 바로 볼 자세

가 갖춰져야 한다는 것이다. 참된 사람이 되기 위해서는 도를 닦아야
하는데, 그 방법으로 좌망(坐忘) 즉, 앉아서 번뇌를 잊는 것과 심재
(心齋) 즉, 마음을 가지런히 하는 것이 있다. 대종사 편에서 장자는
좌망을 설명한다.

　　신체나 손발의 존재를 잊어버리고 눈이나 귀의 움직임을 멈춘다. 형체
　를 떠나고 개념으로 아는 것을 버려야 큰 도에 통할 수 있으니, 이것을
　좌망이라고 한다.

심재에 대해서도 설명한다.

　　뜻을 하나로 통일하라. 귀로 듣지 말고 마음으로 들어라. 마음으로 듣
　지 말고 기(氣)로 들어라. 귀는 소리를 들을 뿐이며, 마음은 사물에 부합
　할 뿐이다. 그러나 기는 공허한 것이면서도 일체의 사물을 포용한다. 도
　는 오직 이처럼 공허한 상태에서만 모여진다. 이 공허한 상태를 심재라
　고 한다.

　좌망이나 심재에서 모두 감각기관과 개념화하는 마음을 경계한다.
완전히 마음을 비워야 하며 그와 같은 비움으로부터 모든 잡념을 여
읠 수 있기 때문이다. 이렇게 마음을 비우고 볼 때 사물의 진실한 모
습이 보인다. 우리가 쓸데 있다고 생각했던 것이나 쓸데없다고 생각
했던 것들이 다같이 꼭 필요한 것이 된다. 외물 편에서 장자가 혜자
에게 말한다.

　　쓸데없는 것을 알아야 비로소 쓸데 있는 것을 알게 되네. 걸어가는데
　저 넓은 땅이 다 필요한 것은 아니지만 만약 발로 밟고 있는 곳만 남겨두
　고 나머지 부분을 낭떠러지로 만든다면 사람들은 무서워서 걸을 수가 없

을 것이네.

밟지 않는 땅까지도 필요하다면 이 세상에 필요하지 않은 것은 아무것도 없을 것이다. 여기서 사람은 모든 것에서 만족을 얻고 상대적인 만물은 모두 하나가 된다. 덕충부 편에서는 '삶과 죽음은 하나이고 옳고 그름도 하나이다'라고 말한다.

52. 선과 노장사상의 유사점

사람이 살아야 할 의미와 가치의 몫이 나름대로 독특하고 나름대로 평등하다. 차별을 두고 비교할 수 없으므로 지금 있는 그대로 흡족하다.

　노장사상과 선이 다같이 각기의 궁극점을 표현하는데 어려움을 느끼고 있다. 노자는 도라고 말할 수 있는 도는 영원한 도가 아니라고 한다. 진정한 도는 언어로 표현될 수 없다는 것이다. 장자도 지북유편에서 '도는 들을 수 없다. 듣는다면 그것은 도가 아니다. 도는 볼 수도 없다. 볼 수 있다면 그것은 도가 아니다. 도는 말할 수 없다. 말할 수 있다면 그것은 도가 아니다'라든지 '도를 물어서 도를 대답하는 사람은 도를 모르는 사람이다'라고 말한다. 그럼에도 불구하고 무어라고 이름 붙일 수 없는 도를 묘사하지 않기 위해서라도 노자와 장자는 언어를 사용할 수밖에 없다. 노자는 이름 붙일 수 없는 도를 무라 하고 이름 붙일 수 있는 도를 유라 하는데, 이같은 분류는 불교에서의 2제(二諦) 즉, 두 가지 진리와 비슷하다. 불교에서도 속제(俗諦)와 진제(眞諦) 즉, 말로 나타낼 수 있는 진리와 말로 나타낼 수 없는 진리를 구별한다. 말로 나타낼 수 있는 진리는 마치 꿈속에서 나타나는 것처럼 허망하기는 하지만 허망한 호랑이라고 하더라도 꿈속에 나타나면 잠자는 사람을 깨우듯이 참다운 진리에 접근하는데 도움을 준다.

　노자의 도가 유나 무로 표현될 때 그것은 불교의 2제설과 유사하다. 장자가 무(無)자를 두 개 연속으로 사용해서 무무(無無)라고 할 경우 앞의 무는 있다 없다 식의 상대적인 무가 되고 뒤의 무는 무어라고 표현하거나 규정할 수 없다는 의미의 절대적인 무가 된다. 그러나 아무리 무자를 여러 개 사용해서 절대적인 의미를 강조한다고 하더라도 언어로 궁극점을 표현해버리면 그것은 이미 세속적인 진리가 되어버린다.

선에서는 궁극점을 나타내기 위해서 여러 가지 상징적인 표현을 사용한다. 본래면목(本來面目), 진심(眞心), 자성(自性), 불성(佛性), 무(無) 등이다. 선에서는 진제·속제 같은 두 가지의 도를 말하지는 않지만, 선에서 말하는 궁극점도 두 가지 면에서 이해할 수 있다. 한 송이의 꽃이 있을 경우 범부는 그것을 평범한 꽃으로 본다. 그러나 깨달은 이는 그 꽃을 통해서 우주 전체를 본다. 깨달은 이에게 있어서는 말과 침묵, 나타냄과 나타내지 않음이 차이가 없다. 선에서는 나타냄이 나타내지 않음이고 나타내지 않음이 나타냄이기 때문이다. 그러나 문제는 범부중생들이다. 중생들은 도나 무같은 궁극점을 말할 경우 그것을 어떤 실체적인 것으로 개념화해서 받아들이기 때문이다. 그래서 선이 궁극점을 말로 나타낼 경우 거기에는 언어가 참된 진리를 보게 하는데 도움을 준다는 것이 전제되어 있다. 그래서 노자와 장자, 선은 다같이 언어를 사용하면서도 언어에 동반되는 고착된 실체개념을 없애려고 한다.

장자는 외물 편에서 말을 잊어야 한다고 말한다.

통발은 고기를 잡는데 쓰이기 때문에 고기를 잡고나면 발은 잊어버려야 하고, 토끼그물은 토끼를 잡는데 쓰이기 때문에 토끼를 잡고나면 그물을 잊어버려야 한다. 그리고 말은 뜻을 나타내는데 쓰이기 때문에 뜻을 알고나면 말은 잊어버려야 한다.

선에서는 《금강경》에 나오는 뗏목의 비유를 이용하기도 한다. 강을 건너고나면 뗏목을 버리듯이 말이 안내해줄 수 있는데까지 이르면 말을 버려야 한다는 것이다. 노장과 선은 다같이 궁극점을 나타내기 위해서 침묵의 말이나 말의 침묵을 사용한다.

노자와 선은 우주의 시작을 시간적인 면에서 찾지 않고 현재 이 자리에서 찾는다. 노자에 의하면 도는 뭐라고 표현할 수 없다는 점에서 무인데, 그 무에서 유가 나오고 유에서 하나가, 하나에서 둘이, 둘에서 셋이, 셋에서 만물이 나왔다고 말하지만 그 도의 뿌리가 되는 것을 자연이라고 밝힌다. 어떤 조물주나 신이 아니라 인위와 억지가 없는 것이 바로 우주의 시원이라는 것이다. 선에서도 과거와 미래는 지금 이 자리의 현재에 포함되어 있는데, 그것은 바로 인위가 없는 무이고 평상심이다. 불교의 무위법을 선에서 바로 쓰는 것은 아니지만, 선에서 선사의 개성에 따라 자연을 현성공안(現成公案) 즉, 일상생활의 화두나 법신 비로자나불로 보는 경우가 많이 있다. 그럼에도 불구하고 노장에서 말하는 자연의 의미와 선에서 말하는 자연의 의미에 차이가 있다는 것은 뒤에 차이점을 볼 때 살피게 될 것이다.

또 노장과 선은 이심전심(以心傳心)을 주창한다. 장자는 진인이 다른 진인의 도를 파악할 때 아무런 말도 필요없이 한번 힐끗 바라보기만 하면 서로 통한다고 한다. 선에서도 말을 여읜 직관을 강조한다. 선에서는 경전의 가르침 이외에 별도로 부처님으로부터 지금까지 마음과 마음을 통해서 법이 이어져왔다고 주장한다. 법통을 주장하기 위해서 선이 이심전심을 쓰는 면도 있지만, 부처님이 세 군데에서 마음으로 법을 전했다는 이야기가 중국에서 만들어진 이상 도가 마음과 마음으로 전해진다는 선의 입장이 형성되는데 장자의 영향을 생각해볼 수도 있다.

장자와 선이 다같이 주관이나 마음의 수양을 강조한다. 장자는 '지식 이전의 진정한 인간'을 말하고 선은 '깨달음 이전의 대사(大死)' 즉, 큰 죽음을 강조한다. 장자가 객관적인 진리를 부정하고 모든 상대를 지우는 불이(不二)의 관점에서 닦음을 주장하는데, 선 또한 마찬가지이다. 모든 사물과 삶을 있는 그대로 보기 위해서는 우리가 어떤 고정된 입장이나 관점을 지워야 한다는데 장자와 선이 다같이 일치한다. 장자와 선은 다같이 무입장의 입장, 무심의 마음, 무형태의 형태, 무아의 나, 무념의 생각, 무언의 말 등을 택하라고 한다. 장자와 선은 사물의 진실상을 보기 위해서 모든 사물을 부정하는 동시에 긍정한다. 평범한 관점에서 보면 범부의 입장을 부정하는 것이 부정으로 생각되지만 궁극의 입장에서 볼 때 그 부정은 그 자체가 긍정이다. 그래서 장자와 선은 '무심(無心)'을 말한다. 그 무심은 우주적인 관점에서 마음을 말하는 동시에 세속적인 자리의 관점에서는 마음을 부정하는 것이 된다.

노장과 선에 있어서 도라든지 자성은 인위적인 것이 아니라 순수하게 자연적인 입장을 말한다. 무심이라고 할 때 그것은 인위성이나 조작이 없는 마음을 의미한다.

노장과 선은 다같이 인간의 자연스러운 본성이 완전하다는 전제에서 선악을 초월한다. 맹자의 성선설(性善說)이 인간성에만 적용되는데 비해서 노장과 선이 상대적인 것들이 둘이 아니라는 입장에서 완전하다고 하는 것은 모든 것들에 다 적용된다. 본성이나 자성은 완전하지만 문제는 사람이 자연의 흐름을 거스르는 인위적인 행동을 하는데서부터 생긴다는 것이다. 그래서 노장과 선은 조작이 없는 앎, 조작이 없는 마음을 강조한다.

무심이나 무입장의 견지에서 노장과 선은 이것과 저것, 선과 악, 옳음과 그름, 삶과 죽음, 아름다움과 추함 등의 상대적인 것들을 하나로 만든다. 삶 속에 죽음이 있고 죽음 속에 삶이 있다. 그래서 삶 속에서 죽음을 살고 죽음 속에서 삶을 음미한다. 장자는 삶과 죽음의 자재를 강조하느라고 부인이 죽었을 때 춤을 추었지만, 선에 있어서도 죽음에 대해 자재한 것은 장자에게 뒤지지 않으려고 할 것이다.

좌탈입망(坐脫立亡) 즉, 앉은 자세나 선 자세로 열반에 드는 것은 죽음의 자재를 의미한다. 삶과 죽음은 한 예일 뿐 모든 상대적인 것이 다 마찬가지이다. 상대적인 것을 하나로 만들고 그것에 자재한 것은 아무런 입장을 취하지 않는 것을 말한다. 다시 아무런 입장을 취하지 않는다는 것은 어떤 특정한 입장에 매달리지 않는 것을 의미한다. 특정한 입장이 아닐 때 모든 입장이 다 될 수가 있다. 특히 '무심'은 주관과 객관의 이중성을 지운다. 그래서 무심의 자세에서 노장과 선은 무한한 자유와 개방을 누린다.

노장과 선은 이 세상에 있는 모든 것이 다 나름대로 살아야 할 의미와 가치가 있고 만족이 있다고 본다. 곽상(郭象)의 《장자》 풀이에 의하면 세상의 모든 것은 각기 그 존재 이유가 있다. 큰 것이거나 작은 것이거나를 막론하고 나름대로 살아야 할 의미와 가치가 있다. 무엇보다도 중요한 것은 각자의 귀중한 몫이 나름대로 독특하고 평등하다는 것이다. 각기 독특하기 때문에 비교할 수가 없고 비교할 수가 없기 때문에 각기 완전하다. 선에서도 궁극적인 열반을 눈앞의 사물에서 보고자 한다. 생사와 열반이 둘이 아니고 번뇌와 보리가 둘이 아니다. 상대를 떠난 입장에서는 날마다 좋은 날이다. 곽상과 선은 다같이 현상세계에서 궁극점을 보고 자기 만족의 관점에서 모든 것에 각자의 존재가치와 의미를 평등하게 부여한다.

53. 선과 노장사상의 차이점

장자에게 이같은 제한된 안심입명이 있게 되는 원인은 천명의 범위 내에서 평화를 구하기 때문이다. 그러나 선은 천명을 단호히 거부하여…

필자는 짐짓 모르는 체하고 노장사상(老莊思想)과 선(禪)의 유사점을 찾아왔지만, 노장사상과 선은 지향점이 근본적으로 다르기 때문에 유사점을 찾는 것은 처음부터 무리이다. 그러나 노자와 장자, 선이 다같이 인정하듯이 도를 말로 설명하려는 어떤 체계도 강을 건너는 뗏목이나 고기를 잡는 통발과 같은 것이라고 할 경우 선은 노장사상을 하나의 도구로 이용할 수도 있을 것이다.

실제로 많은 선사들이 노장사상을 이용해왔다. 불교 일반의 특성은 이질적인 문화를 만날 때 그것을 정면으로 부정하기보다는 그 문화의 형태를 그대로 둔 채 의미를 바꾸고자 한다. 그래서 원시불교와 대승불교의 형태가 다르고 각 나라마다의 불교가 달라지게 되었다. 불교의 울타리를 벗어나서 불교를 보고자 하는 선도 역시 불교 일반의 특성을 가지고 있을 수밖에 없다. 그래서 노장사상의 형태를 그대로 둔 채 선의 의미를 붙여서 활용하고 있다. 그렇다면 노장사상과 선의 기본적인 갈림길이 어떤 것인지가 궁금하다.

차이점으로 가장 먼저 떠오르는 것은 종교성의 문제이다. 노장사상에는 선에서 표방하는 중생구제(衆生救濟)의 종교성이 없다.

노장사상을 보통 도교(道敎)라고 하지만, 도교는 두 가지 방면으로 발전해왔다. 한 가지는 철학적인 도교이고, 다른 한 가지는 종교

적인 도교이다. 철학적인 도교는 노자와 장자의 사상이고, 종교적인
도교는 불로장생(不老長生)의 신선도(神仙道)로 발전해갔다. 불로장
생의 신선도는 노장사상을 출발점으로 삼으면서도 그 출발점과 너무
멀리 떨어져나갔기 때문에 우리가 노장사상을 말할 때는 철학적인
도교를 의미한다. 철학적인 도교 즉, 노자와 장자의 철학에는 중생구
제의 종교성이 없다는 것이다. 노자의 도는 실생활에서의 삶의 지혜
나 기교에 치우쳐 있다. 장자의 도에도 자신의 안심입명(安心立命)을
강조하는 부분은 많지만 세상을 구제하는 대승적인 면은 희박하다.
　선사들은 흔히 이런 말을 한다.

　　부처를 만나면 부처를 치고, 조사를 만나면 조사를 쳐라.
　　세상을 구한다고 하는 것도 역시 또 하나의 집착이다.
　　구하거나 치료해야 할 고통이나 병이 없다.

　이런 말을 들으면 선에서는 중생구제에 관심이 없는 것처럼 보인
다. 그러나 이러한 표현들의 진의는 수행자들에게 나타날 수도 있는
부처와 중생, 구하는 자와 구함을 받는 자, 행복과 불행 등의 상대관
념을 부수는데 있다. 선에 불·보살의 가피에 의존하는 타력보다 자
기의 본래부처에 의지하는 자력적인 면이 많기는 하지만 중생들이
본래 가지고 있는 불성의 자력이 발휘되도록 하는 것도 역시 중생을
구하는 것이다. 그래서 선의 중생구제는 무심의 입장에서 구함이 없
는 구함이 된다.
　둘째로 장자와 선은 인간의 운명을 취급하는데 미묘한 차이가 있
다. 장자는 인간의 고통이나 한계에 대해서 일체의 의문이나 저항 없
이 천명(天命)으로 받아들인다. 삶과 죽음은 그 까닭을 알거나 모르
거나에 상관없이 받아들여야 하는 것이다. 장자의 안심입명이라는
것은 자신에게 부여된 천명을 받아들이고 그것에 순응하는 것이다.

선에서도 인과법(因果法)은 깨달은 이에게조차 적용된다. 그러나 깨달은 이에게 있어서 인과나 생사는 실제의 사실이 아니라 하나의 묘사이다. 우리가 말하는 선인선과(善因善果) 악인악과(惡因惡果)나 삶과 죽음이 여러 가지 다른 관점에서 해석될 수도 있다. 장자는 일단 삶과 죽음을 피할 수 없는 운명적인 것으로 받아들인 다음에 도라고 하는 전체의 입장에서 두 가지 상대를 하나로 만든다. 그렇지만 선에서는 본래 운명적인 삶과 죽음이 없다고 부정한다. 삶과 죽음은 인간이 상대적 분별심(分別心)으로 규정한 것에 불과하다는 것이다.

일반적인 상대의 개념들, 예를 들면 이것과 저것, 아름다움과 추함, 옳음과 그름, 선과 악 등에 대해서는 장자와 선이 똑같이 그 상대성을 지적하고 그 상대개념이라는 것은 인간이 각기 다르게 보는 것이거나 인간의 선택에 불과하다고 한다. 그러나 삶과 죽음의 문제에 이르러서는 장자와 선이 갈라진다. 여기에는 천명 또는 운명의 문제가 따르기 때문이다. 그래서 삶과 죽음을 극복하는 방법은 더욱 벌어진다. 장자는 대종사 편에서 이렇게 말한다.

자기가 태어난 까닭을 분별하지 않고 죽어야 하는 이유를 따지지 않는다. 삶과 죽음을 특별히 선택해서 쫓지 않는다. 자연의 변화에 따라 무엇이 되든지 그것을 기꺼이 받아들인다.

제물론 편에서는 이런 말도 한다.

사람이 습지에서 자면 허리병이 나서 죽는다. 그러나 미꾸라지도 그러한가. 사람은 나무 위에서 두려워하는데, 원숭이도 그러한가. 사람과 미꾸라지와 원숭이가 사는 세 곳 중에서 어느 곳이 바른 거처인가.

여기서 장자는 죽음을 자연의 변화법칙으로 일단 받아들이고 그 변화 중에 어느 것이 좋고 어느 것이 나쁠 것이 없다는 식으로 죽음을 극복하려고 한다.

그러나 선에서는 처음부터 죽음이라는 것은 인간이 현재의 임시적인 자기에게 실체성을 부여하고 그 몸의 변화를 죽음으로 잘못 보는 데서 나타나는 것이라고 규정한다. 구름과 비와 눈과 안개가 있을 때 그것들 사이에 생사가 있는 것이 아니라 모양의 변화만 있다는 것이다. 구름과 비에 각기 이름을 붙일 때 구름의 죽음과 비의 태어남이 있게 되는데, 사실은 구름이 죽은 것도 비가 태어난 것도 없다는 것이다.

셋째로 노자와 장자는 수도(修道)에 관한 구체적인 방법이 없는 반면에 선에서는 좌선 등 참선법이 있다. 장자에게는 '좌망(坐忘)' 즉, 앉아서 모든 것을 잊어버리는 것이나 '심재(心齋)' 즉, 마음을 가지런히 다스리는 것이 있지만, 이 두 가지는 수도의 방법이 아니라 인위적이거나 조작적인 행위가 없다는 것 또는 자연스러움의 상징일 뿐이다. 장자가 지식 이전에 참다운 사람 즉, 진인(眞人)을 강조하기는 하지만, 장자는 그 진인에 이르는 방법을 제시하지 않고 인위가 없는 자연스러움만을 강조할 뿐이다.

선에서 선이라는 말의 본래 뜻은 고요한 명상이다. 그러나 중국에서 그 선이라는 말은 마음을 이해하고 사람의 본래면목을 보기 위한 수행을 의미하는 것으로 발전된다. 그래서 우리에게 있어서의 선은 장자의 좌망이나 심재의 의미와 비슷한 것이 되었다. 그럼에도 불구하고 선에는 구체적인 수도의 방법이 마련되어 있다. 물론 선사들의 개성에 따라서 또는 선종의 각 계통에 따라서 좌선이나 일행삼매(一行三昧), 간화선이나 묵조선 등의 차이가 있기는 하다.

수행의 방법이 있느냐 없느냐가 중요한 것은 수행의 문제가 중생구제의 종교성 및 운명을 극복하는 태도와 관련이 있기 때문이다. 장자에게 수행법이 없는 것은 중생구제의 종교성이 없고 운명을 근본

적으로 부정하지 못하기 때문이다. 천명을 이해하고 그것을 받아들
이는데서 평화를 얻고자 하기 때문에 천명 이전의 본래의 자기를 회
복하려는 수행방법이 나올 수가 없다.

넷째로 장자와 선은 자족(自足)의 의미에서 미묘한 차이가 있다.
장자는 소유 편에서 이렇게 말한다.

붕이 남쪽으로 옮아갈 때 파도는 삼천리나 솟구치지만 붕새는 유월의
회오리바람을 타고 위로 구만리까지 날아오른다. 그러나 뱁새와 비둘기
는 오히려 붕을 비웃는다.

여기서 장자는 작은 새와 큰 새 즉, 작은 지혜와 큰 지혜를 구별한
다. 모든 종류의 상대성을 하나로 만들면서도 지혜의 문제에서는 아
직도 크고 작음을 구별하는 것이다. 《장자》를 해석하는 곽상은 자기
능력에 따른 자기 몫의 자기 만족이 있다는 점을 강조해서 장자의 크
고 작은 지혜의 구별을 지우려고 한다. 붕새는 붕새의 몫대로 만족하
고 뱁새는 뱁새의 몫대로 만족을 누리기 때문에 각기 나름대로의 의
미와 가치가 있다는 것이다.

그러나 제한된 몫의 만족은 완전한 만족이 아니다. 선에서의 자기
만족은 개인적인 몫이 아니라 우주 전체와 하나가 되는데서 나타나
는 것이다. 우주 전체에 꽉 차 있는 것을 그대로 음미할 뿐이다. 이것
을 작은 자기를 죽인다고 해도 되고 자기를 비운다고 해도 된다. 그
래서 한 송이 꽃이 누리는 자기 만족은 이 세상 모든 것의 만족을 대
표한다. 모든 만족의 표본이 된다. 선에서 만족이라는 말을 쓰는 자
체가 서투른 수작이 되겠지만, 구태여 만족을 이야기하자면 그렇다
는 것이다.

장자에게 이같은 제한된 자기 만족이나 안심입명이 있게 되는 원
인은 장자가 세상사를 운명적인 것으로 받아들이는데 있다. 천명의

범위 내에서 평화를 얻고자 하기 때문에 그것은 제한적인 것일 수밖에 없다. 그러나 선에서는 정해진 천명을 단호히 거부하여 일상의 모든 것과 모든 때에 제한 없는 완전한 만족을 얻을 수가 있게 된다.

54. 달마대사의 가르침

번뇌를 끊고 보리를 얻는다는 답, 미혹하면 번뇌요
깨달으면 보리라는 답, 본래 번뇌는 없고 보리일
뿐이라는 답이 단계를 높여가면서…

달마(達磨)대사는 아주 유명해서 선을 이야기하면 사람들은 달마
대사를 가장 먼저 떠올릴 정도이다. 또 불교나 선에 대해서 아무 지
식이 없는 이들도 수염이 덥수룩하고 눈이 부리부리한 달마의 얼굴
이나 갈잎을 타고 강을 건너는 달마의 모습을 그린 선화(禪畫)를 한
두 번쯤은 보았을 것이다. 달마대사와 관련된 이야기들은 많이 있지
만, 중국 초기의 선사상과 관련된 이야기나 가르침으로는 달마대사
와 양 무제(梁武帝)가 만나서 대화한 것, 《이입사행론(二入四行論)》,
달마대사의 제자에 관한 것 등이 되겠다. 역사적인 조사로는 양 무제
가 즉위한 해는 503년이고 달마대사가 중국에 온 해는 470년경이라
고 한다. 그러므로 달마대사와 양 무제와의 대화는 후세 사람을 가르
치기 위해서 만들어진 것일 수도 있다. 그러나 우리는 학문적인 입장
에서 역사적 인물로서의 달마대사를 알아보려는 것이 아니라 선을
배우기 위해서, 중국 선종의 초조에 대해서 알고자 하기 때문에 지금
까지의 전통적인 이야기를 그대로 받아들이면서 어떤 일화나 가르침
의 의미를 생각해보면 된다.

달마대사는 인도로부터 중국의 광주라는 곳에 들어왔다. 보통 승
려가 인도로부터 오면 불상과 경전을 가지고 오는데, 달마대사는 아
무것도 지니지 않고 빈손으로 온 것이다. 달마대사에 대해서 이상스

럽게 생각한 그 지역의 관리는 그 사실을 왕실에 보고했다. 불법을 신봉하고 많은 불사를 일으킨 양 무제는 외국 스님에 대해서 호기심이 생겨서 달마대사를 궁으로 초청했다. 많은 사람들이 모인 자리에서 자신의 불사공덕을 뽐내고 싶었다. 그러나 무제가 달마대사에게 자신이 불사한 공덕이 얼마나 되겠느냐고 물었을 때 달마대사의 대답은 전혀 의외의 것이었다. 아무런 공덕이 되지 않는다고 대답했기 때문이다. 무제는 실망을 넘어서 분노까지 치밀어올랐으나 억지로 마음을 가다듬고 '참 공덕이란 무엇이냐'고 물었다. 달마대사는 '마음과 지혜가 완전히 합일되어서 아무 걱정도 없는 것'이라고 대답했다. 무제는 깨달은 지혜가 무엇인가를 물었고 달마대사는 아무것도 아니라고 대답했다. 무제가 다시 앞에 앉은 대사 자신은 누구냐고 묻자 달마대사는 모른다고 대답했다. 달마대사와 양 무제의 대화는 초점이 맞지 않아서 깨지고 말았다. 양 무제는 공덕을 짓고 그 과보를 받는 인과법(因果法)의 수준에서 이야기하고 있었고 달마대사는 공덕과 악덕, 선과 악을 벗어나는 해탈의 수준에서 이야기하고 있었다. 그러니 이야기가 제대로 진행될 리가 없었다. 양 무제는 참다운 불교를 받아들일 준비가 전혀 되어 있지 않았던 것이다.

분을 이기지 못한 왕은 달마대사를 죽였다. 그러나 얼마 지나지 않아서 나라의 사신이 남방에 갔다가 서울로 돌아오는 길에 신발 한 짝을 어깨에 메고 가는 달마대사를 만났다. 서울에 다다라서 그 사실을 왕에게 보고하니 왕은 달마대사의 시체가 담긴 관을 열어 보았다. 그러나 있어야 할 시체는 없고 오직 짚신 한 짝만 있었다. 군사들은 말을 달려 달마대사를 만났다는 곳으로 가 보았지만, 달마대사는 이미 갈대 한 잎을 타고 양자강을 건너고 있었다. 달마대사는 양나라를 떠나 후위의 땅에 속하는 숭산의 소림굴로 가서 유명한 9년 면벽의 참선을 했다. 9년 동안 벽만 바라보면서 참선수행을 한 것이다.

달마대사가 양 무제에 의해서 참수를 당했음에도 불구하고 다시 살아난 것은 부활이라고 이름할 만한 것이지만, 불교에서는 그 부활을 대단하게 생각하지 않는다. 목숨을 50년이나 100년 더 연장하는 것이 중요한 것이 아니라 영원한 삶의 깨달음을 얻는 것이 중요하기 때문이다. 죽은 달마대사가 다시 살아났기 때문에 달마대사를 위대하게 보는 것은 불사를 많이 한 양 무제가 자신의 공덕이 많다고 생각하는 것과 같은 수준에 속한다. 인과와 형상의 범주를 벗어나지 못했기 때문이다.

달마대사의 가르침으로는 《이입사행론》이 유명하다. 이입(理入)과 행입(行入) 즉, 이치와 행동의 두 가지로 깨달음의 도에 들어가는 방법이다. 이치는 불법의 진리를 말하고 행동은 그 진리를 실천하는 방법이다. 실천행동 방법인 행입은 다시 4행(四行)이라는 네 가지의 길로 나뉜다.

첫째는 세상에서 만나는 모든 장애와 원망 또는 피해들을 자기가 지은 업에 대한 당연한 보답의 결과라고 받아들이는 것이다. 이것을 보원행(報冤行)이라고 한다. 둘째는 인연법을 알고 업의 인연을 그대로 받아들이는 것이다. 좋은 일이나 나쁜 일이 업에 의해서 끌려다니는 것이므로 좋고 나쁨에 흔들리지 않게 된다. 이것을 수연행(隨緣行)이라고 한다. 셋째는 수도하는 사람은 모든 것에 대해서 구하는 마음을 내지 않는 것이다. 깨달음이라고 할지라도 실체의 마음을 내어서 구하고자 하면 그것은 진정한 깨달음과 멀어지는 것이요 중생교화도 마찬가지라는 것이다. 구하지 않는다고 해서 불도를 목표로 해서 수행하는 것을 멈추는 일은 없으므로 《금강경》의 머무는 바 없이 마음을 내는 것과 같은 태도이다. 이것은 무구행(無求行)이라고 한다. 넷째는 진리에 합당한 행동을 하는 것이다. 진리에 합당한 행은 가까이는 작은 목숨을 살리는 것이요 멀리는 모든 중생의 목숨을 살리는 것이다. 이것은 합당함을 나타내는 칭(稱)자와 진리를 나타내는 법(法)자를 합해서 칭법행(稱法行)이라고 부른다.

달마대사의 《이입사행론》은 이치와 실천의 두 가지 방법으로 도에 들어가는데, 이치란 불법의 교리이고 실천행에는 네 가지가 있다는 것이다. 그 네 가지란 보원행·수연행·무구행·칭법행이다. 달마대사가 교리적인 면에서 주로 의지한 것은 《능가경》이었다.

《역대법보기(歷代法寶記)》라는 책에서는 달마대사가 세 명의 제자를 두었는데, 각기 그 도의 깊이가 다르다고 전하고 있다. 번뇌(煩惱)와 보리지혜(菩提智慧)는 수행자의 근본문제이다. 지금의 번뇌가 문제이고 보리지혜가 목표이기 때문이다. 달마의 제자 세 명이 달마대사에게 그 문제에 대해서 자신의 터득한 바를 고했다. 니총지(尼總持)가 먼저 '번뇌를 끊고 보리지혜를 얻습니다'라고 일렀다. 그에 대해서 달마대사는 '너는 가죽을 얻었다'고 대답했다. 그 답은 도에 깊이 접근하지 못하고 극히 피상적이라는 뜻이다. 다음에 도육(道育)이라는 제자가 '미혹하면 번뇌이고 깨달으면 보리입니다'라고 일렀다. 그에 대해서 달마대사는 '너는 살을 얻었다'고 말했다. 번뇌를 끊고 보리를 얻는다는 답보다는 조금 더 근본에 접근했지만 아직 부족하다는 뜻이다. 세번째로 혜가(慧可)가 '본래부터 번뇌는 없습니다. 원래 그것은 보리입니다'라고 대답했다. 이에 대해서 달마대사는 '너는 골수(骨髓)를 얻었다'고 말했다. 혜가의 대답이 핵심을 찔렀다는 뜻이다.

번뇌를 끊고 보리를 얻는다는 답, 미혹하면 번뇌이고 깨달으면 보리라는 답, 본래 번뇌는 없고 보리일 뿐이라는 답이 차츰 단계를 높여가면서 도에 접근했다고 달마대사가 판단한 것이다. 달마대사의 판단기준은 번뇌와 보리를 한 가지로 일치시켜서 문제를 푸는데 있는 것 같다. 번뇌를 끊는다는 말은 번뇌와 보리를 이원화시켰기 때문에 문제의 핵심에서 먼 것이다. 미혹하면 번뇌요 깨달으면 보리라는 대답은 어떤 의미에서 그렇게 말하느냐에 따라서 번뇌와 보리를 일치시키기는 했지만 아직도 부족하다. 혜가는 번뇌가 그대로 보리라

고 말함으로써 번뇌와 보리를 둘이 아닌 불이의 관계로 만든다. 그러
나 여기서 주의할 점은 만약에 현실의 번뇌를 없애야 할 것, 허망한
것으로 생각해서 실제 경험하는 것으로 인정하지 아니하면 번뇌를
부정하고 보리만 인정하는 것으로 잘못될 수가 있다. 번뇌가 번뇌의
모습 그대로 보리이고 보리가 보리의 모습 그대로 번뇌라는 의미에
서 번뇌가 원래 보리라고 해석할 때 번뇌와 보리는 진정으로 불이의
관계가 되는 것이다.

　　달마대사가 혜가라는 제자를 얻게 되는 과정의 이야기도 유명하
다. 달마대사가 소림굴에서 9년 동안 벽만을 바라보며 참선하고 있을
때 무사 출신인 혜가가 가르침을 구하기 위해 달마대사를 찾았다. 눈
오는 겨울이었다. 엄동설한에 3일을 지낸 다음에야 달마대사는 혜가
에게 도를 구할 자세가 되었다고 믿을 수 있도록 어떤 증표를 보이라
고 말했다. 그러자 혜가는 칼로 자신의 팔을 싹둑 잘랐다. 그것을 본
달마대사는 혜가라는 이름을 지어주었다.

　　어느 날 혜가가 달마대사에게 마음이 불안하고 편하지 못하다고
하소연을 했다. 스승은 제자에게 그 마음을 가지고 오라고 말했다.
제자는 마음을 찾을 길이 없었다. 그러자 스승은 제자가 스스로 마음
을 찾을 수가 없음을 알게 함으로써 새삼스럽게 좋지 않은 것이 없음
을 깨닫게 했다.

55. 중국 선을 꽃피운 혜능대사

"변방의 오랑캐가 어찌 감히 부처가 될 마음을 낼 수 있느냐." "사람에게는 남북의 구별이 있을지라도 불성에는 남북의 차별이 없습니다."

달마대사로부터 홍인(弘忍)대사까지 명맥만 이어오던 중국 선에 새로운 발전의 계기를 제공한 이는 중국 선종의 제6조인 혜능(慧能)대사이다. 선종에서는 보통 중국의 6조 법맥을 중요시한다. 즉 달마(達磨), 혜가(慧可), 승찬(僧璨), 도신(道信), 홍인(弘忍), 혜능(慧能)이다. 달마대사 이후 홍인대사까지는 선종이 크게 갈라지지 않고 한 맥으로 이어나온다. 그러나 홍인대사 이후에 선종은 북종선(北宗禪)과 남종선(南宗禪)으로 갈라진다. 북종선 계열은 신수(神秀)대사를 홍인대사의 법맥을 잇는 이로 보고, 남종선 계열은 혜능대사를 홍인대사의 법맥을 잇는 이로 본다. 각기 자기 계열을 내세우기 위해서 북종선의 신수대사 계열은 《능가인법기(楞伽人法記)》와 《능가사자기(楞伽師資記)》라는 책을 만들고, 남종선의 혜능대사 계열은 《역대법보기(歷代法寶記)》와 《보림전(寶林傳)》을 만들었다. 우리는 북종선이나 남종선의 내용에 대해서 자세히 살피지 않으려고 한다. 단지 혜능대사를 중심으로 해서 그 이전과 이후의 선종계의 분위기가 크게 바뀌기 때문에 혜능대사에 대해서 알아볼 필요가 있다. 혜능대사로부터 중국선의 5가7종(五家七宗)이라는 큰 줄기가 생겼고 우리 나라 선종의 법맥도 혜능대사로부터 나온 것으로 되어 있다.

신수대사나 혜능대사가 살아 있을 당시에는 신수대사를 중심으로 모인 사람들이 단연 우세했다. 달마대사나 혜가대사가 《능가경》에 많이 의지했듯이 신수대사도 《능가경》《화엄경》에 주로 의지했다. 반면에 혜능대사는 《금강경》에 의지했다. 당시 상황으로 봐서는 혜능대사의 영향력은 신수대사의 그것에 비해서 크지 않았다. 그러나 정치의 변화가 선종의 정통성의 흐름도 바꾸어놓았다. 신수대사가 생존할 당시에는 한 때 비구니 처소에서 수도생활을 하다가 당 고종의 눈에 들어 환속한 측천무후(則天武后)가 정권을 잡고 있었다. 측천무후는 많은 정적을 물리치고 정권을 잡은 다음에는 스스로 황제가 되고 나라 이름도 당(唐)에서 주(周)로 바꾼다. 측천무후는 정권의 정통성을 인정받기 위해서 불교를 이용한다. 신수대사의 북종선 계열은 측천무후의 정권에 정통성을 인정해주고 왕실은 신수대사를 선종의 정통 법맥으로 인정했다. 정치적인 거래를 한 셈이다. 그러나 세월은 바뀌고 정치적인 변화가 왔다. 측천무후시대가 끝나고 새로운 왕이 들어섰다. 안록산의 난이 일어나는 등 국가의 재정이 어려울 때 혜능대사의 계열에 속한 하택 신회(荷澤神會)가 자금을 모아서 나라를 도왔다. 나라에서도 당연히 혜능 계통의 선종을 돕는 보답이 있었을 것이다. 하택 신회 당대에는 아니지만 뒷날 국가는 혜능대사를 중국 선종의 제6조로 확정하게 되었다.

신수대사와 혜능대사 당시에는 지금의 《육조단경》이 묘사하는 것과 같은 갈등이 없었을 것이다. 신수대사 계열에서 기록한 《능가사자기》에는 양쪽 계열간의 갈등을 나타내는 표현이 없다. 그러나 양쪽 계열의 제자들은 자기들의 스승을 정통으로 만들고 싶었을 것이다. 특히 방계 취급을 받아온 혜능 계열은 정통성에 대한 필요를 더 느꼈을 것이다. 그래서 《육조단경》에는 무리하게 극적인 장면을 만든다. 홍인대사, 신수대사, 혜능대사가 일대의 도인이라면 게송으로 깨달은 도를 시험하는 일이라든지 스승이 전해준 가사와 발우를 제자들이 깡패처럼 완력으로 탈취하려고 하는 일은 없을 것이다. 그같은 이야기는 후세의 제자들이 만들어낸 것이라고 짐작된다.

현재 한국불교의 선종은 중국이나 일본의 선종과 마찬가지로 근본 뿌리를 혜능대사에게서 찾고 있다. 혜능대사의 법문은《육조단경》에 전해지고 있다.《육조단경》에 의해서 혜능대사의 가르침을 짐작하는 수밖에 없다.《육조단경》도 여러 가지 이본이 있지만, 우리는 전문적인 학자가 아니므로 판본의 차이에 의해 내용에 약간의 다름이 있다고 해서 크게 신경쓸 것이 없다. 이 책은 혜능대사가 소주의 대범사에 있을 때 설법한 내용을 제자 법해(法海)가 기록해 모은 것이다.

혜능대사는 본래 땔나무를 팔아서 사는 사람이었다. 어느 날《금강경》읽는 소리를 듣고 깊이 느낀 바가 있어서 선종의 제5조 홍인대사에게 출가하게 된다. 홍인대사는 출가하겠다고 온 나무꾼에게 '변방의 오랑캐가 어찌 감히 부처가 될 마음을 낼 수 있느냐'는 물음으로 혜능대사의 마음을 떠본다. 그러자 혜능행자는 '사람에게는 남북의 구별이 있을지라도 불성에는 남북의 차별이 없습니다'라고 대답해서 홍인대사로부터 강한 주목을 받는다. 그때부터 혜능행자는 방앗간에서 방아찧는 일을 계속한다. 한편 홍인대사는 제자들에게 자신들의 깨달은 바를 게송으로 적어서 제출하라고 한다. 그리고 그 게송이 참으로 마음자리를 투철하게 본 경지를 나타낸다면 그 게송을 지은 이에게 선종 제6조로서의 자리를 인정해주겠다고 한다. 그 당시 홍인대사의 문하에는 천 명이 넘는 제자가 있었지만 신수대사가 가장 뛰어났다. 그래서 다른 제자들은 당연히 그 법통은 신수대사가 이을 것으로 생각했다. 그래서 아예 시를 쓰려고 마음을 내지도 않았다. 신수대사는 자신이 게송을 써서 내야 할 입장이라는 것을 느끼면서도 다른 한편으로는 겁이 났다. 만약 자신이 쓴 시가 스승님을 실망시킬 수도 있다는 것을 생각할 때 너무 부담스러웠다. 그래서 신수대사는 자신의 시를 직접 스승에게 올리기보다는 일단 작자를 밝히지 않고 벽에 써 붙인 후 반응이 좋으면 자신의 이름을 밝히기로 꾀를 내었다.

신수대사의 시는 이러했다. 이 시는 선을 공부하는 사람이면 대부분 외우고 있을 정도로 유명하기 때문에 한문까지 적는다.

신시보리수(身是菩提樹) 심여명경대(心如明鏡臺)
시시근불식(時時勤拂拭) 물사야진애(勿使惹塵埃)

몸은 보리지혜의 나무요
마음은 밝은 거울의 받침대이다.
항상 깨끗하게 털고 닦아서
몸과 마음이 더럽혀지지 않도록 하리라.

홍인대사는 신수대사가 아직 마음자리를 보지 못한 것을 알았다. 그러나 대중들에게는 신수대사의 시를 찬탄하며 그것을 대중들이 외우면서 마음을 닦도록 했다. 그렇지만 신수대사를 직접 불러서는 신수의 시가 아직 부족하다고 일러주었다. 그리고 다시 한번 시를 써보라고 말했다.

방앗간에서 방아만 찧던 혜능행자는 다른 행자들이 신수대사의 시를 읽는 소리를 들었다. 그리고는 즉각 그 시의 전체 의미를 파악했다. 혜능행자는 다른 선승에게 자신이 지은 시를 적어달라고 부탁했다. 혜능대사가 글을 읽거나 쓰지 못하기 때문에 입으로만 외우고 그것을 벽에 적게 한 것이다. 그 내용은 이렇다.

보리본무수(菩提本無樹) 명경역비대(明鏡亦非臺)
본래무일물(本來無一物) 하처야진애(何處惹塵埃)

깨달음의 지혜에 본래 나무같은 것은 없고

밝은 거울 역시 받침대가 아니다.
본래 한 물건도 없는데
어디서 먼지를 찾을 것인가.

　이 게송을 보고 승속을 막론하고 모두 감동했다. 행자의 몸으로 나타난 보살을 몰라보고 일을 시킨 것에 대해서 죄송해했다. 5조 홍인대사는 그 사태를 보고 사람들이 혜능대사를 질투하고 해칠까 걱정했다. 깊은 밤에 혜능대사를 방으로 불러들여서 《금강경》을 설해주었다. '응무소주(應無所住) 이생기심(而生其心)' 즉, 머무는 바 없이 마음을 낸다는 대목에 이르러서 혜능대사는 크게 깨쳤다. 혜능대사는 본래부터 나지도 죽지도 않는 청정한 본성에 대해서 깨달은 바를 스승에게 사뢰고 홍인대사로부터 선종 제6조로서의 법통을 받았다. 그 증표로 가사와 발우도 받았다. 혜능을 해칠까 염려한 홍인대사는 혜능에게 남쪽으로 가서 5년 동안은 설법하지 말고 숨어서 더 닦는 데 전념하라고 타일렀다.
　물려받은 발우를 가지고 산문을 떠날 때 그것을 빼앗기 위해서 혜능대사를 쫓던 사람이 오히려 혜능대사의 제자가 되기를 청했다. 이 때에 혜능대사는 유명한 첫번째 가르침을 편다. 바로 '불사선(不思善) 불사악(不思惡)하라' 즉, 선도 생각하지 말고 악도 생각하지 말라는 말씀이다. 선과 악은 상대적인 분별심에 불과하기 때문에 선에 치우쳐서 악을 미워하지도 말고 그렇다고 악을 저지르지도 말라는 뜻이다. 세상에는 선이라는 목표를 명분으로 앞세우고 엄청난 악을 두려움 없이 저지르는 사람들이 많다. 사람을 많이 죽인 히틀러도 선의 명분이 있었다. 현재에도 선이라는 이름으로 많은 악이 저질러지고 있다. 혜능대사는 자신이 물려받은 발우를 빼앗으러 왔다가 도의 힘에 눌려서 성공하지 못하자 잘못했다고 비는 사람에게 선과 악의 어느 쪽에도 매달리지 말라고 가르쳤다.

혜능대사는 조계산(曹溪山)에 도착했지만 악인들에게 쫓겨서 5년
동안 사냥꾼들과 같이 살면서 불법을 전했다. 혜능대사가 인종법사
의《열반경》강의로 유명한 법성사를 찾아가니 마침 두 승려가 펄럭
이는 깃발 앞에서 서로 자기 주장을 내세우며 다투고 있었다. 한 사
람은 깃발이 움직인다고 하고 다른 한 사람은 바람이 움직인다고 했
다. 그때 혜능대사가 '깃발이 움직이거나 바람이 움직이는 것이 아니
라 당신들 마음이 스스로 움직이는 것이다'라고 말했다.《열반경》을
가르치던 인종법사는 이 말을 듣고 깜짝 놀랐다. 혜능대사의 사고는
불교의 공사상과 유식사상에 있어서 양 극단을 자유자재로 넘나들었
다. 신수대사의 시와 겨룰 때는 철저한 본래무일물의 공사상의 입장
을 취하는가 하면 여기 깃발의 움직임에 대해서 풀이할 때는 철저한
일체유심조(一切唯心造)의 입장에 선 것이다. 혜능대사의 일대기가
하나의 극적인 화두(話頭)가 된다.

56. 육조 혜능의 선사상

동방에 있어도 마음을 깨치면 정토요 서방에 있어
도 악을 행하면 지옥이다. 서방정토와 현실정토의
차이는 지혜와 근기의 차이일 뿐이다.

《육조단경(六祖壇經)》에 의지해서 우리는 혜능대사의 가르침을 접
할 수 있다. 혜능대사의 선사상으로는 불성(佛性)사상, 《금강경》 및
반야사상 신봉, 몰록 깨닫는 돈오(頓悟)의 입장, 선정과 지혜의 쌍수
(雙修), 처처에서 참선하는 것, 참선하는데 승속이 없다는 것, 마음을
정토로 삼고 자성을 아미타부처님으로 삼는 것 그리고 철저한 무집
착의 입장 등이다.

혜능대사의 불성관(佛性觀)은 처음에 홍인대사를 대면해서 문답하
는 중에 나타난다. 홍인대사가 남방의 오랑캐가 어떻게 부처가 되고
자 하느냐고 묻자 혜능대사는 사람은 남북이 있지만 어찌 불성에도
남북이 있느냐고 반문해서 홍인대사의 마음을 끌었다. 혜능대사는
《금강경》 읽는 소리를 듣고 출가했을 뿐만 아니라 홍인대사의 《금강
경》 교설을 듣고 깨침을 얻었다. 그리고 《육조단경》의 법문 가운데
는 《금강경》이 아니라 마하반야바라밀이라는 주제로 공사상에 대해
서 설한다. 그렇다면 혜능대사는 《금강경》을 비롯한 반야부경전 일
반을 중요시했다고 할 수 있다. 또 혜능대사가 출가해서 방아를 찧기
시작한지 8개월 정도만에 수십 년 공부한 신수대사를 능가하는 깨달
음을 얻었다고 하는 이야기는 혜능대사의 돈오적 입장을 말해준다.
또 출가와 재가도 크게 구별하지 않는다. 혜능대사가 남방으로 가서

조계산에 들어갔지만 악인들에게 쫓겨서 5년 동안 사냥꾼들과 생활을 같이했다. 사냥꾼들에게 불교에 대해서 이야기를 해주었다고는 하지만 그들과 같이 생활을 했으니 속가생활과 다름이 없었다. 혜능대사에게는 참선공부하는데 있어서 승속이 문제가 되지 않은 것이다.

《육조단경》의 내용들 속에는 모든 곳에서 선의 지혜가 번뜩이지만, 특히 서방정토를 선의 입장에서 풀이하는데 혜능대사의 기본적인 관점과 지혜의 빛을 엿볼 수 있다. 혜능대사가 제자의 청을 받고 유심정토(唯心淨土) 자성미타(自性彌陀)에 대해서 설명한다.

세존께서 사위성에 계실 때 서방정토에 대한 방편 설법을 하셨느니라. 경전의 글월은 분명히 '정토는 여기서 멀지 않다'고 했느니라. 그 양상을 말하고 거리를 말하면 10만8천이라는 숫자가 나오지만, 그것을 몸에 비유하여 설명한다면 10악과 여덟 가지 죄목이다. 서방정토가 멀다는 것은 근기가 낮은 사람에게 한 말이요 가깝다는 것은 지혜로운 이를 위해서 한 말이다. 사람의 근기에 따라서 헤매든가 깨닫는가의 차이가 있을 뿐 깨닫는 그 자체에 늦고 빠름은 없다. 헤매는 사람은 염불해서 서방정토에 태어나기를 바라지만 깨달은 사람은 마음을 맑게 가꾼다. 그래서 부처님은 말씀하셨다. '마음이 청정하면 국토가 청정해진다'고 말이다. 동방 사람이라도 마음이 청정하면 죄가 없고 서방 사람이라도 마음이 청정하지 못하면 죄가 있다. 어리석은 이는 자기 자신 속의 정토를 깨닫지 못하고 동쪽 서쪽을 찾지만 깨달은 이는 어디 있더라도 마찬가지로 정토가 된다. 그러므로 부처님은 말씀하셨다. '자기가 있는 그대로의 장소에서 항상 편안하고 즐겁다'고 말이다. 일념으로 자기 본성에 눈뜨고 언제나 순수한 마음을 유지한다면 정토에 도달하기는 손가락 튀기기와 같은 짧은 시간이고 단번에 아미타부처님을 친견하게 된다.

여기서 혜능대사는 서방정토(西方淨土)를 현실의 정토로 풀이한
다. 서방으로 향한 10만8천리에서 10만리는 10악을 10선으로 만드는
것이요 8천리는 8사도(八邪道)를 8정도(八正道)로 만드는 것이다.
서방정토와 현실정토의 차이는 지혜와 근기가 저열하냐 수승하냐의
차이라고 한다. 또 깨닫는데 있어서 돈점(頓漸) 즉, 빠르고 느림이 따
로 있는 것이 아니라 근기의 차이가 있을 뿐이라는 것이다. 동방에
있어도 마음을 깨치면 정토요 서방에 있어도 악을 행하면 지옥이다.
혜능대사는 《유마경》에 나오는 '마음이 청정하면 국토가 청정하다'
는 말씀을 인용하기도 한다.

혜능대사는 또 지금 당장 서방정토를 보여주겠다고 말하고는 우리
의 몸을 정토국의 성에 비유한다. 다섯 가지 감각기관은 정토국이라
는 성의 바깥문이 되고 마음은 안쪽문이 된다. 마음은 국토가 되고
본성은 국왕이 된다. 자기 본성을 헤매게 되면 중생이고 깨달으면 부
처가 된다. 청정함은 석가불이요 솔직함은 아미타불이다. 헤매는 마
음은 뱀이고 허망함은 귀신이다. 자만심은 수미산이고 탐심과 성냄
은 지옥이다. 혜능대사는 서방정토뿐만 아니라 불교 일반에서 말하
는 추상적인 내용들을 모두 현실의 마음에서 일어나는 작용으로 풀
어서 배대한다. 이런 입장을 흔히 유심정토 자성미타 즉, 마음이 바
로 서방정토이고 자성이 바로 아미타부처님이라고 말하지만, 서방정
토뿐만 아니라 현실의 모든 것을 다 마음과 본성의 문제로 이월시켜
서 풀이하는 것이 혜능대사의 선사상이다. 여기서 혜능대사의 관점
이 다 나타난다.

혜능대사는 또한 마음의 본성과 선악을 좌선과 관련시켜서 풀이한
다.

좌선은 마음에 집착하는 것도 아니고 청정에 집착하는 것도 아니다.
또한 마음의 흔들리지 않음도 아니다. 본래부터 생각이 없다면 그대로

청정하다. 마음을 일으켜 청정이란 것에 사로잡히면 도리어 청정이라는 망념이 생기게 된다. 망념이란 그 근거가 없는데 그것에 사로잡히는 자체가 망념이고, 청정이란 모습이 없는데 부질없이 청정이란 모습을 내걸면 그것이 망념이 된다. 한편의 집착은 자기의 본성을 훼방함으로써 오히려 청정이라는 것에 묶이게 된다. 사람들의 선악이나 시비를 가리지 않는 것이 부동이다. 그러나 자기 본성을 알아차리지 못하는 사람은 몸이 부동일지라도 시비 장단에 휘말리게 되므로 이미 정도를 벗어나고 만다.

발우를 빼앗으러 온 사람에게 가르쳐준 '선도 생각하지 말고 악도 생각하지 말라'는 말이 보다 자세히 풀이되었다. 기본적으로 좌선이란 마음의 청정이나 부동(不動)에 집착하지 않는 것이다. 청정에 끄달리면 망념을 분별하게 되고 망념을 따지다보면 선악 시비를 가리게 된다. 결과적으로 마음은 흔들리게 되고 지혜와는 점점 더 멀어진다. 또 청정이라는 것에 사로잡히면 청정이라는 간판의 집착이 생기고 그 집착은 망념이 된다. 집착은 그 성질상 편파적일 수밖에 없기 때문에 청정의 반대인 망념을 가리게 되고 결과적으로 시비에 흔들리게 된다.

요즘에 어린이들을 위한 만화나 비디오가 많이 나오는데 그 만화나 비디오의 특징은 초능력을 가진 슈퍼맨이 주인공으로 나오는 것이다. 그 슈퍼맨은 항상 정의의 편에 서서 악을 물리친다. 어린이들은 슈퍼맨의 편으로 마음이 빠져들게 된다. 어린이가 슈퍼맨을 동경하고 정의의 편을 드는 것까지는 좋다. 그런데 슈퍼맨은 악을 물리치기 위해서 온갖 폭력을 다 쓴다. 정의라는 명분하에서는 폭력이 정당화된다. 정의의 사자 슈퍼맨과 입장을 같이하던 어린이들은 어느새 정의라는 이름 아래서는 어떤 폭력의 악도 허용된다는 생각을 갖게 된다. 어린이들의 마음이 폭력에 물든다는 것이다.

좌선을 할 때 청정이나 선을 찾는 것도 마찬가지이다. 현실은 항상 악적인 요소가 많다. 좌선할 때 청정만을 찾고 악이 무시되면 현실의 자기 자신이 무시되고, 그렇게 되면 그 좌선의 청정은 현실을 떠난 추상적인 것이 된다. 또 청정이라는 간판으로 악을 무시하고 미워하다보면 현실이라는 악을 함부로 대하고 그것을 정당하게 생각한다. 마음의 고요 속에서 지혜를 얻기 위한 참선이 오히려 악에 끌려다니는 상황으로 흘러가게 되는 것이다. 그래서 청정을 얻고 망념을 물리치고자 하면 청정이나 망념에 대한 분별심을 떠나야 한다. 청정을 구하지 않음으로써 청정과 망념이 사라진 청정을 얻고, 고요를 구하지 않음으로써 소요 속에서 고요를 얻게 된다. 그래서 혜능대사는 무념(無念), 무상(無相), 무주(無住)를 표방한다. 사물을 생각하고 형상의 세계에 살고 형상에 머무르면서도 형상에 집착하지 않는 자세를 의미한다.

혜능대사는 또한 선정과 지혜를 하나로 묶어서 닦는 정혜쌍수(定慧雙修)를 가르친다. '선정은 바로 지혜의 본체요 지혜는 바로 선정의 작용'이라고 한다. 남에게 배워서 아는 것은 지식이다. 지식은 남의 살림이다. 자기 속에서 스스로 깨닫는 것이 지혜다. 이 지혜만이 진정으로 자기의 살림이 된다. 지혜는 선정 속에서 나온다. 선정 그 자체가 지혜이고 지혜는 선정의 형태를 띠게 된다.

혜능대사는 참선을 하는데 있어서 좌선만을 고집하지 않는다. 좌선만을 고집하는 것은 목석에 영혼이 없는 것과 같다고 한다. 혜능대사는 '만약 앉아서 움직이지 않음이 바른 것이라고 한다면 사리불이 숲속에서 좌선하고 있을 때 유마거사로부터 면박을 당하지 않았을 것이다'라고 말한다. 《유마경》에 나오는 내용을 인용한 것이다. 혜능대사는 언제 어느 때를 가리지 않고 삼매에 들어야 한다고 말한다. 걷거나 앉거나 눕거나를 가리지 않고 항상 흐트러지지 않는 언행과 생각이 유지되어야 한다는 것이다.

공안에 나타난 선의
기본입장

무자의 많은 의미 가운데 하나는 지금까지의 자기를 지우라
는 것이다. 중생의 행동습관으로부터 불 · 보살의 행동습관으
로 바꾸라는 말이다. 업의 나를 죽이고 새로 태어나라는 말이
다.   (조주의 무)

선에서는 공안으로 부처님의 침묵, 용수보살의 변증법, 구마
라집의 묘사상, 천태의 불가사의사상을 상식을 벗어난 논리로
나타내려고 한다.   (공안)

남전화상의 평상심은 나를 지운 후에 얻어지는 나에게서 나
오는 마음이다. 작은 나를 지웠기 때문에 나는 나에게만 있는
것이 아니라 곳곳에 다 있다. 모든 곳에 다 있는 나는 모든 곳
이 다 좋은 곳이다.   (날마다 좋은 날)

5욕락이라는 산에 오르는 것은 등산을 즐기기 위해서이다. 높
은 산에 올라가면 남보다 더 높아지고 더 신성해지기 때문이
아니다. 그러나 참선을 하는 것은 금으로 된 나라에 다이아몬
드로 된 성을 지으려고 하는 것이 아니다.   (신성의 부정)

선의 가르침은 동문서답식이다. 언어를 통해서 가르침을 전하
려 하지 않는다. 오히려 생각의 흐름을 차단하는 말을 사용하
면서 마음과 마음의 교신선을 찾으려고 한다.   (이심전심)

한 송이의 꽃이 있을 경우 선에서는 무라고 말할 것이다. 그
런데 그것은 꽃이 없다는 말이 아니다. 땅에 뿌려진 꽃씨가
발아를 하고 자라서 꽃을 피우고 꽃잎이 떨어지는 중간의 과
정에 있다는 뜻이다.   (판단중지의 큰 휴식)

내가 쉬고 욕망과 분노의 불이 꺼지면 내가 고요의 어둠이 되
고 고요의 어둠이 내가 된다. 내 쪽에서 불이 꺼지면 세상에
있는 모든 불빛이 밝아 보인다. 나와 어둠이 하나가 되고 나
와 불빛이 하나가 된다. 어둠도 무섭지 않고 빛에도 방해를
받지 않는다.   (구지화상의 하나)

57. 조주의 무

무자를 참구할 때 모든 생각의 길목이 다 끊어지고
막다른 골목에 이른듯이 해야 한다. 온몸과 마음에
의문을 일으키되 뜨거운 쇳덩이를…

선사상에 있어서 대단히 중요한 것 가운데 하나는 무(無)자이다. 중국 선종의 초조(初祖) 달마대사로부터 6조 혜능대사에 이르기까지는 참선하는 이들이 부처님의 경전 가르침에 대해서 무시하는 일이 없이 순수하게 실천을 중시하였다. 그러나 혜능대사의 제자들에 이르러서부터는 선종의 분위기가 달라진다. 혜능대사 당대에는 선종이 크게 꽃피지 못했지만, 양성해놓은 제자들이 대대로 후예를 양성하면서 크게 발전했다. 이때부터는 부처님의 말씀을 곧이곧대로 따르는데서 한 걸음 더 나아가 자기 본성의 깨달음을 중시하는 태도가 싹텄다. 스승과 제자가 가르침을 주고받을 때 평상의 언어를 사용하지 않고 동문서답식의 대화를 나누었다. 뿐만 아니라 이상한 신체적 표정을 짓거나 몽둥이를 쓰고 또 큰 소리로 할(喝)을 하는 방법을 쓰기도 했다. 각 선사마다 제자들을 가르치는 독특한 방법에 의해서 각자의 독특한 선풍(禪風)이 생기고 그에 따라 다섯 종파로 나뉘어지게 되었다.

선종 종파들의 가풍이 각기 다르기는 하지만 어느 종파를 막론하고 그 밑바닥에 똑같이 흐르는 사상이 있다. 그것은 바로 없을 무(無)자 무사상(無思想)이다. 필자는 효봉스님이 입적하기 전에 먼발치에서 친견한 적이 있다. 스님께서는 항상 '무(無)라, 무(無)라' 하고 외치시곤 했다. 주무시다가도 '무라' 앉아 계시다가도 '무라' 모든 경우에 이 무자를 외우셨다. 그런데 많은 선사들이 없을 무자를 사용했지만, 가장 유명한 것은 조주(趙州)의 무자(無字)이다.

무문 혜개(無門慧開)가 조사스님들의 공안(公案) 48개를 초심자가 공부하기에 좋도록 배열한 《무문관(無門關)》에서 첫번째 공안으로 조주의 무가 나온다. 한 선승이 조주에게 '개에게도 불성(佛性)이 있습니까' 하고 물었다. 그러자 조주는 '무' 즉, 없다고 대답했다. 조주나 선승이나 모든 생물에게 불성 즉, 부처가 될 성품이 있다는 것을 이미 잘 알고 있었다. 그럼에도 불구하고 선승은 '개에게 불성이 있느냐'고 물었고, 조주는 '없다'고 대답한 것이다.

조주가 이 무자를 처음 쓴 것은 아니다. 혜능대사가 신수대사의 시에 응답한 게송에 '보리본무수(菩提本無樹)' 즉, 깨달음의 지혜에는 본래 나무가 없다든지 '본래무일물(本來無一物)' 즉, 본래 한 물건도 없다는 말이 나온다. 개에게 불성이 없다는 말은 이상하게 들리고 본래무일물이라는 말은 큰 저항이 없이 받아들이지만, 실은 본래무일물이라는 말도 개에게 불성이 없다는 말 못지 않게 충격적으로 부정하는 말이다. 중생세계에는 무엇이든지 있으며 한 물건도 없는 것이 아니기 때문이다.

그런데 이 무자는 혜능대사가 처음 쓴 것도 아니다. 반야부경전의 여러 곳에서 무자가 나온다. 《반야심경》에서는 '무안이비설신의(無眼耳鼻舌身意) 무색성향미촉법(無色聲香味觸法) 무안계(無眼界) 무의식계(無意識界)' 등 여러 개의 무자가 연이어 나온다. 그 뿐만이 아니다. 이 무자는 빌 공 (호)자도 된다. 빌 공자와 무자를 같은 말로 보게 되면 무자성(無自性), 무아(無我), 무상(無常), 무상(無相)이라는 말도 된다. 더 거슬러올라가면 모든 것이 상호 의존관계에 있기 때문에 불변의 실체가 있을 수 없다는 인연법을 뜻하기도 한다. 인연관계에 있기 때문에 불변의 동일체는 있을 수 없다는 말이 무자성, 무상, 무아, 공, 무로 나타난 것이다.

이 무자는 또한 마음과 관련된 배경도 있다. 세상의 모든 것은 모두가 그 진실한 모습과 관계없이 우리 중생의 마음이 지어서 보고 가격을 매겨서 본 것들이다. 이 무에 일체유심조의 의미가 담겨 있다.

그 뿐만이 아니다. 노자와 장자의 무도 있다. 노자의 무위(無爲) 즉, 함이 없음과 장자의 무한(無限)의 뜻도 조주의 무자 앞에 나와 있다.

그러나 조주의 무자를 인연법이나 무자성이나 무아나 공이나 일체유심조같은 것으로 뜻을 풀어서 해석하면 철퇴를 맞을 잘못을 범하게 된다. 이 무자는 이리저리 머리를 굴려서 터득할 수 있는 것이 아니고 바로 마음의 뿌리에 투철함으로써 체달해야 하는 것이다. 《무문관》에서 무문의 평창을 읽어보면 얼마나 진지하게 이 무자에 달려들어야 하는가를 짐작할 수 있다.

참선은 마음의 행로(行路)가 막다른 골목에 이르러야 하고 모든 마음의 길목이 끊어져야 한다. 그렇지 못하면 짚으로 만든 허수아비와 같이 되어버린다. 삼백육십 개의 골절과 팔만사천 개의 털구멍을 통해 온몸으로 의문을 일으켜 이 무자를 밤낮으로 참구하라. 허무하다는 의미에서의 무자를 생각하지도 말고, 있다 없다의 의미에서 무자를 생각하지도 말라.

생각을 다 끊고 이 무자를 참구할 때 모든 생각의 길목이 다 끊어지고 막다른 골목에 이른듯이 해야 한다. 온몸과 마음에 의문을 일으키되 뜨거운 쇳덩이를 먹었을 때 아무리 토하려고 해도 나오지 않는 상황이 되는 것과 같은 그러한 절박한 자세로 무자를 관하는데 임하라는 것이다. 뼈와 살 즉, 삼백육십 골절과 팔만사천 털구멍에 사무치도록 무자를 생각하라고 한다.

필자가 군부대를 방문한 적이 있었다. 그곳에는 대문짝만한 글씨로 '필생(必生)이면 필사(必死)요, 필사면 필생이다'라는 구절이 붙어 있었다. 반드시 살려고 하면 반드시 죽고 반드시 죽겠다고 달려들면 반드시 산다는 의미이다. 군대에서는 이 말을 전쟁에 임하는 자세로 해석할 것이므로 참선공부해서 생사를 벗어나는 방향과는 좀 다를 것이다. 그러나 죽어야 살아난다는 원리는 모든 곳에 다 통한다. 흔히 신세를 한탄할 때 팔자소관을 많이 들먹거린다. 그 팔자소관이라는 것을 보다 자세히 풀이한다면 몸과 마음으로 행동하는 습관이 되겠다.

우리의 목소리, 말씨, 걷는 모습, 표정 등은 본래부터 고정되어 있던 것이 아니다. 우리가 그렇게 행하도록 습관이 붙은 것이다. 배우들은 어떤 배역을 맡을 때 자신의 평소 행동습관을 버리고 극중인물의 캐릭터 즉, 행동습관이나 성격을 연기한다. 그렇다면 정신적 육체적 행동습관은 얼마든지 고칠 수 있는 것이다. 여기에서 무자는 지금까지의 자기를 지우는 것이다. 중생의 행동습관으로부터 불·보살의 행동습관으로 바꾸는 것은 쉽지 않다. 우리가 우리를 죽이고 새로 태어나기도 어렵지만, 배우들도 이미 굳어진 행동습관을 바꾸기가 무척 어렵다고 한다. 극중에서 억지로 다른 성격의 흉내를 내지만 촬영이나 공연이 끝나면 평소의 자기 습관으로 돌아간다고 한다.

스님들은 이런 말씀을 자주 하시곤 한다.

근본 마음자리가 바뀌어야 생각이 바뀌고, 생각이 바뀌어야 행동이 바뀌고, 행동이 바뀌어야 습관이 바뀌고, 습관이 바뀌어야 인격이 바뀌고, 인격이 바뀌어야 운명이 바뀐다.

우리의 운명을 바꾸려면 마음을 바꾸고 습관을 바꾸고 인격을 바꾸어야 한다는 것이다. 자신을 향해서 과감히 '무'라고 말할 수 있어야 한다는 말이다. 생각과 습관을 바꾸기가 어렵기 때문에 무자를 생각할 때, 지금의 자기를 죽일 때 삼백육십 개의 뼈와 팔만사천 개의 털구멍에 사무치게 하라는 것이다. 또 불에 달군 쇳덩이를 삼킨듯이 하라고 한다. 효봉스님께서 큰 소리로 '무'라 하고 외치신 것이 이해가 간다. 우리의 근본문제는 이 무자에서 판가름나게 되어 있다. 수행자에게 있어서 지금의 자기가 '있다'고 하는 것은 큰 위기이다. 그위기는 필연적으로 '없다'는 절대 긴장을 만날 수밖에 없지만, 이 무자가 나에게 쳐들어오기 이전에 내가 그 무자를 초대하는 것이다.

그런데 무자는 단순히 '없다'는 의미만 있는 것이 아니다. 여기에는 여러 가지 의미가 함축되어 있다. 우선 공이라는 말과 바꿔서 쓸수 있기 때문에 완전히 비어 있는 것과 함께 완전히 차 있는 것도 뜻하게 된다. 본래무일물이면서 동시에 본래일체법(本來一切法)이 되기도 한다. 온우주에 충만한 상태이다. 단순한 존재의 부정이 아니다. 그래서 경전에서는 부정을 할 때 한 가지만 부정하는 것이 아니라 부정되는 모든 것을 부정한다. 모양도 아니고, 모양을 지운 것도 아니며, 형상과 비형상을 모두 부정하는 것도 아니고, 형상과 비형상을 모두 인정하는 것도 아니라고 한다. 다 비움으로써 다 채워서 볼 수 있는 것이지 어떤 한 가지를 부정해서 볼 수 있는 것이 아니라는 것이다.

무자는 진여나 불성과도 같다. 우리는 흔히 '모든 중생에게 불성이 있다'고 말하지만, 불성이 있는 상태가 우리 중생들이 생각하는 식은 아닐 것이다. 어떤 금덩이가 있다든지 흰색과 대비한 검정색이 있다는 의미는 아니다. 유와 무 즉, 있고 없음을 뛰어넘어서 있다는 의미이다. 그래서 조주는 선승이 개에게 불성이 있느냐고 물었을 때 한 때는 '무'라고 했지만 다른 때에는 '개에게 불성이 있느냐'는 똑같은 물음에 대해서는 '유'라고 대답했다. 조주는 때에 따라 개에게 불성이 있다고도 말하고 없다고도 말한 것이다. 조주의 기분이나 변덕에 따라서 있다 없다는 대답이 달라진 것이 아니라 '무'라는 말이 있고 없음을 초월해 있는 것으로 보아야 할 것이다.

58. 공안의 특징

사물에 대한 개념이 서지 않으면 사람은 아무것도 말할 수 없다. 말의 머리채는 생각의 머리채요, 생각의 머리채는 말의 머리채가 된다.

선을 이야기하면 선문답이 떠오르고 선문답은 동문서답식의 대화를 의미하는 것처럼 되었다. 갖은 고생을 해서 선사스님들을 찾아가서 만나보면 전혀 엉뚱한 곳에서 질문을 하고 이쪽의 질문은 도저히 연결될 수 없는 내용으로 대답하는 경우가 많다. 공안(公案)과 화두(話頭)란 무엇인지, 공안의 형태는 어떤지, 왜 그같은 공안이 있을 수밖에 없는지 등에 대해서 궁금하다.

불자들은 부처님 말씀을 금과옥조(金科玉條)처럼 귀하게 여긴다. 마찬가지로 선승들은 선사들의 말씀과 행적에서 배운다. 제자들을 접견하는데 나타나는 조사스님들의 가르침과 기연들을 기록하고 그것으로부터 배우려고 한다. 많은 공안들은 송나라 때의 선승들이 당나라 때 선사들의 행적과 말을 이상화해서 기록하고 그것들을 잘 다듬어서 선수행자들의 공부자료로 편찬한 것이다. '공안'이라는 말은 공문서(公文書)의 결재안(決裁案)이라는 뜻에서 나왔다. 선사와 제자가 문답을 할 때 선사의 물음에 대해 바른 대답을 하면 선사가 그것을 옳다고 인가해주는데서부터 그 대답이 효력을 갖는다. 스승의 인가 또는 결재가 필요한 것이 관공서의 공문에 결재가 필요한 것과 같다는 의미에서 조사스님들의 선문답 기연을 공안이라고 부른다. 그런데 이 공안은 불법 수행에 있어서 공적인 원칙이다. 옛선사들이 보인 수행의 원칙이라는 의미에서 옛 고(古)자와 법 칙(則)자를 써서 고칙(古則)이라고 부르기도 한다. 그래서 어떤 공안을 인용할 때 《무문관(無門關)》 1칙이니 《벽암록(碧巖綠)》 2칙이니 하는 표현을 쓴다.

'화두'라는 말에서 화(話)자가 나타내는 말씀은 보통의 말씀이 아니라 생사의 길을 가르고 영원의 생명을 보여주는 중요한 말씀이다. 두(頭)는 머리로서, 화두란 말씀의 머리채라는 뜻이다. 말은 생각이 있어야 나오고, 생각은 말이 있어야 할 수 있다. 어떤 사물에 대한 확실한 개념이 서지 않으면 사람은 아무것에 대해서도 말할 수 없다. 그래서 말의 머리채는 생각의 머리채요, 생각의 머리채는 말의 머리채가 된다. 공안은 생각의 머리채를 잡는데 이용된다는 의미에서 화두라고도 부른다. 공안과 화두는 결과적으로 같은 내용을 지칭하는 것이지만, 두 용어를 만들게 된 발상은 다르다.

그렇다면 공안의 형태를 보도록 하자. 제자가 '참다운 마음의 휴식처는 무엇입니까'라고 묻는다. 스승은 '알려주면 휴식하지 않는다'라고 대답한다. 제자가 묻는다. '근본으로 돌아가면 깨달음을 얻는다는 것은 무슨 뜻입니까.' 스승이 대답한다. '자네에게 대답하면 바로 그 근본에 어긋나게 되네.' 제자가 물었다. '석가세존 한 분만이 선지식이라고 하는 것은 어떻습니까.' 스승이 대답했다. '악마의 소리다.' 제자가 물었다. '전혀 부끄러워하는 마음이 없는 인간이란 어떤 사람입니까.' 스승이 대답한다. '인간은 모두 불가사의를 지니고 있다.' 제자가 묻는다. '비로자나불의 스승은 누구입니까.' 스승이 대답했다. '비로자나불 자신이야.' 제자가 물었다. '어떤 것이 부처입니까.' 스승이 대답한다. '마음도 아니고 부처도 아니니라.' 스승이 대중에게 일렀다. '그대들에게 주장자가 있으면 내가 주장자를 주고 없으면 내가 그대들의 주장자를 빼앗으리라.'

스토리가 있고 재미있는 공안도 많이 있지만, 여기서는 공안의 비논리적인 면을 강조하느라고 일부러 역설적인 면이 두드러지는 것들을 골라서 몇 개만 대표적으로 예를 들었다. 이 공안의 역설적 형태를 보자.

갑(甲)은 거짓되기 때문에 진실하다.
의미가 없으므로 의미가 있다.
알 수 없으므로 알 수 있다.
관계가 없으므로 관계가 있다.
받아들일 수 없으므로 받아들일 만하다.

여기서 우리는 질문이 생긴다. 왜 화두는 이처럼 말이 안되는 이야기로 꾸며져야 하는가 하는 물음이다.

이 물음에 답하기 위해서는 부처님의 침묵과 용수보살의 변증법, 그리고 구마라집의 묘사상을 다시 한번 상기해야 하겠다. 만동자가 부처님에게 이 세계의 시간적 공간적 시작과 끝 등에 대해서 여쭈었을 때 부처님은 침묵으로 대답을 피하셨다. 첫째는 묻는 사람의 질문에 문제가 있기 때문에 만약 그냥 답변하면 질문자의 문제점을 인정하는 셈이 된다. 부처님의 입장은 무아(無我)의 입장이고 유심론(唯心論)의 입장이다. 그런데 세계의 시작과 끝을 이야기하는 것 자체가 세계에 어떤 실체가 있다는 것을 인정하는 셈이 된다. 둘째는 언어의 한계와 언어에 대한 불신이다. 인간은 언어의 개념을 통해서만 어떤 설명을 이해할 수 있다. 설사 질문자가 잘못 물었다고 하더라도 설명해주는 사람이 바른 질문을 만들어서 대답할 수도 있다. 그러나 부처님은 언어로 존재의 실상을 설명한다는 것이 불가능하고 설사 설명한다고 하더라도 인간이 언어를 통해서 받아들일 수 있는 것은 극히 제한되어 있다고 생각했던 것이다.

부처님은 침묵으로 언어의 한계를 지적했지만, 용수보살은 변증법을 써서 부처님의 입장을 논리적으로 옹호했다. 네 가지 구절의 부정으로 실체적 사고에 입각한 질문자에게 문제가 있다는 것을 드러내 보이려고 했다. 가령 땔감과 불이 있다고 할 경우 그 두 가지는 같은가 다른가, 같기도 하고 다르기도 한가 같지도 않고 다르지도 않은가 등의 질문이다. 만약에 땔감과 불이 같다고 하면 땔감이 있는 모든 곳에 불이 있어야 하고 다르다고 하면 땔감이 없어도 불이 존재할 수 있어야 한다는 식의 논리이다. 용수보살의 취지는 땔감과 불이 같은가 다른가를 따지려고 하는 것이 아니라 상대의 실체가 있다는 생각이나 언어로 존재의 실상을 표현할 수 있다는 착각을 부수는데 있었던 것이다.

구마라집은 부처님의 침묵과 용수보살의 변증법을 묘할 묘(妙)자를 써서 표현했다. 그래서 《법화경》을 번역할 때도 《법화경》의 원어에는 있지도 않은 묘자를 넣어서 《묘법연화경(妙法蓮華經)》이라고 번역했다. 천태대사는 이 묘자를 부각시켜서 역사적인 부처님의 활동에 10묘(十妙)를 붙이고 본래부처님의 활동에 다시 10묘를 붙여서 해석했다. 그 묘자는 불가사의하다는 것, 언어로 어떻게 표현할 수도 없고 언어로 전달할 수도 없다는 것을 뜻한다.

선의 공안에서는 부처님의 침묵, 용수보살의 변증법, 구마라집의 묘사상, 천태의 불가사의사상을 상식을 벗어난 논리로 나타내려고 한다. 제자가 '참다운 마음의 휴식처는 무엇이냐'고 물을 때 스승은 '알려주면 휴식하지 않는다'라고 대답한다. 또 제자가 '근본으로 돌아가면 깨달음을 얻는다는 것은 무슨 뜻입니까' 하고 물을 때 스승은 '자네에게 대답하면 바로 그 근본에 어긋나게 되네'라고 말해준다. 아무리 맛있는 음식이라도 입에 넣었던 것을 뱉어놓으면 먹을 마음이 생기기는 커녕 구역질이 올라온다. 스승은 제자에게 알려주고 싶지만 자신이 씹은 것은 이미 제자가 먹을 수 없는 것임을 안다. 안타까운 스승은 제자에게 보일락말락한 문제풀이의 단서만 제공한다.

스승은 제자에게 알려주는 듯하지만 알려준 것을 꼬집어서 말할 수도 없고 알려준 것이 아무것도 없는 것같지만 무엇인가 전해진 것이 남는 듯하다. 《무문관》에서는 불에 달군 쇠구슬을 삼킨 것처럼 정신을 바짝 차리고 모든 뼈마디와 모든 털끝에 사무치도록 화두를 참구하라고 가르친다. 또 부처를 만나면 부처를 치고 조사를 만나면 조사를 치는 심정으로 오직 자신의 본성에 의지해서 자신의 본성을 밝히기 위해 파고들라고 한다. 자신의 본성자리 그 하나에서 만법을 보고 만법을 그 하나에서 보아야 한다.

화두를 들고 참선하는 것은 마음바닥으로 직진해들어가기 위해서이다. 언어와 사량분별(思量分別)을 피하기 위해서 화두라는 격외(格外)의 이야기를 만들었는데, 그것을 문자로 풀려고 하면 화두를 드는 본래 취지와 크게 어긋난다. 그래서 서산대사는 《선가귀감》에서 화두를 들 때 주의해야 할 열 가지 금기사항을 일러준다.

열 가지 병통 또는 금기사항의 기본은 사량분별을 의지하면 안된다는 내용이지만, 서산대사는 열이라는 숫자에 맞추어서 풀어놓았다. 화두를 들 때 그것을 꾀로 헤아리지 않아야 한다. 오직 화두에만 집중하고 눈길과 마음을 바깥 경계에 빼앗기면 안된다. 화두에 나오는 말길을 따라가서 살림을 차리면 안된다. 화두의 이야기를 따라가서 그럴 듯한 이야기를 붙여서 풀이하지 말라는 뜻이다. 어떤 경론에서 끌어다가 근거를 대서 화두를 풀려고 하거나 의문에 대해서 직접적으로 답을 만들려고 하지 않아야 한다. 답을 만들지 않는다고 해서 문제를 풀려고 하지 않고 멍하니 있어도 안된다. 인간의 한계와 문제는 있다 없다에 대한 집착이다. 유무로 판단하려고 하거나 참으로 없다는 것으로 판단하려고 해서도 안된다. 어떤 논리나 이치나 도리를 끌어다 써서도 안되고 신비스러운 깨침의 경지를 기대해서도 안된다.

간화(看話)에 나타나기 쉬운 열 가지 병통을 《선가귀감》에 나오는 한문 그대로 써보고, 더 좋은 번역을 생각해보자.

1. 의근하복탁(意根下卜度)
2. 양미순목처타근(揚眉瞬目處垜根)
3. 어로상작활계(語路上作活計)
4. 문자중인증(文字中引證)
5. 거기처승당(擧起處承當)
6. 양재무사갑리(颺在無事匣裡)
7. 작유무회(作有無會)
8. 작진무회(作眞無會)
9. 작도리회(作道理會)
10. 장미대오(將迷待悟)

59. 좋은 날은 어디에

우주 전체의 입장에서 보면 북풍의 찬 바람이나 남풍의 따뜻한 바람, 밤의 어둠이나 낮의 밝음이 모두 우주의 생활일 뿐이다.

우리 인간은 인연관계 속에서만 살 수 있음에도 불구하고 그 관계를 잊어버리고 나를 세상과 분리시킨다. 외톨이가 된 나는 나라는 에고(ego) 관념의 울타리에 갇혀버린다. 작은 나는 나를 중심으로 온갖 설계를 다 꾸미지만 그것은 영원히 충족될 수가 없다. 갈등 속의 인간은 인간을 제대로 살지 못한데 대한 죄책감과 좌절을 맛보게 된다.

고등학교 3학년 학생을 예로 들어보자. 뇌를 짜는듯이 공부를 하려고 하면 놀고 싶은 생각이 난다. 제대로 공부가 되지 않는다. 공부를 던져버리고 놀기로 작정하지만 노는 일도 마음대로 되지 않는다. 대학 갈 일이 걱정된다. 같은 동기동창의 친구들이 대학입학에 의해서 신분이 갈라지는 것을 생각하니 놀기가 괴로워진다. 제대로 공부할 수도 없고 제대로 놀 수도 없다.

고등학교 3학년 학생의 공부만 그런 것이 아니다. 인간간의 관계를 비롯해서 모든 일이 다 그렇다. 이 세상에서 나는 어머니의 아들이요 아내의 남편이다. 어머니와 아내가 사이가 좋은 듯하면서도 꼭 그렇지 않을 수도 있다. 어머니 말을 듣고 어머니를 따르다보면 아내가 걱정이 되고 아내를 따르다보면 어머니가 걱정이 된다. 제대로 아들 노릇도 할 수 없고 남편 노릇도 할 수 없다. 이쪽에 오면 저쪽이 걱정이고 저쪽에 가면 이쪽이 걱정이 된다. 이것을 취하자니 저것이 아깝고 저것을 취하자니 이것이 아깝다. 이러한 우리의 처지에서 선은 무엇을 가르쳐 주는가.

'일일시호일(日日是好日)' 즉, 날마다 좋은 날이라는 공안은 바로 이 문제를 다룬다. 어느 보름날에 운문스님이 대중에게 가르침을 주신다.

"세상사람들 가운데는 죽은 자식의 불알을 만져보기도 하고 나이를 손꼽아보기도 한다. 또 이미 떼인 사채의 이자를 계산해보기도 한다. 이미 지나간 일은 그대로 잊어버려야 한다. 15일 이전의 일을 물을 필요가 없다. 이제는 15일 이후 즉, 미래에 대해서만 자기 나름대로의 의견이 있으면 말해보라."

그러나 운문의 이 물음에 대해서 아무도 대답하는 이가 없다. 그러자 운문 자신이 청중을 대신해서 이렇게 말했다.

"세상사람들은 비가 오면 날씨가 나쁘다 하고 비가 그치면 날씨가 좋아졌다고 한다. 계속 해만 나면 가뭄이 든다고 하고 비가 많이 오면 홍수가 든다고 소란을 피운다. 그러나 우주가 인간을 위해서만 있는 것은 아니지 않는가. 우주의 입장에서 본다면 소나기도 태풍도 홍수도 가뭄도 모두 자연의 현상일 뿐이다. 거기에는 선이나 악을 붙일 필요가 없다. 우주 전체의 시각으로 세상의 모든 것을 보면 매일매일이 아주 좋은 날이다."

여기서 날마다 좋은 날은 '운문의 일일시호일'이라는 화두로 널리 알려져 있다. 혹 인사할 때도 일일시호일이라는 말을 주고받기도 한다. 보름날 이전의 과거나 보름날 이후의 미래에 대해서 걱정하는 것은 잘못된 방향으로 집착하는 것이라고 한다.

소금장수 아들과 우산장수 아들이 있을 경우 비가 오면 소금장수 아들을 걱정하고 날씨가 좋으면 우산장수 아들을 걱정하는 것과 같다. 이 생각을 반대로 돌리면 비가 올 때는 우산장수 아들이 좋은 것을 생각하고 햇빛이 나면 소금장수 아들이 좋은 것을 생각해도 된다.

그러나 《벽암록》의 저자는 세상일에 좋고 나쁜 의미를 붙이지 말라고 한다. 세상일에 선악을 붙이는 것은 인간이 조그마한 자기를 우주와 분리시켜놓고 자기 중심으로 생각하는데서 나온 것이라고 한다. 우주 전체의 입장에서 보면 북풍의 찬 바람이나 남풍의 따뜻한 바람, 밤의 어둠이나 낮의 밝음이 모두 우주의 생활일 뿐이다. 좋은 일과 나쁜 일, 선과 악이 있겠지만, 그것도 좋아하고 싫어할 그런 것이 아니라 우주의 자연스러운 몸짓일 뿐이다.

내 마음에 드는 선과 악, 편안함과 근심스러움이 모두 우주의 생활이라는 말을 듣고 '날마다 좋은 날'을 그저 좋아하기만 하면 되는 것으로 오해하면 큰 일이다. 운문스님이 말하는 일일시호일의 취지와는 십만팔천 리 멀리 떨어지게 된다. 왜냐하면 일시적인 광기나 바람기로 좋아하는 것은 문자 그대로 지나가는 바람이다. 항상 최고의 도수를 유지하면서 좋아하는 것이 참으로 좋아하는 것이다. 이것이 어렵다. 또 한 가지를 한 때에 좋아하기는 쉽지만 모든 것을 모든 때에 좋아하기는 어렵다. 모든 것을 모든 때에 좋아하려면 혜능의 본래무일물(本來無一物)을 알아야 하고 조주의 무자를 알아야 한다. 허풍으로 꽉 차 있는 나에게서 바람 기운을 다 뽑아내야 한다.

운문의 일일시호일 경지를 남전 보원화상은 《무문관》 19칙에서 평상심시도(平常心是道)라는 말로 표현한다. 제자인 조주가 스승인 남전에게 도(道)에 대해서 묻는다. 그러자 남전은 '평상심시도' 즉, 평상의 마음이 그대로 도라고 대답한다. 그러자 제자는 '그렇다면 그 도라고 하는 평상심을 잡으려고 해야 합니까'라고 묻는다. 스승은 '억지로 잡으려고 하면 오히려 도로부터 크게 어긋난다'고 말해준다.

제자는 다시 '도를 얻으려고 하지 않으면 어떻게 도를 알 수 있겠습니까' 하고 묻는다. 스승은 '도는 아는데도 속하지 않고 모르는데도 속하지 않느니라'고 대답한다.

일부러 얻으려고 하면 도리어 멀어지는 것, 아는데도 속하지 않고 모르는데도 속하지 않는 것, 이같은 평상심은 알기가 쉽지 않다. 그렇다면 우리는 남전에게 이렇게 질문할 수 있다. '그같이 알쏭달쏭한 묘사로는 평상심에 대한 개념이 확실하게 머리에 들어오지 않습니다. 그러니 역사적인 인물 가운데 나타나는 분의 예를 들어주십시오' 라고 말이다. 남전화상은 먼저 부처님의 일대기, 달마대사의 일대기, 혜능대사의 일대기 등을 예로 들지도 모르지만, 그분들은 우리 보통의 중생보다 너무 높은 경지에 있어서 우리 범부가 가지고 있는 평상의 마음이 아니라는 생각이 든다. 또 세상에 이름을 드날리는 정치권력가, 화가, 음악가, 작가, 시인, 배우 등이 아무리 멋진 생활을 한다고 하더라도 우리의 입장에서 보았을 때 그들은 결코 평상심의 예가 아니다.

역사적인 인물 중에서 평상심의 도를 실천한 예를 찾으려고 하지만, 그것은 불가능하다는 것을 깨닫게 된다. 그와 같은 질문을 하는 것 자체가 평상심이 아니기 때문이다. 역사적인 평상심을 찾으려고 하는 것은 밖으로 드러나는 것 즉, 형상이나 이름에서 찾으려고 하는 것이고 남이 알아주는데서 찾으려고 하는 것이기 때문이다. 남과의 비교를 떠나기 위해서 평상심을 말하는데, 남이 인정하는 평상심을 찾으려고 하면 찾을 수 없는 것은 뻔한 일이다. 남전화상의 평상심은 바로 여기 있는 '나'에게서 찾아야 한다. 5욕락에 집착하고 있는 나, 넋을 놓아버리고 멍한 백치 상태에 있는 나, 불평 불만이 포화상태에 이르러서 폭발 직전에 있는 나, 이리 갈까 저리 갈까 여우의 마음을 가지고 의심하며 망설이고 있는 나, 자기 중심으로 모든 것을 생각해서 모든 세상일이 내 마음대로 되어야 한다고 생각하는 나, 이때는 이랬다가 다른 때에는 그 반대로 생각하는 변덕의 마음을 가진 나, 이처럼 도와는 거리가 멀고 속세의 욕망에 파묻혀 있는 나에게서 그 평상의 마음을 보고 그 평상심에서 도를 보아야 한다.

그러나 우리의 물음은 여기서 끝나지 않는다. 남전화상이 말하는 평상심의 도와 우리가 가지고 있는 평상심과는 무언가 다르지 않겠느냐는 것이다. 만약에 지금 우리의 마음 그대로가 도의 마음이라면 남전과 조주는 싱거운 일만 한 셈이 된다. 지금 그대로 평상심인데 새삼스럽게 평상심이라는 말로 우리의 정신만 어지럽게 하기 때문이다. 하지만 평상심이 필요없는 말은 아닐 것이다. 우리의 평상심은 '나'라는 것을 실체적인 것으로 집착하는데 바탕을 둔 것이다. 도를 구하는 일도 나를 중심으로 시작한다. 남전화상의 평상심은 나를 지운 후에 얻어지는 나에게서 나오는 마음이다. 작은 나를 지웠기 때문에 나는 나에게만 있는 것이 아니라 곳곳에 다 있다. 모든 곳에 다 있는 나는 모든 곳이 다 좋은 곳이다. 모든 곳에 다 있고 모든 곳이 다 좋은 나는 공간적으로도 평상심이다. 다 있다. 모든 시간 모든 날 모든 해가 다 좋다. 모든 때가 다 좋은 나는 시간적으로도 평상심이다. 그러나 나를 지운데서 얻어지는 평상심은 인생을 관조하고 음미하는 면에서나 시간적인 면에서나 공간적인 면에서나 모두 좋고 모두 평상심이다.

한 선승이 스승에게 '평상심을 가지려면 어떻게 마음먹어야 됩니까' 하고 물었다. 스승은 '졸리면 자고 배고프면 밥을 먹어라'라고 말했다. 날마다 좋은 날을 갖고 날마다 평상심을 갖는 것은 간단하다. 그러나 아무리 간단하더라도 자기와 우주가 어긋나지 않는 법칙은 엄격하게 지켜져야 한다. 나를 지울 때 우주가 나와 동화되기도 하고 내가 우주가 되기도 한다.

60. 고정된 가치를 부정하는 이유

이 세계의 가치체계는 실패하고 밀려날 사람을 만들게 되어 있다. 선은 모든 사람들을 똑같이 성공하고 승리하는 사람으로 만들려고 한다.

《무문관》21칙에 보면 한 선승이 운문화상에게 '어떤 것이 부처님입니까' 하고 물었다. 그러자 운문화상은 '간시궐(乾屎橛)' 즉, 똥치는 막대기니라 하고 대답했다. 운문은 부처님을 똥치는 막대기라고 말함으로써 어떤 신성(神聖)한 것이나 고정된 가치에 대한 집착도 부정하려고 한 것이다.

《벽암록》12칙에 보면 마삼근(麻三斤)이라는 화두가 나온다. 한 선승이 동산화상에게 '무엇이 부처님입니까' 하고 물으니 '마삼근' 즉, 삼이 세 근이라고 대답했다. 질문을 한 선승이 삼베로 만든 옷을 입고 있었는데, 그 삼베옷의 무게가 세 근 정도는 될 것이라고 치고 그 세 근의 삼베가 바로 부처라고 한 것이다. 옷이 삼베로 만들어졌기 때문에 마가 세 근이라고 대답했지만 만약 무명옷을 입고 있었다면 무명베가 세 근이라고 말했을 수도 있다. 부처님이라고 하는 것이 선승이 입고 있는 옷의 무게와 같다는 말이다. 여기서도 부처님의 신성함은 의도적으로 부수어지고 있다.

《속고승전(續高僧傳)》에는 이런 이야기가 나온다. 한 선승이 금불상과 사리함을 모시고 열심히 예배하고 공양을 올렸다. 그것을 본 조실스님은 선승에게 불상이나 사리함같은 것을 받들어보았자 아무 소용이 없으니 쓰레기통에 버리라고 말했다. 선승은 화가 났다. 그러나 스승에게 화를 낼 수 없으므로 밖으로 나가려고 했다. 조실스님은 그 선승을 불러 세우고 선승이 열심히 봉양하던 사리함을 열어보게 했다. 선승은 화가 풀리지 않은 시무룩한 표정으로 사리함을 열어보았다. 그리고 깜짝 놀랐다. 그 사리함 속에는 독사가 들어 있었기 때문이다. 선승은 조실스님께 수없이 예배를 올리며 가르침을 고마워했다.

　지금까지 공안에 나타나는 이야기를 중심으로 선에 있어서의 신성을 부정하는 예를 몇 가지 살펴보았지만, 이같은 예는 헤아릴 수 없이 많다. 많은 것들 가운데 단지 몇 가지만을 뽑았을 뿐이다. 물론 여기에 든 신성 부정의 예문들은 모두 공안이다. 전에 화두를 참구할 때의 주의점에서 살펴보았듯이 화두는 어떤 글에서 끌어다 대어 말이 이어지도록 해석한다든지 또는 말길을 따라가서 살림을 차린다든지 해서는 안된다. 그저 정신을 집중하는 초점으로서 아무 분별해석을 내지 않고 참구해야 한다. 해석하면 의리선(義理禪) 즉, 뜻으로 풀이하는 선이 되어버리고, 공안은 활구(活句) 즉, 살아 있는 말이 아닌 사구(死句)가 되어버린다. 우리는 이미 공안 참구법에서 아무 알음알이 분별이 없이 바로 들어가야 한다는 것을 살펴본 바 있다. 그러나 그같은 공안에 나타나는 내용들을 젖혀두고 선의 기본입장을 찾을 수도 없다. 공안의 내용을 뜻으로 풀어서 해석하는 것이 어설픈 의리선이고 죽을 사(死)자 사구 이야기인 줄을 인정하면서도 공안들에 한결같이 나타나는 신성 부정의 요소랄까 특징을 지적하고자 하는 것이다.

　그렇다면 '왜 선에서는 그토록 철저하게 성스럽거나 귀중하게 여겨야 할 것을 부정하는 것일까' 하는 의문이 생긴다.

　선은 궁극점에 접근하는 방법으로 《반야경》의 절대부정, 《법화경》의 절대긍정, 《화엄경》의 우주법신, 《열반경》의 일체불성, 노장사상의 무규정 등의 사상을 뜻만 취해서 이어받고 있다. 《반야경》에

는 반야의 지혜를 얻기 위해서 일체의 공덕이나 지혜까지도 부정된
다. 철저한 부정을 통해서만 삶의 실상이 그대로 보이기 때문이다.
《법화경》은 《반야경》과 반대로 미혹세계의 모든 사물을 존재의 궁
극적인 실상으로 본다. 현실을 실상으로 보는 것은 현실 뒤에 별도로
있는 본체의 세계나 부처열반의 세계를 간접적으로 부정하는 것이
된다.《화엄경》의 일체유심조(一切唯心造)사상은 한 티끌 속에서 무
량백천만의 세계를 다 본다. 그리고 세상의 모든 것은 현재의 이 자
리에서 그대로 비로자나 법신불의 몸체가 된다. 그러니 현실 뒤에 별
도로 신성하게 두어야 할 것이 없다.《열반경》의 일체불성사상에서
는 부처를 알아보느냐 마느냐가 문제이지 부처가 있느냐 없느냐가
문제가 아니다. 부처는 모든 곳에 항상 있고 부처가 없는 경우는 부
처를 알아보지 못한 경우일 뿐이다. 각 경전에서는 선에서처럼 불조
(佛祖)의 권위라던가 신성이 극단적으로 부정되지는 않는다. 경전에
신성 부정으로 해석될 요소가 있었을 뿐인데, 선은 각 경전의 가르침
을 극단적으로 해석하는 것이다.

　또 선에서는 지금 바로 이 자리의 나를 중요시한다. 미래에 왕생극
락하는 것은 타력적인 신앙이다. 선은 바로 현재에서 자력으로 극락
을 짓고자 한다. 현실의 이 자리에서 극락을 만들려면 현실과 성스러
운 것을 동일시하거나 성스러운 것을 현실의 속된 것으로 끌어내려
야 한다. 선에서는 현실을 최고의 성스러운 것과 동일시하는 방법을
쓰는 경우도 많이 있지만, 여기서는 선이 성스러운 것을 속된 것과
수준을 맞추는 면을 보고 있는 중이다. 성스러운 것을 속된 것으로
끌어내리려면 약간의 과장이 필요하다. 그래서 부처님을 똥치는 막
대기라고 부르기도 하고 입은 옷의 무게와 같다고 하기도 한다. 부처
를 만나면 부처를 치고 조사를 만나면 조사를 치라고 한다. 미래를
기다리거나 공간적으로 다른 곳에 이르러서 이상세계를 얻으려고 하
는 것이 아니라 지금의 이 자리에서 이상세계를 보고자 한다. 이상세

계를 보려고 할 때 어떤 초월자의 힘을 빌리지 않는다. 이 자리의 내
힘에 의지하고자 한다. 그런데 이 자력(自力)은 우주와 나를 구분하
는 소아로서의 내가 아니라 우주법신인 비로자나불과 나를 한 몸으
로 보는 의미에서의 나이기 때문에 선에서 의미하는 자력은 경우에
따라서 타력(他力)으로 해석될 수도 있다. 법신 비로자나불과 나를
한 몸으로 볼 때 나를 중심으로 생각하면 자력이 되지만 비로자나불
을 중심으로 생각하면 타력이 되기 때문이다. 선에서 강조하는 절대
현재와 '절대 이 자리도 관점에 따라서 3세(三世)와 시방(十方)이 다
될 수가 있다. 절대적 현재와 이 자리는 시간적으로는 과거・현재・
미래를 다 포함하고 공간적으로 사방팔방(四方八方)과 중앙상하(中
央上下)를 다 포함한다.

또 부처나 조사와 같은 성스러운 것을 부정하는데는 종처럼 끌려
다니는 생활을 주인의 생활로 바꾸려는 의도가 있다. 인간은 문화라
는 최면술에 마취되어 끌려다니는 연약한 동물이다. 한 세계의 문화
는 실제와는 상관없이 나름대로의 가치체계를 만든다. 권력, 돈, 명예
는 있을수록 좋은 것으로 잡는다. 모든 사람이 다같이 마음껏 잡을
수 있고 누릴 수 있는 것을 최고의 목표로 삼지 않는다. 다같이 이긴
자가 되고 다같이 최고가 되는 식으로 목표를 만들지 않는다. 반드시
올라탄 자와 떠받치는 자가 따로 있게 만들고 성공자와 실패자가 있
게 만든다. 그 문화에 끌려다니다보면 멀쩡한 사람이 폐인이 된다.
좋은 대학교의 법대에 입학할 수 있는 사람이면 수재이다. 그러나 그
법대생이 고시에 합격하지 못하면 실패한 인생처럼 되어버린다.

모든 종류의 스포츠 경기에서 1, 2, 3등권에 들은 사람은 적고 탈
락한 사람들은 많다. 정치에서도 마찬가지이다. 이긴 사람은 적고 진
사람은 많다. 지금 이긴 사람도 얼마 지나지 않아서 곧 지게 되어 있
다. 이 세계의 가치체계는 이처럼 진 사람, 실패한 사람, 밀려날 사람
을 만들게 되어 있다. 선은 그런 가치체계에 과감히 도전해서 그것을

부수고자 한다. 모든 사람들을 똑같이 이긴 자, 성공한 자, 밀려날 일이 없는 사람으로 만들고자 한다. 그러기 위해서는 세상사람들이 가장 귀하게 여기는 것들이 똥치는 막대기로 취급되게 만들어야 한다.

5욕락이라는 이 속세의 산에 오르는 것은 등산을 즐기기 위해서이다. 높은 산에 올라가면 남보다 더 높아지고 더 신성해지기 때문이 아니다. 참선을 하는 것은 금으로 된 나라에 다이아몬드로 된 성을 지으려고 하는 것이 아니다. 운문화상이 말하는 날마다 좋은 날과 남전화상이 말하는 평상심의 도를 얻기 위해서이다.

61. 이심전심

문자로 전해지는 가르침은 똑같은 내용을 외우는
것처럼 되어버린다. 그러나 마음과 마음으로 전해
지는 깨달음은 무한한 전체를 준다.

선가(禪家)에서는 '불립문자(不立文字) 교외별전(敎外別傳) 직지
인심(直指人心) 견성성불(見性成佛)' 즉, 문자에 의지하거나 불경에
의지하지 않고 바로 마음과 마음으로 가르침을 전해서 있는 그대로
의 자기 성품을 보고 불도를 이루어야 한다고 가르친다. 선에서는 예
로부터 3처전심(三處傳心) 즉, 세 군데에서 석가모니부처님이 수제자
인 마하가섭에게 법을 전했다고 하는 이야기가 전해지고 있다. 물론
3처전심이라는 것은 역사적으로 있었던 사실은 아닌 것으로 밝혀지
고 있다. 그러나 우리는 선의 입장을 공부하는 중이기 때문에 역사적
인 사실이거나 말거나에 크게 신경쓸 것이 없다. 현재 선가에서 그와
같이 전해지는 이야기를 선의 입장과 관련시켜서 사용하고 있기 때
문에 그 이야기를 통해서 선의 관점만 알면 된다.

《연등회요(聯燈會要)》라는 책에 보면 염화미소(拈華微笑) 즉, 부처
님이 꽃을 들었을 때 가섭존자가 미소를 지어서 응답한 이야기가 나
온다. 세존이 영산회상에 계실 때 꽃을 들어서 많은 대중들에게 보였
다. 그러나 다른 대중들은 모두가 그 뜻을 알지 못하고 침묵을 지켰
다. 오직 가섭존자만 미소를 지었다. 그러자 세존께서는 이렇게 말씀
하신다.

"나의 정법안장(正法眼藏)과 열반의 묘한 마음은 그 참다운 모습에 있어서 형상이 없다. 그 미묘법문은 문자를 세우지 않고 경전의 가르침과 별도로 전해진다. 이 마음으로 전해지는 법을 가섭에게 부촉하노라."

여기에서 유명한 염화미소, 불립문자, 교외별전 등의 어휘들이 사용되었다.

염화미소의 이야기는 문자를 쓰지 않고 마음과 마음으로 전한다는 이심전심(以心傳心)이라는 말과 같이 쓰여진다. 염화미소와 이심전심은 이제 대부분의 사람들이 알고 있을 정도로 널리 유포되었다. 그런데 선가에서는 부처님이 가섭존자에게 마음으로 법을 전한 것이 한번만이 아니라 세번 있었다고 한다. 세 군데서 마음을 전했다고 해서 3처전심이라고 부른다. 세 군데에서 마음을 전했다고 하는 것은 먼저 앞에 말한 염화미소, 둘째는 다자탑 앞에서 부처님이 가섭존자에게 부처님이 앉았던 자리를 반절 비켜서 물려준 일, 셋째는 부처님이 열반에 드신 후에 가섭이 뒤늦게 도착하자 부처님이 양 발을 관 밖으로 내보인 일이 된다. 열반에 드신 부처님이 두 발을 내민 것은 부처님의 삶과 죽음에 자재함을 나타낸다. 이 일은 참수(斬首)를 당한 달마대사가 짚신 한 짝을 매고 떠났다는 이야기와 함께 육체적인 부활(復活) 또는 죽지 않음의 예로 전해지고 있다.

부처님의 가르침을 크게 두 가지로 나눌 수가 있다. 한 가지는 부처님의 입으로 전하는 것이고, 다른 한 가지는 부처님의 마음으로 전하는 것이다. 부처님의 입으로 전해진 것은 경전이 되고 마음으로 전해진 것은 선이 된다. 공안을 공부할 때 살펴보았듯이 부처님은 언어에 대해서 불신을 가지고 있었다. 이런 언어 불신의 전통은 용수보살, 구마라집, 선까지 계속 이어져내려온다. 부처님이 언어를 불신하고 만동자의 물음을 침묵으로 대답한 것이다. 그렇다면 글자로 전해진 경전의 내용은 방편적인 것이고 마음과 마음으로 전해진 것이 참다운 가르침이라고 할 수가 있다. 우리가 읽은 선가의 공안들에서 볼 수 있듯이 선의 가르침은 동문서답식이다. 언어를 통해서 가르침을 전하려 하지 않는다. 오히려 생각의 흐름을 차단하는 말을 사용하면서 마음과 마음의 교신선(交信線)을 찾으려고 한다. 역설적이고 비논리적인 언어만 사용하는 것이 아니라 의외의 소리를 지르기도 하고 몽둥이를 쓰기도 한다. 덕산화상의 방(棒)과 임제화상의 할(喝)은 유명하다. 덕산화상은 제자들과 선문답을 나눌 때 주로 몽둥이를 사용했고 임제화상은 벽력같은 고함을 사용했다.

그러나 아무리 역설적인 말이라고 하더라도 그것들이 어떤 의사소통의 수단으로써 사용될 때, 그것은 문자언어가 된다. 몽둥이질과 일갈의 소리도 커뮤니케이션의 수단으로 사용될 때 일종의 언어가 된다. 스승과 제자는 언어를 사용하면서도 언어를 피하려 하고 언어를 피하려고 몸부림치면서도 부득이 언어를 사용한다. 언어를 방편이라고 한다면 언어 저편의 경지는 진실이 된다. 공안의 역설이나 기괴행들은 언어가 갈 수 있는 곳까지 밀고나가서 그 다음에 마음과 마음의 상통을 기대하는 것이다. 달걀이 거의 다 부화가 되어서 병아리가 나오려고 할 즈음 달걀을 쪼아서 병아리가 나오게 하는 계기를 만드는 것이 스승의 역할이다. 병아리가 안쪽으로부터 나오는 것을 침묵이라고 한다면 밖으로부터 알을 품어주고 쪼아주는 것은 언어라고 할 수 있다.

그렇다면 선에서 언어나 문자를 세우지 않는다는 말은 문자를 쓰지 않는다는 뜻이 아니라 문자로 궁극점을 나타내려고 하거나 문자에 의해서 궁극점을 보려고 하지 않는다는 뜻이다. 불교 집안에는 6조 혜능대사가 나무꾼으로 일자무식이었다는 말을 곧이곧대로 받아들여서 부처님 말씀이나 조사스님네의 가르침을 배우지 않고도 바로 도를 얻을 수 있다고 생각하는 풍조가 있다. 그러나 조사스님들 치고 어느 한 분도 글자를 모르는 분은 없었다. 인도의 부처님은 말할 것

도 없고 달마대사로부터 현재의 큰스님들에 이르도록 조사스님들의
어록을 읽지 못하는 분은 아무도 없다. 《육조단경》을 보면 혜능대사
가 글을 모르는 무식한 이로 인정할 수가 없다. 설사 무식하다고 하
더라도 선지가 열리면 글을 읽고 뜻을 알 수 있게 된다.

  필자가 부산 범어사 강원에 있을 때의 일이다. 강원에서 공부하던
한 스님이 갑자기 참선에 열중이었다. 밤잠도 자지 않고 정진하는 것
이었다. 그렇게 보름쯤 지나서 그 스님은 스스로 깨쳤다고 주장했다.
그때는 마침 전강큰스님께서 범어사 조실을 맡고 계셨는데, 조실스
님에게 가서 자신의 깨달음에 대해서 인가를 해달라고 졸랐다. 조실
스님의 인가를 얻어내지 못한 그 스님은 이번에는 통도사의 경봉큰
스님에게로 가서 인가를 요구했다. 그곳에서도 인가를 받지 못한 그
스님은 이번에는 다시 범어사로 돌아와서 강사스님에게 자신을 점검
해달라고 부탁했다.

  강사스님은 경을 한 권 그 스님에게 주고 뜻을 풀이해보라고 했다.
강사스님은 만약 그 스님이 도를 깨쳤다면 그 지혜로 어느 경전이든
지 풀이할 수 있다는 주장이었다. 물론 그 스님은 그때 인가를 받지
는 못했지만, 그 이후로 공부하는 자세가 달라졌다. 경허스님 참선곡
에 나오는 말씀대로 고양이가 쥐잡듯이, 늙은 홀어미가 자식 생각하
듯이 경전을 읽고 쓰고 생각하였으므로 실력이 껑충껑충 오를 수밖
에 없었다. 그 스님은 뒷날 참으로 짬진 선객스님이 되었다.

  선가의 불립문자는 문자를 쓰지 않는다는 말이 아니라 문자에 걸
리지 않는다는 뜻이다. 그래서 스승으로부터 배워서 문자를 알든지
스스로 깨쳐서 알든지 그것은 수행자 자신의 선택 문제다. 그러나 분
명한 것은 도를 얻은 이가 문자를 몰라서 피하는 것이 아니라 문자를
알고 초월한다는 것이다.

  교외별전 · 직지인심 · 견성성불 즉, 경이나 교리 속의 가르침과는
별도로 마음과 마음으로 전해지는 가르침으로 계율이나 교리를 의지

하지 않고 자신의 마음을 바로 직시해서 본래의 성품을 보고 성불한
다는 뜻인데, 여기에 스승과 제자간의 연결관계가 나타난다. 선에서
는 문자에 의지하지 않으므로 스승의 지도가 절대적으로 중요하다.
그래서 문자에 의한 교학적인 가르침 외에 별도로 전한다는 뜻에서
교외별전이라고 한다. 앞에서도 말했듯이 선공부를 지도하는 조실스
님은 어미닭같고 공부하는 수행자는 달걀과 같다. 달걀이 병아리가
되기 위해서는 어미닭이 가슴에 품고 부화를 시켜주어야 한다. 바로
자신의 마음으로 파고들어간다는 직지인심은 수행자가 공부하는 자
세를 나타내고 아울러 스승과 제자간의 마음과 마음으로 통하는 이
심전심을 나타내기도 한다.

견성성불에 있어서 견성(見性)과 성불(成佛)은 같은 말이지만, 견
성은 우선 자신의 본성자리를 본 것이고 성불은 견성의 경지에서 한
걸음 더 나아가 중생을 제도할 만한 경지에 이른 것을 뜻한다. 견성
은 마음의 성품을 보는 것이기는 하지만, 그 마음이라고 하는 것이
밖에 있는 사물과 자신의 마음을 분리시키는 의미에서의 마음이 아
니라 모든 사물 전체를 의미한다. 세상사 모두가 다 마음이고 마음이
나의 주관과 객관세계 모두를 이룬다. 그래서 성품을 본다는 것은 주
관과 객관, 모든 사물의 실상을 여실히 본다는 말과 같다.

문자로 전해지는 가르침은 어떤 한 가지 개념으로 고착되어버린
다. 그래서 깨달음이 있더라도 똑같은 내용을 외우는 것처럼 되어버
린다. 그러나 마음과 마음으로 전해지는 깨달음은 무한한 자유를 준
다. 형상이 없으므로 형상으로 비교할 것도 없다. 그래서 보다 완전
한 깨달음이나 보다 부족한 깨달음이 구별될 것도 없다. 나름대로 완
전하다.

62. 큰 자유와 큰 휴식 그리고 큰 주인

고정된 것의 감옥으로부터 탈출하여 진정한 자유
의 나를 찾기 위해서 선사들은 삼라만상을 썼다가
지우고 지웠다가 다시 쓴다.

조주의 무(無)자는 현실의 존재 자체를 부정한다기보다 그 존재가
고정된 상태로 있는 것이 아니라 끊임없이 변화하는 상태에 있다는
것을 가리킨다. 사물의 일정한 고착적 존재를 부정하고 규정중지(規
定中止)의 상태를 의미하는 것이다. 가령 한 송이의 꽃이 있을 경우
선에서는 '무'라고 말할 것이다. 그런데 그것은 꽃이 없다는 말이 아
니다. 땅에 뿌려진 꽃씨가 발아를 하고 자라서 꽃을 피우고 꽃잎이
떨어지는 중간의 과정에 있다는 뜻이다. 그래서 없을 무자는 규정을
중지한다는 무규정(無規定)의 뜻이고 어떤 것으로 판단을 중지한다
는 무판단(無判斷)의 뜻이기도 하다. 그래서 선은 고정된 것들은 어
느 것이고 다 부순다.

생각을 끊어버리는 공안들은 모두 고정된 것을 부수기 위해서이
다. 고정된 것을 부수는 작업의 일환으로 선사들은 무자를 쓰고 말이
되지 않는 말을 하고 부처와 조사같은 신성한 것을 부정한다. 그런데
이같이 고정된 것을 부수려고 하는데는 이유가 있는 것이다. 그것은
바로 자유를 얻기 위해서이다. 고정 속에서는 묶여버리기 때문에 고
정을 부숨으로써 자유를 얻고자 하는 것이다. 이 자유는 방황의 자유
가 아니라 완전히 쉴 곳을 얻는 자유이고, 주체가 없는 자유가 아니
라 이르는 곳마다 주체가 되고 주인이 되는 그러한 대자유이다. 선사

들은 이 자유를 어떻게 추구하는지 궁금하다.

　임제화상은 《임제록(臨濟錄)》에서 대자유와 대휴식과 대주인을 강조해서 법문을 하신다. '거주자유(去住自由)' 즉, 가고 머묾의 자유, '무사인(無事人)' 즉, 헤맬 일 없는 사람 그리고 '수처작주(隨處作主) 입처개진(立處皆眞)' 즉, 이르는 곳마다 주인이요 서는 곳마다 참다움 등은 임제화상의 기본적인 가르침에 속한다. 큰 자유와 큰 휴식과 큰 주인을 얻는 방법으로 임제화상은 유명한 4료간(四料簡)을 설한다. 사료간이란 깨달음의 경지가 높아지는 단계를 네 가지로 분류한 것이다. 4료간은 한문용어로 널리 알려졌기 때문에 한문 글귀와 그 의미를 함께 보자.

　　　탈인불탈경(奪人不奪境)　　탈경불탈인(奪境不奪人)
　　　인경양구탈(人境兩俱奪)　　인경구불탈(人境俱不奪)

　　　주관의 사람은 지우고 객관의 환경은 그대로 두는 것
　　　객관의 환경은 지우고 주관의 사람은 그대로 두는 것
　　　주관의 사람과 객관의 환경을 다 지우는 것
　　　그리고 주관의 사람이나 객관의 환경을 다 그대로 두는 것

　성철큰스님의 법문집 가운데 '산은 산 물은 물'이라는 제목의 책이 있다. 보통 선가에서는 '산은 산이요 물은 물이다'라는 글귀를 세 단계로 이용한다.

　　　산은 산이요 물은 물이다.
　　　산은 산이 아니고 물은 물이 아니다.
　　　산은 산이요 물은 물이다.

첫번째 단계는 미혹의 눈으로 본 산과 물을 긍정한 표현이다. 둘째 단계는 고정관념을 부수기 위해서 산과 물을 부정한다. 이 세상에 본래 높고 낮음과 얕고 깊음은 없지만 사람이 제멋대로 분별개념을 만들고 산과 강이라는 고정된 이름표를 붙였다. 산과 강이 언제 명함을 내밀면서 이름을 불러달라고 부탁한 적이 없지만 사람이 마음대로 붙이고 마음대로 풀이하기 때문에 사람의 분별과 고정된 집착을 부수기 위해서 산과 물을 부정하는 것이다. 여기서 산과 물은 이 세상에 있는 모든 상대개념을 상징적으로 나타낸 것이다. 실제로 산과 물에 있어서야 아무런 문제가 없지만, 그것이 좋음과 싫음, 사랑과 미움 등과 연계되면 온갖 번뇌와 고통을 만들기 때문이다. 셋째 단계는 고정관념이 부수어졌으므로 이제는 산과 물을 아무렇게나 불러도 좋다. 고정된 것으로가 아니라 규정하지 않은 상태에서의 임시적인 이름으로 부르는 것을 전제로 해서 현재 세상에서 통용되는 명칭을 그대로 쓸 뿐이다. 첫번째 단계와 세번째 단계가 다같이 '산은 산이요 물은 물'이지만, 그 의미는 하늘과 땅만큼 차이가 난다.

이 '산은 산 물은 물'을 약간 변형해서 임제화상의 4료간에 배대시켜보면 그것을 이해하는데 도움이 될 수도 있다. 산과 물은 주관과 객관 모두를 상징적으로 의미하지만, 여기서는 편의상 사람과 환경을 분리시켜야겠다. 즉 사람은 주관이 되고 산과 물은 객관 환경이 된다. 4료간의 첫번째 단계인 탈인불탈경 즉, 주관은 지우고 객관은 그대로 두는 경지는 '보는 사람은 없고 산과 물만 있다'가 된다. 둘째 단계인 탈경불탈인 즉, 객관은 지우고 주관은 그대로 둔 경지는 '산과 물은 없는데 보는 사람만 있다'가 된다. 셋째 단계인 인경양구탈 즉, 주관과 객관이 다 지워진 경지는 '보는 사람과 산과 물이 다 없다'가 된다. 넷째 단계인 인경구불탈 즉, 주관과 객관이 다 지워지지 않은 경지는 '보는 사람과 보이는 산과 물이 모두 그대로 있다'가 되겠다.

선에 있어서 가장 기초적인 문제는 인간의 에고(ego) 관념이다. 사람에게 있어서 생각이 막히고 과욕이 생기고 바른 판단이 서지 않는 것은 모두 자기 중심으로 생각하기 때문이다. 자기 중심으로 생각하면 자기의 울타리를 만들게 되고 그 안에 갇히게 된다. 그러면 세상을 있는 그대로 볼 수가 없다. 세상을 바로 보지 못하면 걸리는 것마다 사람을 넘어지게 하고 닥치는 것마다 길을 막는다. 몸과 마음이 가는 곳마다 구속된다. 없다고 생각되면 구하려고 하는데 구속되고 있으면 지키느라고 구속된다. 또 남에게 주려고 하면 너무 많이 주지나 않았는지 걱정이 된다. 그래서 자유를 얻으려면 그 '나'라는 관념을 지워야 한다.

임제화상의 4료간은 그 나의 관념을 지우는 단계를 넷으로 나눈 것이다. 첫째 보는 사람을 지우고 산과 물을 그냥 두는 단계에서는 주관의 나를 부순다. 둘째 산과 물을 지우고 보는 사람을 놔두는 단계는 객관 환경을 부순다. 셋째 보는 사람과 보이는 산과 물을 함께 지우는 것은 주관의 나와 객관의 환경을 다같이 부순다. 넷째 보는 사람과 보이는 산과 물을 같이 두는 것은 주관과 객관을 다같이 규정되지 않은 임시적인 형상과 명칭으로 인정해서 보는 단계이다.

임제화상은 자유에 대해서 이렇게 설한다.

그대들이 자신의 근원적 자유에 대해서 투철하지 않으면 밖으로 헐떡거리며 일체 경계를 쫓게 될 것이고, 결국 여러 가지 조건과 구실에 집착해서 자유를 잃게 될 것이니라. 그대들이 마음자리를 보게 되면 생사의 격류에 휩쓸리지 않고 생사에 자재하는 자유를 누리게 될 것이니라.

임제화상에게 있어서 자유는 깨달음에 의해서 확보된다. 만약 마음의 본성자리를 보지 못하면 밖으로 헐떡거리면서 돌아다니기만 하고 결국은 생사의 물결에 빠지게 된다는 것이다. 여기서의 자유는 감옥에서 나온다거나 나를 붙잡는 사람으로부터 도망가는 그런 자유가 아니다. 삶과 죽음을 자유자재로 하는 그런 것이다. 보통 사람들은 사는 것은 마음대로 할 수 있고 죽음만 두렵다고 생각하지만, 참으로 어려운 것은 죽는 것보다도 사는 것이다. 사는 것을 자유자재하면 죽는 것은 자연적으로 자유자재가 된다. 사는 것의 자재란 남을 사는 것이 아니라 진정한 자기를 사는 것이고, 작은 자기를 사는 것이 아니라 큰 자기를 사는 것이다.

또 《임제록》은 쉼을 얻은 무사인에 대해서도 설명한다.

만약 생각마다 밖으로 갈구하는 마음을 다스린다면 그대들이 바로 부처님이나 조사와 다르지 않으리라. 부처님과 조사들은 바로 내 앞에 있는 그대들이니라. 그럼에도 불구하고 그대들은 자신의 참 성품을 살피지 않고 밖으로 형상과 명칭을 구하면서 허덕이고 있느니라. 그러나 무엇을 얻었다고 하더라도 그것은 문자를 배열한데 불과하고 결코 조사스님네의 살아 있는 마음은 아니니라. 그대들의 참 성품을 바로 볼 때 진정으로 번거로움을 쉰 무사인이 될 것이니라.

이름과 형상을 쫓아다니면 피곤하기만 하고 영원한 쉼을 얻지 못한다고 한다. 번거로운 일이 없는 사람이 되는 길은 자신의 본성자리가 부처님이나 조사스님들의 것과 조금도 다르지 않다는 것을 확실하게 깨닫는 것이라고 한다.

임제화상은 이르는 곳마다 주인이 되는 요점도 설명한다.

불법은 인위적인 조작이 필요치 않느니라. 변소에 가고 옷을 입고 밥을 먹고 쉬는 것을 제쳐두고 도를 구할 수 없느니라. 단지 어느 곳에서든지 주체적일 수만 있다면 그가 서는 곳은 모두 참된 곳이니라. 어떤 경계에도 이끌리지 않으리라. 설사 다겁의 업장이 있다고 하더라도 스스로 주인이 되면 그 업이 해탈의 바다로 변하게 되리라.

　인위적인 조작이 필요없이 일상생활 속에서 자신의 참 성품을 잃지 않고 주체적으로 살면 업의 바다가 그대로 해탈의 바다가 된다는 뜻이다. 평상심의 도를 깨달아야 세상의 참다운 주인이 되고, 참다운 주인이 되어야 해탈의 바다를 바로 보게 된다는 것이다.

6.3. 하나와 모든 것

백년 전과 백년 후가 한꺼번에 극락이고 한꺼번에
지옥이며 한꺼번에 자유이고 한꺼번에 감옥인 경
지가 구지화상이 보인 한 손가락의 의미이다.

인간에게 있어서 근본문제 중에 한 가지는 '하나'라는 궁극점(窮
極点)이다. 그 하나는 우주 삼라만상의 근원이면서 동시에 현상의 모
든 것이다. 그 하나는 '진리'라는 말로 표현되기도 하고 '진여(眞如)'
'법신(法身)' '한 물건'으로 불려지기도 한다. 그 한 물건을 깨달으면
부처요 미혹하면 중생이다. 그 한 물건을 찾기 위해서 모든 불·보살
과 조사들이 무량겁을 닦아왔고 우리도 그것을 보기 위해서 수행을
한다. 선에서는 그 하나를 깨닫기 위해서 어떻게 달려드는지 궁금하
다.

《벽암록(碧巖錄)》45칙에 보면 한 선승이 조주화상에게 '만법귀일
(萬法歸一) 일귀하처(一歸何處)' 즉, 만법은 하나로 돌아가는데 그 하
나는 다시 어디로 돌아갑니까 하고 물었다. 조주화상은 그 물음을 직
접적으로 답하지 아니하고 엉뚱하게 말한다. '나는 청주라는 곳에 있
을 때 적삼 하나를 만들었는데, 그 무게가 일곱 근이었느니라'고 대
답한다. 조주는 그 질문에 대해서 직접적인 대답을 한다고 해도 그
질문자가 알아듣지 못한다는 것을 알고 있었고, 또 그것을 말로 표현
할 수 없다는 것도 알고 있었다. 알아들을 수 있다면 묻지 않았을 것
이고 또 이미 알면서도 물었다면 아무렇게나 말해도 다 알아들을 수
있다고 생각한 것이다. 어쩌면 선승은 묻는 순간에 스스로 대답을 얻

었거나 그 대답은 침묵이나 엉뚱한 말일 수밖에 없다는 것을 알았을
수도 있다.

세상이 번거롭고 괴로운 것은 내가 편안하고 즐겁게 살겠다고 나
서기 때문이다. 내가 만약에 모든 즐거움을 다 버리고 불편을 멋으로
알고 살겠다고 하면 번거롭고 괴롭다는 생각은 다 없어진다. 즐거움
을 버리고 견디기 어려운 일을 능히 하겠다고 결심할 필요도 없다.
'나' 하나만 지워버리면 모든 것이 다 고요해진다.

한 선사가 제자를 데리고 밤길을 걷고 있었다. 제자는 어둠을 무서
워했다. 그래서 초롱불을 들고 길을 걷고자 했다. 길을 가다가 강가
에서 휴식을 취하는 중이었다. 선사는 갑자기 성냥을 강에 던져버리
고나서는 초롱불을 '훅' 하고 불어 껐다. 제자는 깜짝 놀랐다. 갈 길은
멀고 밤은 어두운데 초롱불이 없으니 아주 큰 일이었다. 제자는 어이
없어 하면서 스승을 바라보았다. 달빛도 없는 깜깜한 밤중에 스승의
얼굴은 보이지 않았다. 그런데 갑자기 이상한 일이 생겼다. 별빛이
점점 더 밝은 빛을 발하는 것이었다. 마침내는 길도 보이고 스승님의
얼굴 윤곽까지도 보였다. 캄캄한데 한참동안 있으니까 이제는 무섭
지도 않았다. 어둠과 하나가 된 것같기도 했고 별빛과 하나가 된 것
같기도 했다.

이 이야기 중에서 초롱불을 끄는 것은 '나'라는 불, 욕망의 불을
끄는 것을 의미한다. 내가 쉬고 욕망과 분노의 불이 꺼지면 내가 고
요의 어둠이 되고 고요의 어둠이 내가 된다. 내 쪽에서 불이 꺼지면
세상에 있는 모든 불빛이 밝아 보인다. 나와 어둠이 하나가 되고 나
와 불빛이 하나가 된다. 어둠도 무섭지 않고 빛에도 방해를 받지 않
는다. 우주의 만법이 하나로 돌아가든지 그 하나가 다시 만법으로 돌
아가든지 상관이 없다. 나를 지운 경계에서는 하나는 모든 것이고 동
시에 모든 것은 하나이다.

《벽암록》11칙에는 구지(俱胝)화상의 이야기가 나온다. 구지화상

은 불법을 묻는 사람 누구에게나 자신의 손가락 하나를 세워 보였다. 불법이나 도에 대해서 묻는 사람에 따라 차별도 없었고 질문의 내용에도 아무 관계가 없었다. 오직 손가락만을 들어 보이곤 했다. 구지화상이 외출한 사이에 한 객승이 불법에 대해서 물으려고 절을 찾아왔다. 그때 구지화상을 시봉하던 동자는 구지화상이 있었다면 틀림없이 손가락 하나를 들어 보일 것이 분명하다고 생각했다. 그래서 동자는 객승에게 물으라고 말했다. 물으면 선사님의 법문을 해주겠다는 것이다. 객승은 '불법이 무엇입니까' 하고 물었고 동자는 손가락 하나를 세웠다. 그 손가락을 보고 객승은 가르침에 감사하다고 말하면서 물러갔다. 구지화상이 돌아온 후 그 이야기를 들었다. 구지화상은 어이가 없었다. 문득 동자를 불러서 '불법이 무엇이냐' 하고 물었다. 동자가 손가락을 내밀자 스승은 날카로운 칼로 그 손가락을 잘라버렸다. 동자가 울고 있을 때 스승은 다시 불법이 무엇이냐고 물었다. 동자는 울면서 손가락을 들었지만 손가락은 없었다. 그때 동자는 문득 깨달음을 얻었다. 그후 열심히 수행정진해서 그 동자는 훌륭한 선사가 되었고 많은 중생들을 교화했다.

여기서 구지화상은 하나를 가르치면서 그 하나가 숫자상의 하나를 뜻하는 것이 아니라 전체 우주와 맥이 통하는 하나임을 알리고자 한다. 하나마다 온우주의 모형이 다 들어 있고, 그 하나에 들어 있는 온우주의 낱낱의 하나마다 또다시 온우주의 모형이 다 들어 있기를 무한히 계속하는 그런 하나이다.

자녀가 열 명이 있으면 한둘 쯤은 잃어도 좋으리라고 생각하기 쉽지만 부모의 마음은 그렇지 않다. 열 손가락을 깨물면 아프지 않은 손가락이 없다. 열 손가락 하나하나가 다 아프듯이 열 명의 자녀 하나하나가 다 귀하다. 하나의 손가락에 온우주가 다 들어 있더라도, 또 손가락이 아니라 먼지 한 티끌마다 우주의 모형이 다 있다고 하더라도 한 우주를 사는데 조금의 소홀함이 없다. 순간순간 곳곳에서 모든 몸과 마음을 다 산다. 날마다 좋은 날일 뿐만 아니라 날마다 전체의 하나를 살고 하나의 전체를 사는 날이다. 운문화상의 일일시호일(日日是好日) 즉, 날마다 좋은 날에 있어서 좋다는데 집착하면 잘못된 길로 빠진다. 순간순간 하나하나에 모든 것을 다 산다는 뜻으로 이해해야 한다. 매시 매초마다 모든 고통과 모든 즐거움과 모든 죽음과 모든 태어남을 다 사는 그런 의미의 좋은 날이다. 그래서 그 좋음은 모든 싫음이기도 하고 모든 사랑이기도 하고 모든 미움이기도 하다.

이 하나는 조주화상의 없을 무(無)자를 통과한 저편에서만 얻을 수 있는 것이다. 나를 지울 때에 내가 전체가 되고 전체가 하나가 되고 내가 하나도 되고 전체도 될 수 있기 때문이다. 또 모든 성스러움에 대한 고착도 무너뜨려야 한다. 부처님이 간시궐(乾屎橛)이라는 똥 닦는 막대기와 마삼근(麻三斤)이라는 삼베 세 근과 같이 되어야 한다. 부처님은 무한히 더러워질 수 있기 때문에 무한히 깨끗하다. 앞으로 백년 후면 이 세상 사람이 아닌 것을 걱정하는 사람, 좋아하는 모든 것을 다 남겨두고 떠난다는 것이 억울하고 괴롭다고 생각하는 사람은 없을 무자와 똥치는 막대기를 모르는 사람이다. 백년 전과 백년 후가 한꺼번에 극락이고 한꺼번에 지옥이며 한꺼번에 자유이고 한꺼번에 감옥인 그런 경지가 구지화상이 내 보인 한 손가락의 의미이다.

《벽암록》25칙에 외도문불(外道問佛) 즉, 외도가 부처님에게 질문하는 것이 있다. 한 외도가 부처님에게 '있는 것도 아니고 없는 것도 아닌 경지를 말씀해주십시오' 하고 여쭈었다. 그러자 부처님은 아무 말 없이 그의 눈을 빤히 바라보기만 했다. 그러자 외도는 크게 감탄하면서 '부처님의 큰 자비가 저의 모든 미혹과 모든 번뇌의 구름을 다 걷히게 하고 맑은 햇살이 찬란하게 비치도록 해주셨습니다' 하고 고마워했다. 그리고 부처님에게 무수히 예배를 올렸다. 옆에 있던 아난존자는 어안이 벙벙했다. 그래서 외도가 떠난 후에 부처님께 '그 외도가 무엇을 보고 깨쳤다는 것인가요' 하고 여쭈었다. 부처님은 '영리한 말은 채찍의 그림자만 보고도 달리는 것과 같다'고 대답했다.

선에 있어서 하나는 결코 말이 아니다. 말은 분별심을 통해서 나오고 분별에 의해서 이해되기 때문이다. 조주화상이 풀이하는 만법귀일 일귀하처의 하나와 구지화상이 보이는 한 손가락의 하나는 바로 부처님이 보인 침묵과 같다. 아주 영리한 소는 주인의 움직이는 것만 보아도 갈 때와 설 때를 안다. 조금 덜 영리한 소는 '이랴' 하고 외쳐야 앞으로 나아간다. 멍청한 소는 채찍을 들거나 맞아야 움직인다. 선사들이 뜻하는 하나를 말로 나타냈을 때는 이미 그것은 하나가 아니다. '여섯시 오분 정각입니다' 하고 말하는 순간 이미 그 시간이 아닌 것과 같다. 그래서 그 하나는 말로 배울 수 있는 것이 아니다.

스승이 제자에게 항상 가르치기를 '남이 나에게 부당하게 대하거나 불쾌하게 대하는 경우가 있으면 바로 반응을 보이지 말고 10분씩 세번, 30분을 깊이 생각한 뒤에 적절하게 대응하라'고 말했다. 어느 날 좀 모자란 사람이 그 제자에게 계속 욕설을 해댔다. 제자는 정확하게 30분이 지나기를 기다렸다. 그리고 30분이 지나자마자 그 모자란 사람의 목을 졸랐다. 남에게서 배운 하나는 어떤 일을 저지를지도 모른다. 터득한 하나여야만 한다는 말이다.

64. 번뇌의 활용과 문제의식

번뇌의 파도를 타는 시험에서 두 선승 모두 합격했다. 한 선승은 기생과 춤을 추었고 다른 선승은 삼개월 동안 그 생각으로 온갖 고민을…

바다에서 헤엄을 치려면 맨 먼저 파도 타는 법을 익혀야 한다. 파도가 없으면 수영하기가 좋기는 하지만, 파도는 바다에서 수영하는 사람이 불가피하게 만나야 하는 현실이다. 바람이나 파도를 원망한다거나 파도를 모두 없애야겠다고 생각하는 것은 어리석은 일이다.

세상에는 욕망과 경쟁이라는 파도가 있다. 세상은 생존경쟁의 싸움터이다. 왜 세상에는 욕망이라는 바람이 이느냐고 따지는 것은 어리석은 일이다. 세상은 우리가 살고 있는 현실이다.

우리의 마음으로 돌아와보자. 그곳에도 파도가 있다. 마음 속에 파도가 없다면 그는 백치이다. 마음의 파도는 번뇌망상이다. 참선하는데 번뇌의 파도가 없으면 좋겠지만, 그 파도는 수행자가 만날 수밖에 없는 현실이다. 바다에서 수영하려면 파도타기를 익혀야 하듯이 자기 마음의 바다에서 수행이라는 이름으로 수영하려면 그곳에서도 나름대로의 파도타기가 있어야 할 것이다. 선에서는 어떻게 번뇌를 타고 망상을 활용하는지 궁금하다.

《벽암록》 87칙에 운문약병상치(雲門藥病相治)라는 공안이 있다. 운문화상이 수행자들에게 병과 약의 상호 관련에 대해서 말한다.

"세상사람들은 약이 일방적으로 병을 고치는 것이라고 생각한다. 그

러나 그렇지 않다. 약은 병을 고치지만 반대로 병은 약을 다스린다. 온세
상이 다 약 아닌 것이 없는데, 너희들은 무슨 약으로 쓰일 것이냐?"

여기서 약이 병을 고친다는 말은 쉽게 이해가 가지만, 반대로 병이
약을 다스린다는 말은 알쏭달쏭하다. 의사와 관련지어서 만들어진
세상의 우스갯소리가 있다.

한 의사의 아들이 의대를 졸업하고 모든 수련의 과정을 다 마친 다
음에 의사가 되었다. 그때쯤 되어서 아버지는 나이가 많이 들어 좀
쉬고 싶어했다. 아들 의사에게 한 환자가 왔는데, 그 환자는 지난 20
년 동안 똑같은 병을 앓고 있었다. 아들은 즉각 그 병이 치료되도록
처방해주었다. 아들은 아버지를 만나서 20년 동안 고생하던 환자를
고쳐주었다고 자랑했다. 그러자 아버지는 '너는 너를 공부시켜준 사
람을 떠나보냈구나' 하고 안타까워했다. 그 환자가 병원에 치료비를
계속해서 냈기 때문에 아들이 긴 세월 동안 많은 돈을 쓰면서 의학공
부를 할 수 있었다는 뜻이었다.

한번 민사재판에 말려들면 그 재판이 완료될 때까지 몇년이 걸린
다. 100만원에 관계된 재판을 수년 동안 하고나면 그 재판을 이긴다
고 하더라도 100만원 이상이 들 수가 있다. 그래서 보통사람은 재판
을 기피한다. 그런데 만약 재판이 없다면 변호사들은 할 일이 없을
것이다. 변호사들이 생활하려면 재판기간이 더 길수록 좋다.

의사나 변호사에게만 문제가 있어야 하는 것은 아니다. 우리가
우리의 마음을 다스리는데도 우리에게 아무런 욕망이나 번뇌나 고통
이 없다면 우리는 구태여 참선을 하거나 도를 닦으려고 하지 않을 것
이다. 우리가 도를 닦으려면 먼저 문제의식이 있어야 한다. 해결이
안되면 답답하고 괴로운 것이 있어야 하고, 알고 싶은 것이 있어야
한다. 그래서 조사스님들은 잡초가 많은 밭에 곡식을 심으면 잘 자라
듯이 번뇌가 많은 마음에 큰 도심도 생길 수 있다고 한다. 운문화상

이 약은 병을 고치지만 반대로 병은 약을 다스린다는 말은 바로 이것을 뜻한다. 병이 없으면 약은 아무런 쓸모가 없기 때문이다.

사람의 모양을 지녔다고 해서 다 사람이 아니다. 삶이란 무엇인가에 대해서 큰 의문을 던질 수 있는 사람만이 진정한 사람이라고 할 수 있다. 큰 의문을 가진 사람을 상근기(上根機)라고 하고 작은 의문을 가진 사람을 하근기(下根機)라고 한다. 아무런 의문도 없는 사람, 아무런 고통도 없는 사람은 백치와 다를 바 없다. 백치는 산 송장과 같다. 보기에는 분명히 다른 사람과 아무런 다름이 없는 걸어다니는 송장이다. 문제가 없는 사람에게는 문제의 해결도 필요가 없다. 문제가 없는 사람은 결국 도를 이룰 수 없는 셈이 된다.

여기에 문제의식이 없는 껍데기만의 선승을 내동댕이쳐버린 한 노파의 이야기가 있다. 《선문염송(禪門拈頌)》에 나오는 노파소암(老婆燒庵)이라는 공안이다.

한 노파가 참선에 전념하는 선승을 오랫동안 봉양했다. 선승이 작은 암자에서 참선을 한지 20여 년이 지났을 즈음 노파는 선승의 공부가 어느 정도인가를 보고 싶어했다. 만약 아무런 문제의식도 없는 이라면 20년이 아니라 200년이 지나더라도 도(道)가 높아질 수 없기 때문에 어떤 문제의식을 가지고 참선하는지 시험해보고 싶었다. 그래서 미녀 한 명을 예쁘게 단장시켜서 선승이 참선하는 방으로 들여보냈다. 미녀는 선승을 부둥켜안았다. 그리고 표정을 살폈다. 그러나 표정의 동요가 전혀 없었다. 여인은 더욱 선승에게 파고들면서 기분이 어떠냐고 물었다. 선승은 '천년 묵은 고목이 바윗돌에 기댄 것처럼 아무런 전기나 온기가 통하지 않는다'고 대답했다. 여인은 할머니에게 돌아와서 벌어졌던 일을 이야기했다. 그 할머니는 '20년 동안 산 송장 식충이를 뒷바라지하느라고 헛고생만 했다'고 탄식했다. 그 길로 선승을 쫓아버리고 그 암자를 불질러버렸다.

여기서 노파는 한 소식을 얻은 사람으로 인정된다. 그 선승이 노파가 보낸 여인을 어떻게 대했어야 노파가 만족했겠는가 하는 것이 화두로서의 문제이지만, 우리는 그 문제의 답을 만들 수도 없고 만들어서도 안된다. 공안의 문제는 영원히 문제로 남아 있어야 하기 때문이다. 그러나 우리가 말하는 문제의식과 관련시켜서 생각해볼 때 그 선승은 운문화상이 말하는 생사를 아파하는 병색이 조금도 없다는 것이다. 병이 있으려면 정열이 있어야 하고, 정열이 있으려면 마음이 건강해야 한다. 고목과 바위의 부딪침만을 느끼는 그 선승에게는 정열이나 번민이나 고통이 없는 것만은 분명하다. 번민과 고통이라는 문제 자체가 없는 이에게 어떤 깨달음을 기대한다는 것은 소금에서 싹이 나기를 기대하는 것과 같다.

우리에게는 황진이의 이야기가 있다. 황진이가 두 사람을 동시에 유혹해서 누가 그 유혹에 흔들리는가를 보는 이야기이다. 유혹의 대상은 10년 동안 수도한 지족선사와 화담 서경덕이다. 지족선사는 황진이의 바람에 넘어갔고 서경덕은 넘어가지 않았다고 전해진다. 세상에서는 황진이가 서경덕에 대해서 마음이 기울었다는 것과 서경덕의 인품이 고매했다는 것을 나타내기 위해서 지족선사를 등장시키지만, 지족선사로서는 억울한 셈이다. 왜냐하면 그 이야기 중에서 지족선사의 역할은 오직 황진이와 서경덕을 떠받치는 일뿐이기 때문이다. 지족선사의 삶에 대한 문제의식과 수행태도는 아무런 관심의 대상이 되지 않는다. 그러나 분명히 해야 할 것은 노파소암의 공안에 나타나는 이야기에 의해서 지족선사의 흔들림이 합리화될 수는 없다. 수도적인 면에서는 지족선사 쪽이 훨씬 더 진지하고 정열적일 수도 있지만, 다른 한편으로는 형상으로 보이는 책임의 면이 있다. 지족선사는 포교의 면에서 불조(佛祖)에게 누를 끼친 것이다.

두 선승이 산속에서 수도를 하고 있었다. 식량이 떨어지게 되면 이 마을 저 마을을 다니며 탁발을 하기도 했다. 어느 마을을 지나는데 마을의 한 부호가 많은 기생들을 불러서 환갑잔치를 하고 있었다. 두 선승은 그 잔칫집에 들어가서 오래간만에 영양가 있는 음식도 먹고 또 곡차도 마셨다. 곡차를 마시고 있노라니 술취한 기생이 한 선승의 소매를 끌었다. 같이 춤을 추자는 것이었다. 그 선승은 분위기를 깨는 것이 미안해서 양팔을 올리고 아리랑을 추는 척했다. 그러자 이번에는 술취한 기생이 품안에 안겨들었다. 선승은 놀라지 않고 자연스럽게 그 기생을 밀쳐냈다. 그 장면을 본 다른 선승은 너무도 놀라서 가슴이 뛰다 못해 다리까지 후들후들 떨고 있었다.

두 선승은 산으로 돌아왔다. 그 잔치에 대해서는 서로 아무 말도 하지 않았다. 그러나 3개월쯤 뒤에 한 선승이 기생과 춤을 추었던 도반에게 점잖게 충고를 했다. '어찌 수도승으로서 기생한테 끌려나가 같이 춤을 출 수 있습니까' 하는 것이었다. 그러자 춤춘 수도승은 웃으면서 도반에게 말했다. "소승은 3개월 전에 겨우 30분 동안 여자를 생각하고 여자의 손을 잡았지만, 스님께서는 3개월 동안 그 기생을 가슴에 품고 있었군요." 이 말에 힐난했던 선승은 할 말을 잃었다. 번뇌의 파도를 타는 문제에 있어서 두 선승 모두 합격했다. 한 선승은 기생과 춤을 추었고 다른 선승은 3개월 동안 그 생각으로 온갖 고민을 다 했기 때문이다.

여·덟·째·마·당

닦음과 깨달음
그리고 참다운 삶

소를 찾아나선 목동은 일단 소의 발자국을 발견한다. 물질과 행복이 물물교환처럼 바로 맞바꾸어질 수 없다는 것을 어렴풋이 느끼기 시작하는 것이다. 우리 마음 속에는 표면적으로 구하는 것 말고 그것을 구해서 다른 참다운 것과 교환하려는 마음이 있다는 것을 느끼게 된다.　　　　　　(심우도)

선에 들어갈 때는 몸과 숨결과 마음을 고르게 하여야 한다. 만일 거동하는 것이 크고 거칠면 그에 따라 호흡이 커지고 숨결이 거칠어진다. 숨결이 거칠어지면 그에 따라 마음이 산란해지고 평정을 잃게 된다.　　　　　　(천태소지관)

참마음은 밖에 있거나 깨달은 다음에야 있는 것이 아니라 미혹한 범부인 바로 나에게 있다. 그렇지만 범부는 그것을 보지 못한다. 마치 어둠 속에서 그림자가 보이지 않는 것과 같다.　　　　　　(보조국사의 참마음)

번뇌와 직접 싸워서 물리치려고 하는 것은 교학의 방법이고, 번뇌의 뿌리를 보아서 번뇌의 일어남이 없음을 터득하려고 하는 것이 선가의 입장이다. 번뇌의 뿌리에서 번뇌가 본래 없음을 깨달음으로써 상대해야 할 번뇌가 완전히 쉬게 된다.　　　　　　(성철선사의 돈오돈수)

물고기가 바닷물 속에서 헤엄칠 때 바다 밑은 무한히 넓다. 그러나 무한히 넓은 바다가 모두 물고기의 영역이 되는 것은 아니다. 물고기가 헤엄친 만큼만 물고기의 영역이 된다.　　　　　　(도원선사의 수증불이)

장작이 타서 재가 되고 겨울이 봄이 되기는 하지만, 재에는 이미 장작이 전제되어 있고 장작에는 이미 재가 예상되어 있다.　　　　　　(삶과 죽음)

영원의 현재는 산에 오르고 강을 건너는 시간에 있다. 행동하는 순간에 모든 시간의 의미가 다 몰려 있다. 그래서 영원한 현재는 영원을 포함하는 현재의 수행이 된다.　　　　　　(수행 속의 절대현재)

65. 잃어버린 소와 마음

마음을 찾아나서는 것은 인간만이 할 수 있는 일이다. 개나 원숭이나 돌고래가 아무리 영리해도 마음을 찾으려고는 하지 않는다.

　불교에 있어서 세상에 존재하는 일체의 사건이나 사물은 그대로 마음이다. 마음이 그것들의 기능이나 용도나 가치를 규정하기 때문이다. 실제로 그것들이 어떻게 존재하든 간에 사람의 마음이 사물들을 그렇게 보아줄 때만 인간에게 있어서 사물들은 그렇게 존재하도록 되어 있다. 그러므로 선에 있어서 마음을 찾는 것은 마음을 보는 것이고, 마음을 보는 것은 우주의 삼라만상을 다 보는 것이다. 선사들은 잃어버린 마음 찾는 방법을 잃어버린 소를 찾는 것에 비유했다. 소 찾는 과정을 그림으로 나타내고, 다시 그 그림에 게송을 붙였다. 사찰을 찾아가면 큰 법당이 있다. 그런데 대부분의 경우 큰 법당 뒤편 바깥쪽에는 이 심우도(尋牛圖) 즉, 소를 찾는 그림이 그려져 있다.
　심우도는 본래 중국의 도가(道家)로부터 나왔다고 전해지고 있다. 도가 쪽에서는 본래 여덟 단계로 나누었는데, 송나라의 곽암선사가 열 단계로 늘였다고 한다. 열 단계로 늘일 때 여덟 단계의 내용을 그대로 부풀린 것이 아니라 여덟 단계에 이어서 두 단계를 더 붙였다. 이 두 단계는 도의 세계에서 현실의 세계로 다시 되돌아나오는 것을 나타낸다. 곽암선사 이전에 보명선사는 목우도(牧牛圖)를 열 단계로 만들었는데, 여기에서는 둥근 원을 그린 일원상(一圓相)으로 끝을 맺는다. 이밖에도 여러 가지의 심우도가 있지만, 곽암선사의 것이 가장 유명하다.

곽암선사 심우도의 첫번째는 심우(尋牛)로 한 목동이 소를 찾아 산길을 나서는 그림이 그려져 있다. 소가 어느 방향으로 갔는지 짐작할 수도 없다. 마음을 찾아나서는 것은 인간만이 할 수 있는 일이다. 개나 원숭이나 돌고래가 아무리 영리해도 마음을 찾으려고는 하지 않는다. 사물의 여실한 존재에 대해서 알려고 하지 않는다. 인생에 대해서 묻지 않는다. 오직 인간만이 저 마음, 저 소를 찾기 위해서 무작정 험한 산길을 들어선다.

그러나 아무나 다 소를 찾아나서지는 않는다. 바둑이나 장기에 깊이 빠지다보면 '잠깐만, 잠깐만' 하면서 일어날 줄을 모른다. 바둑을 둘 때는 기껏해야 하루나 이틀 두면 일어나겠지만, 세상일에 빠지면 '일어나야지, 일어나야지' 하면서 일어나지 못한다. 처음에는 돈을 번 다음에 좀 쉬면서 인생을 음미하려고 마음먹지만, 일이 잘되면 그 잘되는 일을 그만둘 수 없기 때문에 일어나지 못하고 일이 잘못되면 그것을 잘되게 만들려고 일어나지 못한다. 소를 찾아나서는 것은 바둑을 두다가 일어나고 일을 하다가 벌떡 일어나는 것과 같다. 참다운 삶의 길이 무엇인가, 도가 무엇인가를 묻는 것과 같다.

두번째는 견적(見跡)이다. 목동이 소가 지나간 발자취를 발견하는 모양이 그려져 있다. 우리가 속세의 5욕락에 취해 있기는 하지만 우리의 마음을 가만히 들여다보면 5욕락만을 구하고 있는 것같지는 않다. 가령 재물만을 찾는다면 재물을 구하기는 어렵지 않다. 은행 앞에 가서 사진을 찍으면 된다. 부동산을 구하기도 어렵지 않다. 자기가 원하는 땅이나 건물 앞에 가서 사진을 찍어서 가슴에 보관하면 된다. 그러나 우리가 구하는 것은 그것이 아닌 것같다. 돈으로 무엇인가를 살 수 있다고 생각하고 있다. 재산으로 훌륭한 자손과 좋은 사람의 마음과 행복을 살 수 있다고 생각하고 있다. 소를 찾아나선 목동은 일단 소의 발자국을 발견한다. 물질과 행복이 물물교환처럼 바로 맞바꾸어질 수 없다는 것을 어렴풋이 느끼기 시작하는 것이다. 우리 마음 속에는 표면적으로 구하는 것 말고 그것을 구해서 다른 참다운 것과 교환하려는 마음이 있다는 것을 느끼게 된다.

세번째는 견우(見牛)이다. 목동이 소의 꼬리 부분을 발견하고 쫓아가는 모습이 그려져 있다. 이 속세는 생존경쟁의 세계이다. 강한 자만이 약한 자의 것을 빼앗을 수 있다. 힘을 쓰는 자만이 자기가 힘을 쓴 만큼 결실을 거둘 수 있다. 소의 꼬리 부분 즉, 마음의 한 모퉁이를 발견한 우리는 그것도 세상에서처럼 다부지게 덤벼드는 사람이 잡을 수 있는 것으로 생각하고 소를 향해 달려간다.

네번째는 득우(得牛)이다. 소의 고삐를 잡은 목동이 소를 잡아끌려고 하고 소는 따라오지 않으려고 반항하는 모습이 그려져 있다. 목동이 힘으로 끌려고 하니까 소도 힘으로 도망치려고 한다. 물질적인 것을 소유하는데 익숙해온 우리는 우리의 마음이나 참된 삶의 길도 소유할 수 있다고 생각한다. 그러나 참다운 마음이나 진리는 소유할 수 있는 것이 아니다. 억지로 잡아끌 수 있는 것이 아니다. 소유하려고 하는 이에게 소가 굴복하지 않는 것은 당연하다.

다섯번째는 목우(牧牛)이다. 목동이 고삐를 잡아 소를 끌고 가는 모양이 그려져 있다. 앞에서는 소를 억지로 잡으려고 했지만 여기서는 소를 키우려고 한다. 먹을 것을 주기도 해서 소를 달래기는 했지만 고삐만 놓으면 소는 언제고 도망가려고 한다. 참마음을 찾기는 했는데, 그 마음이 마음대로 따라주지 않는다. 조심스럽게 마음을 살펴야 한다. 만약 긴장이 풀리고 여유를 주면 마음은 언제고 삐뚤어져나갈 태세이다. 그래서 마음의 고삐를 꼭 잡고 항상 팽팽한 긴장을 유지하는 단계이다.

여섯번째는 기우귀가(騎牛歸家)이다. 피리를 부는 목동을 태우고 소가 스스로 집을 향해 걸어가는 모습이 그려져 있다. 이제는 목동과 소와의 실랑이는 끝났다. 목동이나 소가 다같이 집으로 돌아가야 한다는 것을 알고 있다. 그래서 소가 스스로 걸어가고 목동은 소에게 큰 믿음을 준다. 마음의 본래자리는 진여의 자리, 생멸이 없는 자리이다. 그것에 대한 확고한 믿음을 가지고 돌아갈 곳은 오직 그곳밖에 없다는 것을 아는 단계이다. 이젠 방황의 먼 여행이 끝났다. 봄을 찾아서 이곳 저곳을 헤매다가 집에 핀 매화를 보기 위해서 돌아가는 것이다.

일곱번째는 망우존인(忘牛存人)이다. 소는 없고 목동만 있다. 먼 산 위에 달이 걸려 있고 목동은 온세계를 다 자신의 몸으로 바라보는 모습이 그려져 있다. 목동은 이제 집에 돌아왔다. 소를 다스리기 위해서 고삐와 채찍을 잡을 필요도 없어졌다. 아주 평화로운 상태에 이르렀다. 소는 본래 없는 것인데, 공연히 소를 찾고 잡아끌고 달래기 위해서 애썼다. 여기서 소는 모든 장난감의 상징이다. 건물이라는 장난감, 자동차라는 장난감, 그리고 이익을 남기기도 하고 손해를 보기도 하는 그런 사업의 장난감이다. 또 말동무이기도 하다. 아내이기도 하고 자녀이기도 하고 또 친구이기도 하다. 오랫동안 그들을 잡으려고 하다가 이제는 모두 잊어버리고 놓아버린 것이다.

여덟번째는 인우구망(人牛具忘)이다. 목동도 없고 소도 없다. 오직 동그라미 하나만 그려져 있다. 소를 놓아버리고 한 걸음 더 나아가서 목동 자신까지 비우게 되었다. 지금까지 고생한 것은 목동 자신에 대한 맹목적인 집착 때문이었다. 자신을 지우고나니 이제는 아무것도 걸릴 것이 없다. 대 자유인이 되었다. 앞이 탁 트였다. 시원하다. 우리에게 있는 '나'라고 하는 그놈이 온갖 말썽을 다 일으켰는데, 그 나를 쉬고 보니 그 이상 가뿐하고 편안하고 시원할 수가 없다. 하늘을 날아갈 듯하다. 나를 잊으니 세상에 있는 모든 것을 다 잊었다. 그전에는 내가 내 눈을 가려서 세상일을 바로 보지 못했는데, 이제는 시야가 트였다. 모든 것이 있는 그대로 보인다.

아홉번째는 반본환원(返本還源)이다. 목동이나 소는 보이지 않고

산과 물과 꽃과 새들의 모양이 그려져 있다. 진공묘유(眞空妙有)라고
했던가. 완전히 비운 가운데 완전히 찬 것이 나타났다. 성철스님의
법문집 제목인 산은 산 물은 물이 그대로 나타났다. 그런데 이 산과
물은 그전의 것이 아니다. 완전히 환골탈태한 깨달음의 눈으로 본 것
이다. 큰 부정을 거친 긍정이다. 여기서 산과 들과 꽃은 다시 나타난
속세를 말한다. 《반야심경》에서 색불이공(色不異空)으로 색의 세계
에서 공의 세계로 들어갔다가 공불이색(空不異色)으로 공의 세계에
서 다시 색의 세계로 나온 것과 같다. 몸부림치며 방황했던 그 옛날
의 세계가 새롭게 나타난 것이다.

열번째는 입전수수(入鄽垂手)이다. 포대화상과 동자가 표주박을
차고 시정으로 들어가는 장면이 그려져 있다. 공(空)의 세계로부터
색(色)의 세계로 나온 목동은 시장의 시끄러운 경계에서 마음이 어
떻게 흔들리는가를 관찰하기도 하고 평범한 사람의 모습으로 도인의
생활을 시작한다. 송곳과 같은 지혜를 깊이 감추고 다니기는 하지만
혹 그 지혜의 송곳이 드러날 때는 그것을 자비로 번역해서 사람들을
유익하게 한다. 그의 모양은 범부지만, 그가 하는 일은 보살행이다.

66. 좌선의 자세

> 욕망과 분노의 마음을 지워야 하고 감각기관을 다
> 스려야 한다. 음식, 잠, 몸, 숨결 등을 조절해야 한
> 다. 특히 몸과 숨결과 마음을 가다듬어야…

　스포츠 해설가에 의하면 경기를 잘하려면 선수들의 자세가 중요하
다고 한다. 이 자세의 문제는 어떤 특정한 스포츠에만 특별히 더 적
용되기도 하고 덜 적용되기도 하는 것이 아니라 모든 스포츠에 똑같
이 적용된다고 한다.
　운동에만 자세가 중요한 것이 아니다. 붓글씨를 쓰는데도 바른 자
세가 중요하다. 서도의 기본은 자세이다. 그렇다면 참선을 하는데 있
어서도 바른 자세가 필요할 것이다. 특히 좌선(坐禪)을 할 때 자세의
중요성은 말할 필요도 없을 것이다.
　좌선의 기본적인 자세를 가르치는 책은 천태(天台)대사의 《소지
관(小止觀)》이다. 뒤에 규봉 종밀(圭峯宗密)이나 장로자각 종색(長蘆
慈覺宗賾)을 비롯하여 많은 이들이 좌선의 자세에 관한 책을 만들었
지만, 모두 《천태소지관》의 내용을 기본으로 하고 있다. 같은 내용의
순서를 바꾼다거나 표현을 바꾸는 정도일 뿐이다. 《천태소지관》에는
본격적인 좌선에 들어가기 전에 갖추어야 할 것으로 25방편(二十五
方便)을 들고 있다. 스물다섯 가지의 준비가 필요하다는 것이다.
　25방편은 다섯 가지에 각 가지마다 다시 다섯 항목이 붙어서 스물
다섯 가지를 이룬다. 다섯 가지 인연을 갖추고 다섯 가지 번뇌를 버
리고 다섯 가지 감각기관의 욕망을 다스리고 다섯 가지 일을 조절하

고 다섯 가지 정신집중을 하는 것이다.

바르게 선을 하기 위해서는 계율이 청정해야 하고 의식이 갖춰 있어야 한다. 또 고요한 환경과 함께 참선을 지도할 스승이 있어야 한다. 욕망과 분노의 마음을 지워야 하고 감각기관의 욕망도 다스려야 한다. 그리고 음식, 잠, 몸, 숨결, 마음 등을 조절해야 한다. 이 가운데서도 몸, 호흡, 마음을 조절하는 것이 바로 오늘 우리가 살피려고 하는 좌선의 기본이 된다. 그러면《소지관》의 규정을 들어보자.

몸을 고르게 하는 것, 숨결을 고르게 하는 것, 마음을 고르게 하는 것은 한꺼번에 행해야 하는 것이기 때문에 나누어서 설할 수가 없다. 선에 들어갈 때는 몸과 숨결과 마음을 고르게 하여야 한다. 만일 거동하는 것이 크고 거칠면 그에 따라 호흡이 커지고 숨결이 거칠어진다. 숨결이 거칠어지면 그에 따라 마음이 산란해지고 평정을 잃게 된다. 좌선을 하려면 먼저 앉을 자리가 편안해야 오래도록 집중할 수가 있다. 다리를 바르게 함에 있어서 반가부좌(半跏趺坐)를 한다면 왼편 다리를 오른편 다리 위에 놓고 끌어당겨서 몸에 가까이하되 왼편 발가락이 바른편 허벅다리와 가지런하게 하고 또 바른편 발가락이 왼편 허벅지와 가지런하게 해야 한다. 만일 결가부좌(結跏趺坐)를 하려면 바른편 다리를 위로 올려 왼편 다리 위에 올려놓는다. 다음에 손을 편하게 하되 왼편 손바닥을 바른편 손 위에 놓고 손을 겹쳐서 서로 대하게 한다. 두 손을 가지런하게 왼편 다리 위에 놓고 몸 쪽으로 끌어당겨서 안정시킨다.

여기서 천태대사는 몸과 호흡과 마음은 한꺼번에 작용하기 때문에 나누어서 생각할 수 없다고 한다. 몸이 거칠면 그에 따라 호흡과 마음이 차례로 거칠어진다. 몸이 가다듬어져야 호흡이 다듬어지고 마음도 고요해진다는 것이다.

좌선을 하려면 먼저 고요한 환경을 택하고 번잡한 인연을 끊어야 한다. 편안한 자리도 필요하다. 선방에서는 보통 두 개의 방석을 쓴다. 한 개는 접어서 엉덩이 쪽을 높이 받치도록 놓는다. 그 위에 다른 한 개를 펴고 양쪽 다리가 편안하게 앉는다.

다리의 위치는 반가부좌와 결가부좌가 다르다. 반가부좌는 한쪽 발을 다른 한쪽 허벅지 위에 올려놓는 방법이고 결가부좌는 양쪽 발을 새끼 꼬듯이 엮어지게 하는 방법이다. 천태대사 이후 현재에 이르도록 반가부좌와 결가부좌를 할 때 기본적인 발의 위치가 정해져 있다. 반가부좌로 앉을 때는 왼쪽 발을 오른쪽 허벅지 위에 놓고 결가부좌를 할 때는 오른발을 왼발 위에 놓고 두 발이 엮어지게 한다. 이처럼 가부좌를 하는 것은 기본적인 자세일 뿐이고 좌선 도중에 저리고 쥐가 나면 위치를 서로 바꿔도 된다.

손의 위치는 오른손을 펴서 아래에 놓고 왼손을 펴서 그 위에 놓는다. 그리고 양 손의 엄지손가락의 끝을 모아 타원형을 만들면서 서로 맞닿게 한다. 그렇게 단정하게 모은 두 손을 배꼽 밑에 세 치쯤 되는 단전(丹田) 앞으로 끌어당겨 편안하게 한다.

그런데 천태대사 이후에 현재까지도 계속 이어지고 있는 이 좌선의 자세는 인도의 것과 다르다. 인도에서 조성된 부처님을 보면 반가부좌를 할 경우 오른편 발을 왼편 다리 위에 올려놓는다. 또 오른손을 왼손 위에 올려놓는다.

인도에서는 옛날부터 현재에 이르도록 오른손을 깨끗한 것을 만지는 용도로, 그리고 왼손을 더러운 것을 만지는 용도로 정해왔다. 인도의 일반서민들은 지금도 수저를 쓰지 않고 손으로 밥을 집어서 먹을 때 오른손을 쓴다. 변을 보고 뒤를 닦을 때는 왼손을 쓴다. 손은 물건을 들 때 사용하기 때문에 더러운 것을 드는 손과 깨끗한 것을 드는 손이 구별되지만, 발은 실제로 구별되지 않는다. 그렇지만 관념적으로나마 손의 예를 발까지 적용시켜서 오른발을 청정한 발로, 왼발을 부정한 발로 생각하는지도 모른다. 여하튼 인도에서 조성된 불상들의 발과 손을 보면 오른발과 오른손이 왼쪽의 것을 누르고 있다.

그러나 천태대사의 좌선법은 그 반대이다. 반가부좌를 할 경우 왼손과 왼발이 오른쪽 손과 발을 누르게 한다. 천태대사가 인도의 좌선법을 몰랐을 리가 없지만 중국적으로 변형한 것을 채택한 듯싶다. 그리고 천태대사는 좌우 손발에 음양법(陰陽法)을 적용해서 설명한다. 음(陰)은 정적(靜的)이고 양(陽)은 동적(動的)이다. 왼손과 왼발은 음에 속하고 오른손과 오른발은 양에 속한다. 몸과 마음을 가라앉게 하려면 정적인 음으로 동적인 양을 눌러주어야 한다. 그래서 음에 속하는 왼손과 왼발로 양에 속하는 오른손과 오른발을 누르게 한다.

천태대사 이후 중국에서도 왼쪽 손발을 위에 놓는 방법이 인도의 반가부좌법과 다르다는 점이 지적되었지만, 이미 《소지관》의 방법이 굳어져 있었기 때문에 바뀌지 않고 현재까지 이르고 있다.

좌선할 때는 척추를 꼿꼿이 세워야 한다. 머리로부터 허리 아래 꽁지뼈 끝까지를 수직으로 세워야 한다. 눈은 뜨되 편안하게 해야 한다. 보통 눈으로부터 코끝으로 내려가는 각도가 이루어지도록 시선을 보내라고 한다. 눈을 감아도 좋지만 그렇게 되면 잠이 오고 멍해질 염려가 있고, 눈을 너무 뜨면 산란해질 염려가 있다. 그래서 눈을 감지도 않고 완전히 뜨지도 않은 상태에서 쉬게 한다.

또 좌선을 하는데는 호흡을 잘 다스려야 한다. 호흡은 길고 고르고 깊게 하는 것이 기본이다. 호흡을 천천히 하면 자연히 들이쉼과 내쉼이 길어진다. 숨을 들이쉬고 내쉬는데 길이의 차이가 약간 있을 수 있다. 들이쉬는 숨은 내쉬는 것에 비해서 약간 짧고 가벼울 것이고, 내쉬는 숨은 보다 길고 무거울 것이다. 그러나 숨을 길게 쉰다고 해서 처음부터 무리할 필요가 없다. 너무 힘들지 않을 정도로 조금씩 숨의 길이를 늘려나가면 힘들이지 않고도 익숙해지게 된다. 숨을 여리고 고르게 쉬라고 할 때 보통 '콧속의 털이 움직이지 않게 하라'고 선사들은 가르친다. 아주 천천히 고르게 숨을 쉬라는 뜻이다.

숨을 길고 여리고 고르게 해야 할 뿐만 아니라 깊이 쉬어야 한다. 보통사람은 가슴으로 숨을 쉬는데 그것은 얕게 쉬는 호흡이다. 깊은 호흡은 아랫배의 단전으로 숨을 쉬어야 한다고 한다. 공기가 아랫배까지 깊이 많이 들어갔다가 나오게 하는 방법이다. 보통 단전호흡이라고 부른다. 그러나 좌선에 있어서의 단전호흡은 기(氣)를 단련시키기 위해서 기공을 닦는 사람들의 것과 다르다. 기공에 있어서는 억지로 힘을 주지만 선에 있어서는 자연스럽게 한다. 숨을 너무 깊이 많이 쉬려고 무리하게 힘쓰지 않는다. 깊이 숨을 쉬다보면 그 숨결이 자신도 놀랄 정도로 점점 깊어진다.

좌선을 하는 마음가짐은 물론 고요히 해야 하겠지만 멍한 상태가 아니다. 서산대사의 《선가귀감(禪家龜鑑)》에는 좌선할 때의 세 가지 마음을 들고 있다. 대신근(大信根) · 대분지(大憤志) · 대의단(大疑團) 즉, 큰 믿음과 큰 분심과 큰 의심이다. 큰 믿음이란 깨달음에 이를 때까지 물러나지 않겠다는 결심이기도 하고 반드시 깨달음을 얻는다는 확신이기도 하다. 내가 본래 부처임을 확신하고 본래의 부처를 반드시 회복하겠다는 서원도 된다. 큰 분심이란 부처님과 조사스님들의 공부와 그 성취를 생각하고 현재 자신의 안일과 공부의 부진을 분하게 생각하는 것이다. 하루하루 허송세월하는 것을 안타깝고 억울하게 생각하는 것이다. 그리고 큰 의심이란 화두에 대한 집중을 말한다. 모든 삶의 문제를 화두에 담아서 혼신을 다해서 의심하고 또 의심하는 것이다.

67. 삶과 죽음을 뛰어넘는 참마음

소가 완전히 길들었는지를 알아보기 위해서는 소를 곡식밭에 데리고 가서 곡식을 함부로 먹는지를 보면 된다. 마음을 점검하기 위해서는…

보조어록 가운데 《진심직설(眞心直說)》이라는 법문이 있다. 우리의 참마음에 대해서 바로 드러내보인다는 뜻이다. 여기에는 참마음을 믿어야 하는 이유를 비롯해서 참마음의 별명, 작용, 소재, 공덕 등을 열다섯 단계로 나누어서 설명한다. 이 가운데는 임제화상의 4료간(四料簡)이나 곽암선사의 심우도(尋牛圖)와 유사한 내용들도 포함되어 있다. 이 법문의 전체를 여기서 차례대로 읽기는 어렵기 때문에 참마음은 나고 죽음을 떠난다는 내용에 초점을 맞춰보도록 하자. 보조국사는 문답형식으로 문제점을 제기한다.

일찍이 견성한 사람은 생사를 벗어난다고 들었습니다. 그런데 과거의 조사들은 다 견성했건만 모두 생사가 있었습니다. 또 현재 수도하는 사람들도 모두 나고 죽음이 있으니 어떻게 생사를 벗어난다고 할 수 있겠습니까.

이 질문을 만든 보조국사는 대답한다.

생사가 본래 없는 것인데 잘못 알고 있다고 헤아린다. 어떤 이가 눈병이 나서 허공의 꽃을 볼 때 정상적인 사람이 허공에 꽃이 없다고 아무리 일러주어도 그 말을 믿지 않지만 눈병이 치료되고 허공꽃이 없어지면 그 말을 믿게 된다. 눈병이 나아서 허공꽃이 없어질 경우 있던 것이 없어지 는 것이 아니라 본래 없던 것을 바로 보게 되었을 뿐이다. 이와 마찬가지 로 사람들이 생사가 있는 것으로 잘못 이해하는데, 생사를 초월한 사람 이 생사가 본래 없다고 알려주지만 사람들은 믿지 않는다. 어느 날 망심 이 쉬어서 생사가 저절로 없어지고나서야 비로소 생사가 없다는 말을 믿 게 된다.

여기서 생사가 없다는 설명은 간단하다. 생사는 본래 없는 것인데, 망녕된 생각에 병든 사람들이 생사가 있는 것으로 잘못 알고 있다는 것이다. 그러나 보조국사의 대답은 이것이 전부가 아니다. 더 깊이 설명된다.

그러므로 경에 말씀하셨다. 한 여인이 문수보살에게 '저는 생이 바로 생이 아닌 법을 분명히 알았사온데 무엇 때문에 생사에 흘러 다닙니까' 하고 물었다. 문수보살이 답하기를 '생사를 아는 힘이 아직 충분하지 못 하기 때문이다'라고 하셨다. 그리고 다른 대답은 '죽순이 필경에는 대가 되지만 지금 당장 뗏목을 만들어 쓸 수는 없다'고 하셨다.

생사가 없음을 아는 것은 생사가 없음을 체험함만 못하고, 생사가 없 음을 체험하는 것은 생사가 없음에 계합함만 못하며, 생사가 없음에 계 합하는 것은 생사가 없는 것임을 쓰는 것만 못한 줄을 알 수 있다. 요즘 사람들은 생사가 없는 것도 알지 못하는데, 어떻게 생사가 없음을 체험 하고 계합하고 활용하겠는가. 그러므로 생사가 있는 것으로 잘못 아는 이는 지금 생사라는 병중에 있으므로 생사가 없다고 믿어야 하지 않겠는 가.

생사가 없는 도리를 알고 있음에도 생사의 물결에 휩쓸려 떠내려가는 것은 아직 철저하게 아는 힘이 부족하기 때문이라고 한다. 그것은 마치 죽순이 대나무가 될 것이기는 하지만 지금 당장 뗏목을 만들수 없는 것과 같다. 보조국사는 생사를 벗어나는 단계를 넷으로 나눈다. 생사가 없음을 아는 단계, 체험하는 단계, 계합하는 단계, 그리고 활용하는 단계이다. 생사가 없음을 아는 단계는 공사상, 갖춤사상, 성기사상 등을 통해서 짐작할 수 있지만, 생사가 없음을 체험하고 계합하고 활용하는 단계는 우리 범부의 범위를 넘어서 있다. 그러므로 《진심직설》의 법문에서 전하고자 하는 참마음이 무엇인가를 살펴서 생사를 활용하는 단계까지 짐작하는 방식으로 우회할 수밖에 없다.

보조국사는 참마음의 도는 아는데도 속하지 않고 모르는데도 속하지 않는다고 했다. 안다고 하면 망상이고 모른다고 하면 멍한 상태이다. 그래서 부처님이 생사를 벗어나는 길을 설하고 조사들이 갖가지 법문을 펴지만, 그것은 최고봉의 진리가 아닌 차선의 방편이라고 한다. 최고봉의 도는 오직 스스로 깨달을 수밖에 없다. 그러나 처음부터 깨달음을 얻을 수는 없으므로 우선 차선의 방편으로 설해진 부처님과 조사스님네의 참마음에 대한 가르침을 믿어야 한다. 불교에서는 믿음이라는 것이 보통 형상의 인과를 믿는 것이지만, 선에서는 자신의 참마음과 그 참마음이 본래 부처라는 것, 그리고 그 부처는 생사를 벗어난다는 것을 믿는 것이다. 물론 믿음과 이해를 겸해야만 한다. 무조건 믿기만 하고 이해하지 못하면 어리석음만 더욱 커지고 이해하기만 하고 믿지 않으면 삿된 소견만 더욱 왕성하다고 한다.

보조국사가 의미하는 참마음은 불성, 여래장, 법신, 진여 등의 말들과 같은 것이다. 이 참마음은 밖에 있는 것이 아니라 미혹한 범부인 바로 나에게 있는 것이다. 그렇지만 범부는 그것을 보지 못한다. 마치 어둠 속에서 그림자가 보이지 않는 것과 같고 지하에 흐르는 물이 보이지 않는 것과도 같다. 항상 있지만 보지 못할 뿐이다.

참마음을 찾기 위해서는 두 가지로 닦아야 한다. 본격적인 수단과 보조적인 수단이다. 본격적인 수단은 무심으로 번뇌를 쉬는 것이고 보조적인 수단은 생명의 삶에 도움을 주는 좋은 일을 행하는 것이다. 참마음을 찾는 것은 바로 생사를 벗어나는 것이 되는데, 그것을 찾기 위해서 먼저 무심 공부를 하라고 한다. 보조국사가 무심을 말하는 것은 조주화상이 개에게 불성이 없다고 하는 것과 같다. 참마음이라고 할 때 사람들은 그것을 정신적으로나 육체적으로 잡을 수 있는 것으로 생각한다. 그러나 무엇을 형상으로 잡으려고 하면 그것은 망심이다. 육체적인 형상은 물질적인 모양이지만 정신적인 형상은 고정된 실체개념이다. 참마음이니, 불성이니, 법신이니 하는 것들도 우리가 생각하는 의미의 실체개념이 아니기 때문에 무엇인가 독자적이고 항상한 것이 있다고 우리가 오해할까 걱정이 돼서 조주화상은 '무(無)'를 말했다. 보조국사는 무심으로 망녕된 집착을 지우라고 한다. 그러나 무심이 쉽게 닦아지지 않는다. 탐·진·치 3독의 습이 있기 때문이다. 이 습관적인 업을 없애기 위해서 남을 위해 베푸는 선행을 하라고 한다. 남에게 내가 가진 것을 주고 양보하다 보면 탐심과 분노와 자기 중심의 어리석음이 줄어들 수가 있다. 보조국사는 '무명의 실체가 바로 불성이고 환(幻)과 같은 이 몸이 바로 진리의 몸'이라는 영가대사의 말을 인용한다. 놓음과 지움과 비움에서 참마음이 얻어진다는 뜻이다.

참마음을 얻으면 생사를 벗어난 것이 되는데, 보조국사는 그 경지에 이르렀는지를 체크할 방법을 제시한다. 소를 길들이는 목동이 소가 완전히 길들었는지를 알아보기 위해서는 소를 곡식밭에 데리고 가서 소가 곡식을 함부로 먹는지 안먹는지를 보면 된다. 마음을 점검하기 위해서는 평상시에 싫어했거나 미워했던 사람에게 마음을 끌고 간다. 이때 여전히 미워하는 마음이 생기면 더 닦아야 하고 무심을 유지할 수 있으면 도가 무르익은 것이다.

싫어하는 것을 싫어하지 않기도 어렵지만 좋아하는 것을 좋아하지 않기도 어렵다. 우리가 좋아하고 싫어하는데는 크게 두 가지의 원인을 생각할 수 있다. 한 가지는 습관의 업력이고 다른 한 가지는 분위기에의 도취이다. 먼저 업력을 생각해보면 금생에 어떤 것과 인연이나 악연이 있어서 한 가지를 좋아하거나 싫어하기도 한다. 또한 금생에 아무런 이유도 없이 전생의 인연으로 좋아하거나 싫어하는 수도 있다. 여러 가지 현실적인 조건으로 봐서 싫어해야 할 이유가 없는데 어떤 일이나 사람을 싫어하는가 하면 좋아하기도 한다. 이같은 일은 금생의 일만으로는 풀이할 수가 없고 전생의 인연으로 돌릴 수밖에 없다.

좋아하고 싫어하는 또 다른 원인의 한 가지는 처해 있는 분위기에의 도취를 들 수 있다. 한 문화권에 살고 있는 사람들이 노동을 싫어하고 시골에 가서 살기를 싫어하면 시골에는 젊은 사람들이 없어지고 시골로 시집가려는 처녀들도 없게 된다. 지하도에서 장사하는 사람 가운데는 전문적으로 물건을 사는 척하는 바람잡이들이 있다. 파는 사람이 물건이 값싸고 품질이 좋다고 외치고 있고 주위에는 그 물건을 사는 사람이 많이 몰려 있는 것을 보면 우리는 나도 모르는 사이에 다른 사람들이 고르는 물건에 관심이 간다.

어떤 이가 전생이나 금생의 업력과 관계없이 또 주위 분위기에 관계없이 좋고 싫음을 여읠 수 있다면 그는 보조국사가 말하는 참마음을 찾은 셈이 된다. 그는 이미 업과 훈습에 흔들리지 않기 때문이다. 업과 훈습을 초월했다면 생사도 이미 초탈한 것이다. 좋고 싫은 것을 여읜 마당에 삶을 좋아하고 죽음을 싫어할 것이 없기 때문이다. 그는 불생불멸을 알고 경험하고 계합하고 활용하는 경지에 이르렀다고 할 수 있다. 그러나 범부의 눈에는 여전히 생사가 있는 것처럼 보일 것이다.

68. 닦기 전에 방향을 잡아야 하는 이유

옛날의 나쁜 습관을 없애겠다고 억지로 버티는 것
은 마치 돌로 자라나는 잡초를 눌러놓는 것과 같
다. 잡초의 뿌리가 본래 공함을 깨달아야…

참선을 하는 근본목적은 성불하는데 있다. 성불하려면 수도를 해
야 한다. 그러므로 깨달음과 닦음의 문제는 대단히 중요하다. 수년
전에 송광사에서는 보조국사의 수행론에 대해서 국내외의 학자들이
모여 연구발표회를 가진 적이 있다. 세미나의 목적은 보조사상을 연
구하고 드날리기 위해서였지만, 세상의 관심을 끌기 위해서 몇몇의
세미나 참가자들은 보조국사의 수행론과 상반되는 주장을 반박하기
도 했다.

먼저 《수심결(修心訣)》에 나오는 보조국사의 말씀을 들어보자.

도에 들어가는데는 여러 가지의 문이 있지만, 크게 나누면 돈오(頓悟)
즉, 단번에 깨닫는 것과 점수(漸修) 즉, 점점 닦는 것에 지나지 않는다.
비록 돈오돈수(頓悟頓修) 즉, 단번에 깨닫고 단번에 수행을 마치는 법이
있기는 하다. 그러나 그것은 근기(根機)가 아주 높은 이들에게만 해당한
다. 상근기의 과거를 미루어보건대 이미 다겁생에 깨달음을 의지해서 차
츰차츰 닦아온 것이므로 이 또한 먼저 깨닫고나서 닦은 것과 같다. 단번
에 깨닫고 차츰 닦는 법은 모든 성인들의 정해진 길이라. 예전부터 모든
성인들은 먼저 깨닫고 뒤에 닦아서 이 닦음으로 말미암아 증득하게 된
것이다.

여기서 보조국사는 오직 문득 깨달은 후에 닦는 길이 있을 뿐이라고 한다. 근기가 수승한 수행자는 돈오돈수 즉, 단번에 깨닫고 단번에 닦는 것을 마치는 수가 있기는 하지만, 그러한 경우에는 금생에만 닦은 것이 아니라 전생에 닦아온 결과라는 것이다. 그리고 단번에 깨닫고 차츰 닦는 것은 과거 조사스님들의 도를 이루는 법칙이라고 한다.

우리는 여기서 의심이 간다. 보통사람의 상식으로는 먼저 참선공부를 많이 해서 도를 닦은 다음에 그 수도의 결과로 깨달음이 있을 것같은데, 깨달음이 먼저 있고 닦음이 뒤에 있다는 말이 얼른 납득이 가지 않는다. 그런데 여기에는 기본적으로 두 가지 이유가 있다.

첫째는 우리가 깨달은 사람이 아니라서 갑자기 깨달음을 이루기 위해 새로 시작하는 것이 아니라 우리의 족보가 본래부처이어서 그 족보를 되찾을 뿐이라는 것이다. 중생에게 불성이 있다는 말은 부처가 아닌 중생이 새로 부처가 된다는 뜻이 아니라 본래 완전한 부처가 본래의 자기로 회복하는 것을 의미한다. 그래서 부처가 된다는 것은 본래 자기의 부처 신분을 알고 부처의 품행을 닦는 것과 같다. 마치 왕자가 당연히 왕권의 상속자지만 왕으로 행해야 할 법도를 익혀서 왕이 되는 것과 같다.

둘째는 과녁이 없으면 활을 쏠 수가 없고 등불이 없으면 길을 갈 수가 없다. 활을 잘 쏘려면 연습을 해야 하는데 과녁을 모르고는 연습을 할 수가 없다. 먼저 단박에 깨달음을 얻는 것은 화살의 과녁을 보는 것과 같다. 또 캄캄한 밤에 길을 가려면 등불이 있어야 한다. 어느 방향으로 가는지도 알아야 한다. 먼저 깨달음을 얻는 것은 가야 할 방향과 길을 아는 것과 같다. 그래서 우리가 본래 부처라는 것을 알고 그것을 회복하는 방향을 잡는 것을 단번에 깨닫는다고 하고, 그 목표를 향해서 불도를 닦아나가는 것을 차츰 닦는다고 하는 것이다.

보조국사는 먼저 깨닫고 차츰 닦아야 하는 이유를 다음과 같은 예를 들어서 설명한다.

　점차로 닦는다는 것은 자신의 본성이 부처와 다름없음을 깨달았다고 하더라도 다겁생래로 익혀온 습관의 업을 갑자기 없앨 수가 없으므로 깨달음에 의지해 닦아 점점 공이 이루어지고 부처의 태를 오랜 기간동안 길러서 부처가 되는 것을 말한다. 비유하면 아기가 처음 태어났을 때 모든 기관이 갖추어져 있는 것은 어른과 똑같지만 그 힘이 충실하지 못하기 때문에 상당한 세월을 지나고나서야 비로소 어른이 되는 것과 같느니라.

　여기서 본래의 자기가 부처라는 것을 깨달았다고 하더라도 다겁생래로 내려온 업의 습이 있어서 그것을 녹여야 하는데 마치 어린아이를 낳았을 때 모든 기관이 어른과 똑같다고 하더라도 그 기관이 제대로 기능을 발휘하기 위해서는 상당한 세월 동안 커야 하는 것과 같다고 한다. 깨달은 다음에 닦음을 나타내는 것으로 어린아이의 비유 이외에 몇 가지의 비유가 더 있다. 얼음이나 눈이 본래 물이고 물이 될 것이기는 하지만, 햇빛을 보자마자 바로 녹는 것은 아니다. 녹는데는 시간이 걸린다. 죽순이 대나무에 속하기는 하지만 바로 뗏목을 만들어 쓸 수는 없다. 바람이 멎어도 물결은 아직 용솟음친다. 의사의 진단을 받고 술이나 담배를 끊기로 결심한 사람에게도 문득문득 술 담배 생각은 난다. 상놈 생활을 하던 사람이 본래의 자기 족보를 찾아서 양반이 된다고 하더라도 상놈 시절의 버릇은 끊기가 어렵다. 마찬가지로 중생이 본래의 부처 족보를 찾아서 자기가 부처인 것을 안다고 하더라도 지금까지 행해온 범부의 습관을 버리기 위해서 닦아야 한다는 것이다.

　절집에서는 깨달은 후에 닦는 것을 '보임(保任)'이라고 부른다. 보임은 '보호임지(保護任持)' 즉, 자신의 깨달은 바를 잘 보호해서 항상

마음 속에 지닌다는 뜻이다. 깨달음을 보호하는 것은 과거의 습관이
나 업력으로부터 자신의 참마음을 지키는 것이다. 즉 잘못된 습관을
고치는 것이다. 결과적으로 이것은 점점 닦는 수도가 된다. 보임 앞
에 '조복(調伏)'이라는 말이 붙어서 '조복보임(調伏保任)'이라는 말
도 있다. 조복은 지금까지 습관적으로 행해온 잘못된 행동이나 생각
을 지워서 항복받는 것이다. 악습은 마구니처럼 끈질기게 달라붙으
므로 항마(降魔) 즉, 마군을 항복받는 뜻도 있다. 그래서 조복보임은
지난날의 습관을 교정하고 본래의 부처를 잘 보호해서 지키며 그 부
처가 새롭게 거동하도록 분위기를 만드는 수행과 같다.

그런데 보조국사는 수행을 함에 있어서 억지로 자제하는데 의지하
지 말고 망념이 본래 공하고 심성(心性)이 본래 깨끗하다는 것을 자
꾸자꾸 상기시키는 방법을 쓰라고 한다. 그렇게 되면 악을 끊되 끊음
이 없고 선을 닦되 닦음이 없는 경계에 이른다고 한다. 이 말을 보조
국사는 한문으로 '부단이단 수이무수(不斷而斷 修而無修)' 즉, 끊음이
없이 끊고 닦되 닦음이 없다고 한다. 보조국사의 말씀을 들어보자.

혹 어떤 사람은 선악의 성품이 공함을 알지 못하고 굳게 앉아 움직이
지 아니하고 몸과 마음을 억지로 조복하기를 돌로 풀을 누르는 것처럼
하는데, 이것은 어리석은 일이다. 그래서 '성문(聲聞)은 끊으려는 마음
이 곧 도적이다'라고 조사들은 말씀하셨다. 단지 살생하고 도둑질하고
음행하고 거짓말하는 것이 성품에서 일어나는 것임을 자세히 관찰하면
일어나도 일어남이 없는 경계에 이른다. 본래 바탕자리가 고요한데 무슨
끊을 것이 있겠느냐. 그래서 '생각이 일어남을 두려워 말고 깨달음 더딘
것을 걱정하라'는 말씀이 있고 또 '생각이 일어나면 곧 깨달으라. 깨달으
면 없느니라'는 말씀도 있다. 번뇌의 실체가 없는 줄 비추어보면 허공의
꽃과 같은 3계가 바람에 날리는 연기와 같이 사라지고 허깨비와 같은 바
깥 경계가 물에 녹는 얼음처럼 없어지리라.

여기서 보조국사의 닦음은 깨닫는 작업의 연속이라고 할 수 있다. 몸과 마음에 떠오르는 옛날의 나쁜 습관을 없앤다고 해서 억지로 버티는 것은 마치 돌로 자라나는 풀을 눌러놓는 것과 같다고 한다. 잡초를 누르려고 하기보다는 잡초의 뿌리를 뽑아야 하고, 뿌리를 뽑으려고 하기보다는 잡초의 뿌리가 본래 공함을 깨달아야 한다는 것이다. 악습의 가지나 치려고 하기보다 악습의 뿌리가 본래 공함을 관하면 악습의 업은 의지할 곳을 잃고 자연히 가라앉는다. 잘못된 업이 발동하는 것은 감각의 세계에 집착하기 때문이므로 삶 전체를 한꺼번에 조망하면 업을 일으키는 마음 자체가 나지 않는다는 뜻이다.

이렇게 보면 보조국사가 말하는 닦음은 깨달음의 연속이다. 수행은 억지로 악업을 끊는 것이 아니라 그 뿌리가 본래 공함을 관찰하고 본래부처를 깨닫는 일이기 때문이다. 보조국사는 단번에 깨닫고 단번에 닦는 사람들은 전생부터 닦아온 이들이라고 한다. 그렇다면 단번에 깨닫고 천천히 닦는다고 하는 것도 전생과 연관지어서 생각해야 한다. 이같이 전생을 연결시켜서보면 단번에 깨닫는다는 것 자체가 다겁생래의 닦음에 의한 것이라고 생각할 수도 있다. 깨달음은 바로 닦음인 것이다.

화엄에서의 수행의 순서는 신·해·행·증(信解行證) 즉, 믿음·이해·수행·증득이다. 이 중에서 보조국사가 의미하는 돈오에 속한 것은 신·해 즉, 기초적인 불성에 대한 믿음과 이해이다. 이것을 보통은 해오(解悟)라고 부른다. 궁극적인 깨달음이 아니라 본래부처를 믿고 이해할 정도의 깨달음이라는 뜻이다. 마지막의 증 즉, 궁극적인 깨달음은 '크게 깨달은 세존이 된다'는 것으로 표현된다. 그러나 닦음을 끊임없는 깨달음의 연속에서 찾는다면 깨달음도 끊임없는 닦음에서 찾아야 할 것이다. 깨달음은 죽음처럼 정지된 상태가 아니다. 살아 움직이는 것이다. 살아 있는 깨달음은 닦음과 떨어진 것이 아니다. 그래서 보조국사는 '득오지심(得悟之心)' 즉, 깨달음을 기다리는 마음을 경계한다.

69. 완전한 깨달음이 바른 닦음

신수대사는 졸병 번뇌와 칼싸움을 벌이는 격이고
혜능대사는 번뇌의 대장을 직접 상대해서 본래무
일물의 도리로 굴복시키는 격이다.

종밀이 지은 《선원제전집도서(禪源諸詮集都序)》에는 다섯 가지의
수행방법이 나온다. 차츰 닦고 단번에 깨닫는 길, 단번에 닦고 천천
히 깨닫는 길, 천천히 닦고 천천히 깨닫는 길, 단번에 깨닫고 천천히
닦는 길, 단번에 닦고 단번에 깨닫는 길의 다섯 가지이다. 천천히 닦
고 단번에 깨닫는 것은 마치 나무를 베는데 여러 번 찍은 뒤에 단번
에 그 나무가 넘어지는 것과 같다. 단번에 닦고 천천히 깨닫는 것은
활쏘기를 익힐 때 화살마다 과녁을 맞추려고 하지만 오랜 시간이 지
난 다음에 적중하듯이 몰록 마음을 다잡아서 수행하지만 그 깨달음
은 차츰차츰 깊어가는 것과 같다. 차츰차츰 닦아서 차츰차츰 깨닫는
것은 높은 곳을 올라감에 따라 점점 더 넓게 보이는 것과 같다. 단번
에 깨닫고 차츰 닦는 것은 해가 단번에 나오지만 눈을 차츰 녹이는
것과 같다. 단번에 깨닫고 단번에 닦는 것은 한 타래의 실을 단번에
끊고 단번에 물들이는 것과 같다.
　이 다섯 가지 중에서 보조국사는 돈오점수(頓悟漸修) 즉, 단번에
깨닫고 차츰 닦는 법을 주창했지만, 성철스님의 《선문정로(禪門正
路)》는 돈오돈수(頓悟頓修) 즉, 단번에 깨닫고 단번에 닦는 것을 주창
하고 있다.
　초보자들에게는 이것이 좋고 저것이 나쁘다거나 둘 중의 하나를

선택하라고 말하는 것은 무리이다. 엄마가 혼자 집에 있으면서 안고 있는 아이에게 '엄마가 더 좋으냐 아빠가 더 좋으냐'고 물으면 아이는 엄마가 더 좋다고 대답한다. 그러나 엄마 아빠가 둘이 같이 앉아서 어린애에게 똑같은 질문을 하면 아이는 눈치 빠르게 '엄마 아빠가 다 좋다'고 대답한다. 초심자들에게 있어서 보조국사의《수심결》과 성철스님의《선문정로》는 엄마 아빠와 같다. 우리는 똑같이 다 좋다고 말해야 할 처지이다.

그러나 참선공부는 엄마 아빠의 비위를 맞추는 것과는 다르다. 《선문정로》가 단번에 깨닫고 단번에 닦는 것을 강조하는 이유가 있을 것이다. 보조국사가 가르치는 단번에 깨닫고 차츰 닦는 방법에 문제점이랄까 약점이 있을 것이다. 한 가지를 말하면 반드시 다른 한 가지를 빼놓을 수가 있다. 말하면서 잠을 잘 수 없고 침묵하면서 노래할 수 없다. 한 면을 강조하다보면 다른 면을 소홀히 할 수가 있다. 단번에 깨닫고 차츰 닦는 수행법의 약점을 말하기 위해서가 아니라 그것에 따르는 필요한 보완점을 알기 위해서 우리는 《선문정로》의 가르침을 들어보아야 한다.

《선문정로》에서는 먼저 단번에 깨닫고 차츰 닦는 수행법에는 그 단번의 깨달음 자체가 완전한 궁극의 깨달음이 아니라 본래의 부처 자리를 알아보는 정도의 '해오(解悟)'라고 지적한다. 《선문정로》의 해오점수(解悟漸修) 부분을 쉽게 풀어서 읽어보자.

돈오점수라 함은 해가 뜬다는 식의 깨달음과 눈이 녹는다는 식의 닦음이니, 그 깨달음은 결국 해오(解悟) 즉, 부처자리를 아는 정도에 불과하다. 이것은 선문(禪門)의 선이 아니라 교가(敎家)의 선이다.《화엄경》에서 최초 발심할 때 문득 정각을 이룬 후에 차츰 닦아나간다고 하였다. 《화엄경》의 네 가지 수행단계인 신·해·행·증(信解行證) 즉, 부처자리를 믿어 알고 닦아서 증득하는 방식이다. 이 교가의 수행방법인 해오점수는 지금 이 자리에서 확철대오(廓徹大悟)하고 최후의 부처님 경계에 이르는 선가의 방식이 아니다. 달마선은 한 생각도 나지 않는 단번의 닦음에 있거늘, 업력과 번뇌의 파도가 쉬지 않는 경지에서 약간 알고 차츰 닦는 방식의 선을 달마선이라고 주장하는 것은 천고의 대과오이다. 완전히 성품을 보지 못해서 객진번뇌가 깨닫기 전과 다름이 없는 경지는 차츰 닦는 것이 필요하지만, 일체의 망념을 몰록 여의어서 한 생각도 일어나지 않는 경지에서는 닦음이 필요가 없다. 병이 있을 때 약이 필요한 것이지 병이 없으면 약조차도 필요치 않다. 교가에서 말하는 돈오 즉, 단번에 깨닫는다는 것은 망념이라는 병이 있으므로 차츰 닦는다는 법의 약이 필요하다. 그러나 참된 성품을 본다는 것은 망념의 병이 없는 완전한 깨달음이므로 약을 쓸 필요가 없다.

《선문정로》의 이곳 저곳을 엮어서 그 주장을 쉽게 만들어보았다. 《선문정로》의 주장은 돈오점수 즉, 단번에 깨닫고 차츰 닦는다는 방식의 참선은 달마선종의 정통에 속하지 않고 화엄의 교학에 속한다고 한다. 《화엄경》에는 완전한 깨달음에 이르는 단계를 만들 때 먼저 깨달음이 있고 다음에 그에 의한 닦음과 마지막의 증득이 있다. 마지막에 완전한 증득이 있다면 그 앞의 깨달음은 완전한 깨달음이 아니고 부분적인 깨달음일 수밖에 없다. 완전하게 깨달으면 망념의 실타래가 완전히 풀렸으므로 차츰 닦는다는 식의 약을 쓸 필요가 없지만 부족한 해오의 깨달음은 차츰 닦을 수밖에 없다.

《선문정로》는 또 완전한 깨달음을 얻은 이에게는 꿈과 현실에 한결같이 망념이 없어야 함을 주장한다. 참선하거나 설법할 때에는 깨달음이 있고 잠잘 때에 깜깜해진다면 그것은 완전한 깨달음이 아니라고 한다. 오매일여(寤寐一如)를 얻기 위해서는 우리들의 표면의식에 있는 망념만 소멸된 초보의 무심 단계에서 한 걸음 더 나아가 심층의식 또는 무의식 속에 있는 망념까지도 완전히 쉬어버린 진정한 무심의 단계에 이르러야 한다고 한다.

절 집안에서는 완전한 깨달음을 얻었느냐 못얻었느냐의 기준을 꿈의 자재에서 찾는 수도 있다. 꿈은 의식이나 무의식의 결과이다. 평소에 전혀 생각하지 않은 것이 꿈에 나타나는 경우도 많은데, 이것은 표면의식에는 나타나지 않고 심층의식에 있던 것이 나타난 것이다. 꿈만이 아니다. 생시의 우리 행동도 무의식의 영향을 많이 받는다. 습관은 무의식에 축적된 것을 말한다. 그래서 유식에서는 제8 아뢰야식을 습관 종자가 저장된 무의식이라고 이름한다. 완전한 깨달음은 무의식의 출입도 자유자재로 하고 무의식에 있는 악습이나 망념의 종자가 완전히 없어진 단계이다. 무의식이 완전히 자신의 통제에 들게 될 때 망념의 쉼과 깨달음의 성성함이 항상 여일하게 된다. 오매가 일여하게 될 때 병이 없으므로 약이 필요없다. 이같은 경지에 이른 깨달음이 진정한 깨달음이라는 것이다.

《선문정로》는 단번에 깨닫고 단번에 닦는다는 표현을 쓰고 있지만 완전한 깨달음을 주장한다. 망념이라는 병이 있어야 그것을 치료할 닦음이 필요한데, 망념이라는 병 자체가 끊어져서 닦음이라는 약이 필요하지 않은 단계까지 최후의 깨달음을 얻어야 한다는 주장이다. 그렇다면 여기서 우리는 왜 완전한 깨달음이 중요한가를 생각해 볼 필요가 있다.

《사십이장경(四十二章經)》을 보면 한 수행자가 폭발할듯이 일어나는 성욕(性慾)에 시달리게 된다. 찬물 목욕도 그 성욕을 잠재우지 못한다. 그러자 그 수행자는 두 가지 이유에서 자신의 성기(性器)를 자르기로 결심한다. 첫째는 그러한 성욕이 일어날 정도로 자신의 수행이 부족한 것에 대해서 죄책감을 느낀다. 둘째는 그 성욕이 괴롭히기 때문에 살 수가 없다. 그래서 수행자는 칼로 성기를 자르려고 한다. 그때 부처님이 수행자에게 타이른다. '너는 성기를 자르려고 하지 말고 마음의 미혹을 자르도록 하라'고 말해준다. 소가 가지 않을 때 어리석은 이는 수레를 치고 영리한 이는 소를 때린다. 성욕에 있어서 성기는 수레와 같고 마음은 소와 같다. 《사십이장경》의 이야기는 선과는 거리가 먼 낮은 단계의 이야기지만, 성기를 자르려고 하는 수준을 닦음이라고 한다면 마음을 다스리려고 하는 수준을 깨우침이라고 할 수 있다. 번뇌와 직접 싸워서 물리치려고 하는 것은 교가(教家)의 방법이고, 번뇌의 뿌리를 보아서 번뇌의 일어남이 없음을 터득하려고 하는 것이 선가(禪家)의 입장이다. 번뇌 하나하나를 직접 상대하려면 피곤하기만 하고 마침내는 그 번뇌를 이기지도 못할 것이다. 번뇌의 뿌리로 돌아가야 한다. 번뇌의 뿌리에서 번뇌가 본래 없음을 깨달음으로써 상대해야 할 번뇌가 완전히 쉽게 된다는 것이다.

《육조단경(六祖壇經)》에서 신수(神秀)대사는 거울을 깨끗이 닦는 것을 주장하지만, 6조 혜능(慧能)대사는 본래 닦아야 할 거울도 얻어야 할 지혜의 나무도 없다고 한다. 여기서 닦는 것을 주장하는 신수대사의 입장은 본래무일물(本來無一物)의 깨우침을 내세우는 혜능대사보다 한 수 아래로 취급된다. 왜냐하면 신수대사는 졸병 번뇌와 칼싸움을 벌이는 격이고 혜능대사는 번뇌의 대장을 직접 상대해서 본래무일물의 도리로 굴복시키는 격이기 때문이다.

성기를 자르는 것보다는 마음의 잡초를 잘라야 하고, 마음의 잡초를 자르는 것보다는 마음에 본래 잡초가 없음을 크게 깨달아야 한다는 《선문정로》의 입장은 보조국사의 돈오점수가 가지는 약점을 보완한다고 할 수 있다. 그러나 깨달음 제일주의에도 약점은 있다. 행위의 전환이 아닌 인식의 전환에서만 결판을 보려고 하기 때문이다. 중생은 행위의 동물이다. 그래서 보조국사가 말하는 닦음도 소홀히 할 수 없는 중요한 것이다.

70. 닦음과 성불의 불이

바람의 성품이 항상하더라도 부채질을 할 때만 바람이 일어나듯이 수행으로 부처의 모양을 지어서 부처로서 거동할 때만 부처가 나타난다.

보조국사가 차츰차츰 닦는 것을 중심으로 수행의 완성을 설명하고자 한다면 《선문정로》는 무의식의 뿌리까지 파고들어간 확철대오(廓徹大悟)의 완전한 깨달음을 진정한 수행으로 풀이한다. 그런데 일본 조동종(曹洞宗)의 종조(宗祖)인 도원(道元)선사는 좌선하는 그 자체가 바로 수행의 완성이라고 가르친다. 성불을 기다릴 것이 아니라 좌선의 자세에서 부처의 모습을 보여야 한다는 입장이다. 좌선즉성불(坐禪卽成佛) 즉, 좌선이 바로 성불이라는 도원선사의 주장을 들어봄으로써 우리는 보조국사의 돈오점수 즉, 단번에 깨닫고 차츰 닦는 방법과 《선문정로》의 돈오돈수 즉, 단번에 깨닫고 단번에 닦는 방법의 깊은 의미에 보다 더 가까이 접근할 수 있을 것이다.

좌선이 바로 부처라고 말하려면 우리 자신이 본래 부처라는 전제가 있어야 한다. 그래서 도원선사는 《기신론(起信論)》의 본각사상(本覺思想)을 이용하고 있다.

도원선사의 저술인 《정법안장(正法眼藏)》 변도화(弁道話)에 나오는 부분을 읽어보자.

불교에서 몸과 마음은 하나이고 내용과 형상도 또한 하나이다. 영원을 말하기로 하면 모든 것이 다 영원이고, 없어지는 것을 말하기로 하면 모

든 것이 다 없어진다. 마음은 영원하고 몸은 없어진다고 알면 크게 어긋
난다. 생사가 그대로 열반이다. 생사를 떠나서 열반을 말할 수 없다. 생
사를 피해야 할 것으로 생각하면 그것은 불도와 크게 어긋난다. 생사는
바로 불교의 도구이다. 불교, 특히《대승기신론》에서 여래장의 가르침은
법계를 다 끌어안는다. 여래장은 진여와 현상을 가르거나 일어남과 없어
짐을 논하지 않는다. 깨달음과 열반이 여래장과 다름없다. 여래장은 세
상의 모든 것과 한 몸이다. 이같은 가르침은 모두 일심 즉, 한마음에 근
거해 있다.

여기서 도원선사는 먼저 몸과 마음, 내용과 형상, 생사와 열반 등
을 각기 둘이 아닌 것으로 규정하고 있다. 그리고《기신론》의 여래장
사상을 활용한다. 《기신론》에서 깨달음이란 우리에게 있는 여래장
즉, 여래의 종자 또는 여래의 모태와 다름없다. 여래장은 우리에게
있는 일심 즉, 한 마음이기도 하다. 모든 것이 다 여래장의 일심에 속
한다. 그러므로 모든 것은 다 본래의 깨달음 상태에 있는 것이다. 그
래서 도원선사는 생사가 바로 불법의 도구라는 멋있는 표현을 사용
하고 있다. 우리의 몸과 마음을 가를 것이 없이 몸과 마음은 똑같이
본래의 깨달음이고 삶과 죽음도 또한 본래의 깨달음이다. 모든 것이
본래부처이기 때문에 부처님이 했던 대로 좌선을 하기만 하면 그대
로 부처가 되는 것이다.
그래서 도원선사는 좌선과 깨달음을 동일한 것으로 풀이하고 있
다. 《정법안장》의 변도화를 더 읽어보자.

수행과 깨달음은 분리해서 생각할 수 없다. 수행을 하기만 하면 우리
는 바로 본래의 깨달음이 드러나게 할 수 있다. 부처님과 조사스님들이
한결같이 닦음과 깨달음이 둘이 아닌 집중적인 수행이 필요하다고 강조
했음을 명심해야 한다.

도원선사는 집중적인 수행을 깨달음과 하나로 보아서 수행을 하기만 하면 깨달음이 드러난다고 했다. 깨달음은 없던 것을 새로 만드는 일이 아니라 본래의 깨달음을 행동하는 일이기 때문에 부처의 모양을 짓기만 하면 바로 그대로 부처가 되는 것이다. 지금 부처가 아니기 때문에 부처가 되고자 하는 것이 아니라 이미 존재하는 부처가 부처의 행동을 하게 하는 것이 수행이요 좌선이라는 것이다.

《정법안장》의 현성공안(現成公案)에서 도원선사는 도를 닦는 것이 바로 깨달음이라는 것을 예를 들어 설명하고 있다. 물고기가 바닷물 속에서 헤엄을 칠 때 바다 밑은 무한히 넓다. 물고기는 어디까지나 갈 수가 있다. 그러나 무한히 넓은 바다가 모두 물고기의 영역이 되는 것은 아니다. 물고기가 헤엄친 만큼만 물고기의 영역이 된다. 하늘의 새도 마찬가지이다. 새는 무한히 날을 수 있다. 그러나 모든 하늘이 다 새가 사는 영역이 되지는 않는다. 오직 새가 나르는 하늘만큼만 새의 영역이 될 수 있다. 마찬가지로 우리가 본래부처이기는 하지만, 그 사실이 모든 곳 모든 행동에서의 부처를 뜻하는 것은 아니다. 오직 우리가 부처로서 행동하는 만큼만 부처이다. 부뚜막에 소금이 있다는 사실이 솥에 있는 국을 짜게 만들지 못한다. 소금을 넣는 만큼만 국이 짜진다.

만약에 새가 하늘을 떠나면 갈 곳이 없어서 죽는다. 물고기도 마찬가지로 물을 떠나면 죽는다. 다른 한편에서 보면 새가 날지 않는 하늘은 이미 하늘이 아니다. 그렇다면 새는 하늘에 의해서 사는 셈이고 하늘은 새에 의해서 사는 셈이다. 바닷물도 마찬가지이다. 물고기가 헤엄치지 않는 바닷물은 이미 바다가 아니다. 그렇다면 바다는 물고기에 의해서 사는 셈이 된다. 모든 세계가 다 한 마음에 속하고 그것은 바로 여래장이고 여래 그 자체이기는 하지만, 새가 하늘을 날고 물고기가 헤엄을 칠 때만 새와 물고기가 똑같이 제 기능을 다하는 것으로 살아나듯이 우리가 참선수행이라는 부처의 행을 지을 때만 우리에게 있는 부처의 기능이 살아난다. 그리고 우주의 삼라만상이 여래의 법신으로서 나타나게 된다.

도원선사는 수행이 바로 성불이라는 것을 나타내기 위해서 다시 과거 선사의 예를 들고 있다. 현성공안을 계속 읽어보자.

깨달음을 얻는데 있어서 그것을 개인적인 지식으로 얻을 수 있다고 생각해서는 안된다. 우리가 이미 깨달음을 얻었고 본래 부처이지만 본래의 깨달음과 본래부처가 자동적으로 나타나지는 않는다. 마곡 보철(麻谷寶徹)선사가 한 여름날 부채질을 하고 있었다. 그때 그곳을 지나던 한 선승이 선사에게 물었다. "바람의 성품은 항상하고 또 이 우주 모든 곳에 있습니다. 그렇다면 큰스님께서는 왜 부채질을 하십니까?" 이 질문에 대해서 선사는 대답했다. "그대는 바람의 성품이 항상 있는 것만 알고 바람의 성품이 이 우주에 꽉 차 있는 것은 알지 못하는구나." 그 말을 듣고 선승이 다시 물었다. "그렇다면 어떻게 해야 바람의 성품이 이 세상 모든 때 모든 곳에 있습니까?" 선사는 침묵을 지키며 부채질만을 하고 있었고 선승은 선사에게 크게 예배를 하고 물러갔다.

이 이야기는 본래의 부처와 그 부처가 나타나는 이치를 설명하는데 아주 좋은 예이기 때문에 여기서 바람의 성품이 있다는 것과 바람이 움직이는 것은 다른 이야기이다. 바람은 항상 어느 곳에나 있지만 부채질이 있어야만 바람이 나타나게 된다. 바람의 성품이 항상 있는 것은 본래 깨달음의 자리 또는 본래부처의 자리가 항상 있는 것과 같다. 본래의 깨달음이나 부처가 부처로서 움직이는 것은 다른 이야기이다. 부채질을 할 때만 바람이 일어나듯이 수행으로 부처의 모양을 지어서 부처로서 거동할 때만 부처가 나타난다. 도원선사는 우리에게 깨달음이 별도로 나타나서 부처를 이루는 것이 아니라 본래 부처가 부처의 몸가짐을 하기만 하면 그것으로 족하다는 것이다. 우리가 현재 중생으로 보이는 것은 우리가 정신적으로나 육체적으로 중생의 행동을 하기 때문이라는 것이다.

우리는 보조국사의 돈오점수(頓悟漸修) 즉, 단번에 깨닫고 차츰 닦는 것, 성철선사의 돈오돈수(頓悟頓修) 즉, 단번에 깨닫고 단번에 닦는 것, 그리고 도원선사의 수증불이(修證不二) 즉, 닦음과 깨달음이 둘이 아니라는 것의 차이점에 대해서는 살펴보았다. 그런데 이 세 가지 주장에는 공통점이 있다. 그 공통점을 찾아보면 세 분 선사의 수행이론을 보다 깊이 이해할 수 있을 것이다.

우선 가장 먼저 드러나는 공통점은 세 선사가 다같이 수행을 강조하고 있다는 것이다. 한 선사는 차츰 닦는 것을 말하고 다른 선사는 완전한 깨달음을 이루는 닦음을 강조한다. 또 다른 선사는 닦음이 바로 깨달음이라고 한다. 다만 표현이 다른 것은 본래의 부처자리를 회복하는데 있어서 각기 강조점이 다르기 때문이다.

불도를 닦아야 깨달음이 있고, 깨달음이 있어야 바로 닦을 수 있다. 보조국사가 말하는 최초의 깨달음이 성철선사가 지적하는 대로 불완전한 깨달음이라고 하더라도 그 정도의 깨달음이라도 있어야 바로 수행을 할 수가 있다. 그렇다면 보조국사는 성철선사의 돈오돈수 이전까지의 근기에 맞게 닦는 과정을 강조하는 입장이고 성철선사는 확철대오의 완전한 깨달음으로 완전한 닦음까지 성취함을 강조하는 입장이다. 그리고 도원선사는 본래의 깨달음을 전제로 해서 닦음을 깨달음으로 보는 입장이다.

서울역에서 대전역과 대구역을 지나 부산역에 이르는 수행을 가정할 경우 보조국사는 서울역에서의 출발점을 강조하고 있고 성철선사는 부산역에의 도착점을 강조하고 있다. 그리고 도원선사는 수행이라는 열차를 확실히 타기만 하면 그 열차는 서울역인 동시에 부산역이라는 것을 강조하고 있다.

71. 삶 속의 죽음과 죽음 속의 삶

여기 이 자리에서 죽음을 경험하고 그 죽음을 불성
의 발현이나 부처님의 기능으로 볼 때 그 자리에는
더 이상 두려워해야 할 것이 없다.

우리는 여러 차례 삶과 죽음의 문제에 대해서 살펴보았다. 그런데
도원선사의 생사관은 우리가 생각해온 것을 좌선이 바로 성불이라는
입장에서 총정리하고 있다. 아무리 큰소리 치는 사람, 똑똑한 사람,
건강한 사람도 모두 생사의 노예이다. 생사의 사슬에 묶여 있다. 자
유를 찾지만 생사라는 목을 맨 줄이 여유를 주는 만큼만 주위를 빙빙
돌 수 있다. 불교에서는 또 선에서는 생사 즉, 삶과 죽음을 어떻게 받
아들이고 어떻게 초월해야 하는지 궁금하다. 도원선사의 저술인 《정
법안장》의 여기저기에 나타나는 생사관은 많은 선사들의 가르침 가
운데 한 가지에 불과하지만, 공통적으로 기본이 될 만한 것은 다 갖
추고 있다.

　도원선사의 생사관을 몇 가지 측면으로 나누어서 생각할 수 있겠
는데, 그 첫째는 삶으로 죽음을 흡수하는 방식이다. 우리 중생들은
죽음 쪽에서 삶을 보기보다는 삶 쪽에서 죽음을 보고자 한다. 어떻게
든지 사는 입장에서 죽음을 보고자 한다. 물론 똑같은 내용을 죽음
쪽에서 볼 수도 있지만 생명 현상에 '내 목숨'이라는 것을 붙이고 그
것을 유지하는 범위 내에서 죽음을 허용하고자 한다. 지금 내가 가지
고 있는 목숨이 어떻게든지 영원히 연결되는 방식으로 죽음을 풀이
하려고 한다. 이것은 진정한 생사의 모습을 파악하는데 극복해야 할

가장 중요하고 어려운 과제가 된다. 죽음과 삶을 구별하고 죽음을 삶
으로 끌어들이거나 해석하려는 시도를 쉬지 않는 한 공(空)사상, 무
(無)사상, 열반(涅槃)사상을 아무리 이야기해도 소용이 없다. 생사를
바로 보는데 있어서의 출발점은 삶과 죽음을 다 지운 상태이다.

도원선사의 생사관의 두번째 측면은 삶과 죽음을 열반과 일치시키
는 것이다. 보통 삶과 죽음을 벗어난 것이 열반인 줄 알고 있고 생사
와 열반은 상충되는 것으로 생각하지만, 도원선사는 생사가 바로 열
반이라고 말한다. 생사를 떠나서 열반을 찾을 수 없다는 것이다. 《정
법안장》의 생사(生死)를 읽어보자.

> 만약 어떤 이가 생사를 벗어나서 부처를 찾고자 한다면 그는 남쪽을
> 향하면서 북극성을 보고자 하는 것과 같다. 생사가 바로 열반이라는 것
> 을 이해하게 되면 생사를 벗어나려고 하거나 열반을 구하려고 할 필요도
> 없다. 그렇게 되면 처음으로 생사의 얽매임으로부터 자유로워질 수가 있
> 게 된다. 생사를 없애고 다른 세계에 열반이 있다고 생각하지 말라.

여기에는 도원선사의 본각사상과 좌선이 바로 성불이라는 입장이
바탕을 이루고 있다. 본래의 부처 입장에서 보면 생사가 모두 부처의
움직임이다. 다만 그 부처가 자신이 부처인 줄을 알고 부처로서 행동
하기만 하면 된다. 그래서 도원의 부처는 생사의 흐름에 떠 있는 부
처이다. 생사가 부처의 동작이고 열반의 몸짓이다. 삶과 죽음을 벗어
나려고 할 필요도 없고 열반을 구하려고 할 필요도 없다. 그는 생사
로부터도 자유로워지고 열반에도 얽매이지 않게 된다. 이 상태가 바
로 참다운 열반이 되는 것이다.

도원선사의 생사관의 세번째 측면은 삶과 죽음을 하나로 보는 것
이다. 우리는 순간순간 죽고 있고 순간순간 살고 있다. 끊임없는 삶
과 죽음의 교차이다. 그러므로 곰곰이 생각해보면 산다는 것은 죽음

을 밟고 지나가는 것이다. 죽음이라는 발판이 없으면 삶이 없다. 그 반대도 마찬가지이다. 만약 삶이 없으면 죽음도 없다. 삶을 발판으로 죽음이 있게 된다.

자동차가 달리려면 움직임과 정지의 원리가 똑같이 있어야 한다. 자동차가 앞으로 가는 것은 자유로운 이동이지만, 자동차의 바퀴가 땅에 닿아서 정지의 마찰을 만들지 않으면 자동차가 움직이는 동력을 얻을 수가 없다. 그 반대도 또한 마찬가지이다. 만약 자동차가 움직이지 않는다면 정지의 마찰이 필요가 없다.

사랑하고 좋아하고 미워하고 싫어하는 것도 갈등의 관계이다. 어느 것을 특별히 좋아하는 것은 그 안에 좋아하지 않는 것이 있다는 것을 뜻한다. 세상에 있는 것은 모두 상대적인 것과의 구별에 의해서 존재한다. 검정 글씨는 흰색의 바탕에 의해서, 말은 침묵에 의해서, 높은 것은 보다 낮은 것에 의해서 존재하게 된다. 우리는 여기서 만물이 모두 상대적이라는 것을 말하려는 것이 아니라 어떤 것이 존재할 때 상대를 바탕으로 하고 있다는 것을 지적하려고 하는 것이다. 상대를 바탕으로 한다는 것은 상대가 그 안에 있는 것을 뜻한다.

삶과 죽음은 상대적인 것이다. 그러므로 삶 속에는 죽음이 있고 죽음 속에는 삶이 있다. 순간의 죽음에 순간의 삶이 있고 순간의 삶에 순간의 죽음이 있다. 《정법안장》의 신심학도(身心學道)에서 도원선사는 '우리가 태어나기 전부터 이미 죽음을 보고 있고, 죽기 전부터 이미 우리는 삶을 보고 있다'고 말한다. 또 '죽음 안에 삶이 있고 삶 안에 죽음이 있다'고도 말한다. 삶과 죽음은 순간의 사실이다. 그래서 삶은 죽음이요 죽음은 삶이라고 할 수 있다.

도원선사의 생사관의 네번째 측면은 삶과 죽음을 다시 갈라놓는 것이다. 삶과 죽음은 순간순간의 단절이다. 도원선사는 삶과 죽음을 서로 교차하는 것으로 규정함으로써 확연히 갈라지는 단절을 있는 그대로 보고 단절된 것에서 앞의 것과 뒤의 것을 보고자 한다. '현성공안'에 나오는 유명한 장작과 재의 이야기를 읽어보자.

　　불타는 장작은 재가 된다. 그 재는 다시는 장작으로 되돌아갈 수 없다. 그렇다면 장작과 재는 각기 절대적인 것이다. 따라서 재는 뒤에 있고 장작은 앞에 있다고 보아서는 안된다. 재가 다시 장작이 되지 않는 것처럼 사람은 죽은 다음에 다시 살 수가 없다. 불법은 재를 다시 장작으로 만들려고 하거나 죽음을 다시 삶으로 돌리려고 하지 않는다. 삶은 시간의 한 지점이고 죽음도 또한 마찬가지이다. 삶과 죽음은 마치 겨울이나 봄과 같다. 겨울이 봄이 되고 봄이 여름이 된다고 생각해서는 안된다.

　여기서 장작이 불타서 재가 되고 겨울이 봄이 되기는 하지만, 장작과 불이 다르고 겨울과 봄이 각기 다르다고 한다. 장작이 재가 되기 때문에 시간적으로 장작이 앞이고 재가 뒤에 오는 것은 분명하지만, 장작과 재는 하나하나 절대적으로 있기 때문에 이것이 앞이고 저것이 뒤라고 할 수가 없다. 재에는 이미 장작이 전제되어 있고, 장작에는 이미 재가 예상되어 있다. 겨울이나 봄도 또한 마찬가지이다. 겨울이 봄이 되고 봄이 다시 여름과 가을을 지나 겨울이 된다. 도원의 생사관은 재를 다시 장작으로 만들려고 하는 것이 아니다. 재와 장작을 각기 절대적인 것으로 보면서 그 하나하나에서 다른 전체를 보고자 한다. 예를 들면 장작에는 씨앗과 싹과 나무와 불과 재가 본래부터 전제되어 있거나 예상되어 있다. 재에도 또한 마찬가지이다.

　재와 장작을 사람으로 바꾸어서 생각하면 삶은 장작이고 재는 죽음과 같다. 삶과 죽음은 각기 절대적으로 다른 것이지만, 삶 속에 죽음이 있고 죽음 속에 삶이 있다. 어린아이가 태어나면 이미 그 아이에게는 성장과 사춘기의 고민과 결혼에 대한 호기심이 있다. 결혼하고나면 아기가 있고 다시 걱정거리들이 생긴다. 인생의 이 코스는 본래부터 예상되어 있다. 예상되기보다는 본래부터 운명지워져 있다.

생사를 해탈한다고 해서 죽음을 삶으로 돌리고자 하는 것이 아니라 하나하나를 각기 절대적인 시간의 지점으로 보고 그 지점에서 다른 모든 시간의 지점들을 한꺼번에 본다는 말이다. 즉 죽음에서 삶을, 삶에서 죽음을 보는 것이다.

　도원선사의 생사관의 다섯번째 측면은 삶과 죽음을 불성(佛性) 기능이 완전히 발휘된 것으로 보는 것이다. 《정법안장》의 전기(全機)에서 도원선사는 이렇게 말한다.

　　그대들은 삶에서 부처님의 모든 기능이 나타나고 죽음에서 또한 부처님의 모든 기능이 나타나는 것을 공부하고 경험해야 한다.

　삶과 죽음을 다같이 불성의 기능으로 본다고 하는 것은 이제는 더 이상 형상에서 자신을 보고자 하지 않는 것을 의미한다. 죽음에는 형상이 없기 때문이다. 여기서 죽음을 불성의 발현으로 사는 것은 미래나 죽은 다음을 걱정하는 것이 아니다. 바로 지금 이 자리에서 죽음을 사는 것을 뜻한다. 여기 이 자리에서 죽음을 경험하고 그 죽음을 불성의 발현이나 부처님의 기능으로 볼 때 그 자리에는 더 이상 두려워해야 할 것이 없다. 무기징역이 아니고 사형을 지금의 이 자리에서 사는 마당에 더 이상의 방황은 없다. 편안한 쉼과 주위의 다툼을 측은히 여기는 마음만 있을 뿐이다.

　도원선사의 생사관의 여섯번째는 삶과 죽음을 수행의 발판으로 삼는 것이다. 삶과 죽음이 부처라는 사실만으로 충분하지 않다. 우리가 그 부처로 살아야 한다. 부처로 사는 길은 수행하는 것이다. 좌선의 수행을 통해서 우리는 삶과 죽음을 부처의 삶으로 살 수 있다.

72. 영원으로서의 현재

영원의 현재 또는 절대현재는 산에 오르고 강을 건너는 시간에 있다고 한다. 행동하는 순간에 모든 시간의 의미가 다 몰려 있다는 말이다.

《정법안장(正法眼藏)》 가운데는 유명한 유시(有時)가 있고, 그 안에는 도원(道元)선사의 시간관이 나타나 있다. 우리는 전에 수차 불교의 시간관에 대해서 생각해보았지만, 도원선사의 시간관은 독특하다. 도원선사는 생사의 문제로부터도 수행의 필요성을 이끌어내는 것처럼 시간의 문제로부터도 수행을 이끌어낸다. 진정한 시간을 얻기 위해서는 좌선이라는 수행을 해야 한다는 것이다. 어떻게 시간에서 수행으로 유도하는지 궁금하다.

도원선사는 먼저 이 세상의 모든 사물을 시간과 뒤엉킨 것으로 풀이한다. 세상의 모든 것은 시간 그 자체라는 것이다. 어떤 시간 내에 세상의 사물이 있는 것이 아니라 존재하는 것 자체가 시간이다. 도원선사는 말한다.

넓은 대지와 높은 하늘은 시간이다. 살아 있다고 하는 것은 시간이고, 시간은 우리가 살아 있는 것이다. 우리의 삶은 24시간과 직면해 있다. 우리는 24시간을 우리의 삶으로 재보지도 못하고 그저 24시간이라고 부른다.

우리의 삶은 시간으로 되어 있다. 그래서 대지와 하늘은 시간이다.

산과 바다도 시간이다. 시간은 그 자체로 어떤 형태를 가지고 있지 않는다. 시간은 이 세상의 공간으로 형태를 취한다. 그래서 중생도 시간이고 부처도 또한 시간이다. 시간을 벗어나 있는 것은 아무것도 없다. 꽃은 봄이라는 시간의 표현이다. 하얀 눈은 겨울이라는 시간의 표현이다. 세상의 사사물물은 모두 시간의 표현이다. 나라고 하는 것이 시간이고 몸과 마음도 시간이다.

우리들의 인생역정이 우리들 각자에게 있어서는 대단히 중요한 것처럼 생각되지만, 그것은 시간의 흐름에 불과하다. 중생들은 너도 나도 힘을 합해서 시간을 살아주고 있다. 아무리 발버둥쳐도 시간의 흐름을 벗어날 수는 없다. 그 시간은 인간의 삶뿐만 아니라 죽음까지도 포함하고 있다. 죽음도 시간을 떠나서는 있을 수가 없기 때문이다. 이 시간이 우리를 바라본다면 측은한 마음을 가지기도 하고 코웃음을 치기도 할 것이다. 끊임없이 자신의 부족함을 살피면서 겸손해하는 사람에게는 측은하게 생각하는 마음을 줄 것이고, 남보다 앞섰다고 자부하고 큰소리치는 사람에게는 코웃음을 보낼 것이다. 인간의 성공이나 실패가 시간의 범위를 벗어날 수가 없기 때문이다. 중생은 시간의 울타리에 갇힌 상태에 있기 때문이다.

우리의 삶을 시간과 관련시키는 것에 대해서 의아스럽다거나 지루하게 생각할 수도 있다. 그러나 이것이 전부가 아니다. 인간 존재와 시간을 일치시키는 도원선사는 나름대로의 속셈이 있다. 도원선사의 시간을 따라가노라면 진정한 시간을 잡는 것이 깨달음이고 부처라는 것을 알게 될 것이다.

도원선사는 시간을 우리의 삶과 일치시킨 다음에 다시 그 시간이 실체가 있는 것이 아니라 우리의 삶으로 생긴 결과라고 말한다. 시간이 어떤 의도를 가지고 먼저 있어서 세상일을 만드는 것이 아니라 세상일의 결과로 시간이 파악될 뿐이다. 세상에 태어난 모든 것은 죽게 되어 있다. 죽는다는 표현이 동물이나 식물에만 적용되고 광물에는 적용되지 않는다면 없어진다는 말을 써도 좋다. 세상의 모든 것은 없어지게 되어 있다. 하루살이만 죽는 것이 아니라 수십 년을 사는 가축도 죽고 인간도 죽는다. 거북이나 학 또는 신선이 오래 산다고 생각할 수 있지만, 거북이나 학, 신선들도 필경에는 다 죽게 된다. 태어나고 죽는 과정에서 시간이 파악되는 것이지 시간이 태어나고 죽게 만드는 것이 아니다. 시간은 어떤 실체가 있는 기간이 아니다. 시간은 단지 어떤 사건 즉, 어떤 일이 벌어지고 없어지는데에서 파악되는 명칭일 뿐이다. 세상사가 다 독자적인 실체가 없는 것처럼 시간도 마찬가지로 독자적인 실체가 없다. 선에서 흔히 쓰는 말로 시간은 없을 무(無)자 무이다. 무자 대신에 마음 심(心)자를 써도 좋다.

도원선사는 시간과 삶을 일치시키고, 그러나 그 시간에 실체가 없다는 것을 밝힌 다음에 한 걸음 더 나아가서 시간을 모든 존재의 흐름을 대표하는 것으로 설명한다. 모든 시간의 각 지점은 시시각각으로 새로운 시간을 나타낸다. 그리고 각 시간의 지점은 과거와 미래를 연결시킨다. 그래서 순간순간의 일은 과거 쪽으로나 미래 쪽으로 영원을 나타내는 '이 자리의 지금'이 된다. 실존주의 철학자나 현상학자들은 이 '영원을 대표하는 이 자리의 지금'을 절대현재(絕對現在)라는 말로 나타낸다. 수년 전에 조계종 종정을 역임하신 서옹큰스님께서는 '절대현재의 참사람'이라는 제목의 책을 펴내기도 했다. 임제선사에 대해서 관심이 많은 서옹스님은 현재 이 자리에서 3세를 꿰뚫은 완전한 깨침과 닦음을 절대현재라는 말로 표현하고, 그 절대현재를 얻은 이를 '참사람' 즉, 진인(眞人)으로 나타낸 듯싶다.

영원을 포함하거나 대표하는 이 자리의 지금이 무엇인지에 대해서 도원선사의 설명을 들어보자.

우리가 어제라고 부르고 오늘이라고 부르는 것은 실제로 한 때의 시간이다. 우리가 산에 올라가서 수많은 먼 산의 봉우리들을 단번에 보는 것처럼 우리는 현재라는 산에서 모든 과거와 미래의 봉우리들을 단번에 본다. 과거와 미래는 저쪽에 있는 것처럼 보이지만, 실제로 그 시간은 바로 지금에 있다. 그래서 지금의 소나무와 대나무는 영원의 시간을 나타낸다.

유시(有時)에 있는 내용을 그대로 읽으면 이해하기 어렵기 때문에 필자는 껑충껑충 뛰면서 이해 가능한 것만 추려서 모아보았다. 우리가 어제나 내일이라고 부르는 시간 즉, 과거나 미래의 시간은 한 때의 시간과 같다고 한다. 그것은 마치 우리가 산에 올라가서 먼 산의 봉우리들을 바라볼 때 차례대로 보는 것이 아니라 단번에 보는 것과 같다. 설사 가까이 있는 산봉우리를 먼저 보고 멀리 있는 산봉우리를 뒤에 본다고 하더라도 인간은 한 순간에 한눈에 들어오는 것만을 볼 수 있다. 인간에게 있어서는 어떤 순간이든지 그 한 순간에 있는 것만 존재한다. 여기에서 존재한다는 말은 자연과학적인 의미에서의 사실적인 존재를 말하는 것이 아니라 인간과 관련된, 인간에게 의미가 있는 가치적(價値的)인 존재를 뜻한다.

속담에 '나중에 보자는 사람 무섭지 않다'는 말이 있다. 고등학교 3학년 학생이 대학입시를 앞두고 오늘은 쉬고 내일 열심히 공부한다거나 이번 달에는 쉬고 다음 달부터 본격적으로 공부하겠다고 결심하는 것은 실없는 일이다. 내일에 이르면 다시 내일을 말할 것이기 때문이다. 금년까지만 담배를 피우고 내년부터는 끊겠다는 사람, 금년까지만 나쁜 일을 하다가 내년부터는 좋은 일을 하겠다는 사람은 무섭지 않다. 그들은 내년에 이르면 다시 금년에 한 말을 반복할 것이기 때문이다. 그래서 선에서는 내생에 참선을 시작하겠다거나 내생을 기다려서 깨달음을 얻겠다고 말하지 않는다. 금생의 지금 이 자리에서 참선을 하고 자성을 보고자 한다. 그런데 그 지금은 고정된 것이 아니라 끊임없이 움직이는 것이다. 순간순간 과거에서 현재로 현재에서 미래로 옮겨간다. 그러면서도 과거와 미래를 다 포함하고 엮는다. 모든 시간을 한 줄기로 만든다.

도원선사는 영원을 나타내는 이 자리의 현재에서 과거와 미래의 시간을 다 보고자 한다. 시간만이 아니다. 시간은 바로 삶이기 때문에 과거의 삶, 현재의 삶, 미래의 삶을 다 포함하고자 한다. 그렇다면 그 영원한 이 자리의 지금을 어떻게 얻느냐가 문제이다. 영원한 현재를 얻는 방법에 도원선사의 위대함이 드러난다. 도원선사는 그 영원의 현재를 인간의 행동에서 찾고자 한다. 그 행동이란 물론 부처의 행동 즉, 수행을 의미한다. 도원선사의 말을 들어보자.

산에 오르고 강을 건널 때 나는 바로 거기에 나타나 있다. 내가 있을 때 시간도 있다. 내가 지금 이 자리에 있으므로 시간은 나로부터 분리될 수가 없다. 시간이 오고 가는 형태를 가지고 있지 않다면 산에 오르는 순간이 바로 영원의 현재이다. 만약 시간에 오고 가는 형태를 가진다면 움직이는 내가 영원의 현재를 가지고 있다. 산에 오르고 강을 건너는 시간이 조용한 곳에 있는 시간을 삼켜버리지 않고, 반대로 조용한 곳에 머물러 있는 시간이 산에 오르고 강을 건너는 시간을 저버리지 않는다. 자기와 남이 모두 시간이기 때문에 수행과 깨달음도 또한 시간이다. 마찬가지로 진흙의 세계로 중생을 건지기 위해서 들어가는 것도 또한 시간이다.

여기서 영원의 현재 또는 절대현재는 산에 오르고 강을 건너는 시간에 있다고 한다. 행동하는 순간에 모든 시간의 의미가 다 몰려 있다는 말이다. 수행의 행동에 절대현재가 있다는 것이다. 그래서 영원한 현재는 영원을 포함하는 현재의 수행이 된다. 결과적으로 도원선사의 시간관은 그의 수행과 깨달음이 둘이 아니라는 수증불이(修證不二)의 주장으로 귀결된다. 영원의 절대현재는 현재의 수행 행위이고, 수행 행위는 바로 성불(成佛) 그 자체가 된다.

73. 묵조선의 공안

> 이율배반적인 인간은 도막난 시간에 집착하면서
> 동시에 영원을 추구한다. 개인적인 자기에 매달리
> 면서 동시에 우주적인 전체를 찾는다.

우리가 선을 분류할 때 먼저 인도불교에 있어서의 명상을 소승선(小乘禪)과 대승선(大乘禪)으로 나눈다. 소승선이란 인도에서 일어났던 소승불교의 선 즉, 아비달마 부파불교의 선을 의미한다. 그리고 대승선이란 역시 인도에서 있었던 대승불교의 선을 말한다. 그러나 달마대사가 중국으로 건너와서 중국에서 독특한 선이 발달한 이후 인도의 대승선은 격하되고 중국에서 발달한 선이 높여진다. 그래서 인도의 선을 여래선(如來禪)이라고 부르고, 중국의 선을 조사선(祖師禪)이라고 부른다. 여래라는 말은 조사라는 말보다 더 높은 부처를 뜻하지만, 여래선은 중국 선종에서 의미하는 정통의 선이 아니라 경을 중심으로 교리적인 해석에서 나타나는 정도의 선으로 취급된다. 조사선은 문자에 의하지 않고 바로 심지(心地)의 본성을 보아서 확철대오(廓徹大悟)하는 선을 말한다. 그러나 이 조사선도 공안을 참구(參究)하는 방법에 따라서 묵조선(默照禪)과 간화선(看話禪)으로 갈라진다. 묵조선은 화두를 들지 않고 그저 무념의 상태를 유지하는 방법이고, 간화선은 화두를 참구하는 방법이다. 묵조선은 조동종(曹洞宗) 계통에서 행해오고 간화선은 임제종(臨濟宗)을 중심으로 발달했다. 우리나라의 선종은 임제종에 속하기 때문에 간화선의 방법으로 참선하고 일본에서는 조동종이 임제종보다 큰 영향력을 가지고 묵조선의 방법으로 수행한다. 그러므로 선은 소승선과 대승선으로, 대승선은 다시 여래선과 조사선으로, 조사선은 다시 간화선과 묵조선으로 분류되는 셈이다.

간화선과 묵조선이 중국에서 생겨나기는 했지만, 그 뿌리는 이미 인도의 수행법에서 찾아볼 수 있다. 인도의 수행법 중에 사마타와 비파사나가 있는데, 사마타는 지(止) 즉, 모든 생각을 멈추는 것으로 번역되고 비파사나는 관(觀) 즉, 일체의 심신 상태를 관하는 것으로 번역된다. 사마타는 생각을 지우는 명상법이고 비파사나는 생각을 관찰하는 명상법이다. 물론 사마타의 방법이 묵조선으로 발전되고 비파사나의 방법이 간화선으로 발전된 것은 아니지만, 이미 인도의 수행법 가운데 묵조선과 간화선의 뿌리가 있었던 것이다. 묵조선과 간화선이 다같이 불교에 근본 뿌리를 두고 발전한 것이므로 화두라는 의심 덩어리를 생각하는 방법을 쓰든지 말든지 상관없이 다같이 공안은 가지고 있다. 그렇다면 간화선과 묵조선에 있어서 공안은 어떤 의미가 있는지, 특히 도원선사와 보조국사는 공안을 어떻게 취급하는지 알아볼 필요가 있다.

공안은 참선할 때 쓰는 조사스님네의 격외도리(格外道理)의 가르침이고 의심 덩어리이지만, 구도자가 일상생활에서 만나게 되는 궁극적인 문제이기도 하다. 인간은 천성적으로 제한된 시간과 공간으로부터 자유로워지기를 바란다. 시간적으로 무제한의 수명을 얻고 공간적으로 무한한 여행을 얻고자 한다. 그러나 인간에게는 죽음이라는 시간적인 문제가 있다. 인간은 한편으로 도막난 시간에 집착하면서 다른 한편으로는 영원을 추구한다. 인간은 개인적인 자기에 매달리면서 다른 한편으로는 우주적인 전체가 되기를 원한다. 인간은 자신의 내부에서 자가당착을 발견하게 된다. 여기서 가장 기본적인 문제는 바로 '나'라는 관념이다. 이 '나'로부터 모든 종류의 이율배반이 생겨난다. 자기 내부에서 일어나는 자가당착은 일상생활에서도 만나게 되는데, 거기에 공안의 뿌리가 있다. 자기 내부에서의 이율배반의 문제는 자신의 큰 죽음에서 해결의 실마리를 찾아야 한다. 작은 나의 소멸은 또한 깨침으로 이어진다.

도원선사에게 있어서 공안은 임제종 계통의 전통처럼 역설적인 문제를 푸는 것이 아니다. 그저 우리가 사는 모습, 생각하는 모습을 있는 그대로 보는 것이다. 그래서 도원선사는 사물의 여실한 모습을 일상생활에서 보고자 한다. 그에게 있어서는 참선수행하는 것이 바로 깨닫는 것이기 때문에 모든 수행은 깨달은 이의 관점에서 이해된다. 간화선에서는 공안을 범부와 깨달은 이의 양면적 입장에서 보지만, 묵조선에서는 수행과 깨달음이 같다는 입장에서 일상생활을 설명한다. 《정법안장》 현성공안에서 도원선사는 '부처가 참으로 부처일 때 우리가 부처와 동일하다고 알아야 할 필요가 없다. 우리는 본래 깨달은 부처이고 날마다의 생활에서 그 부처를 표현하고 있다'고 말한다. 우리는 본래 부처이기 때문에 일상생활에서 부처의 공안 즉, 부처의 행동을 보이기만 하면 된다는 말이다. 그러므로 도원선사에게 있어서 공안은 바로 부처의 동작이고 부처의 동작은 바로 본래부처인 우리의 수행이다. 공안과 부처의 동작과 수행이 같은 관계를 이룬다. 우리가 읽어본 보철선사의 부채질 즉, 항상 있는 불성을 드날리는 동작이 제시된다.

도원선사에게 있어서 공안의 타파는 과정과 목표라는 식의 의미에서 이해되지 않고 깨달음과 수행의 역동적인 관계를 경험적으로 제시하는 것이다. 사물을 있는 그대로 경험하고 드러내보이는데 있어서 의도적인 부정이나 긍정을 피한다. 왜냐하면 긍정이나 부정 어느 쪽이든지 실상을 그대로 파악하는 중립 상태의 마음가짐을 해치기 때문이다. 그러나 중립 상태의 마음에 대해서조차 '나'라는 관념이나 의식이 남아 있다면 그 중립 또한 극복해야 한다. 반면에 설사 부정이나 긍정에 기울더라도 그 안에 '나'라는 관념이 없다면 그곳에서는 사물이 있는 그대로 경험될 수 있다.

도원선사는 자기 의식을 가장 큰 문제로 삼는다. 《정법안장》의 현
성공안을 읽어보자.

부처의 길을 배우는 것은 자기 자신에 대해서 배우는 것이다. 자기 자
신에 대해서 배우는 것은 자기를 잊는 것이다. 자기를 잊는 것은 자기와
만법이 계합하는 것이다. 자기와 만법이 계합하는 것은 자기와 다른 이
의 몸과 마음을 던져버리는 것이다. 그러면 깨달음이 남기는 일체의 흔
적조차도 사라지고 이같은 깨달음이 끝없이 계속된다.

여기서 성불의 길은 자기를 완전히 지우고 버리는 것이다. 또 깨달
음에 대해서조차도 그것에 대한 일체의 집착하는 흔적이 없어야 한
다는 것이다. 그래서 자신의 몸과 마음을 벗어버릴 때 남이라는 생각
도 없어진다. 상대적인 작은 나가 죽고 참다운 큰 나가 나타날 때 모
든 사물은 있는 그대로 보인다. 이런 단계에서 도원선사는 공안을 발
견한다. 깨달음의 달빛이 우리 마음의 물에 비칠 때 달이 젖는 일도
물이 부서지는 일도 없는 경지이다.

도원선사는 모든 조사들의 행적이나 경전의 이야기를 다 공안으로
삼는다. 뿐만 아니라 자아의식을 지우는데서 나타나는 모든 사건들
을 다 공안으로 취급한다. 그래서 한없이 많은 공안이 생길 수 있다.
공안은 자기 의식과 자타의 분별을 지우고, 자기의 지움은 다시 공안
을 만든다.

보조국사는 공안이라는 말보다는 화두라는 말을 즐겨 사용한다.
화두는 분별심을 지우고 마음을 맑고 고요하고 집중적으로 만든다.
그런데 화두를 들 때는 알음알이로 문제로 풀려고 해서는 안된다. 보
조국사는 화두를 참구하는데 두 가지 길을 제시하면서 분별심의 화
두 참구를 경계한다.

첫째는 화두의 뜻이나 말 자체를 분석하는 방법이다. 만약에 수행자가 화두의 의미나 화두 뒤에 있는 어떤 동기를 개념적으로 파악하려고 하면 그같은 화두 참구는 '사구(死句)' 즉, '죽은 말'이라고 부른다. 사구는 화두의 본래 기능을 잃어버렸기 때문에 더 이상 화두가 아니다.

두번째는 모든 해석과 분별을 버리고 오직 화두 그 자체에만 집중하는 방법이다. 이같은 화두를 '활구(活句)' 즉 '산 말'이라고 부른다. 일체의 사구적인 분별을 피하고 화두 그 자체에만 직관적으로 집중하기는 대단히 어렵다. 왜냐하면 거기에는 주관과 객관, 나와 남에 대한 분별이 완전히 쉬어야 하기 때문이다. 그래서 보조국사는 이같이 고독한 화두 참구를 '무자미(無慈味)' 즉, 아무런 재미없이 집중하는 것이라고 부른다. 외롭고 지루하고 힘든 화두 참구의 과정이 이 무자미라는 말에서 잘 나타난다.

보조국사의 무자미 화두 참구는 자기 분열의 인간으로부터 어떤 공허를 발견하는데서 시작된다. 이어서 큰 의심이 일어나고 거짓의 나가 죽는다. 그리고 보조국사가 즐겨 말하는 '진아' 즉, 참나가 나타난다. 하지만 이 참나는 실체적인 것이 아니기 때문에 끊임없이 자기를 지우는 수행 속에서만 유지된다.

도원선사나 보조국사가 다같이 나와 남을 구별하는 작은 '나'의 의식을 지우고 큰 '나'를 얻기 위해서 공안 또는 화두를 사용한다. 도원선사는 공안이 수행생활 그 자체이다. 보조국사가 가장 경계하는 것은 화두를 분별심으로 해석하는 것이다. 도원선사는 공안을 이미 깨달음을 이룩한 자의 입장에서 본다. 그러나 보조국사는 도원선사에게 '아직 깨달음에 이르지 못한 사람이 어떻게 모든 것을 다 공안으로 삼을 것이며 이미 깨달음에 이르렀다면 왜 공안이 필요하냐'고 물을 것이다. 여기서 우리가 전에 살핀 바 있는 닦음과 깨달음의 문제가 제기된다.

수행의 자세와
선의 가슴

한 방울의 꿀을 만들려면 많은 꽃을 따야 한다. 어렵사리 꽃들을 따 모아서 꿀을 만들지만, 그 꿀은 혀끝 신경의 비위를 잠깐 맞추는데 끝나고 만다. 꽃 따는 일들이 허망하고 부질없는 것이 되고 만다.　　　　　　　　　　(서산대사의 수도자상)

인간은 본인이 원하거나 원하지 않거나 또는 느끼거나 느끼지 않거나 누구나를 막론하고 한 물건을 찾고 있다. 돈과 권력과 명예를 얻으려고 하는 것도 그 속에 한 물건이 있으리라는 막연한 기대 때문이다.　　　　　　　　　　(한 물건)

저 잘났다고 하던 모든 사람들이 시대나 장소의 구분이 없이 한결같이 북망산의 무덤 속에 있다. 우리의 처지는 풀 끝에 달린 이슬과 같고 바람 앞에서 흔들리는 등불과 같다.
　　　　　　　　　　(경허선사 참선곡)

아무리 자신의 처지를 한탄하는 사람도 자신과 다른 이를 바꾸려 들지는 않는다. 자신이 자신을 살려고 한다.
　　　　　　　　　　(만공선사의 나)

조주의 무자를 공부할 때 글귀만 참구해야 활구가 된다고 해서 한문으로 무자를 참구하면 활구가 되고 한글로 번역해서 참구하면 사구가 된다고 생각하면 큰 잘못이다.
　　　　　　　　　　(용성선사의 화두 드는 법)

선예술에는 일곱 가지 특징이 있다. 즉 불균형, 단순함, 고상한 건조성, 자연스러움, 심오함, 집착을 벗어남, 그리고 고요함이다.　　　　　　　　　　(久松眞一의 선예술)

님만이 님이 아니라 기리운 것은 다 님이다. 사랑은 둘이서 하는 것이 아니라 혼자서 하는 것이다. 물론 상대는 있지만, 그 상대는 언제나 멀리 있다. 가까이 있을 때도 있다. 그러나 그때는 꿈속에서이다.　　　　　　　　　　(만해선사의 님)

74. 수행자의 자세

욕망에 묻힌 이는 숲속에 고요히 앉아 있어도 마왕에게 잡히고 도를 깨친 사람은 시장바닥에 노닐어도 외도와 마군이 그를 찾아내지 못한다.

《밀린다팡하》에서 나선비구는 수행자가 자신의 몸을 아끼는 이유는 몸이 귀해서가 아니라 몸이 불편하면 수행을 계속할 수 없기 때문에 마치 상처를 치료하기 위해서 상처를 잘 보호하는 심정으로 몸을 보살핀다고 한다. 서산대사는 《선가귀감(禪家龜鑑)》에서 출가수행자가 도를 얻지 못하고 시주물을 소비하기만 하거나 명예나 이양만을 구하면 안된다고 크게 경계한다. 서산대사의 말씀들은 간결하면서도 간절하고 또 핵심을 찌르기 때문에 큰 감동을 준다. 《선가귀감》에서는 출가승려들에게 내린 말씀으로 되어 있지만 출가수행자뿐만 아니라 참선하고 도를 닦는 사람이라면 누구나 귀담아듣고 실천해야 할 것이다.

먼저 유명한 글귀를 읽어보자.

출가해서 승려가 되는 것이 어찌 작은 일이랴. 편하게 놀고자 출가한 것도 아니고 따뜻이 입고 배불리 먹고자 하는 것도 아니다. 또한 재물이나 명예를 구하기 위한 것도 아니다. 생사로부터 벗어나기 위한 것이며 번뇌를 끊기 위한 것이다. 부처님의 혜명을 이으려는 것이며 이 욕망의 세계, 물질의 세계, 정신의 세계로부터 해탈하고 모든 중생을 제도하기 위해서이다.

이 글귀를 좋아하는 분들이 많다. 붓글씨로 써서 벽에 걸어두는 이들을 종종 본다. 필자도 이 글을 읽을 때마다 마음 속으로 따끔따끔한 가책을 받곤 한다. 옛날에 비해서 요즘은 너무나 호의호식하기 때문이다. 그러나 이 글귀는 출가수행자에게만 적용되는 것이 아니라 도를 닦아서 해탈하려는 사람 모두에게 해당된다고 하겠다. 만약 지금 서산대사가 법문을 내린다면 출가승이라는 제약을 두지 않았을 것이기 때문이다.

서산대사는 5욕락의 모든 것이 참선수행을 해친다고 가르친다. 참선하는 것이 공덕이 되어서 하는 일마다 잘되고 돈과 명예를 얻게 될 수 있겠지만, 그것은 속세적인 이야기이고 진지하게 도를 구하는 사람들은 잘 먹고 잘 입으려고 해서는 안된다는 말이다. 그렇다면 이런 질문을 하는 이도 있을 것이다. '나는 사업가인데 일할 때는 사업에 충실해서 돈도 많이 벌고 싶고 또 참선할 때는 모든 것을 다 버리는 심정으로 수행에 빠지고 싶다.' 물론 그것도 가능하다. 여기서 서산대사는 수행자의 자세를 말하는 것이지 구도인은 무조건 자기 사업을 다 버리고 참선만 하라는 뜻은 아니다. 또 시중에서 포교하는 스님이 사찰을 발전시키는 일을 그만두라는 뜻도 아니다. 개인으로서 수도하는 목적과 자세의 면에서 말할 때 5욕락을 경계해야 한다는 것이다. 참선은 오직 자신이 5욕락과 관계된 물질세계의 번뇌로부터 완전한 자유를 얻고 남도 해탈시키는데 근본목적이 있다는 것이다.

서산대사는 15세에 출가해서 30세에 승과에 장원으로 합격했다. 옛날에는 나라에서 승려의 시험을 관장했기 때문에 그 시험에 응시해서 최고득점을 한 것이다. 그로 인해 서산대사는 일찍이 교와 선의 최고 지도자 격인 교종판사도대사(敎宗判事都大師)와 선종판사도대사(禪宗判事都大師)를 겸임하고 7, 8년 뒤에는 모든 직책을 버리고 산으로 들어간다. 73세 때에는 팔도십육종도총섭(八道十六宗都摠攝)이 되어 승군을 조직해 왜군을 물리치는데 정부군을 돕는다. 서산대사의 법명은 휴정(休靜)이지만 묘향산에 오래 주석했기 때문에 묘향산의 별명인 서산이 대사의 호칭이 되었다.

서산대사가 일찍이 선종과 교종의 최고 관장자 직책을 가졌고 임진왜란 때는 팔도십육종도총섭이 될 만큼 최고의 명예를 누리기는 했지만 그것은 짧은 기간이었다. 또 임진왜란 때는 이미 73세였기 때문에 왕이 내린 갖가지 호칭은 예우적인 것이지 실질적으로 누리는 권력이 아니다. 서산대사도 자신이 원하기만 했다면 다른 권승들처럼 왕실의 주변을 빙빙 돌 수도 있었겠지만 권력을 과감히 버리고 묘향산에 들어가서 많은 제자들을 키우면서 조선조 불교의 중흥조가 되었다.

서산대사는 속가에서 출가로 모든 것을 버렸을 뿐만 아니라 다시 출가해서 불교교단의 조직 속에 생기는 관장자의 위치도 버렸다. 버린 분이기 때문에 자신 있게 '도를 구하는 수행자는 모든 명예와 이양을 버리라'고 말할 수 있었을 것이다. 명예와 이양이 생기는 곳에는 반드시 도와 멀어지는 일이 뒤따른다는 것을 직접 경험했음직하다.

《선가귀감》을 더 읽어보자.

세상의 헛된 이름을 탐내는 것은 부질없이 몸만 괴롭게 하는 것이다. 또 속세의 이양을 얻기 위해서 허덕이는 것은 업의 불에 섶을 더 얹어놓는 격이다.

세속적인 어떤 것을 얻으려고 할 때 얻기가 아주 힘들 뿐만 아니라 설사 성공해서 원하는 것을 얻는다고 하더라도 그것이 부질없다는 것이다.

그래서 이런 시도 덧붙인다.

온갖 꽃들을 캐어 모아서
꿀을 빚어놓는구나.
그처럼 애쓴 보람이
결국 혀끝을 위함인가.

한 방울의 꿀을 만들려면 많은 꽃을 따야 한다. 어렵사리 꽃들을
따 모아서 꿀을 만들지만 그 꿀은 혀끝 신경의 비위를 잠깐 맞추는데
끝나고 만다. 꽃 따는 일들이 허망하고 부질없는 것이 되고 만다.

우리가 지금 육도만행(六度萬行)을 떠나는 것은 아니기 때문에 살
고 있는 집이나 처자권속을 다 버릴 필요는 없다. 지금까지 쌓아온
신용이나 재산도 일부러 버릴 필요는 없다. 그러나 이런 결심만은 확
실히 해두어야 한다. 내가 이 세상을 참답게 사는데 남들이 알아주는
명예나 재산이나 어떤 종류의 소유에도 의존하지는 않겠다는 다짐이
다. 만약에 그와 같은 것에 의지하는 삶의 의미가 금년이나 내년 또
는 금생내내 유지된다고 하더라도 언젠가는 반드시 무너지고 말 것
이기 때문이다. 내가 가진 모든 것을 버릴 마음의 준비는 지금의 수
행을 잘하기 위해서뿐만 아니라 밖의 것에 의지하지 않고 발가벗은
몸으로서의 나 자신에 의지한 참된 삶의 가치를 확보해두기 위해서
도 꼭 필요하다.

서산대사는 시주물에 함부로 신세지는 것을 경계하기도 한다.

차라리 뜨거운 쇠를 몸에 두를지언정 신심 있는 이가 주는 옷을 함부
로 입지 말 것이며, 차라리 쇳물을 입에 부을지언정 신심 있는 이가 주는
음식을 함부로 먹지 말라. 또한 차라리 끓는 가마 속에 뛰어들지언정 신
심 있는 이가 주는 집을 함부로 받지 말라.

여기서 서산대사는 시주물을 함부로 받아쓰지 말라고 하지만, 그

이유는 평하는 말로 덧붙여서 설명한다. 《범망경》의 계율 문제를 도를 닦는 것과 관련지어서 생각한다면 진정한 수행이나 깨달음이 없이는 시주물을 받지 말라는 것이다. 만약에 도를 깨닫는다면 옷이나 음식 등을 아무리 많이 받는다고 하더라도 삭힐 수가 있지만, 그렇지 못하면 엄청난 죄가 되어서 무서운 과보를 받는다는 것이다. 그래서 서산대사는 한 수도인이 다섯 알의 좁쌀 때문에 다음 생에 소로 태어나서 살아서는 죽어라고 일을 해서 빚진 것을 갚고 죽어서는 자신의 고기로 빚을 갚은 이야기를 들려준다.

또 이렇게 한탄하기도 한다.

애닯다, 불자들아. 한 덩어리의 밥과 한 벌의 옷은 바로 농부의 피이고 길쌈하는 여인의 땀이다. 도를 깨치지 못하고 어떻게 그것들을 소화할 수 있겠는가.

서산대사는 다시 우리 몸을 더러운 것으로 묘사한다.

몸은 참으로 가소롭다. 아홉 구멍으로 늘 더러운 것이 흘러나오니 온갖 고름 덩어리, 부스럼 덩어리를 얇은 가죽으로 싸놓았구나. 이 가죽 주머니는 똥을 담은 것이며 피고름 덩어리라. 냄새나고 더러워서 탐내고 아까워할 것이 없다. 아무리 백년 동안 잘 길러준다고 해도 숨 한번 내쉬지 못하면 순식간에 은혜를 등지고 말 것이다.

도를 닦는 진정한 뜻을 생각하기보다는 명예나 이양을 생각하는 원인이 몸을 보살피는데 있다고 생각해서 서산대사는 몸을 똥오줌 주머니, 피고름 주머니로 묘사한다. 아무리 받들어도 결국 죽고 마는 것을 보살핌의 은혜에 대한 배반으로 나타내기도 한다.

서산대사가 몸을 오물 주머니로 묘사하지만, 여기에도 또한 조건이 붙는다. 수행을 제대로 하지 못하면 그렇다는 것이다. 그래서 똑같은 수행자가 둘이 있을 경우 제대로 도를 닦는 이와 그렇지 못한 이가 가는 길이 달라진다. 도를 깨치지 못하는 사람은 숲속에 고요히 앉아 있어도 마왕(魔王)에게 잡히고 도를 깨치는 사람은 시장바닥에 거닐어도 외도(外道)와 마군(魔軍)이 그를 찾아내지 못한다는 것이다. 그래서 도를 제대로 닦고 얻은 바가 있으면 아무리 시주의 은혜를 지고 공양을 받더라도 이 몸 그대로 청정하지만, 제대로 닦은 바도 깨달은 바도 없으면 업만 짓고 이 몸이 더할 나위 없이 더럽다는 것이다.

75. 선과 교

조사스님들은 호랑이 새끼를 키우듯이 제자들을 가르친다. 여러 말을 친절하게 해주지 않는다. 지금 이 자리에서 마음의 근원을 바로 보게 한다.

《선가귀감(禪家龜鑑)》은 먼저 《치문(緇門)》과 《도서(都序)》에 나오는 '불경을 부처님의 말씀이고 선은 부처님의 마음이다'라는 말로부터 시작한다.

세존이 세 곳에서 마음을 전한 것이 선의 종지가 되었고, 일생 동안 말씀하신 것이 교(敎) 즉, 가르침이 되었다. 그러므로 선은 부처님의 마음이요, 교는 부처님의 말씀이다.

《도서》나 《치문》에서 불경이라는 표현을 서산대사는 '교(敎)'자로 바꾼다. 선은 부처님의 마음인데 세 군데서 전한 것이고, 교는 부처님의 말씀인데 일생 동안 가르친 것이라고 한다. 세 군데서 마음을 전한 것이란 부처님이 다자탑 앞에서 가섭존자와 자리를 반절 나누어 앉은 일, 부처님이 영산회상에서 꽃을 들어 보일 때 다른 대중은 멍하니 있는데 가섭존자만이 미소로써 답한 일, 그리고 부처님 열반 후에 가섭존자가 뒤늦게 도착하자 부처님이 두 발을 관 밖으로 내보인 일이다.

서산대사는 부처님이 일생 동안 설한 교설을 화엄종의 교판체계를 의지해서 설명한다.

부처님이 일생 동안 말씀하신 것은 49년 동안 설하신 5교(五敎) 즉, 다섯 가지 가르침이니, 첫째는 인천교(人天敎)이고, 둘째는 소승교(小乘敎)이며, 셋째는 대승교(大乘敎)이고, 넷째는 돈교(頓敎)이며, 다섯째는 원교(圓敎)이다. 이른바 아난존자가 교해(敎海) 즉, 가르침의 바다를 유통시켰다 함은 바로 이 5교를 뜻한다.

화엄종의 5교판에 대해서는 우리가 교판에서 살핀바 있다. 화엄종에서는 《화엄경》의 여래출현품, 십지품, 그리고 입법계품에 나타나는 여래성기사상을 중심으로 각 경전의 수준을 분류했다. 화엄종의 교판보다는 천태종의 5교판이 더 유명한데도 불구하고 서산대사가 화엄종의 교판을 예로 든 것은 임제종 계통의 선이 화엄종과 연관이 많음을 보여준다. 가섭존자는 부처님의 마음을 받아 전했고 아난존자는 부처님의 말씀을 받아 전한 셈이다. 그래서 석가모니부처님을 주불로 모신 탱화에는 노인 모습의 가섭존자와 청년 모습의 아난존자가 부처님의 좌우에 그려진다.

서산대사는 계속해서 선과 교의 뿌리를 석가세존에게서 찾는다.

선과 교의 근원은 세존이시고, 선과 교를 나누어 전한 이들은 가섭존자와 아난존자이다. 말을 지움으로써 말이 없는데 이르는 것이 선이고, 말을 일으킴으로써 말이 없는데 이르는 것이 교이다. 그래서 마음은 선을 이루고 말씀은 교법을 이룬다. 법은 한 맛이지만, 그 맛을 보는 견해는 하늘과 땅처럼 차이가 있다.

여기서 서산대사는 선의 근원이 석가모니부처님에게 있다고 분명하게 밝힌다. 인도의 석가세존이 씨앗만 뿌렸을 뿐이고 중국의 선사들이 그것을 키우고 꽃을 피웠다는 뜻이 아니다. 완전히 꽃핀 선과 교가 부처님에게 이미 있었으며 뒷날의 제자들이 그것을 드러내보이기만 했을 뿐이라는 의미이다. 우리는 보통 선을 소승선과 대승선으로 나누고, 다시 대승선 가운데에 인도의 선을 여래선(如來禪)으로, 중국의 선을 조사선(祖師禪)으로 부른다. 여래선은 조사선보다 한 수 낮은 교리로 푸는 선쯤으로 생각한다. 중국 선이 인도의 수행법을 한 차원 낮은 것으로 보면 부처님의 깨달음까지 오해받을 염려가 있다. 서산대사의 말씀은 중국식 조사선에서 무어라고 말하더라도 선의 근본적인 알맹이는 부처님으로부터 전해내려왔다는 것이다. 선과 교가 한 부처님으로부터 나왔기 때문에 말이 없이 말 없는 곳에 이르면 선이고 말을 써서 말 없는 곳에 이르면 교가 된다고 한다.

서산대사는 말이 없음과 말이 있음의 관계를 선과 교에 결부시키고 한 걸음 더 나아가 말에 매달리느냐 마느냐에 따라 선과 교의 갈림길이 생긴다고 설명한다.

누구든지 말에서 얻으면 꽃을 들어 보이고 미소로 답하는 것이 모두 교가 되고, 마음으로 얻으면 세상의 온갖 잡담도 모두 별도로 전한 선의 종지가 되느니라.

진리는 이름이 없으므로 말로 미칠 수 없고 모양이 없으므로 어떤 개념으로 헤아릴 수 없다. 입으로 말하면 마음의 바탕을 잃고, 마음의 바탕을 잃으면 세존이 꽃을 들고 가섭존자가 미소를 짓는 일이 다 썩은 이야기가 되고 죽은 물건이 될 것이다. 마음으로 얻으면 장사꾼들의 잡담이 모두 훌륭한 설법이 될 것이다. 뿐만 아니라 새소리 등 짐승의 울음소리에서도 참다운 실상을 보고 들으리라. 그래서 보적선사는 곡하는 소리를 듣고 춤추면서 기뻐하고 뛰놀았으며, 보수선사는 주먹질하며 싸우는 것을 보고 마음의 진면목을 깨쳤다.

참으로 간결하면서도 심오하고 또한 멋있는 말씀이다. 만약 말이나 개념으로 부처님의 가르침을 이해하려고 하면 아무리 비밀리에

전한 선이라고 하더라도 교가 될 수밖에 없고, 또 교로 전한 말이라고 하더라도 마음으로 바로 받아들이면 바로 선이 된다는 것이다. 선을 교가의 방식으로 받아들일 수도 있고, 교를 선가의 방식으로 받아들일 수도 있다. 그러므로 선 그 자체나 교 그 자체가 차원이 더 높고 낮은 것이 아니라 선의 방식 즉, 말이 끊어진 자리에서 마음으로 바로 얻는 것이 교의 방식 즉, 말이나 개념으로 헤아려서 이해하는 방법보다 훌륭하다는 것이다. 선이 교보다 바람직한 것이기는 하지만, 선이라는 이름이나 형식이 아니라 말을 여의고 깨닫는 방법이 중요할 뿐이라는 것이다.

서산대사는 이어서 말이 끊어진 경지를 설명한다.

나에게 한 마디 하고 싶은 말이 있다. 모든 생각이 끊어지고 인연이 쉬어서 일없이 망연히 앉아 있으니 봄이 옴에 풀이 저절로 푸르러지는 경지가 나타나는구나.

여기서 절려망연(絶慮忘緣) 즉, 생각을 끊고 인연을 잊는 경지는 마음자리를 얻은 한가로운 도인의 경지이다. 번뇌가 본래의 마음바탕을 흐트려놓지 않기 때문에 자연의 마음이 그대로 드러나서 평상심 그대로 도가 된다. 아무런 인위조작이 없어서 날마다 좋은 날, 날마다 부처의 날이 된다. 겨울이 가고 봄이 온다든지 봄이 가고 겨울이 오는 것에 이제는 아무것도 걸릴 것이 없다. 봄이 되면 산천이 스스로 푸르고 겨울이 되면 산천이 스스로 하얀 눈옷을 입는다. 모든 세계는 비로자나불의 법신체, 자성청정심의 몸으로 나타난다. 산천의 변화는 아이들이 시소게임을 하면서 오르락내리락하는 평화로운 모습으로 보인다. 오고 감이 나타남과 숨음에 불과하므로 숨바꼭질의 감상만 있을 뿐이다. 말과 개념의 분별로부터 해방되고 세상에 떠도는 이름과 형태와 가치에 흔들리지 않으니 그렇게 평화로울 수가 없다.

선과 교의 차이를 말을 여의느냐 마느냐에 의해서 분별한 서산대사는 사람들이 혹시 자기의 말을 오해할까 걱정이 되는 모양이다. 그래서 다시 선과 교의 차이점을 지적한다.

부처님이 설한 경에는 모든 종류의 사물을 분별하고나서 공한 이치를 밝혔다. 그러나 조사스님들이 나타내는 구절은 바로 그 자리에서 온갖 분별의 자취가 생각에서 끊어지고 참다운 도의 이치가 마음의 근원에서 나타난다.

부처님은 이 사바세계의 교주이기 때문에 근기가 낮은 중생들도 가능한 한 발심시키고자 한다. 그래서 부처님은 참답게 사는 길에 대해서 자세하게 설하신다. 완전히 비었다는 공사상과 그러면서도 완전히 차 있다는 갖춤의 사상을 처음부터 알려주고 싶었지만 근기의 성숙을 기다려서 나중에 설하게 되었다.

그러나 선가에 있어서 조사의 경우는 다르다. 조사스님들은 제자들을 호랑이가 자신의 새끼를 다루듯이 한다. 전해지는 말로 호랑이는 새끼를 나면 일단 그것들을 높은 낭떠러지로 데리고 가서 강에 떨어뜨린다고 한다. 살아남는 새끼만 키우는 것이다. 호랑이가 산의 주인으로 자리하기 위해서는 처음부터 주인이 될 만한 근기만 키운다는 것이다. 이것이 사실이냐 아니냐가 중요하지 않다. 조사스님들은 제자들을 키울 때 호랑이 새끼를 키우는 것과 같은 방법으로 제자들을 다룬다는 것이다. 조사들은 여러 말을 친절하게 해주지 않는다. 지금 서 있는 이 자리에서 마음의 근원을 바로 보게 한다. 번뇌가 일어나지 않도록 살살 달래라고 하는 것이 아니라 본래 번뇌의 뿌리가 없다는 것을 바로 보게 한다. 병이 있다고 인정해서 치료하려는 입장이 아니라 병이 없음을 보게 해서 약이 필요치 않게 한다.

그래서 서산대사는 부처님과 조사스님이 지도하는 방법의 차이를 활과 활줄로 비유한다. 활은 곡선이고 활줄은 직선이다. 부처님은 활처럼 굽는 여유를 두고 조사들은 활줄처럼 직선적으로 근본자리에 파고든다는 것이다.

76. 경전에서 참선으로

교의 입장에서 보면 선이 교의 마무리가 되고, 선의 입장에서 보면 경전이 근기가 낮은 사람들을 선으로 인도하는 지침이 된다.

서산대사는 《선가귀감》에서 사교입선(捨敎入禪) 즉, 경전의 교리 공부를 버리고 선수행으로 들어가는 것에 대해서 가르친다.

교를 버리고 선에 들어가는 것은 두 가지 방면으로 나누어 볼 수 있다. 한 가지는 초보자가 공부하는 과정으로 먼저 경전과 조사스님네의 어록 등을 읽고 교리적으로 체계를 잡은 다음에 교리공부를 버리고 선수행에 들어가는 것이다. 다른 한 가지는 참선을 하고 화두를 드는데 있어서 교리적으로 분별해서 생각하는 태도를 버리고 칠흑처럼 깜깜하게 모든 생각이 지워진 가운데 바로 마음의 뿌리로 들어가는 것이다. 경전공부를 마치고 참선을 시작하는 것은 경전과 참선공부의 순서를 말하는 것이고, 참선할 때 개념적인 알음알이를 버리고 직관으로 사물의 실상을 투시하는 것은 참선의 자세를 말하는 것이다. 경전공부를 마치고 참선을 시작하는 사교입선은 절 집안에서 하나의 전통적인 과정이다. 온갖 사량분별을 끊고 화두만을 참구하는 자세 또한 대단히 중요하다.

먼저 경전공부를 마치고 참선을 시작하는 것에 대해서 서산대사의 말씀을 들어보자.

그러므로 공부하는 이는 먼저 참다운 부처님의 가르침을 익혀서 변하지 않는 불변성과 인연을 따라 변화하는 수연성의 두 가지가 바로 자기 마음의 성품과 모양이며 돈오와 점수 즉, 단번에 깨닫는 것과 차츰 닦는 것의 두 가지가 바로 자기 수행의 시작이며 끝이라는 것을 분명하게 밝혀야 한다. 그렇게 하고나서 경에서 쓰는 교리적인 개념을 버리고 오로지 지금 이 자리의 일념으로 선지(禪旨)를 참구한다면 반드시 얻는 바가 있으리라. 이것이 이른바 윤회와 타성의 삶으로부터 해탈하는 길이다.

이 내용을 짧게 말하면 마음의 두 가지 측면과 깨닫고 닦는 것을 교리적으로 공부한 후에 일념으로 참선한다면 해탈열반을 얻으리라는 것이다. 《기신론》에서는 우리의 일심을 두 가지 측면으로 나눈다. 즉 진여의 측면과 생멸의 측면이다. 진여는 변하지 않는 것이고, 생멸은 인연을 따라 변하는 것이다. 우리 마음은 변하지 않는 점도 있고 변하는 점도 있다는 것이다. 두 가지 요소가 따로 있어서 한 가지는 변하지 않고 다른 한 가지는 변하는 것이 아니라 본래 변함이 없는 진리의 자리가 번뇌의 바람에 흔들리면 미혹의 중생세계를 일으키게 된다는 것이다. 교리공부를 하는 것은 먼저 우리 마음이 이 두 가지 방향 중에서 어느 쪽으로든지 갈 가능성이 있음을 배우고자 하는 것이다.

그리고 경전공부를 통해서 깨닫는 것과 닦음의 관계를 알아야 한다고 한다. 단번에 깨닫고나서 차츰 닦는 것 즉, 돈오점수(頓悟漸修)가 자기 수행의 전부라는 것도 확실하게 밝혀야 한다고 한다. 보조국사는 돈오점수를 선으로 가르쳤지만, 서산대사는 한편으로는 교리공부의 내용으로 취급하고 다른 한편으로는 선으로 가르친다. 왜냐하면 한편으로는 돈오점수의 이치를 확실히 터득하고난 다음에 교리적으로 공부한 것을 모두 놓아버리고 선지를 참구하는 참선에 들어가야 한다고 말하면서도, 다른 한편으로는 '이치는 단번에 깨칠 수 있지만 습관은 일시에 없어지지 않는다'든지 '수행을 하려면 먼저 단번에 깨달아야 한다'고 말하기 때문이다.

서산대사는 똑같이 단번에 깨닫고 차츰 닦는 법이라고 하더라도 교학에서 의미하는 것과 선에서 뜻하는 것이 다르다고 생각하는 듯하다. 똑같은 가르침이라고 하더라도 그것을 터득할 때 말을 없이하고 말이 없는데 이르면 선이 되고 말을 통해서 말 없는데 이르면 교가 된다고 한다. 이런 의미에서 단번에 깨닫는 내용도 말을 쓰는 교에서 얻는 것과 말을 지우는 선에서 얻는 것이 다를 수가 있다. 먼저 교리적으로 수행에 앞서 깨달음이 필요하다는 것을 이해하고 선에 들어와서는 이전의 개념적인 이해를 모두 지우고 바로 존재의 실상 즉, 마음의 바탕을 꿰뚫어보아야 한다는 것이 서산대사의 입장이다.

경전을 통해서 교리를 배우되 배운 것을 완성하기 위해서라도 선을 닦아야 한다. 교의 입장에서 보면 선이 교의 마무리가 되고, 선의 입장에서 보면 경전이 근기가 낮은 사람들을 선으로 인도하는 지침이 된다. 이와 같은 사교입선의 자세는 한국불교에서는 하나의 전통이 되어서 많은 큰스님들이 교로 시작해서 선으로 회향한다. 큰스님들 중에서 경을 가르치는 강사 일을 하다가 선으로 들어간 분도 많고, 또 경을 놓지 않더라도 선의 시각에서 경을 설하기도 한다. 필자가 알고 있는 한 스님은 불경공부를 열심히 해서 강사가 되었는데, 어느 날 그동안 공부하기 위해서 모았던 책들을 마당으로 끌어내놓고 그것들을 모두 불살라버렸다. 그리고 선방으로 들어갔다. 책을 불살라야만 사교입선이 되는 것은 아니지만 상징성이 강하기 때문에 과거의 많은 스님들이 이같은 의식을 행하기도 했다.

사교입선의 또 한 가지 방면은 화두를 참구하는 자세이다. 뜻으로 풀이하거나 생각하는 방식을 버리고 바로 화두 그 자체에 달려들어야 한다고 한다. 서산대사의 말씀을 들어보자.

선을 배우는 이는 활구(活句) 즉, 살아 있는 화두를 참구할 것이며 사구(死句) 즉, 죽은 글귀를 참구하지 말라.

화두에 구절과 의미의 두 가지가 있으니, 화두 구절 그 자체를 참구하는 것은 지름길로 가는 활구로서 생각할 길이 끊어지고 말 길도 끊어져서 어떤 사량분별로 더듬고 만질 수가 없기 때문이요, 의미를 참구한다는 것은 원돈문(圓頓門)에 있어서 사구이니 이치의 길이 있고 말 길이 있어서 듣고 알고 생각하는 것이 있기 때문이다.

똑같은 화두도 말과 생각을 여의고 글귀 그 자체로 들어가는 방면과 의미와 이치를 생각하는 방면으로 갈라진다고 한다. 아무런 생각 없이 화두 그 자체만 직관하면 참된 목숨을 살리는 활구가 되고, 어떤 식으로든지 말이 연결되도록 꾸며서 생각하면 수행자의 참 목숨을 잃게 하는 사구가 된다고 한다. 교에서 쓰는 말이나 알음알이를 버리고 화두에 몰두하라는 것이다.

서산대사는 화두를 활구로 참구하는 방법을 계속해서 설명한다.

이 일은 모기가 철로 만든 소에게 덤비는 것과 같아서 함부로 주둥이를 대서 말을 붙일 수 없는 곳에 목숨을 버리고 한번 뚫으면 몸뚱이가 바로 들어가리라.

공안을 참구할 때 간절한 마음으로 공부를 지어가되 마치 닭이 알을 품듯 하고 고양이가 쥐를 잡듯이 하라. 주린 사람 밥 생각하듯 하며 목마른 사람 물 생각하듯 하라. 또 아기가 엄마 생각하듯 하면 반드시 화두를 꿰뚫을 때가 있으리라.

화두는 그것이 일어나는 곳에서 알려고 하지 말며 생각으로 헤아리지 말며 또 어리석은 마음으로 깨닫기를 기다리지 말라. 생각할 수 없는 곳에 나아가 생각하면 마음이 더 나아갈 곳이 없어서 마치 큰 쥐가 소의 뿔 속으로 들어가다가 잡히듯 하리라.

여기서 생각을 끊고 생각이 없는 곳에서 한 걸음 더 나아가는 법을 여러 가지로 설명하지만, 해석하거나 따지지 말고 바로 참구하라는 것 외에 더 말한 것이 없다. 왜냐하면 말이 끊어진 세계는 말로 설명할 수 없고 오직 본인 자신이 경험해야 하기 때문이다. 그러나 모든 생각 길과 말 길이 꽉막히는 경지의 비유로 재미있는 것들이 나왔다. 화두를 드는데 모기가 철로 만든 소에 덤벼드는 것같이 하고 또 깜깜한 칠통을 폭파하듯이 하라고 한다. 모기가 쇠로 만든 소에게 달려드는 것은 도저히 엄두가 나지 않는 일이다. 답답하기만 할 뿐이다. 아무런 성과가 없을 것같은 회의도 든다. 그럼에도 불구하고 그같이 생각이 끊어진 상태에서 화두를 들되 닭이 알을 품듯이, 고양이가 쥐를 잡듯이, 목마른 이가 물 생각하듯, 어린아기가 엄마 생각하듯 하라고 한다.

이처럼 화두를 참구하는 것은 쉽지 않은 일이다. 그래서 서산대사는 공부가 깊어지고 도가 높아질수록 마(魔)의 장애가 많아진다고 말한다.

공부가 잘 되어서 걸어가면서도 걷는 줄 모르고 앉아 있어도 앉아 있는 줄 모르게 되면 그때 눈·귀·코·혀·몸·뜻의 여섯 가지 감각기관에 지키고 있던 팔만사천의 마군 무리가 마음을 따라 일어난다. 만약 이때 마음이 흔들리지 않는다면 그 마군들과 무엇을 다툴 필요가 있겠는가.

공부가 잘 돼서 삼매에 들면 모든 세상경계를 다 잊어버린다. 그러나 세상사람들이 정신을 빼앗겨서 멍하니 있는 것과는 다르다. 성성하게 밝으면서도 오직 화두를 타고 생각이 끊어져서 무심의 경지에 있음을 나타내는 것이다. 그러나 마취상태가 아니므로 여섯 가지 감각기관도 예민하게 깨어 있다. 감각기관은 나름대로 요구를 하고 일

어날 것이다. 감각기관의 요구는 한량없이 많고 무서운 마군처럼 덤
빌 것이다. 그러나 그때 마음이 흔들리지 않으면 그 마장은 본래 없
는 그 자리로 돌아가게 된다고 한다.

77. 한 물건

> 꽃이 피는 측면과 지는 측면을 다같이 볼 때 그 한
> 물건의 생명을 바로 볼 수 있다. 그러나 이 경우에
> 는 식어버린 정열이 문제가 된다. 그래서…

불교에서는 가장 궁극적인 것을 진여(眞如)라고 부르기도 하고 불
성(佛性)이라고 부르기도 한다. 여래장(如來藏)이라는 말도 있고 일
승(一乘)이라는 말도 있다. 또 법신(法身), 법성(法性), 여래성(如來
性) 등이라고 부르기도 한다. 선가에서는 자성(自性), 진아(眞我), 본
래면목(本來面目), 부처라는 말을 쓰기도 한다. 서산대사는 궁극적인
것을 '한 물건(一物)'이라고 부른다. 그 한 물건이 무엇인지, 왜 우리
가 그것을 찾아야 하는지가 궁금하다.

설날이나 추석명절 때마다 우리는 민족의 대이동을 본다. 동시에
많은 사람들이 차를 타고 움직이기 때문에 교통체증으로 인해 상당
한 고생을 각오해야 한다. 그럼에도 불구하고 사람들은 고향을 찾아
간다. 도시생활을 하면서 바쁘게 지내다보니 사람들의 마음이 메말
라져서 고향을 찾고 차례를 지내는 것을 의무적인 형식으로 생각하
는 사람도 있을 것이다. 귀찮게 생각하는 사람도 있을 것이다. 그러
나 많은 사람들은 자기의 고향방문을 큰 기쁨으로 생각한다. 공장에
서 일하는 어떤 청년은 고향을 방문하는 기쁨이 온갖 고생을 다 보상
해준다고 했다. 모든 생물에게는 귀소본능이 있다. 자기의 집으로 돌
아가려는 본능이다.

집에서 키우던 개를 다른 마을로 데려다놓고 그 개가 집으로 돌아

오는지를 시험한 이야기가 많이 있다. 옛날에는 많은 경우에 개들이 집을 찾아올 수 있었다고 한다. 미국의 어떤 이는 개를 데리고 다른 도시에 갔다가 개를 잃어버렸다고 한다. 그런데 수주일 후에 그 개가 자신이 살던 집으로 돌아왔다는 것이다. 또 베트남에 있던 불란서인 이 비둘기 한 마리를 불란서로 데리고 갔는데, 그 비둘기가 수주일 후에 베트남으로 돌아왔다고 한다. 도저히 믿어지지 않는 이야기이다. 그러나 요즘에는 대도시에서 개들이 길을 잃는 경우가 많다고 한다. 특히 비오는 날에는 개들이 표시한 곳이 빗물에 씻겨내려가 냄새를 맡을 수 없기 때문에 자기 집을 찾지 못하는 경우가 많다고 한다. 개나 비둘기가 먼 곳으로부터 자기가 살던 집으로 찾아올 수 있거나 말거나 그것은 중요하지 않다. 또 요즘에 도시에서 길 잃은 개들이 많아도 상관없다. 중요한 것은 어떤 것이든지 자기가 살던 집으로 돌아오고자 한다는 것이다. 자기가 살던 곳으로 돌아와야 안심이 되고 편안함을 느낀다는 것이다.

선에서는 인간에게 부처가 될 성품이 있다고 한다. 모든 인간은 이미 부처이고 본래 부처라고 한다. 부처는 고향과도 같고 본래의 자기이기도 하다. 부처가 되고자 하는 것은 자기의 마음 고향을 찾아가고자 하는 것이다. 본래의 자기로 돌아가고자 하는 것이다. 특히 선에 있어서 본래의 자기는 참되고 완전하고 평화롭고 좋기 때문이다. 선은 우리의 마음이 본래의 고향을 찾아가는 것이다. 그 본래의 고향을 서산대사는 '한 물건'이라고 부른다. 《선가귀감》을 읽어보자.

여기 한 물건이 있으니 본래부터 소소영영(昭昭靈靈)하여 나지도 않고 죽지도 않는다. 이름을 붙일 수도 없고 모형을 만들 수도 없다.

6조(六祖)선사가 대중에게 '나에게 한 물건이 있는데 이름도 없고 모양도 없으니 대중은 알겠는가' 하고 물었다. 그러자 하택 신회(荷澤神會)가 바로 나타나서 '모든 부처님의 근본이고 신회의 불성입니다'라고 대답했다. 그래서 신회는 6조의 서자(庶子)가 되었다. 남악 회양(南嶽懷讓)이 숭산으로부터 왔을 때 6조선사가 '어떤 물건이 왔는고'라고 물었다. 그러자 회양은 어찌 답할 바를 모르다가 8년만에 깨치고나서 '가령한 물건이라고 해도 맞지 않습니다'라고 대답했다. 그래서 회양은 6조선사의 적자(嫡子)가 되었다.

　서산대사는 먼저 궁극적인 것을 한 물건으로 부르면서 그것이 항상 작동하고 있지만 우리가 그것을 명칭이나 형상으로 묘사할 수 없다고 한다. 만약에 묘사하면 그것은 이미 기존의 언어개념을 사용한 것이기 때문에 실제로의 한 물건과는 거리가 멀어진다. 가령 시간에 있어서 현재를 말할 때 우리는 '지금 몇분 몇초를 지나고 있습니다'라고 말할 수는 있어도 '지금 몇초입니다'라고 말할 수는 없다. 물론 말할 수는 있지만, 그것은 대략 그 시간대가 된다는 말이지 정확하게 그 시간일 수는 없다. 또 시간을 말하면 우리가 이미 가지고 있는 시간의 길이라는 개념에 의지해서 설명할 수밖에 없다. 우리의 시간개념은 나고 죽기를 반복하는 사람 즉, 윤회하는 사람들이 약속으로 만들어낸 기호이다. 시간 그 자체가 아니다. 그럼에도 불구하고 시간은 항상 작동하고 있다. 그래서 서산대사는 항상 작동함에도 불구하고 나타낼 수 없는 것이라고 말한다. 물론 여기서의 한 물건은 시간이 아니다. 마음의 근원도 되겠고 깨달음의 자리도 되겠지만 우리가 가진 통념이나 말을 이용해서 무엇이라고 이름을 붙이면 이미 우리는 그르치게 된다.
　그래서 신회선사와 회양선사의 한 물건에 대한 이해를 비교해서 말한다. 6조선사가 신회에게 한 물건에 대해서 물었을 때 신회는 기존의 공식적인 통념으로 대답했다. 모든 부처의 근본이라거나 불성 등을 들먹거렸다. 선은 언어개념으로부터 벗어나서 바로 말 그 자체로 들어가야 함에도 불구하고 신회는 기존의 통념을 끌어다댄 것이다. 말과 생각을 붙였다. 그러나 회양은 한 물건에 대해서 물었을 때 모든 말 길과 생각 길이 다 막혀버렸다. 8년 동안이나 칠통처럼 막힌 가운데서 그 한 물건의 자리로 파고들어가다가 마침내 '한 물건이라고 해도 틀린다'고 대답해서 6조대사의 정통법맥이 되었다는 것이다.

인간은 본인이 원하거나 원하지 않거나 또는 느끼거나 느끼지 않거나 누구나를 막론하고 저 한 물건을 찾고 있다. 사람이 공부하고 일을 하고 결혼을 하는 것도 그 속에 한 물건이 있을 것으로 생각하기 때문이다. 돈과 권력과 명예를 얻으려고 하는 것도 그 속에 한 물건이 있으리라는 막연한 기대 때문이다. 술에 취하고 사랑에 취하는 사람들도 그 속에 한 물건이 있을지도 모른다고 생각하기 때문이거나 한 물건을 찾지 못하는데 대한 초조감이나 절망감이 들기 때문이기도 하다. 독자들도 저 한 물건을 찾고 있다. 물론 사람들은 한 물건이라는 말이나 개념도 모른다. 의식적으로 그런 생각을 하지도 않는다. 그러나 고향에 돌아가고자 하는 본능을 지닌 동물 가운데 하나인 인간은 천성적으로 저 한 물건을 찾게 되어 있다. 물론 회양선사가 말한 대로 한 물건이라고 말하더라도 그르친다. 그것은 무엇이라고 말할 수 없는 그 무엇이기 때문이다.

서산대사는 부처님과 조사들이 이 한 물건을 보여주기 위해서 자비로 나타나셨다고 밝힌다.

부처님과 조사들이 세상에 나온 것은 바람도 없는데 물결을 일으킨 것과 같다.

석가세존과 가섭존자가 세상에 나오신 것은 대자비심으로 중생을 제도하기 위함이다. 그러나 한 물건의 견지에서 본다면 사람마다 완전한 면목이 본래 갖추어 있는데 왜 사람의 손을 빌려서 연지를 찍고 분바르는 화장을 해야 할 필요가 있겠는가. 부처님과 조사가 세상에 나오심을 공연히 물결을 일으킨 것과 같다고 말하는 까닭이다.

　서산대사는 한편으로는 부처님과 조사들이 중생을 구하기 위해서 자비로 출현했다고 말하면서 다른 한편으로는 우리가 모두 그 한 물건을 갖추고 있으므로 불조(佛祖)에 의지할 필요가 없다고 말한다. 뒤집어서 말하면 한편으로는 우리 얼굴은 이미 예쁜데 왜 공연히 미장원에 가서 남의 손을 빌어 화장을 해야 하느냐고 말하면서도 다른 한편으로는 부처님과 조사들이 없으면 우리의 본래 얼굴이 미인이라는 사실을 모른다고 말하는 셈이다.

　필자는 코스모스가 피어 있는 가을길을 걸으면서 나 자신에 대해서 놀라운 사실을 발견했다. 어릴 때에는 그토록 가슴을 설레게 하고 신기롭고 아름답던 코스모스가 이제는 그저 잘 핀 가을꽃 정도로만 느껴질 뿐이었다. 아름다움을 감상할 수 있는 감상 기능이 부서졌거나 마비된 것이다. 그러나 어릴 때의 꽃 감상이 이상적인 것은 아니다. 그때는 신기롭게만 볼 줄 알았지 시드는 것까지 함께 감상할 줄은 몰랐기 때문이다. 그러나 피는 쪽에서만 꽃을 보면 이상한 정열이 나오게 되고 그 정열이 마음대로 타지 못할 때 번뇌가 뒤따른다. 그러나 꽃의 피는 측면만을 보는 정열은 필연적으로 육체적인 욕망으로 번역되고, 그 욕망은 허무와 좌절을 만날 수밖에 없다. 꽃이 피는 측면과 지는 측면을 다같이 볼 때 그 한 물건의 생명을 바로 본다고 할 수 있겠는데, 그 경우에는 식어버린 정열이 문제가 된다. 그래서 서산대사는 본래 잘 화장된 우리의 얼굴, 저 한 물건을 뜨겁고 떨리는 정열로 보라고 한다.

78. 무익한 삶의 열 가지 유형

개성은 좋지만, 그것이 우선 대중의 약속이나 규율
을 깨지 않는 것이어야 하고 또 남에게 피해를 주
지 않는 것이어야 한다.

청매(靑梅)조사는 그의 10무익송(十無益頌)에서 열 가지 이익이
없는 삶의 유형을 설한다. 청매선사는 서산대사의 제자이다. 임진왜
란 때는 승병장의 한 사람으로 왜적을 물리치는데 큰 공을 세우기도
했다. 청매선사의 10무익송은 간결하면서도 수행자가 지나치기 쉬운
점들을 예리하게 지적하고 있다.

열 가지 이익이 없는 것은 다음과 같다. 유명하기 때문에 한문도
같이 적는다.

1. 심불반조간경무익(心不返照看經無益)
2. 불신정법고행무익(不信正法苦行無益)
3. 경인정과구도무익(輕因正果求道無益)
4. 심비신실교언무익(心非信實巧言無益)
5. 부달성공좌선무익(不達性空坐禪無益)
6. 부절아만학법무익(不折我慢學法無益)
7. 흠인사덕취중무익(欠人師德聚衆無益)
8. 복만만교유식무익(腹滿慢憍有識無益)
9. 일생괴각처중무익(一生乖角處衆無益)
10. 내무실덕외의무익(內無實德外儀無益)

1. 마음으로 반조하지 않으면 아무리 경을 읽어도 이익이 없다.
2. 부처님의 정법을 믿지 않으면 아무리 고행을 해도 이익이 없다.
3. 인과응보를 가벼이 여기면 아무리 도를 구해도 이익이 없다.
4. 믿음과 진실이 없으면 아무리 말을 잘하더라도 이익이 없다.
5. 본래 공함을 체달하지 못하면 아무리 좌선을 해도 이익이 없다.
6. 겸허하게 받아들이지 않으면 아무리 진리를 배워도 이익이 없다.
7. 지도할 덕이 없으면 아무리 많은 대중을 거느려도 이익이 없다.
8. 잘났다는 아만이 꽉 차 있으면 아무리 유식해도 이익이 없다.
9. 남에게 자신을 맞추지 못하면 아무리 남과 어울려도 이익이 없다.
10. 안으로 참다움이 없으면 밖으로 아무리 화려해도 이익이 없다.

이 열 가지를 간추려보면 경을 보되 마음에 비추어보는 것, 정법을 믿는 것, 인과법을 믿는 것, 마음이 진실된 것, 공을 체달하는 것, 겸손한 것, 덕이 있는 것, 대중과 조화를 이루는 것 등이다.

먼저 '마음으로 반조하지 않으면 아무리 경을 읽어도 이익이 없다'는 것을 생각해보자. 여기에서는 경을 읽을 때 경의 의미를 파악하고 있는 것을 전제로 해서 경을 이해하는데 그치지 말고 그 내용을 자기의 마음에 돌이켜 비추어보라고 한다. 《금강경》이나 《화엄경》이나 《법화경》 등을 공부할 때 그 경전에 나오는 법문들이 남의 나라 이야기처럼 들려서는 안된다. 지금 이 자리에 부처님이 내려오셔서 나에게 해주시는 법문으로 받아들여야 한다. 가령 공사상이나 6바라밀에 대한 가르침이 있을 경우 나의 인생관과 나의 삶에 비추어서 그것을 이해해야 한다. 말하는 사람 따로 있고 그것을 듣는 사람 따로 있어서는 안된다. 공사상을 확실하게 깨치도록 해야 하고 또 생활 속에서 실천하도록 해야 한다. 공사상을 실천하면 자연히 6바라밀이 나온다. 6바라밀의 한 가지 한 가지를 곱씹으면서 내가 어떤 것을 행하고 어떤 것을 행하지 못하는지 반성해야 한다. 그리고 경전의 가르

침과 자기의 마음이나 행동 사이에 어긋난 것은 참회하고 앞으로 실
천할 것을 다짐해야 한다.

청매선사는 경의 뜻을 알고 읽는 사람에게 하는 말이지만 경의 뜻
을 모르고 무턱대고 읽는 사람에게는 할 말을 잊을 것이다. 너무도
어이없기 때문이다. 그동안 한문경전이 한글로 번역이 되지 않아서
뜻을 모르는 채 한문음으로만 읽는 사람들이 많았다. 어차피 읽어도
모를 사람은 뜻은 모르더라도 읽는 그 자체만으로 수행을 삼아야 한
다. 하지만 경을 읽는 것은 화두를 드는 것이 아니므로 뜻을 아는 것
이 중요하다. 동국대학교 역경원에서는 경전의 한글번역 작업을 꾸
준히 해왔다. 아직도 번역된 경전은 번역되지 않은 것에 비해서 아주
적지만, 우리에게 친숙하고 중요한 경전들은 대부분 번역되었다. 한
문으로 읽고 이해하지 못하는 분은 번역된 경을 읽고 그 뜻을 마음에
비춰보아야 할 것이다. 한글 번역본을 읽으면 한문본보다 독경하는
맛이 나지 않고 집중도 안된다고 말하는 분도 있다. 그러나 한문본
역시 인도말의 번역본이라는 점을 생각해야 한다. 기왕에 말로 부처
님의 가르침을 배울 바에는 그 뜻을 이해하는 것이 중요하다.

다음으로 청매선사는 '부처님의 정법을 믿지 않으면 아무리 고행
을 해도 이익이 없다'고 한다. 부처님 법의 기준은 기본적으로 공사
상과 일체유심조사상이다. 불교가 여러 가지로 해석되고 변형될 수
는 있지만 이 기준을 벗어나면 사도(邪道)가 된다. 가령 불교를 믿어
서 수명을 오백 년으로 늘이고자 한다면 그것은 불교가 아니다. 부처
님의 바른 가르침을 알지 못하고 아무리 고행을 해도 소용이 없다.
부처님도 처음에는 고행주의에 빠져서 6년 동안 고행하다가 마침내
고행만으로는 안된다는 것을 알고 강에서 목욕하고 우유죽을 드셨
다. 고행뿐만 아니라 믿음도 마찬가지이다. 바른 믿음을 가지지 않으
면 아무리 강한 신심이 있더라도 샛된 길에서 헤매기만 할 것이다.

다음은 '인과응보를 가벼이 여기면 아무리 도를 구해도 이익이 없

다'는 것이다. 불교의 공사상이나 선종의 가르침에 의하면 인과법이 허깨비와 같고 꿈과 같다고 말하지만, 우리가 육신을 가지고 있는 한 우리는 인과법 속에 있을 수밖에 없다는 것도 알아야 한다. 인과가 꿈이라면 우리의 마음과 행동도 또한 꿈이다. 우리가 보살행을 하는 것은 이 세상이 꿈이 아니기 때문에 중생을 구하려고 하는 것이 아니라 꿈이기 때문에 그 꿈으로부터 깨고자 하는 것이다. 그러나 분명한 것은 육신을 가지고 있는 한 우리는 꿈 나름대로의 질서 속에 있고 그 질서인 인과법에 순응하지 않으면 안된다. 그래서 백장선사는 도를 깨달은 사람이라고 하더라도 '불락인과(不落因果)가 아니라 불매인과(不昧因果)'라고 했다. 즉 인과에 떨어지지 않는 것이 아니라 단지 인과에 미혹되지 않을 뿐이라는 것이다.

다음은 '자신과 세상의 본래 성품이 공하다는 것을 체달하지 않으면 아무리 좌선을 해도 이익이 없다'는 것이다. 수행을 하면 그에 따른 깨달음이 분명히 있다. 공덕을 지으면 그에 따라 좋은 과보도 있다. 그러나 문제는 우리가 그 깨달음이나 공덕이 지금의 '나'와 직접적으로 연결되어야 한다고 생각하는데 있다. 지금 '나'를 이루고 있는 실체가 어떻게든지 연속되어서 좋은 결과를 직접 받아야 한다고 생각한다. 그러나 불교의 지향점은 '나'를 지우는데 있다. '나'를 지우는데서부터 우주가 내가 되고 내가 우주가 된다. 또 나의 이 찰나가 영원이 되고, 영원이 '나'의 찰나가 된다. 개인적인 '나' 또는 작은 '나'를 지우는데서부터 부처의 성품과 여래의 법신이 '나'에게 있다. 내가 수행을 하면 내가 그에 상응한 깨달음이나 복덕의 과보를 받겠지만, 그 '나'가 지금의 '나'라고 생각해서는 안 된다. '나'가 아닌 '나', 우주의 '나'가 되어야 한다. 그래서 그 '나'는 다른 사람과 비교되고 구별되는 '나'가 아니라 '나'와 남을 함께 하는 '나'이다. 청매선사는 우리가 '나'의 실체가 본래 공하다는 것을 체달하지 않고는 아무리 좌선을 해도 번지수가 틀린 곳을 헤매게 될 뿐이라고 말한다.

다음은 '자신의 마음을 비우고 가르침을 받아들일 자세가 되어 있지 않으면 아무리 불법의 진리를 배워도 이익이 없다'는 것이다. 빈 물잔에 물을 부었을 때 물이 담긴다. 만약에 물잔에 이미 물이 꽉 차 있다면 새로 붓는 물이 넘치기만 할 것이다. 마찬가지로 불법을 배울 때도 자기 나름대로의 계산이 꽉 차 있으면 불법이 머리에 들어오지 않는다. 어떤 이가 마음 속으로 '돈을 많이 벌고 좋은 직장의 높은 자리에 앉는 것이 장땡'이라고 생각하고 있다면 그에게 아무리 공사상을 말하고 해탈을 말해줘도 소용이 없을 것이다. 완전히 자기 생각을 지우고 부처님과 조사스님네의 가르침을 받고자 할 때 배움이 있고 마음의 변화가 있게 된다.

청매선사는 또 '일생 동안 다른 사람에게 자신을 맞추어서 어울리지 못하면 아무리 대중들과 같이 살아도 이익이 없다'고 한다. 청매선사는 괴각(乖角)이라는 말을 쓴다. 뿔처럼 튀어나와서 상대와 어울리지 못하고 어긋난다는 뜻이다. 절 집안에서도 대중과 어울리지 않고 혼자 특별하게 행동하는 사람을 괴각이라고 부른다. 불교는 나를 다른 사람과 똑같이 만드는 몰개성의 사회를 이상세계로 삼지 않는다. 모든 사람이 독특한 개성을 가지고 살기를 바란다. 그러나 자신의 개성이 자기가 속한 가정이나 직장이나 사회에 불화의 원인을 만들어서는 안된다. 만약에 모든 사람들이 개성이 있다는 이유로 혼자서 특별나게 행동한다면 가정이나 직장이나 사회가 제대로 어우러질 수 없을 것이다. 개성은 좋지만 그것이 우선 대중의 약속이나 규율을 깨지 않는 것이어야 하고 또 남에게 피해를 주지 않는 것이어야 한다. 또 외면적인 것이 아니고 내면적인 것이어야 한다. 거리나 산에다 껌이나 담배꽁초나 휴지를 버리는 용기는 개성이 아니라 무지이고 타락이고 인격파탄이다. 진정한 개성을 가진 사람은 남이 좋아하지 않는 것을 좋아한다. 모든 사람들이 빨간색 수건을 좋아할 때

파란색 수건을 좋아한다. 다른 이가 햄버거를 좋아할 때 된장국을 좋아한다. 남들이 5욕락을 이상으로 삼을 때 그것으로부터의 해탈을 참다운 삶의 가치로 삼는다.

79. 무애행의 의미

선사들의 무애행에는 조작의 티가 전혀 없다. 일부
러 다른 이를 유혹하려고 한 적도 없다. 육체적인
즐거움에 탐닉한 흔적은 찾아볼 수가 없다.

　근대 한국불교 선종의 중흥조로 알려진 경허선사는 그의 선사상보
다는 무애행으로 더 유명하다. 승려로서 술과 고기를 사양하지 않았
고 여자에 대해서도 상식 밖의 기이한 행동을 많이 했다. 그래서 경
허선사의 높은 도에 대해서는 모두가 다 인정하지만 무애행(無礙行)
에 대해서는 수긍하지 않는 사람들도 많이 있다. 경허선사의 법제자
중에 한 명인 용성선사는 경허선사가 해인사의 조실로 계실 당시부
터 이미 무애행을 못마땅하게 생각했다.

　우리는 경허선사의 유명한 무애행을 다루면서 이리 가기도 어렵고
저리 가기도 어려운 진퇴양난을 만나게 된다. 왜냐하면 경허선사의
무애행을 찬탄할 수도 없고 비방할 수도 없는 입장에 있기 때문이다.
만약에 찬탄한다면 후대에 함부로 경허선사를 흉내내는 사람을 인정
하는 셈이 되고, 비방한다면 큰스님의 높은 경지를 알지도 못하면서
비방하는 업을 짓는 것이 되기 때문이다. 그래서 우리는 이 문제를
옳다 그르다의 비판적인 관점에서 다루려고 할 것이 아니라 무애행
에 어떤 의미가 있는가만 생각해보도록 해야겠다.

　먼저 신도들로부터 곡차(穀茶)를 받을 때만 법문을 편 일화를 들
어보자. 경허선사가 천장사에 있을 때 많은 사람들이 와서 법을 청했
다. 그러나 선사는 아무리 신심이 장한 사람들이 찾아와서 법문을 청

해도 도무지 한 마디도 입을 떼려고 하지 않고 묵묵히 앉아 있기만
했다. 그러나 곡차를 대접받고나면 태도가 완전히 달라졌다. 곡차 기
운이 돌면 선사는 하루 종일이라도 참선법에 대해서 설해주었다.

어느 날 제자가 선사에게 물었다. "사람은 평등하게 불성을 가지
고 있고 도인스님은 만인을 평등하게 대해야 할 터인데, 어찌 스님께
서는 곡차를 가져오는 사람과 그렇지 않은 사람을 그리도 차별해서
대하십니까?" 이 물음에 경허선사는 이렇게 대답했다. "자네는 모든
사람이 평등하다는 것만 알았지 그것이 차별 속에 있다는 것은 모르
는군. 그리고 법문이라는 것이 술김에나 할 것이지 어디 맑은 정신으
로 할 일인가?" 이 말을 듣고 제자는 큰스님의 높은 도에 감복하고
물러갔다.

우리는 처음에 경허선사의 무애행에 대해서 말하려고 했지만, 곡
차를 마신 선사님이 높은 법문을 설하니 그 법문에 곡차를 마시는 무
애행이 압도되어 버린다. 첫째 이 세상에 똑같은 것은 시간적으로나
공간적으로나 찾을 수가 없다. 물론 형상적으로 같은 것을 가정할 수
있지만, 인간의 가정은 문자 그대로 인간이 임의로 가상해서 정해본
것일 뿐이다. 그렇다면 평등은 사람의 가정 속에 있는 것이지 실제로
있는 일이 아니다. 그리고 형상적으로 똑같은 것을 전제한 평등은 있
을 수 없다. 모든 산과 모든 강이 다 다르다. 사람도 다 다르다. 인간
관계도 다 다르다. 평등은 분명히 있지만 그것은 형상의 똑같음에 있
지 않다. 차별 속에 있다. 우리는 보다 평등한 세상을 찾을 수는 있
지만 완전히 평등한 세상은 영원히 찾을 수가 없다. 어떤 이가 평등을
성취한 후에 행복을 느끼겠다고 한다면 그는 영원히 행복을 느낄 수
없을 것이다. 현상의 차별을 받아들이면서 그 나름대로의 독특한 의
미와 가치에서 평등을 찾을 수밖에 없다. 그래서 경허스님은 차별 속
의 평등을 말씀하신다.

다음에 '법문이라는 것이 술 기운이 아니고는 설할 것이 못된다'

는 대목이다. 맑은 정신과 취한 상태는 대비된다. 맑은 정신을 참이라고 한다면 취한 상태는 거짓이라고 할 수 있다. 여기에 진제(眞諦)와 속제(俗諦) 즉, 참다운 진리와 거짓 진리의 2제(二諦)를 붙인다면 맑은 정신은 진제이고 취한 상태는 속제이다. 이 이야기 속에서 경허선사는 '말로 전하는 법문은 취중에 하는 말과 같다'는 것을 암시하고 있다. 만약 진제 즉, 참다운 진리의 입장에서 경허선사의 법문을 듣고자 한다면 선사님이 곡차를 가져오지 않는 이에게는 침묵을 지키고 곡차를 대접하는 이에게는 입을 여는 그 모양 전체를 법문으로 받아들여야 할 것이다. 이 일화에는 맑은 정신과 술취함 그리고 침묵과 언어를 연결시키는 상징적 의미가 듬뿍 담겨 있다.

무거운 짐을 진 제자에게 길을 빨리 걷게 한 일화가 있다. 경허선사는 제자를 데리고 탁발을 나가서 많은 양의 쌀을 얻었다. 그 쌀을 등에 진 제자는 힘겨워하는 눈치였다. 선사님은 마을을 지나다가 물동이를 머리에 인 한 여인을 보고 그녀에게 다가갔다. 그리고는 느닷없이 그녀의 두 귀를 양 손으로 잡고 그녀의 입술에 입맞춤을 했다. 여인은 놀라서 물동이를 땅에 떨어뜨렸다. 그리고나서 선사님은 줄행랑을 쳤다. 제자도 정신없이 스승의 뒤를 따라 달렸다. 물동이 깨지는 소리에 그 사건을 보고 들은 동네 사람들이 작대기를 들고 선사님의 뒤를 쫓았다. 그러나 스승과 제자는 길 위에서만 살아온 사람이다. 두 선승의 빠른 발걸음을 마을 사람들이 따라잡을 수 없었다. 마을 사람들이 쫓기를 포기하고 뒤돌아가는 것을 확인한 스승과 제자는 뛰던 발걸음을 멈추고 쉬게 되었다. 선사님이 무거운 쌀을 등에 지고 달려온 제자에게 '쌀자루가 얼마나 무겁더냐'고 물었다. 제자는 대답했다. "스님 저는 오늘 맞아 죽는 줄 알았습니다. 무겁기는 커녕 그 먼 길을 어떻게 달려 왔는지도 모르겠습니다." 경허선사는 빙그레 웃으며 '그래, 너로 하여금 무게를 잊고 이처럼 빨리 달려서 여기까지 오게 한 나의 재주가 어떠냐. 대단하지' 하고 천진스럽게 말했다.

이 일화에서는 제자가 무거운 쌀짐을 지고도 무거운 줄 모르고 먼 길을 빨리 달리게 한 경허선사의 기지에 초점이 맞추어져 있기 때문에 경허선사가 물동이를 머리에 인 여인에게 입을 맞춘 일은 크게 문제삼지 않고 있다. 이 일화는 선사님의 제자들이 전한 것이다. 제자들은 스승을 신성시하고 싶을 것이다. 그래서 쌀짐의 무게를 잊고 달린 것을 강조해서 일화를 편집했음직하다.

그러나 달리 전해지는 이야기 가운데는 경허선사가 물동이를 머리에 인 여인에게 입맞춤을 하고 마을 사람들이 몽둥이질을 하자 그 매질을 피하려고 하기는 커녕 오히려 '그대들은 아직 나를 때리지 못했다. 나를 때려달라'고 외쳤다는 설도 있다. 이 말도 여러 가지 차원에서 이해할 수 있겠다. 중생들을 향해서 부처를 치고 조사를 쳐서 부처가 되라는 말로 해석할 수도 있겠지만, 그 상황으로 보아서 그같은 해석은 불가능하다. 여인에게 갑자기 입맞춤하고는 나를 때려달라고 외치는 승려에게 도를 배우겠다고 달려들 사람들은 아무도 없을 것이기 때문이다.

그렇다면 경허선사는 완전한 깨달음에 자재하게 노니는 경지를 보였거나 아니면 내면적으로 문득문득 떠오르는 어떤 번뇌에 시달리고 있었을 가능성이 있다. 도를 이룬 경지의 자재행이라면 우리가 그곳에 어떤 말을 붙일 수가 없다. 중생의 입으로 부처의 경지를 말하는 것이 무의미하기 때문이다. 우리는 중생기가 아직 남아 있는 도인으로서의 경허선사를 가정해서 이야기할 수밖에 없다. 중생의 번뇌와 부처의 깨달음을 동시에 가지고 있다고 하면 결과적으로 부처 쪽에 속한다. 왜냐하면 부처와 중생 사이를 자재하기 때문이다. 그러나 또한 중생에 속한다. 중생의 번뇌를 일으키기 때문이다. 경허선사가 물동이를 머리에 인 여인에게 억지로 입맞춤을 하면서 어떤 위안이나 기쁨을 기대하지는 않았을 것이다. 그 상황에서 즐거움을 얻으려고 할 정도로 선사가 어리석지는 않았다. 선사는 성스러운 것을 부수고

벽을 허물고 싶었다. 남녀의 가름, 귀천의 가름, 너와 나의 가름은 성
스러운 것처럼 신성시되어왔다. 선사는 그것을 부수고 싶었던 것이
다. 상징적으로 벽을 허물고 싶었던 것이다.

　경허선사에게는 여자에 관한 무애행의 이야기가 아주 많다. 자신
의 어머니에게 법문을 한답시고 발가벗은 몸을 보인 적도 있다. 한때
는 문둥병에 걸린 미친 여인과 한 방에서 생활하기도 했다. 곡차를
즐겼고 육식을 사양하지 않았다. 그러나 어떤 경우에도 인위적인 조
작의 티가 없었다. 일부러 다른 이를 유혹하려고 한 적이 없었다. 육
체적인 즐거움에 탐닉한 흔적은 찾아볼 수가 없다. '내 것'을 만들려
고 하거나 어떤 종류의 재산이나 재물도 모으려고 한 적이 없다. 남
이 알아주는 것도 탐하지 않았다. 경허선사는 삼수갑산을 만행하며
다니다가 한 촌락에서 아무런 열반 의식도 갖추지 않은 채 육신을 거
두었다. 옆에는 스승을 하늘처럼 받드는 제자들도 없었다. 선사의 유
골은 뒷날 제자들이 화장해서 모셔왔다. 선사에게는 일반적인 욕심
이 없었을 뿐만 아니라 명예욕도 없었다. 자신이 훌륭하다는 생각은
더더욱 없었다. 그렇다면 선사의 무애행은 말 그대로 아무런 걸림이
없는 허공의 움직임이었다.

80. 참선을 권하는 노래

화두를 들 때 자식을 먼저 보낸 늙은 과부가 자식
생각하듯이 하라는데서 몰두에 대한 말을 다 마쳤
다. 외아들을 잃은 부모를 본…

조사스님들이 도를 깨친 이야기 중에서 감동적인 것들이 아주 많다. 경허선사가 발심하고 깨친 이야기는 그 예 가운데 하나가 될 것이다. 또 경허스님의 참선을 권하는 글도 아주 간절하다. 경허스님의 발심(發心)과 참선곡(參禪曲)을 같이 연결해서 생각해보면 도를 구하는 이는 어떻게 해야 한다는 것이 드러나게 될 것이다.

경허선사는 아홉 살에 현재의 의왕시 청계사에 출가했다. 청계사에서는 14살까지 5년 동안 행자생활을 했는데, 이때 박처사라는 분으로부터 한문을 배웠고 글을 배우는 도중 너무도 영리해서 재동으로 많은 칭송을 들었다. 14살 때에는 계룡산 동학사로 가서 불경을 공부했는데, 이미 한문 실력을 완전하게 갖춘 다음에 불경을 공부했기 때문에 많은 불경을 쉽게 섭렵할 수 있었다. 불경뿐만 아니라 《남화경(南華經)》이라고 불리는 《장자(莊子)》를 비롯해서 도교와 유교의 서적들과 시문에도 통달했다. 23세에는 실력을 인정받아서 경을 가르치는 강사가 되었다. 그때부터 31세까지 대강사로서 명성을 날렸고 전국에서 승려학인들이 구름처럼 몰려들었다.

어느 날 옛은사인 계허(桂虛)스님을 친견하기 위해서 청계사로 가던 중 천안 부근에서 폭우를 만났다. 그래서 민가에 들어가서 비를 피하려고 했으나 마침 그 지역에는 당시 불치의 괴질인 전염병이 퍼져서 많은 사람들이 죽어가고 있었다. 경허선사는 그 죽음의 현장을 직접 목격하고 심한 충격을 받았다. 자신이 지금까지 읽은 책이나 교리가 죽음 앞에 아무런 힘이 못된다는 것을 절감하였다. 죽음의 문제도 해결하지 못하면서 학인들에게 생사해탈을 가르치는 것이 대단히 뻔뻔스러운 일이라고 뉘우쳤다. 동학사로 되돌아가서 승려학인들을 모두 돌려보내고 강원을 폐쇄했다. 방문을 걸어 잠그고 방안에 앉아서 오직 좌선에만 열중했다. 화두를 들고 정진하면 할수록 점점더 더 큰 철벽이 앞을 가로막았다. 졸음을 피하기 위해서 턱 아래에 송곳을 받쳐두었다. 깜빡 졸다가 그 송곳에 찔려서 피가 흐르기도 했지만 선사는 그것에 전혀 아랑곳하지 않았다. 그렇게 3개월이 지날 즈음 한 사미승으로부터 '고삐 뚫을 구멍이 없는 소'에 대한 물음을 받고 문득 큰 깨침을 얻었다.

깨치는 일보다 보임(保任)하는 일이 더 중요하다. 선사는 보임수행하기 위해서 현재의 충남 서산에 있는 천장사로 자리를 옮겼다. 한 벌의 누더기 옷을 입고 한 자리에 앉아서 움직이지 않았다. 움직이는 일이 있다면 오직 대소변을 보는 일과 공양하는 일뿐이었다. 세수나 목욕같은 것은 생각지도 않았다. 좌선하는 중에 눕거나 기대는 일도 없고 방 밖에서 나는 소리에도 전혀 흔들림이 없었다. 무량백천만억 겁 동안 업으로 뭉쳤던 습관들이 한꺼번에 몰려와서 녹아내렸다. 그렇게 좌선으로 일년을 지낸 어느 날 선사는 마침내 다시 한번 확철대오(廓徹大悟)했다. 그리고 깨달음의 노래를 읊었다.

다른 이로부터 고삐 뚫을 구멍이 없다는 말을 홀연히 듣고
삼천대천세계가 다 나의 집이라는 것을 문득 깨달았다.
유월의 연암산 아랫길에서
들판의 한 사람이 할 일 없이 태평가를 부노라.

이 게송에서 삼천대천세계는 온우주를 뜻하는 것이 아니겠는가. 온우주가 다 '나의 집'이고 내 몸이고 내 마음임을 터득했다는 것이다. 그러고보니 무엇에도 매달릴 것이 없는 '할 일 없는 사람'이 되었다는 것이다. 이 할 일 없는 경계를 조사들은 여러 가지 말로 표현했다. 평상심이니, 날마다 좋은 날이니, 똥친 막대기니, 뜰 앞의 잣나무니 하는 말들로 나타냈다.

경허선사만 특별한 죽음을 본 것이 아니다. 우리도 날마다 죽음을 본다. 밖에서 일어나는 죽음뿐만 아니라 내 마음 속에서 일어나는 죽음도 본다. 추악함과 잔혹함도 본다. 그러나 우리는 그것들을 발심의 계기로 삼지 못한다. 아무리 좋은 발심의 계기도 그냥 흘려보내고 만다. 큰 충격이 있을 때 큰 발심이 있고, 큰 발심이 있을 때 큰 공부가 있다. 큰 충격은 밖에서 만드는 것이 아니라 안으로 느끼는 것이다.

필자는 경허선사의 천재성을 보고 한편으로는 감동을 받고 존경심을 내면서도 다른 한편으로는 심술이 난다. 선사는 일찍부터 글공부를 마쳤고 23세에는 이미 불경과 외전을 두루 섭렵하고 대강사가 되어 있었다. 경허선사가 나처럼 머리가 둔하고 결단력이 없었다면 나도 하면 된다는 확신을 가지고 참선에 달려들겠는데, 선사는 출발점부터 너무 속도가 빨라서 감히 엄두를 못내겠다. 아마 많은 이들도 이런 생각을 할 것이다. 그러나 경허선사의 가르침은 말로 배운 지식이 큰 도움이 안된다는 것이다. 오직 큰 충격과 큰 회의와 큰 발심이 필요하다고 말한다. 참선을 하고 도를 깨치는 일은 남녀노소에 관계없고 빈부귀천에도 관계없고 유식과 무식에도 상관이 없다고 한다. 지금 우리의 마음, 우리의 주위, 이 반복, 이 윤회를 바로 보는 것이 중요하다고 한다.

경허선사가 우리에게 참선을 권하는 참선곡을 읽어보자.

홀연히 생각하니 모두 꿈 속에 있구나. 만고의 영웅호걸들이 모두 북망산의 무덤 속에 있고, 부귀 문장이 무슨 소용이냐. 그들도 황천객을 면할 수가 없으리라. 오호라 나의 몸이 풀 끝에 이슬이요 바람 속에 등불이라. 삼계대사 부처님이 팔만장경에서 정녕히 이르사대 마음 깨쳐 성불하여 생사윤회를 영원히 끊고 불생불멸의 저 국토에 이르도록 하라. 그 세계에서는 누구를 막론하고 진정한 항상함과 진정한 즐거움과 진정한 나와 진정한 깨끗함을 누릴 것이며, 어떤 일을 해도 함이 없고 걸림이 없는 도를 맛보게 되리라고 하셨다. 이 참다운 세계에 이르는 도를 사람 되어서 못닦으면 다시 공부하기 어려우니 나도 어서 닦아보세.

참선곡의 서두에서 선사는 저 잘났다고 하는 모든 사람들이 시대나 장소의 구분이 없이 한결같이 북망산의 무덤 속에 있으니 발심하라고 한다. 우리의 처지가 풀 끝에 달린 이슬과 같고 바람 앞에서 흔들리는 등불과 같다는 표현이 돋보인다. 황천객을 면할 수 없는 우리의 처지만 확실히 안다면 우리가 이토록 5욕락을 맛보는데 빠져 있지는 않을 것이다. 사람 몸을 받은 지금 발심하지 않으면 다시 공부할 기회를 만나기가 어렵다고 한다.

선사는 참선공부하는 법을 제시한다.

닦는 길을 말하려면 허다히 많건마는 대강 추려 적어보세. 앉고 서고, 보고 듣고, 옷 입고 말할 때나, 사람들을 만날 때 등 모든 때 모든 곳에서 항상 소소영영하게 지각하는 이것이 무엇인고. 몸뚱이는 송장이요 망상번뇌는 본래 비었다. 천진면목의 나의 부처는 보고 듣고 앉고 눕고 잠도 자고 일도 하고 눈 한번 깜짝할 새 천리만리 다녀오고 허다한 신통묘용을 부리는 이 마음이 어떻게 생겼는고. 의심하고 의심하되 고양이가 쥐 잡듯이, 주린 사람 밥 찾듯이, 목마른 이 물 찾듯이, 육칠십 늙은 과부 자식을 잃은 후에 자식 생각 간절하듯 생각생각 잊지 말고 깊이깊이 궁구하되, 일념이 만년과 같이 되게 하여 잠자는 일과 밥먹는 일을 잃을 지경에 이르면 큰 깨달음에 가깝도다. 홀연히 깨달으면 본래 생긴 나의 부처 천진면목이 절묘하다. 아미타불 이 아니며, 석가여래 이 아닌가.

경허선사는 여기서 참선하는 방법으로 '이 뭣꼬' 화두를 드는 예를 보여준다. 우리의 행동거지 모두를 운전하는 그 한 물건, 눈 깜짝할 사이에 천리만리를 다 다녀오는 등 온갖 신통묘용을 부리는 그 한 물건, 한 물건이라고 해도 맞지 않는 그 운전수가 무엇이냐는 의심을 가지라는 것이다. 화두를 들 때 고양이가 쥐 잡듯이 목마른 이 물 찾듯이 하는 예는 많지만, 자식을 먼저 보낸 늙은 과부가 자식 생각하듯이 하라는데서 몰두에 대한 말을 다 마쳤다. 아들을 여읜 어머님의 자식생각을 필자는 보아왔기 때문이다. 자식을 둔 모든 부모들은 그 몰두의 심정을 알 것이다. 그 자세로 화두를 들면 홀연히 깨쳐서 대자유인 또는 삶과 죽음을 자유로 부리는 사람이 된다고 한다.

선사님의 참선 권유를 더 들어보자.

오늘 내일 가는 것이 죽을 날이 당도하니 푸줏간에 가는 소가 자욱자욱 죽음에 이르누나. 이전 사람 참선할 제 시시각각을 아꼈거늘 나는 어이 방일하며, 이전 사람 참선할 제 잠오는 것 성화하여 송곳으로 찔렀거늘 나는 어이 방일하며, 이전 사람 참선할 제 하루해가 가게 되면 다리 뻗고 울었거늘 나는 어이 방일한고. 무명업식 독한 술에 넋을 잃고 지나가니, 오호라 슬프도다. 지각없는 저 나비가 불빛을 탐하여서 저 죽을 줄을 모르도다. 내 마음을 못닦으면 아무리 바르게 살고 아무리 복덕을 많이 지어도 도무지 허사로다.

여기에서는 더이상 말을 붙일 필요가 없이 경허선사의 간절한 마음이 전해진다. 우리는 도살장에 가는 소이고 불빛을 탐하는 불나비라는 것이다.

81. 나

불교 전체가 나를 완성시켜주는 교육기관이고 선
방은 나 찾는 길을 가르쳐주는 유일한 곳이다. 참
선 이외에 다른 방법으로 나를 찾을 수는 없다.

우리 중생들은 나보다 잘된 사람이 있으면 그를 부러워하고 나보
다 잘못된 사람을 보면 우선 자신의 보다 좋은 처지에 대해서 안도감
을 가진다. 내가 누구를 부러워한다는 말은 나와 다른 이를 교환하지
않겠다는 뜻이다. 만약에 나를 다른 이와 교환해도 좋다고 생각한다
면 나는 다른 이를 부러워할 필요가 없다. 나와 다른 이를 교환해버
리면 되기 때문이다. 나를 다른 사람으로 삼아버리고 다른 사람을 나
로 삼아버리면 된다. 그러나 아무리 자신의 처지를 한탄하는 사람도
나와 다른 이를 바꾸려 들지는 않는다. 자신을 자신이 살려고 한다.
우리가 아무리 못난 나라고 하더라도 나를 살려고 한다는 말은 나를
중요시한다는 뜻이 된다. 나를 중요시하지 않으면 나를 살려고 할 필
요도 없기 때문이다.

그런데 나를 중요시하는 우리가 진정한 나를 알지 못하고 거짓 나
를 산다는데 문제가 있다. 내가 나라고 생각하는 나, 여러 가지 본능
을 가진 나는 진정한 나가 아니라 다겁생래로 내려온 습관이기 때문
이다. 세세생생 욕망의 생활을 해왔기 때문에 그 습관의 연속을 나라
고 착각하는 것이다. 즉 업을 나로 잘못 아는 것이다. 만공(滿空)선사
의 어록은 바로 이 점을 지적한다. 내가 중요하다면 진정한 나를 찾
아야 하고 업을 나로 착각해서 그 업의 시중만 드는데 귀중한 삶을

허비하지 말라는 것이다.

만공선사는 일본 총독에게 할(喝) 즉, 큰 고함을 친 일로 유명하다. 일제시대에 만공선사가 마곡사의 주지로 있었는데, 일본 총독이 소집한 31본산 주지회의가 열렸다. 이 자리에서 일본 총독은 일본불교와 조선불교가 통합하는 것이 조선불교의 살 길이라고 주장했다. 그 말을 듣고 있던 만공선사가 벌떡 일어나 일본불교가 조선불교를 망쳤다고 말하고 조선불교의 진흥책은 일본 총독부가 조선불교에 대해서 간섭하지 않는 것이라고 말하면서 호통을 쳤다. 그 일이 있은 후 만공선사는 도반이던 만해선사로부터 크게 격려를 받았다.

그런데 이처럼 대담한 만공선사가 나를 찾는 일과 나라를 찾는 일을 견주어서 말한다.

조그마한 나라를 회복하려고 해도 수많은 희생을 치러야 한다. 하물며 전우주인 나를 도로 찾으려고 할 때 그만한 대가를 치를 각오가 되어 있어야 하지 않겠는가.

여기서 만공선사는 나를 온우주로 생각한다. 우리가 살고 있는 한 반도보다도 무량백천만억배 더 큰 전세계 그 자체로 풀이한다. 한반도의 우리가 독립국가로서의 주권을 회복하기에도 그토록 힘든데 전우주의 주권을 회복하는데는 얼마나 힘들겠느냐는 말이다.

진정한 나를 잃고 방황하는 우리에 대한 만공선사의 탄식을 들어보자.

중생들은 자기 자신이 무엇인지도 모르면서 철학자나 종교인처럼 행세하면서 인생문제를 논하는데, 그것은 마치 생명을 잘라놓고 생명을 살리려고 하는 것과 다를 바 없다.

중생들은 잘 하고 착해야 하는 것은 알면서도 잘 하고 착하게 하는 사람 즉, 나를 찾으려고 하지 않는다.

인간이 언제 어디서나 자유가 없고 참다운 삶의 의미를 이루지 못하는 것은 거짓 나가 주인이 되고 참다운 나가 종이 되어 살아가기 때문이다.

만공선사는 철학과 종교는 당연히 나를 찾는데서부터 출발해야 하는데 나를 도외시한 채 인생을 논하니 목숨과는 반대쪽으로 가면서 목숨을 살리려고 하는 것과 같다고 한다. 또 인간이 자유를 얻지 못하고 참다운 방향으로 가지 못하는 근본이유는 주(主)와 종(從)이 뒤바뀌었기 때문이라고 한다. 주인이어야 할 참된 나는 종이 되고 종이 되어야 할 업(業)이 주인이 되었다는 것이다.

만공선사는 우리가 나를 보지 못하는 원인을 업에서 찾는다.

총과 칼이 사람을 찌르는 것이 아니라 사람의 업이 사람을 쏘고 찌르나니라.

중생이 알고 있는 인생이라고 하는 것은 업의 그림자를 참다운 자기로 착각하는 것일 뿐이다. 이는 마치 은행나무가 물에 비치는 제 그림자를 이성(異性)으로 삼아서 열매를 맺는 것과 같다.

지금의 우리가 '이러면 안되지, 이러면 안되지' 하고 뇌이고 또 뇌이면서도 이 길로 가게 되는 것은 우리의 업 때문이라고 한다. 우리가 진정한 나가 어떤 것인지 생각해보지도 않고 당당하게 큰소리 치며 주인 행세하는 것을 나의 주인으로 받아들인 것이다. 두 대의 자동차가 접촉해서 사고가 났을 때 두 운전기사는 서로 큰소리를 친다고 한다. 목청을 크게 뽑으면서 우기는 사람이 이기는 경우가 많다. 업이 너무도 당당하고 당연하게 주인 행세를 하고 나오니까 우리는 나라는 것이나 나의 주인이라는 것에 대해서 어떤 생각을 해볼 겨를도 없이 그 업을 받들게 된다. 업의 그림자가 움직이면서 뿌리는 그림자를 나의 인생 전부로 본다. 그것은 마치 은행나무가 물에 비친 자기 그림자를 파트너로 알고 열매를 맺으려고 하는 것과 같다고 한다. 암놈 은행나무는 반드시 수놈 은행나무가 있어야 열매를 맺을 수가 있다고 하는데, 은행나무가 자기 그림자를 수놈으로 알고 열매를 맺으려고 하듯이 우리가 업의 그림자를 잘못 '나'로 착각한다는 것이다.

만공선사는 습성을 정복하기가 어렵다고 말한다.

> 물질과학의 힘으로는 자연의 일부를 정복할 수 있어도 자연 전체를 정복할 수는 없다. 설사 자연을 정복한다고 하더라도 그것은 다겁생래로 익혀온 우리 중생의 습성을 만족시키는데 불과할 뿐 습성 그 자체를 정복하지는 못한다. 우리는 우리의 업 즉, 습성을 정복하고 그 근본에 다다른 후에야 비로소 자연과 습성을 모두 자가용으로 삼을 수가 있을 것이다.

물질과학으로는 우리의 업을 정복할 수 없다고 한다. 물질과학이 하는 일은 오히려 업의 요구를 충족시키는 것에 불과하다고 한다. 그런데 습성을 정복하기만 하면 그것을 오히려 자가용으로 삼을 수 있다고 한다. 악의 습성을 뒤집어서 선의 습성으로 돌려놓으면 습성이라는 묘한 원리는 저절로 힘을 받아서 굴러가기 때문이다.

그렇다면 그 습성을 정복해야 하겠는데, 이 문제에 대해서 만공선사는 두 가지 방법을 제시한다. 먼저 한 가지 방법을 들어보면 '나를 구속하는 단련을 크게 치른다면 그 대가로 나의 큰 자유를 얻으리라'는 것이다. 업을 전환하려면 업이 시키는 대로 움직이지 말아야 할 것이다. 우리의 업은 보통 본능으로 나타나는데, 그 본능을 거스르기란 여간 어려운 일이 아니다. 이것은 자기를 꽁꽁 묶어서 구속시키는 것과 다름이 없다. 업의 나를 붙잡아서 억지로라도 항복받을 때 그

대가로 큰 자유를 얻는다고 한다.

　업을 다스리는 또 한 가지의 방법은 억지로 구속하는 것과 상반된다.

　　한 개의 물건도 짓지 아니함을 도를 짓는다고 하고, 한 개의 물건도 보지 아니함을 도를 본다고 한다. 한 개의 물건도 닦지 아니함을 도를 닦는다고 하고, 한 개의 물건도 얻지 못함을 도를 얻는다고 한다.

　여기서는 억지로 습관을 고치려고 하는 것이 아니라 습관이 본래 뿌리가 없는 것임을 체달하라고 한다. 인위적으로 무엇을 없앤다든지 나타나게 한다든지 하는 것이 아니라 있는 그대로를 보는 방법이다. 흙탕물을 맑게 하는 방법으로 물 속에 있는 고운 흙을 다 건져내는 방법도 있지만, 물을 더이상 건드리지 않고 그대로 두어서 먼지나 흙이 바닥에 가라앉게 하는 방법도 있다. 한 개의 물건도 짓거나 보거나 닦거나 얻지 않음으로써 도를 짓고 보고 닦고 얻는다는 것은 바로 이것을 말한다.

　거짓 나로서의 자신을 구속시켜서 참된 나의 큰 자유를 얻는 방법은 초보자를 위한 것이고, 거짓 나를 있는 그대로 봄으로써 그 속에서 참된 나를 보는 방법은 상근기를 위한 것이다. 그러나 업을 녹이는 똑같은 방법이 다른 각도에서 보여진다고 할 수도 있다. 중생의 시각에서 보면 구속하는 것이 깨달은 이의 관점에서 보면 아무것도 억지로 짓지 않는 것일 수도 있기 때문이다.

　만공선사는 불교는 참다운 나를 완성하는 기관이고 참선은 '나'를 찾는 방법이라고 한다.

　　불교는 전인류의 나를 완성시키는 교육기관이니 어느 종파를 가릴 것이 없이 모두 참나를 완성하는 다리요 과정일 뿐이다.

　세상에는 나를 찾는 방법을 가르쳐주는 선생도 없고 장소도 없다. 오직 불교의 선방에서만 나를 찾는 유일한 바른 길을 가르쳐준다.

　불교 전체가 다 진정한 나를 완성시켜주는 기관이고 선방은 참된 나를 찾는 길을 가르쳐주는 유일한 곳이라고 한다. 참선 이외에 다른 방법으로 나를 찾을 수는 없다고 한다.

　만공선사에게 있어서는 나를 찾고보면 온우주가 다 나이다. 그래서 '일체가 다 나이기 때문에 극히 작은 하나의 털끝만한 정력이라도 나를 찾는 일 이외에 소모하는 것은 나의 손실이다'라고 말한다. 또 '일체중생이 다 내 한 몸이요, 삼천대천세계가 다 내 한 집'이라고 말하기도 한다. 도를 이룬다고 하는 것은 나를 찾는 것이고, 나를 찾는 것은 온세계가 다 나임을 깨닫는 것이다.

82. 화두 드는 법

> 무심병에 걸린 사람의 겉모양은 진정한 수행자와
> 구별하기가 어렵다. 남들은 물론이거니와 자기 자
> 신마저도 어떤 병에 걸렸는지 모르기 쉽다.

용성(龍城)선사는 우리나라가 일본의 지배를 받고 있을 때 나라의
독립을 위해서 3·1운동을 추진한 33인 가운데 한 분이었다. 불교계
에서는 백용성선사와 한용운선사가 참여했다.

다른 한편으로 선사는 한문으로 된 경전을 한글로 번역해서 펴내
는데 앞장선 근대 한국불교의 선각자이다. 필자는 지금 용성선사가
저술한 《각해일륜(覺海日輪)》을 앞에 두고 있는데, 다른 불교계 지도
자들이 문자를 쓰고 시를 지으면서 한문 실력을 자랑할 때 용성선사
는 한글로 불교 전하기 운동을 폈다. 《각해일륜》이라는 책에도 한문
용어가 아직 많이 섞여 있기는 하지만 순 한글로 저술되었다. 몇년
전에는 용성선사가 번역한 《화엄경》이 현대어로 고쳐져서 출판되기
도 했다.

용성선사는 부처 불(佛)자도 본래의 의미를 따라서 깨달을 각(覺)
자로 고치고 대각운동(大覺運動) 즉, 크게 깨닫자는 운동을 폈다. 화
두 드는 법에 있어서도 한글화 운동의 기세가 담겨 있다. 가령 조주
의 무자를 공부할 때 글귀만 참구해야 활구가 된다고 해서 한문으로
무자를 참구하면 활구가 되고 한글로 번역해서 참구하면 사구가 된
다고 생각하면 잘못이라고 한다. 물론 용성선사의 가르침도 선가 일
반의 공통된 원칙을 기본으로 하고 있지만, 독특한 통찰과 지혜가 강

하게 나타난다.

《수심정로》에서 용성선사는 먼저 시심마(是甚麼) 즉, '이 뭣꼬' 화
두에 대해서 주의를 준다.

대저 마음을 닦는 도인들은 먼저 공부길을 잘 가리어 바른 길을 얻어
야 헛고생을 아니하고 탄탄대로로 걸림없이 갑니다. 학인들은 자세히 들
어보십시요. 사람마다 한 물건이 있으니 천지와 허공을 온통 집어삼키었
고 또 가는 티끌 속에도 작아서 차지 아니하며 밝기는 백천일월도 견줄
수 없고 검기는 칠통보다 더합니다.

부디 공부하는 도인들은 보는 대로 듣는 대로 모든 경계를 쫓아가며
'이것이 무엇인고, 소소영영(昭昭靈靈)한 놈이 무엇인고' 하지 말고, 생
각으로 일어나는 곳을 들여다보지도 말며, 화두할 때에 잘 되고 못되는
데 이해를 취하지도 말고, 또 고요하고 안락함을 취하지도 말며, 공부하
다가 마음이 텅 빈 것을 보고 견성했다고 하지도 말아야 합니다. 이 물건
은 모든 부처님의 말씀에도 있지 않고 팔만장경에도 그려내지 못하였으
니 다만 '이 물건이 무엇인고' 이와 같이 의심할 뿐입니다.

일물(一物) 즉, 한 물건을 향해서 '이 뭣꼬' 화두를 들기만 하라고
한다. 의심을 한다고 해서 모든 경계를 다 따라다니면 안된다. 왜냐
하면 이것이 무엇인고, 저것이 무엇인고, 소소영영한 놈이 무엇이고
망상 피우는 놈이 무엇인고 하면서 여기저기를 따라다니다 보면 마
음이 어지러워지고 화두도 제대로 들리지 않기 때문이다. 만약 눈·
귀·코·혀·몸·뜻의 감각기관을 잘못 따라다니다보면 마음이 각
기 흩어진다. 또 감각으로 아는 것, 맑고 밝은 것, 공한 것 등을 조금
경험한 것으로 자성을 깨쳤다고 해서도 안된다고 한다. 오직 그 한
물건이 무엇이냐에만 집중하라는 것이다.

용성선사는 질문자와 답하는 자를 가상으로 만들어서 사람들이 흔

히 오해하는 점을 질문해보고 그것을 풀이한다. 시심마 화두가 모든 화두의 기본이 아니겠느냐는 질문에 대해서 단호히 각 화두마다 독특한 의문이 있다고 대답한다. 질문자의 생각으로는 어떤 화두를 의심하든지 '이 뭣꼬'가 들어가야 된다는 것이다. 가령 무자 화두를 들 경우 무가 무엇인지, 무가 무슨 도리인지를 의심해야 되는데, 그렇게 되면 결국 그 무자 화두에 '이 뭣꼬' 화두가 겹쳐지는 것이 아니냐는 질문이다. 이에 대해서 용성선사는 대답한다. 먼저 '정전백수자(庭前栢樹子)' 즉, 뜰 앞의 잣나무 화두, '마삼근(麻三斤)' 즉, 삼 세 근 화두, 그리고 '간시궐(乾屎橛)' 즉, 똥닦는 막대기 화두를 열거해놓고 이렇게 말한다.

그래 잣나무와 삼 세 근과 마른 똥막대기를 알지 못하여 그것을 알려고 '무엇인고' 하는 것입니까. …일체 화두에 시심마를 넣어서 의심하지 아니해도 화두마다 의심이 있는 것입니다.

만약에 '이 뭣꼬' 화두가 모든 화두에 기본적으로 첨가된다고 하면 앞에 열거한 화두들의 취지가 잣나무나 삼 세 근이나 똥치는 막대기를 몰라서 알려고 하는 것처럼 된다는 것이다. 그래서 시심마 화두는 그것대로 의심이 있거니와 다른 화두들도 나름대로 독특한 의심이 있다는 것이다. 용성선사는 여기에 덧붙여서 어떤 화두가 좋거나 나쁜 것이 아니라 화두를 접근하는 자세에 따라 다를 뿐이라고 한다.

화두의 구절 그 자체를 관해야만 활구(活句) 즉, 깨달음을 이루게 하는 화두가 된다고 해서 중국말로 화두를 들어야만 올바르고 한국말로 번역한 화두를 들면 틀리다는 뜻이 아니라고 한다. 선사의 말씀을 들어보자.

조주의 무자 화두를 우리말과 중국말로 섞어 하면 '준동함령(蠢動含

靈)이 다 불성이 있다 하였거늘 조주스님은 무엇을 인하여 무라고 하였는고' 하는 것이 전제입니다. …근일에 어떤 이들이 말하기를 '무슨 까닭으로 없다고 하였는고' '무슨 까닭으로 없다고 하였는고' '무엇을 인하여 없다고 하였는고' '또 어찌 없다고 하였는고' 이와 같이 하면 다 조주스님의 뜻을 참구하는 죽은 말 화두가 된다고 합니다. 반면에 '조주스님은 무엇을 인하여 무라고 하였는고' 또 단지 '무, 무' 하며 '무란 무엇인고' 이와 같이 하면 활구 화두를 참구한다고 합니다. 그러면 우리말과 중국말을 섞어서 하면 사구(死句) 화두를 드는 것이 아닙니까. 어찌하여 우리말로 화두를 참구하면 사구가 된다는 말입니까. 쓸데없는 말로 나의 잘 함을 자랑하여 타인의 허물을 찾으려 하는 것이 수치한 일입니다.

여기서 용성선사는 활구 화두를 참구하느냐 사구 화두를 참구하느냐의 갈림길이 화두를 중국말 그대로 드느냐 번역해서 드느냐의 차이에 있지 않다고 한다. 조주의 무자 화두를 번역하면 여러 가지의 질문으로 벌어질 수는 있지만, 그것이 뜻으로 화두를 풀이한다는 의미는 아니다. 번역된 화두에 어떤 합리적인 의미를 붙이고 뜻이 통하게 하고 주의가 흩어져서 경계를 쫓아가는 것이 사구 참선이다. 화두를 우리말로 번역하는 그 자체가 사구 화두를 참구하는 것이 아니라고 한다. 만약에 화두 자체의 의문마저도 모르고 그저 무자만 관한다든지 외운다든지 하는 것은 주문이나 다라니를 외우는 것을 활구 참선이라고 하는 것과 같다. 그래서 용성선사는 이렇게 말한다.

그렇게 무자만 '무, 무' 할 것이 아니라 옴자라도 '옴, 옴' 하면 되지 않겠습니까. 대개 연구를 의심하지 아니하는 것이 병이니 큰 의심이 있은 연후에야 크게 깨닫는다고 고인도 말씀하였습니다.

용성선사는 화두가 잘못되는 근본이 어떤 알음알이를 내는데 있다고 한다.

아는 가운데서 두 가지 병이 생기나니, 하나는 마음이 총명하여 잘 아
는 것으로 계교를 내고 생각과 재주로 도를 알려고 하는 것이며, 다른 하
나는 모든 법을 입으로 의론하여 알 수 없고 마음 속으로 생각하여 알 수
없다고 하는 이 두 가지 병입니다.

아는 체하는 것과 나 몰라라 하는 것의 두 가지 병이 있다고 한다.
유심병(有心病)과 무심병(無心病)이다. 유심병은 참선을 해서 식이
좀 맑아지면 소소영영으로 도를 삼아서 제8식에 붙잡힌 꼴이며 종놈
을 상전으로 잘못 아는 것과 같다고 한다. 맑음을 비추어보는 것으로
도를 삼는 것은 제8 아뢰야식을 지키는 외도로서, 불법과는 아무런
관계가 없다는 것이다.

무심병에 걸린 이는 무심을 도라고 해서 억지 무심을 짓되 얼굴은
고목나무와 같이 하고 마음은 찬 재와 같이 한다고 한다. 혜가대사가
마음이 안정되지 못하고 헐떡거릴 때 달마대사가 방편으로 '네가 도
를 알고자 할진대 밖으로 모든 인연을 쉬고 안으로는 마음이 허덕이
지 않아서 장벽과 같이 하여야 도에 들어가리라'고 말했다고 한다.
용성선사는 달마대사가 혜가대사에게 준 이 유명한 구절을 방편이라
고 본다. 그래서 억지로 무심을 짓는답시고 생각이 일어나거나 말거
나 방관하면서 멍하니 있는 것은 자연외도(自然外道)와 같다고 몰아
부친다.

용성선사가 지적하는 유심병과 무심병은 수행자들이 걸리기 쉬운
것이다. 참선해서 식이 약간 맑아지면 그것을 견성한 것으로 착각하
기 쉽고, 무심을 닦는다는 이름하에 생사문제를 지금 당장 해결해야
하는 현실로부터 도피하기가 쉽기 때문이다. 특히 무심병에 걸린 사
람의 겉모양은 진정한 수행자와 구별하기가 어렵다. 남들은 물론이

거니와 자기 자신마저도 무심병에 걸린 것을 모르기가 쉽다. 그래서
용성선사는 화두를 들고 참선하는데 흔히 나타나는 열 가지 병통의
기준을 세워놓는다. 모든 것이 참으로 없다는 허무론에 빠지거나 무
심이라는 이름으로 도피하는 굴 속에 처박히려 하면 우리에게 무심
병의 한 증상이 나타난 것으로 보면 좋다는 것이다.

83. 선예술의 특징

선사들은 마음을 미술품으로 표현할 때 어떤 관행, 습관, 전통을 전부 무시하고 부수어버린다. 세간의 가치관을 뛰어넘어 출세간의…

　우리는 종종 달마상을 비롯한 선서화(禪書畫)를 본다. 속세의 화가들에게나 서도인들의 기준으로 보면 잘 그린 그림이라거나 잘 쓴 글씨라고 할 수 없는 것들이 이상한 매력으로 우리의 마음을 사로잡는다. 거기에는 수도를 많이 한 큰스님들의 작품이라는 선입감도 부분적으로 작용할 것이고, 그 작품들에 스며 있는 선의 사상도 느껴지기 때문일 것이다. 선예술이라고 하면 물론 출가나 재가의 선을 공부하는 사람들이 만든 예술작품 모두를 뜻하지만, 거기에도 어떤 특징들이 있을 것이다. 물론 그 특징들은 선사상과 밀접한 관련이 있겠는데, 선예술의 기본적인 특징은 무엇인지 궁금하다.
　필자는 깊은 산속이나 바닷가에서 참선수행을 하면서 틈틈이 선의 세계를 그림으로 나타내고 싶은 꿈이 있다. 향가(鄕歌)를 많이 지은 균여대사도 향가를 짓는 일은 사소한 부업(副業)일 뿐이고 불도를 닦는 것이 주업(主業)이라고 했듯이 필자도 물론 참선수행을 주업으로 삼으면서 그 부업으로 선서를 쓰고 선화를 그리고 선조각을 하고 싶다는 뜻이다. 이같은 소망은 필자만의 것이 아닐 것이다. 많은 불자들, 특히 참선이나 예술에 관심이 있는 분들은 누구나 한번쯤은 이같은 꿈을 그린 적이 있을 것이다. 선사상으로 문학을 하면 선문학이 되고 선사상을 무용으로 표현하면 선무용이 된다. 홍신자씨를 비롯해서 여러분들이 이미 선무용 작품을 발표한 바 있다. 또 선사상을 곡으로 나타내면 선음악이 될 것이다.

일본의 히사마쓰 신이찌(久松眞一)라는 분은 《선과 미술》이라는 책을 펴냈다. 영문판의 이름은 《Zen and the Fine Arts》이다. 필자가 이 책을 접한 것은 미국의 한 미술관에서였다. 미국에 있는 대부분의 미술관에서 이 책을 판매하고 있기에 호기심으로 그 책을 사서 읽어보았다. 그 책에서 히사마쓰는 선예술의 특징을 일곱 가지로 잡고 그것을 다시 선사상과 관련시켜서 설명한다. 선예술의 일곱 가지 특징이란 불균형·단순함·고상한 건조함·자연스러움·심오함·집착을 벗어남·고요함이다.

선예술의 첫번째 특징은 불균형이다. 어떤 균형미나 일관성이나 정규성이 없다. 선사들은 동그라미 하나를 그리더라도 보통사람의 기대를 벗어난다. 달마대사를 보더라도 강조하는 부분만 부각시킬 뿐 다른 면은 완전히 무시하거나 죽여버린다. 나한전에 모셔진 나한상들을 보면 나한의 개성이랄까 작가의 개성이 아무런 거리낌없이 표현되어 있다. 균형의 문제는 전혀 의식하지 않는다. 사람들은 가끔 불상을 조성하거나 바위에 마애불을 조각하는 경우가 있는데, 언뜻 보기에는 어린아이의 작품이라고 느껴질 정도로 밸런스가 맞지 않는다. 그럼에도 불구하고 이상한 밸런스가 있다. 선사들은 형태상의 균형이나 일관성을 무시하면서 어떤 내면적인 균형을 드러내보이려고 한다. 이런 점 때문에 예술의 전문가들도 선사들의 작품을 함부로 좋다 나쁘다 규정하지 못한다. 이러한 현상은 굿을 할 때는 훨훨 나르는 무당들이 선사들의 도력 앞에 서면 신기가 일어나지 않는 것과 같다.

선예술의 두번째 특징은 단순성이다. 선사들은 방을 꾸미더라도 복잡한 것을 싫어하며 글씨는 물론이거니와 그림을 그릴 때는 더욱 그렇다. 그래서 선사들은 다양한 색을 사용하지 않으려고 한다. 먹물로 선과 명암만을 나타내려고 하고 그리고자 하는 것도 붓놀림의 횟수를 가능하면 줄여서 표현하려고 한다. 선사들은 단순한 것을 좋아하고 단순하게 표현하고자 하기 때문에 이러한 경향은 요즘의 승려 문학인들에게도 나타난다. 문학에 있어서 단순하게 표현하는 것은 소설이나 희곡보다는 시가 된다. 그래서 승려시인은 아주 많지만 승려소설가는 아주 드물다. 물론 소설을 쓰려면 한 군데에 장기적으로 머물러 있어야 하고 또 전문적으로 작품을 구상하고 쓰는 일에 매달려야 하는 이유에서 간단한 시를 택하는 점도 있다. 그러나 시를 쓰는 경우에서조차도 스님들은 가능하면 언어를 줄여서 짧게 표현하고자 한다. 그러나 선예술의 단순성 뒤에는 복잡함의 극치가 숨어 있다. 그 단순성은 모든 복잡함이 일어나는 근원을 찾아서 만법을 하나로 표현하고자 하기 때문이다.

선예술의 세번째 특징은 고상한 건조함 즉, 깡마름이다. 보통 서도를 할 경우에도 글씨를 많이 쓰게 되면 글씨가 점점 살이 빠지게 된다. 선사들은 어떤 것을 표현하고자 할 때 바로 그것만 그린다. 껍질이나 살은 빼고 골수만 보이는 셈이다. 핵심만 드러내니까 작품은 앙상한 모양이 될 수밖에 없다. 근래에 우리가 쉽게 볼 수 있는 것으로 탄허큰스님의 글씨는 그 대표적인 예가 되겠다. 탄허큰스님은 평소에 버리는 작품이라든지 연습작품을 쓴 적이 없다. 왜냐하면 연습이 필요하면 허공에 써보면 되기 때문이다. 탄허스님을 친견했던 불자들은 스님께서 손가락을 허공에 휘젓는 모습을 가끔 보았을 것이다. 그래서 스님은 글씨를 써서 표구를 하기보다는 표구한 종이 위에 글씨 쓰기를 좋아했다.

선예술의 네번째 특징은 자연스러움이다. 선사들은 무심으로 작품을 만들고, 작품은 무심의 표현이기도 하다. 인위적인 것, 조작적인 것이 없고 마음에서 우러나는 그대로 나타낸다. 누구에게 특별히 잘 보이겠다는 생각도 없고 자신의 작품을 볼 사람을 의식할 것도 없다.

스스로 좋아서 붓을 잡은 것이기 때문에 긴장할 것도 없다. 그저 모든 것을 비우고 모든 것을 지워버린 무심의 삼매가 스스로 춤을 추듯이 나타나게 내버려둘 때 그곳에 참다운 자연스러움이 작품으로 나온다. 그래서 이 자연스러움은 선사의 무의식이 흘러나온 것이라고 할 수도 있다.

선예술의 다섯번째 특징은 심오함이다. 선사들은 핵심을 단순하고 자연스럽게 표현하더라도 그것을 발가벗겨서 내놓지는 않는다. 반드시 옷을 입혀서 살짝 알맹이가 나타나게 한다. 감추는듯이 드러내기 때문에 선사님은 작품의 분위기를 우중충하고 무겁게 만들다보니 어둡게 된다. 또 다 보이지 않기 때문에 빈 공간을 많이 남겨둔다. 그래서 선예술품이 남긴 어둠과 빈 공간은 그것을 보는 사람의 할 일로 남겨둔다. 작품의 어둠을 밝히고 옷을 벗기는 일 그리고 작품에 남겨둔 빈 공간을 채우는 일은 그것을 보는 사람의 몫이다. 선사들의 작품이 그것을 보는 사람에게 일부러 묻지는 않지만, 보는 사람은 스스로 그 작품 속에서 물음을 만들고 스스로 대답을 한다. 결과적으로 작품과 감상자가 교류하는 셈이다. 그러나 선예술의 심오함은 마음대로 속단하는 자만을 허용하지 않는다. 무엇인가 근접할 수 없는, 만약에 뚜껑을 열어보면 큰 일이 벌어질 것같은 미묘한 위엄을 남겨둔다.

선예술의 여섯번째 특징은 모든 관습으로부터의 해방이다. 선사들은 마음을 표현할 때 어떤 관행이나 습관, 전통을 전부 무시하고 부수어버린다. 가치관을 완전히 뒤집어버리려고 한다. 마치 부처를 만나면 부처를 치고 조사를 만나면 조사를 칠듯이 온갖 전통적인 신성함이나 권위나 가치를 타파한다. 산을 바다로 만드는가 하면 물은 올라가게 하고 불은 내려가게 한다.

선예술의 일곱번째 특징은 고요함이다. 이 고요함은 소리가 없다는 면도 있지만, 어떤 것에 의해서도 흔들리거나 흐트러짐이 없음을 말한다. 모든 형식을 버리고 일체의 가치관에 매달리지 않기 때문에 자연히 혼자 스스로 있는 것으로 나타난다. 무엇에 의해서도 흐트러짐이 없는 분위기가 풍긴다. 물론 작품이 그런 말을 하기보다는 그것을 감상하는 사람의 마음에서 그런 분위기가 느껴진다는 것이다. 만약에 작품이 일부러 고요함을 찾으려고 한다면 그 고요함을 유지하느라고 애쓰게 될 것이고 결과적으로 고요함을 잃게 될 것이다.

　그런데 이 일곱 가지 특징은 각기 독립해 있는 것이 아니라 서로 연결되어서 한꺼번에 나타난다. 균형이 안맞고 단순하고 심오한 특징에서 고요함이 나타난다. 마찬가지로 다른 여섯 가지 특징 속에 한 가지 한 가지의 특징이 나타나게 된다. 그리고 이 특징들은 바로 선의 특징이기도 하다. 불균형 · 단순함 · 고상한 건조함 · 자연스러움 · 심오함 · 집착을 벗어남 · 고요함의 특징들은 선에 있어서의 정한 법이 없다는 것, 인연의 얽힘이 없는 것, 탈속하려는 것, 무심, 무실체, 무집착, 번잡성을 여읜 것들을 뒤집어서 표현한 것이다.

84. 선사들의 흥

> 꽃의 웃음이 비처럼 쏟아져내리는 것을 보고 소나
> 무의 울음소리가 바람이 가는 모든 곳에 꽉 차 있
> 는 것을 들었다. 허공의 몸이 바로 그…

선사들의 진정한 가르침은 침묵이다. 말이 지칭하는 곳에 한 물건
은 없기 때문이다. 그렇다고 해서 선사들이 말을 포기할 수는 없다.
말이 없이는 선의 입구까지도 사람들을 안내할 수 없기 때문이다. 방
편적으로 말을 사용할 경우 그 말은 특정한 목적을 가지고 사용된다.
목표가 있는 한 그 말은 계획적일 수밖에 없고, 계획적으로 나오는
말은 머리 쪽에서 나올 수밖에 없다. 우리에게는 머리의 이성적인 면
과 가슴의 감정적인 면이 있는데, 선에서 아무리 이성과 감정의 합치
를 주장하더라도 어떤 의도에서 나온 말은 가슴보다 머리에서부터
나온다고 할 수 있다.

그러나 선사들의 시는 계획적인 것이 아니다. 즉흥적으로 토해진
것이다. 그래서 선시(禪詩)는 선사들의 가슴에서 나왔다고 할 수 있
다. 이성보다는 감정에 가깝다는 말이다. 선사들의 가슴은 어쩐지 궁
금하다. 선사들에게는 보통사람들과 같은 외로움이 없는지, 슬픔이
없는지, 기다림이 없는지 궁금하다. 선사들의 마음과 경지는 물론 우
리의 것과 다르다. 그렇다면 도를 이룬 선사들의 세계는 어떨까.

먼저 진묵선사의 유명한 시를 읽어보자.

천금지석산위침(天衾地席山爲枕)

월촉운병해작준(月燭雲屛海作樽)
대취거연잉기무(大醉居然仍起舞)
각혐장수괘곤륜(却嫌長袖掛崑崙)

필자는 이렇게 번역해본다.

하늘은 이불이요 땅은 요이다. 그리고 산은 베개이다.
달을 촛불로 켜고 구름을 병풍으로 쳤으며 바닷물을 곡차로 마신다.
크게 취해서 평화로움을 즐기다가 북받치는 흥에 겨워 일어서서 춤을
춘다.
오직 한 가지 거스르는 것은 장삼자락이 자유롭게 펄럭이지 못하게 하
는 저 곤륜산이다.

이 시에는 하늘과 달과 구름과 바다가 나온다. 달과 구름이 같이
나오는 것으로 보아서 때가 밤이라는 것을 알 수 있고 바닷물을 술로
마시는 것으로 보아서 바다를 가까운데 두고 있다는 것도 짐작할 수
있다. 눈앞에 보이지 않는 곤륜산에 대해서 트집을 잡는 것으로 보아
서는 바다가 수만 리 멀리 있어도 상관이 없겠다. 진묵선사는 그 분
위기에 취해 있는데, 춤출 때 장삼자락을 마음대로 움직이지 못하도
록 높이 솟아오른 곤륜산이 밉상으로 보인다고 한다. 곤륜산은 중국
서쪽 히말라야산맥과 이어져 있는 아주 높은 산의 상징이다.
진묵선사가 얼마나 쉴 자리 또는 곡차 마시는 자리를 크게 잡는지
더 설명이 필요없다. 진묵선사는 이 시에서 아무것도 소유하지 않음
을 자랑하는 동시에 온천하를 다 소유하고 있음을 겸해서 자랑하고
있다. 소유한다거나 자랑한다기보다는 이 우주라는 꽃을 소유라는
이름으로 꺾지 않고 핀 그대로 감상하고 있다.《화엄경》의 비로자나
법신불은 자기 몸을 온우주로 나투어서 사계절과 강산을 만드는데,

저 비로자나불의 연기를 제대로 감상할 수 있는 이는 진묵선사의 경지에 이른 이여야만 할 것이다.

진묵선사의 마음 크기는 저 정도이거니와 진묵선사가 노래하고 싶어하는 큰 마음과 큰 몸을 가진 사람을 어떻게 한 마디로 나타내는 방법은 없을까. 상징적으로 부를 수 있는 큰 몸을 가진 것의 이름을 하나 만들면 되겠다. 그 큰 몸의 이름을 지으려고 걱정할 필요도 없다. 지금 그 큰 몸은 바로 우리 앞에 있으므로. '허공의 몸'이다. 진묵선사는 시로 읊었지만 허공의 생활은 실제로 선사가 묘사한 그대로이다. 하늘과 땅, 동쪽과 서쪽 사이가 비좁도록 허공의 몸이 꽉 차 있으니까 말이다.

이제부터 우리는 가장 크면서도 가장 작은 공간까지 이르고 자신을 완전히 비우면서도 모든 곳에 꽉 차 있는 것의 상징으로 '허공의 몸'을 쓰기로 하자. 이 허공의 몸은 또한 대자유를 얻은 도인의 경지를 나타내기도 하니 말이다.

나옹선사가 허공을 이용해서 시를 읊는다.

    타파허공출골(打破虛空出骨)
    섬전광중작굴(閃電光中作窟)
    유인문아가풍(有人問我家風)
    차외경무별물(此外更無別物)

번역해보면 이렇다.

    허공을 부수고 그 안에서 뼈를 꺼내고
    번갯불이 번쩍 비치는 그 짧은 찰나에 쉼터를 얻는다.
    누가 나의 가풍을 물어온다고 해도
    이 밖에 다른 것을 말할 것이 없다.

허공을 부수고 그 안에서 뼈를 꺼낸다는 말은 바로 내가 허공의 뼈가 되고 허공을 나의 살로 삼았다는 말이다. 대자유나 해탈열반의 휴식처도 긴 시간 속에서 찾는 것이 아니라 번개가 번쩍 하는 순간에 얻는다고 한다. 허공을 몸으로 삼고 찰나를 집으로 삼으니 새삼스럽게 잡는다거나 놓는 것을 걱정할 필요도 없다. 그 자리에서 한가롭고 그대로 좋은 날이다.

야부(冶父)선사가 《금강경(金剛經)》을 해석하면서 읊었던 유명한 게송을 다시 읽어 보자. 이 게송은 절집에서 새벽종성을 할 때에 장엄염불로 자주 읊어진다. 대부분의 스님네들은 이 게송을 외우고 있다.

천척사륜직하수(千尺絲綸直下垂)
일파재동만파수(一波纔動萬波隨)
야정수한어불식(夜靜水寒魚不食)
만선공재월명귀(滿船空載月明歸)

번역하면 이렇다.

천 길의 낚싯줄을 바로 내리니
한 파도가 일어남에 만 개의 파도가 뒤따른다.
고요한 밤에 물은 차갑고 고기들이 낚시를 물지 않으니
배에 허공만 가득 싣고 밝게 비치는 달빛을 받으며 되돌아간다.

낚시질을 하러 호수로 나가기는 했지만, 특별히 고기를 잡고자 하는 것도 아니다. 잡히거나 말거나 상관이 없다. 낚시질을 하는 것은 역사의 무대에 나와서 활동하고 부처님의 국토를 장엄하기 위해서 일하는 것 등을 의미한다. 무대인 줄을 알고 아무런 집착이 없이 무

대에 오르기는 하지만 낚싯줄을 던지자 원을 그리는 하나의 파문이
생기고 그것을 많은 파문이 뒤따른다. 파문은 작은 것으로부터 점점
더 커진다. 허공의 몸은 그 파문들의 연이은 움직임을 그대로 바라본
다. 고기는 낚시에 걸리지 않는다. 허공의 몸은 배에 달빛만 가득 싣
고 집으로 돌아온다. 집착을 여의면서도 이 세상에 참여하고 참여하
면서도 소유에 매달리지 않아서 아무래도 상관없이 자유롭다.
　취미(翠微)선사가 산에서의 한가로움을 읊은 게송을 읽어보자.

　　산비초아주(山非招我住)
　　아역부지산(我亦不知山)
　　산아상망처(山我相忘處)
　　방위별무한(方爲別無閑)

번역하면 이렇다.

　　산이 나보고 같이 살자고 초청한 것도 아니고
　　나도 또한 산을 의식하지 않는다.
　　산과 내가 서로 잃는 경지에
　　산은 산대로 나는 나대로 한가로움을 즐긴다.

　우리는 진흙 속에 연꽃이 있으면서 연꽃에 진흙이 붙지 않는다는
것을 알고 있다. 그런데 우리의 관심은 연꽃에만 두고 진흙에는 두지
않는다. 연꽃이 진흙을 받아들이지 않지만, 뒤집어서 말하면 진흙이
연꽃에 붙지 않는다고도 말할 수 있다. 취미선사는 진흙과 연꽃의 관
계를 산과 자신의 관계로 옮겨놓았다. 산이 허공의 몸에게 같이 살자
고 하지도 않았지만, 같이 살면서도 산의 눈치를 볼 것이 없다. 산과
허공의 몸이 각기 자기의 세계에 살면서 서로를 잊고 한가로움을 즐

긴다. 두 명씩 짝지어 사는 우리가 이런 관계를 가질 수 있다면 얼마
나 좋은가. 생각이 지극하면 생각을 잊는다. 상대를 지극히 생각하면
상대를 잊고, 나를 지극히 생각하면 나를 잊는다. 아무래도 좋다. 지
극히 생각하면 초대하거나 말거나 같이 살고, 같이 살면서 서로 잊는
다. 서로 잊으면서 한 몸이다. 우리가 허공의 몸이 되어야 이같은 관
계가 가능할 것이다.

　벽송 지엄(碧松智嚴)선사가 뜰 앞에 피어 있는 꽃에서 허공의 몸
을 찾는 시를 읊었다.

　　화소계전우(花笑階前雨)
　　송명함외풍(松鳴檻外風)
　　하수궁묘지(何須窮妙旨)
　　저개시원통(這箇是圓通)

번역하면 이렇다.

　계단 앞 뜨락에 피어 있는 꽃이 폭우를 쏟듯이 웃음을 뿌리고
　울타리 밖에 있는 소나무가 바람을 타고 울어댄다.
　여기에 바로 우리가 찾는 모든 것이 있는데
　한 물건을 찾겠다고 왜 그토록 머리를 싸매어왔던가.

　비로자나불이 아무리 광명을 비쳐도 보지 못하면 헛일이다. 보배
구슬이 아무리 주머니에 있어도 찾아서 사용하지 못하면 소용이 없
다. 우리는 저 한 물건을 찾겠다고 밖으로 헤매는가 하면 참선을 한
답시고 깜깜한 굴 속으로 들어갔었다. 그런데 벽송선사의 허공의 몸
은 바로 뜨락의 꽃과 울타리 밖에 서 있는 소나무에서 그 한 물건을
발견했다. 꽃의 웃음이 비처럼 쏟아져내리는 것을 보고 소나무의 울

음소리가 바람이 가는 모든 곳에 꽉 차 있는 것을 들었다. 허공의 몸은 꽃의 웃음소리와 소나무의 울음소리를 들을 줄 알았다. 그 웃음과 울음이 바로 우리가 그토록 찾았던 한 물건이라는 것을 알았다.

　서산대사는 같이 만지고 서로 얼굴을 부빌 벗을 기다리는 시로 허공의 몸을 읊었다.

　　야심군불래(夜深君不來)
　　조숙천산정(鳥宿千山靜)
　　송월조화림(松月照花林)
　　만신홍록영(滿身紅綠影)

번역하면 이렇다.

　밤은 깊어가는데 기다리는 도반은 오지 않는다.
　새들도 이제 모두 잠들었고 모든 산들은 숨소리가 들릴 정도로 고요하다.
　달빛이 소나무 사이를 통해 꽃숲을 비치니
　그 꽃그림자가 나의 몸에 울긋불긋한 옷을 입히는구나.

허공의 몸은 백화점에서 산 비싼 옷을 입지 않아도 된다. 스스로 있는 달과 소나무와 꽃수풀 앞에 서기만 하면 된다. 이제 도반을 만나는 일만 남았다.

85. 님이 있는 곳

> 허공의 몸은 침묵 속에서만 님의 노래소리를 듣고
> 어둠 속에서만 님의 얼굴을 그려본다. 그리고 달빛
> 속에서 님의 그림자를 찾는다.

'허공의 몸'이 현실세계로 나와서 중생들 속에 섞이고 짐짓 중생의 모습으로 님을 그릴 때 어떤 생각을 하는지 만해 한용운선사의 시를 몇 수 이용해서 생각해보자.

만해선사는 절 집안 내에서보다는 일반사회에서 더 높이 평가되고 있다. 만해선사와 교류가 있었던 만공선사와 비교할 때 절 집안에서는 만공선사가 만해선사보다 훨씬 더 높은 평가를 받는 반면에 사회적으로는 만해선사가 보다 우위에 자리한다. 그래서 절 집안에서는 만해선사가 승려로서보다는 독립운동가나 문학인으로서 두드러진다고 보는 분들이 적잖이 있다.

아무래도 상관이 없다. 필자는 만해선사의 절개(節槪)와 시를 좋아한다. 이 점에 있어서는 승속이 일치할 것이다. 만해선사는 늦게 《님의 침묵》이라는 시집을 펴냈다. 47세에 탈고해서 48세에 출판했다. 3·1운동 관계로 3년 옥고를 치르고난 때가 44세였으니까 출옥 후 4년경에 시집을 낸 것이다. 만해선사의 시는 결코 사춘기나 청년기의 작품이 아니다. 외적으로나 내적으로 많은 고통을 겪고 정신적인 원숙기에 토해낸 작품이다. 우리가 선시라고 불러도 조금도 손색이 없다.

《님의 침묵》의 서문 격인 '군말'을 들어보자.

님만이 님이 아니라 기룬 것은 다 님이다. 중생이 석가의 님이라면 철학은 칸트의 님이다. …나는 해 저문 벌판에서 돌아가는 길을 잃고 헤매는 어린 양이 기루어서 이 시를 쓴다.

여기서 중생은 석가의 '님'이라고 한다. 석가세존이 중생을 구하고자 하기 때문에 우리 범부중생을 귀히 여긴다는 것이다. 또 방황하는 사람들을 위해서 이 시를 쓴다는 말도 나온다. 만해선사의 시는 우리에게 참다운 님과 사랑을 알려주기 위해서 써진 것이다.

먼저 '선사의 설법'이라는 시를 읽어보자.

나는 선사의 설법을 들었습니다.
'너는 사랑의 쇠사슬에 묶여서 고통을 받지 말고 사랑의 줄을 끊어라. 그러면 너의 마음이 즐거우리라'고 선사는 큰 소리로 말하였습니다.
그 선사는 어지간히 어리석습니다.
사랑의 줄에 묶기운 것이 아프기는 하지만 사랑의 줄을 끊으면 죽는 것보다도 더 아픈 줄을 모르는 말입니다.
사랑의 속박은 단단히 얽어매는 것이 풀어주는 것입니다.
그러므로 대해탈은 속박에서 얻어지는 것입니다.
님이여, 나를 얽은 님의 사랑의 줄이 약할까봐서 나의 님을 사랑하는 줄을 곱드렸습니다.

이 시의 내용이 그대로 만해선사의 입장이라고 할 수는 없다. 만해선사는 중생의 마음을 읽고 중생의 입장에서 중생의 마음을 푸는 시를 쓸 수 있으니까 말이다. 그러나 우리가 만해선사의 시를 읽을 때 관점이 계속적으로 이동되면 초점이 흐려져서 선사의 시가 흘러가는 유행가처럼 될 염려가 있기 때문에 시의 내용을 만해선사의 방편적인 주장으로 삼기로 한다.

만해선사는 자유를 사랑으로부터의 탈출에서 찾지 않고 사랑의 완전한 구속에서 찾고자 한다. 그런데 사랑이라는 이름의 이 구속이 보통 우리가 사랑하는 것과는 다르다. 보통사람의 경우에는 상대가 있고 상대의 반응이 있지만, 선사에게 있어서는 상대의 의중에 관계없이 일방적으로 자신을 바치고 버리는 것이다. 자신을 더 죄도록 사랑의 줄을 보다 단단하게 만드는 사람은 상대가 아니라 자신이다. 이처럼 일방적인 사랑은 허공의 몸이 아니면 할 수가 없다.

만해선사가 말하는 님이 허공의 몸이라는 것을 '반비례'라는 시가 확실하게 해준다.

당신의 소리는 침묵인가요.
당신이 노래를 부르지 아니하는 때에 당신의 노래가락은 역력히 들립니다그려.
당신의 소리는 침묵이어요.
당신의 얼굴은 흑암인가요.
내가 눈을 감을 때에 당신의 얼굴은 분명히 보입니다그려.
당신의 얼굴은 흑암이어요.

당신의 그림자는 광명인가요.
당신의 그림자는 달이 넘어간 뒤에 어두운 창에 비칩니다그려.
당신의 그림자는 광명이어요.

이 시에서 보면 상대에 의해서 내가 사랑을 토해내는 것이 아니라 내가 스스로 품어내는 것이다. 허공의 몸은 침묵 속에서만 님의 노랫소리를 듣고 어둠 속에서 님의 얼굴을 그려볼 수 있다. 그리고 달빛 속에서 님의 그림자를 찾는다. 자기 중심의 욕망을 가진 사람이 짓는 사랑이 아니라 보살의 화신이 아주 감동적인 사랑의 이야기를 만들기 위해서 짓는 사랑이다.

허공의 몸이 아무리 일방적인 사랑을 한다고 해도 사랑할 만한 가치가 없는 것을 사랑하면 그 이야기는 추해진다. 공주님이 자신을 진정으로 사랑하는 못난 꼽추 종의 마음을 알아주는 것은 아름답지만, 꽃뱀 사기단처럼 나쁜 짓을 하고 사람의 마음에 상처를 주고 떠나는 것을 재미로 삼는 성도착증 환자를 대상으로 사모하는 것은 너무 추악하다. 만해선사는 허공의 몸이 일방적으로 그리워하는 님이 사랑할 만한 가치가 분명히 있는 것임을 밝힌다. '사랑하는 까닭'을 읽어보자.

　　내가 당신을 사랑하는 것은 까닭이 없는 것이 아닙니다.
　　다른 사람들은 나의 홍안만을 사랑하지마는 당신은 나의 백발도 사랑하는 까닭입니다.
　　내가 당신을 기루어하는 것은 까닭이 없는 것이 아닙니다.
　　다른 사람들은 나의 미소만을 사랑하지마는 당신은 나의 눈물도 사랑하는 까닭입니다.
　　내가 당신을 기다리는 것은 까닭이 없는 것이 아닙니다.
　　다른 사람들은 나의 건강만을 사랑하지마는 당신은 나의 죽음도 사랑하는 까닭입니다.

사랑의 속박에서 해탈을 보고 침묵 속에서 님의 노랫소리를 듣는 데는 이유가 있다고 한다. 다른 사람들은 홍안과 미소와 건강만을 사랑하지마는 허공의 몸이 기리워하는 상대는 백발과 눈물과 죽음까지도 사랑하기 때문이라는 것이다.

우리 주위에는 홍안과 백발을 똑같이 사랑하는 사람들이 많이 있다. 건강할 때의 사람과 병들었을 때의 사람을 똑같이 사랑하고 위하는 사람들도 많이 있다. 그러나 '긴 병에 효자가 없다'는 속담이 있다.

상대가 중풍으로 쓰러져서 20년 이상 대소변을 받아내는 수발을 해야 할 경우 20년 전과 20년 후가 똑같을 수는 없다. 쓰러진 상대가 의식이라도 있으면 다행이지만 만약 의식마저도 없이 식물인간의 상태로 있다면 그를 보살피는 사람은 생명에 대한 정의를 자기가 편리한 대로 다시 내리고자 할 것이다. '의식이 없으면 죽는 편이 낫다'든지 '고생하는 것보다는 죽는 편이 본인을 위해서도 낫다'든지 하는 식으로 생각할 수도 있다. 이처럼 인간의 마음이 바뀌는 것은 어떤 사람이 특별히 나빠서가 아니라 사람 마음의 구조가 본래 그렇게 되어 있기 때문이다.

그렇다면 의문이 생긴다. 건강한 나와 50년 동안 식물인간으로 누워 있는 나를 똑같이 사랑하는 사람만이 내가 사랑할 가치가 있는데, 그런 사람이 이 지상에 있겠느냐는 것이다. 대답은 간단하다. 없다. 그래서 만해선사의 님은 항상 먼 곳에 있다. 옆에 있는 님은 님이 될 수가 없기 때문이다.

'사랑의 측량'을 읽어보자.

> 즐겁고 아름다운 일은 양이 많을수록 좋은 것입니다.
> 그런데 당신의 사랑은 양이 적을수록 좋은가봐요.
> 당신의 사랑은 당신과 나와 두 사람의 사이에 있는 것입니다.
> 사랑의 양을 알려면 당신과 나의 거리를 측량할 수밖에 없습니다.
> 그래서 당신과 나의 거리가 멀면 사랑의 양이 많고 거리가 가까우면 사랑의 양이 적은 것입니다.
> 그런데 적은 사랑은 나를 웃기더니 많은 사랑은 나를 울립니다.
> 뉘라서 사람이 멀어지면 사랑도 멀어진다고 하여요.
> 당신이 가신 뒤로 사랑이 멀어졌으면 날마다 날마다 나를 울리는 것은 사랑이 아니고 무엇이어요.

만해선사가 그리는 허공의 몸은 사랑의 양을 떨어져 있는 거리로 측량한다. 사랑의 양이 적어서 가까이 있을수록 좋은 줄 알면서도 멀리 떨어져 있는 사랑의 양이 많다고 결론을 내린다. 보통사람들은 사람이 멀어지면 사랑도 멀어진다고 하지만, 허공의 몸에 있어서는 멀어질수록 사랑이 많은 것이 사랑 때문에 더 많이 울기 때문이다. 그렇다면 허공의 몸이 하는 사랑은 둘이서 하는 것이 아니라 혼자서 하는 것이다. 물론 상대는 있지만, 그 상대는 언제나 멀리 있다. 가까이 있을 때도 있다. 그러나 그때는 꿈속에서이다. '추야몽' 즉, 가을밤의 꿈이라는 시조는 이렇게 노래한다.

가을밤 빗소리에
놀라 깨보니 꿈이로다.
오셨던 님 간 곳 없고
등잔불만 흐리구나.
그 꿈을 또 꾸라 한들
잠 못이루어 하노라.

야속타 그 빗소리
공연히 꿈을 깨노.
님의 손길 어디 가고
이불귀만 잡았는가.
베개 위 눈물 흔적
씻어 무삼하리오.

꿈이어든 깨지 말자
백번이나 별렀건만
꿈 깨자 님 보내니

허망할 손 맹세로다.
이후는 꿈은 깰지라도
잡은 손은 안 놓으리라.

님의 발자취에
놀라 깨어 내다보니
달 그림자 기운 뜰에
오동잎이 떨어졌다.
바람아 어디가 못불어서
님 없는 집에 부느냐.

여기에 다시 사족을 붙이면 분위기를 깨기 때문에 아무 말도 하지 않겠다. 만약 더 말을 한다면 만해선사는 '어디 떠들 곳이 없어서 꿈에서조차 님을 마음대로 만날 수 없는 나에게 시답잖은 말을 하느냐'고 나무랄 것이다.

만해선사가 그리는 허공의 몸은 아무리 사랑을 말하고 그리움을 말하더라도 결국 이별을 전제한 것이다. 님의 침묵은 이별로 시작해서 이별로 끝난다.

'참아주셔요'와 '님의 침묵' 일부를 들어보자.

나는 당신을 이별하지 않을 수가 없습니다. 님이여 나의 이별을 참아주셔요.

당신은 고개를 넘어갈 때 나를 돌아보지 마셔요. 나의 몸은 한 작은 모래 속으로 들어가려 합니다.

사랑도 사람의 일이라 만날 때에 미리 떠날 것을 염려하고 경계하지 아니한 것은 아니지만 이별은 뜻밖의 일이 되고 놀란 가슴은 새로운 슬품에 터집니다.

우리는 만날 때에 떠날 것을 염려하는 것과 같이 떠날 때에 다시 만날 것을 믿습니다.

지은이 / 석지명

동진출가. 범어사 강원을 나와 동국대학교 불교학
과를 졸업하고, 미국 필라델피아 템플대학교 종교
학과를 졸업했다. 철학박사. 속리산 법주사 주지를
역임하고 현재 괴산 각연사 주지로 있다.
저서로는 《허공의 몸을 찾아서》《큰 죽음의 法身》
《무로 바라보기》《진흙이 꽃을 피우네》등이 있다.

깨침의 말씀 깨침의 마음

●

●

●

2007년 9월 30일 개정판 1쇄 발행

●

지은이 / 석지명

펴낸이 / 김병무

펴낸곳 / 불교시대사

●

출판등록일 / 1991년 3월 20일, 제1-1188호

(우)110-718 서울 종로구 관훈동 197-28 백상빌딩 13층 4호

전화 / (02)730-2500, 725-2800

팩스 / (02)723-5961

홈페이지 / www.buddhistbook.co.kr

ISBN 978-89-8002-052-2 03220

●

※ 가격은 표지에 있습니다.

※ 잘못된 책은 바꿔 드립니다.